Essential Grammar in Use

Edizione italiana

Grammatica di base della lingua inglese

Quarta edizione
con soluzioni ed eBook

Raymond Murphy

con Lelio Pallini

CAMBRIDGE
UNIVERSITY PRESS

University Printing House, Cambridge CB2 8BS, United Kingdom

Cambridge University Press is part of the University of Cambridge.

It furthers the University's mission by disseminating knowledge in the pursuit of education, learning and research at the highest international levels of excellence.

www.cambridge.org
Information on this title: www.cambridge.org/9781316509029

Fourth Edition © Cambridge University Press 2016

First published 1990
Second edition 1997
Third edition 2005
Fourth edition 2016

Printed in Dubai by Oriental Press

A catalogue record for this publication is available from the British Library

ISBN 978-1-316-50902-9 Edition with answers and eBook
ISBN 978-1-316-50903-6 Edition without answers and with eBook

Indice generale

There *e* **it**

I verbi ausiliari

Le forme interrogative

Il discorso indiretto

L'infinito e la forma in **-ing**

Go, **get**, **do**, **make** *e* **have**

Pronomi e possessivi

Gli articoli e i nomi

Ringraziamenti

Gli autori desiderano esprimere un vivo ringraziamento a Rebecca Hill, Ruth Atkinson e Erica Tancon, che hanno collaborato in modi diversi alla realizzazione di questa quarta edizione italiana di *Essential Grammar in Use*.

Il testo si basa su *Essential Grammar in Use* (*fourth edition*) di Raymond Murphy, pubblicato dalla Cambridge University Press.

Disegni di Adz, Paul Boston, Christopher Flint, John Goodwin, Katie Mac, Martina – KJA artists e Lucy Martin.

Progettazione e coordinamento grafico di Kamae.

Elaborazione digitale a cura di Datamatics.

Per lo studente

Essential Grammar in Use, Quarta edizione italiana è una grammatica di base della lingua inglese. È suddivisa in 118 unità, ciascuna delle quali corrisponde a un argomento grammaticale. Le unità sono elencate nell'*Indice generale*.

Il libro non segue una progressione unità dopo unità dall'inizio alla fine: potrai utilizzare di volta in volta quelle unità che rispondono alle tue esigenze. Per esempio, se hai difficoltà nell'uso del *present perfect* (*I have been*, *he has done* ecc.), consulta l'*Indice analitico* in fondo al libro per trovare l'unità (o le unità) corrispondenti (per il *present perfect*, Unità 17–20).

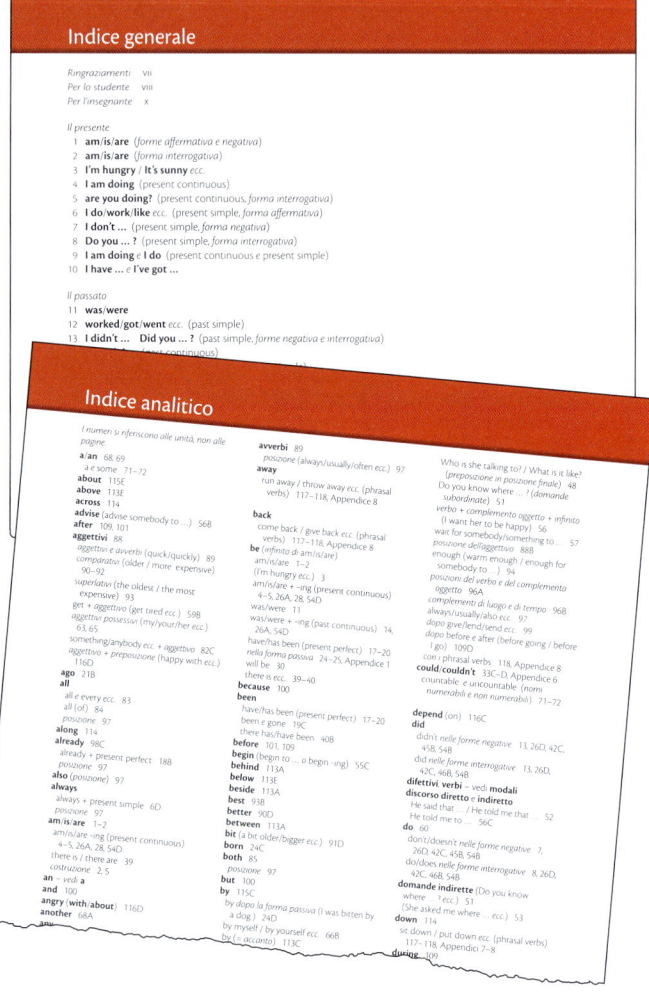

Se hai dei dubbi su quali siano le unità che devi studiare, usa la *Guida allo studio* in fondo al volume.

Guida allo studio (pagine 281–291)

Ogni unità è composta di due pagine. La pagina di sinistra fornisce le spiegazioni grammaticali, mentre gli esercizi si trovano sulla pagina di destra.

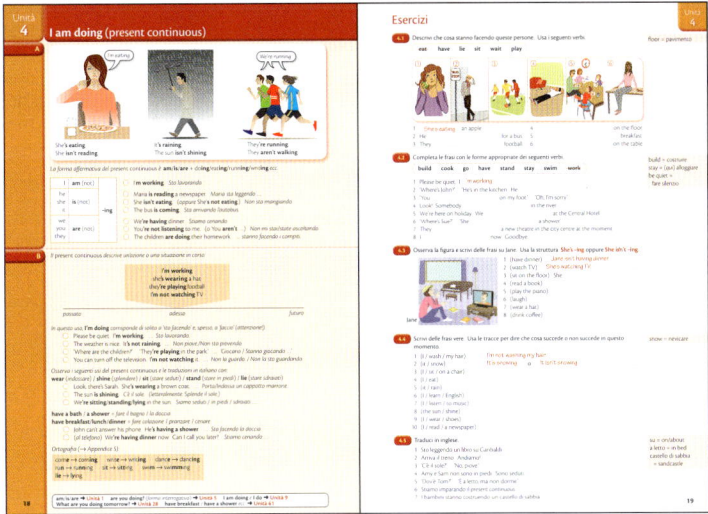

Spiegazioni   **Esercizi**

Studia la pagina a sinistra (spiegazioni) e poi fai gli esercizi della pagina di destra.

Guarda le *Soluzioni agli esercizi* (pagine 292–325) per controllare le tue risposte.

Ristudia la pagina di sinistra se necessario.

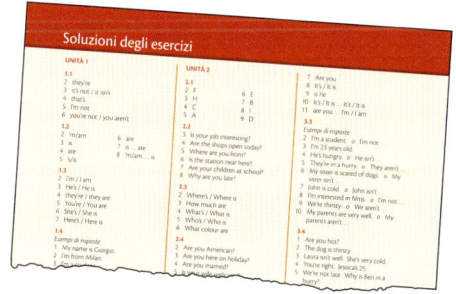

Non trascurare le *Appendici* nell'ultima parte del libro (pagine 249–259). Contengono informazioni preziose su: forme attive e passive, verbi irregolari, verbi modali, forme contratte, ortografia, equivalenti inglesi delle parole 'molto'/'troppo'/'quanto', locuzioni verbali (*phrasal verbs*).

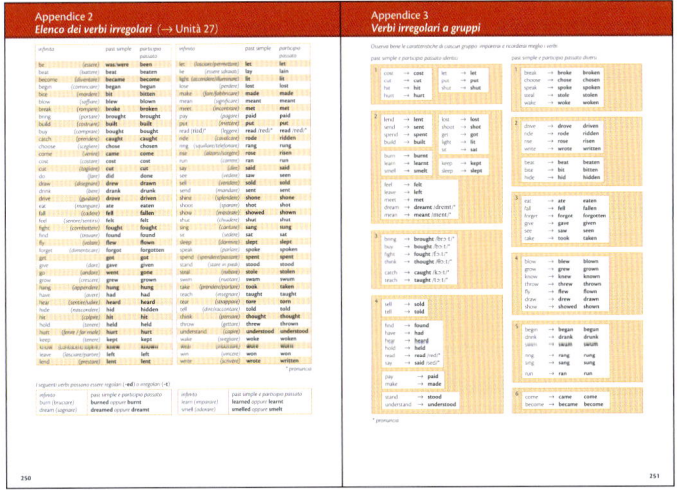

Dopo le *Appendici*, alle pagine 260–280, vi è una batteria di *Esercizi supplementari* per l'approfondimento e il ripasso.

Un *Glossario generale* è disponibile alle pagine 326–329.

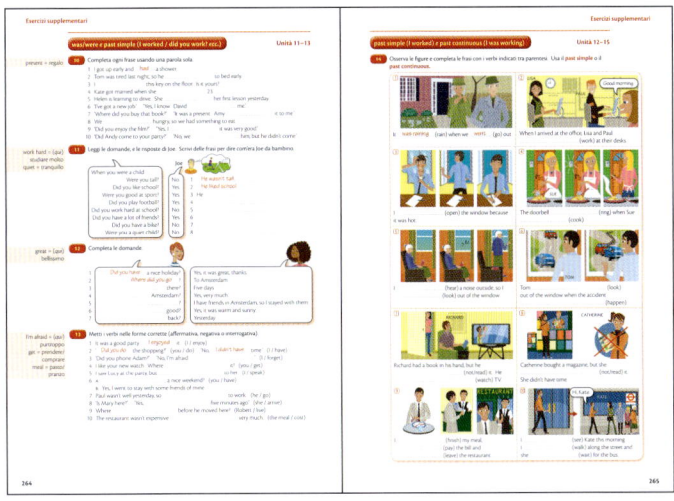

Per l'insegnante

Le principali caratteristiche di *Essential Grammar in Use, Quarta edizione italiana*, sono le seguenti:

- ○ È un testo di grammatica. Non tratta altri aspetti della lingua.
- ○ È destinato a studenti del livello elementare. Non riguarda argomenti grammaticali che non siano normalmente oggetto di studio al livello elementare.
- ○ È un testo di consultazione con esercizi. Non è un corso di lingua e non è organizzato in ordine crescente di difficoltà.
- ○ È rivolto agli studenti e concepito per lo studio autonomo.
- ○ È rivolto a studenti che necessitano di una preparazione di base.
- ○ Soddisfa l'esigenza di avere testo di consultazione ed esercizi in un unico volume. Utilizza la lingua italiana nella spiegazione degli argomenti grammaticali, evidenziando i contrasti e le analogie tra le due lingue.
- ○ Può essere usato per lo studio individuale o come sussidio didattico in un corso di lingua.

Organizzazione del materiale

Il manuale è suddiviso in 118 unità, ciascuna delle quali si concentra su un aspetto particolare della grammatica. Il materiale è organizzato per categorie grammaticali (per esempio, tempi verbali, forme interrogative, articoli). Le unità *non* sono disposte per grado crescente di difficoltà e dovrebbero, quindi, essere utilizzate nell'ordine che meglio risponde alle necessità dello studente. Si sconsiglia uno sfruttamento unità per unità dall'inizio alla fine del libro.

Essential Grammar in Use, Quarta edizione italiana è corredato di un *Indice generale* e di un *Indice analitico* per agevolare la consultazione.

Le unità sono costituite da due pagine a fronte: l'argomento viene presentato ed esposto in italiano nella pagina di sinistra con numerosi esempi, confronti e osservazioni contrastive, mentre gli esercizi si trovano sulla facciata di destra, accompagnati da un *Mini glossario*.

Le *Appendici* (pagine 249–259) riguardano le forme attive e passive, i verbi irregolari, i verbi modali, le forme contratte, le variazioni ortografiche, gli equivalenti inglesi di 'molto'/'troppo'/'quanto' e le locuzioni verbali (*phrasal verbs*). Sarà opportuno richiamare l'attenzione degli studenti su questa sezione.

Il testo dispone anche di una batteria di *Esercizi supplementari* (pagine 260–280) che è stata arricchita nella nuova edizione. Si tratta di esercizi di tipo 'misto': raccolgono problemi grammaticali affrontati in diverse unità (soprattutto unità sui tempi verbali). La sezione comprende 39 esercizi, elencati a pagina 260. La presenza di *Esercizi supplementari* viene segnalata sulla pagina di destra nelle relative unità.

Nelle ultime pagine del libro (vedi pagina 281) è disponibile una *Guida allo studio* per aiutare gli studenti a scegliere le unità adatte allo studio e al ripasso.

Infine, alle pagine 292–325, si trovano le *Soluzioni degli esercizi* dove gli studenti possono verificare la correttezza di tutte le attività grammaticali contenute nel testo. Per gli insegnanti che lo desiderino, è disponibile un'edizione senza *Guida allo studio* e senza *Soluzioni*.

Livello

Il libro è destinato a discenti che abbiano superato le prime fasi di un corso per principianti. Nel suo insieme, risponde alle esigenze grammaticali dei livelli **A1**, **A2** e **B1** del *Quadro comune europeo di riferimento*. Si presta, inoltre, a integrare la preparazione di discenti a livello **B2** e a colmare lacune riferite ad aree grammaticali specifiche.

Con le integrazioni apportate, il testo corrisponde ora al programma del **biennio** delle scuole superiori.

Le spiegazioni in italiano sono generalmente concise e semplici, poiché l'uso della terminologia grammaticale è stato ridotto al minimo. Il lessico utilizzato negli esempi e negli esercizi corrisponde ai livelli indicati.

Oltre ai *Mini glossari* che accompagnano gli esercizi, la nuova edizione comprende un *Glossario generale* (pagine 326–329) per i vocaboli che potrebbero creare difficoltà ai principianti.

Uso

Il libro può essere usato nello studio individuale (vedi *Per lo studente*) oppure come sussidio didattico in un corso di lingua. In un caso o nell'altro, può fungere da grammatica di base nei primi anni di studio della lingua.

Nel caso sia adottato in un corso di lingua, potrà essere usato man mano per le attività di rinforzo grammaticale oppure, successivamente, per il ripasso e il ricupero. Potranno servirsene sia la classe nel suo insieme, sia singoli studenti che necessitino di sostegno supplementare.

Talora potrebbe essere utile leggere e commentare in classe le note di presentazione e spiegazione (facciata di sinistra), ma è bene tenere presente che esse sono state concepite per lo studio e la consultazione individuali. Nella maggior parte dei casi è preferibile che sia l'insegnante a fornire la spiegazione dell'argomento nel modo a lei/lui più congeniale assegnando quindi gli esercizi come compito a casa. La pagina di sinistra resterà a disposizione dello studente per una successiva consultazione.

Alcuni insegnanti potrebbero decidere di destinare il manuale al ripasso e al ricupero. In tal caso si guiderà il lavoro individuale indicando a singoli o a gruppi di studenti le unità adatte allo scopo.

am/is/are (*forme affermativa e negativa*)

A

My name **is** Lisa.

I**'m** a student.

I**'m** American. I**'m** from Chicago.

My favourite sports **are** football and swimming.

My favourite colour **is** blue.

My father **is** American and my mother **is** Italian.

LISA

I**'m** a good swimmer.

B

Am / **is** / **are** *sono le forme del presente di* **be** (*= essere*):

forma affermativa

I	**am**	(I**'m**)	*sono*
he she it	**is**	(he**'s**) (she**'s**) (it**'s**)	*è*
we you they	**are**	(we**'re**) (you**'re**) (they**'re**)	*siamo sei/siete sono*

forme contratte

forma negativa

I	**am not**	(I**'m not**)			*non sono*
he she it	**is not**	(he**'s not** (she**'s not** (it**'s not**	*o o o*	he **isn't**) she **isn't**) it **isn't**)	*non è*
we you they	**are not**	(we**'re not** (you**'re not** (they**'re not**	*o o o*	we **aren't**) you **aren't**) they **aren't**)	*non siamo non sei / non siete non sono*

forme contratte

- I**'m** tired this morning. *Sono stanco/a …*
- Steve **is** in bed. He**'s** ill. *Steve è … È ammalato.*
- My car **is** very old. *La mia macchina è …*
- You**'re** very busy today. *Sei molto occupato/a …*
- It**'s** ten o'clock. You**'re** late again.
  Sono le dieci. Sei ancora in ritardo.
- Ann and I **are** good friends. *… siamo …*
- The keys **are** on the table. *Le chiavi sono …*

- I**'m not** very tall. *Non sono …*
- James **isn't** a teacher. He**'s** a student.
  James non è un insegnante. È …
- It **isn't** late, but it**'s** dark. *Non è tardi, ma è buio.*
- Those people **aren't** English. They**'re** Australian.
  … non sono … Sono …

You're very busy today.

In inglese, a differenza dell'italiano, è indispensabile usare i pronomi personali soggetto (**I** / **he** / **she** / **it** *ecc.*):
- **It**'s late. (*non* Is late) *È tardi.*
- Tom is my cousin. **He**'s not my brother. (*non* Is not) *… è … Non è …*

C

that**'s** = that **is**   there**'s** = there **is**   here**'s** = here **is**

- Thank you. That**'s** very kind of you.
  Grazie. È molto carino da parte tua.
- Look! There**'s** Chris. *Guarda! Ecco Chris.*
- A: Here**'s** your key. *Ecco la Sua chiave.*
  B: Thank you.

Here's your key.

Thank you.

am/is/are (*forma interrogativa*) ➜ **Unità 2**   **I'm hungry / It's sunny** *ecc.* ➜ **Unità 3**   **there is/are** ➜ **Unità 39**
It ➜ **Unità 41**   **a/an** ➜ **Unità 68–69**   *pronomi personali* ➜ **Unità 62**   *forme contratte* ➜ **Appendice 4**

Esercizi

1.1 Scrivi la forma contratta (**she's** / **we aren't** ecc.).

1 she is _she's_
2 they are ....
3 it is not ....
4 that is ....
5 I am not ....
6 you are not ....

1.2 Completa con **am**/**is**/**are**.

1 The weather _is_ nice today.
2 I .... not tired.
3 This bag .... heavy.
4 These bags .... heavy.
5 Look! There .... Helen.
6 My brother and I .... good tennis players.
7 Emily .... at home. Her children .... at school.
8 I .... married. My wife .... from Trieste.

1.3 Completa le frasi.

neighbour = vicino

1 Steve is in bed. _He's_ ill.
2 I'm not English. .... American.
3 Mr Thomas is my neighbour. .... very friendly.
4 These chairs aren't beautiful, but .... comfortable.
5 '................... late.' 'No, I'm not. I'm early!'
6 Catherine isn't at home. .... at work.
7 '................... your coat.' 'Oh, thank you very much.'

1.4 Scrivi delle frasi simili a quelle di Lisa (→ Unità 1A). Parla di te.

1 (name?) My ....
2 (from?) I ....
3 (a student?) I ....
4 (favourite colours?) My ....
5 (favourite sport?) My ....
6 (a good swimmer?) I ....

1.5 Scrivi una frase per ogni vignetta. Usa:

noisy = rumoroso

| angry | ~~happy~~ | noisy | strong | tall | tired |

1 _She's happy._
2 He ....
3 They ....
4 ....
5 ....
6 ....

1.6 Scrivi delle frasi vere, affermative o negative. Usa **is**/**isn't** o **are**/**aren't**.

country = nazione
diamond = diamante

1 (it / very late) _It isn't very late._ o _It's very late._
2 (my hands / cold) My...................
3 (Brazil / a very big country) ....
4 (diamonds / cheap) ....
5 (Toronto / in the US) ....

Scrivi delle frasi vere, affermative o negative. Usa **I'm**/**I'm not**.

6 (tired) _I'm tired._ o _I'm not tired._
7 (at home) I ....
8 (a good dancer) ....

1.7 Traduci in inglese.

1 È tardi e sono stanco.
2 Il caffè è freddo.
3 Mia madre è inglese.
4 Tu non sei alto, ma sei magro.
5 Tenga la Sua borsa, Signora Cooper.
6 Guarda! Ecco tuo fratello.
7 I miei genitori non sono italiani.
8 Helen non è un'insegnante. È un architetto.
9 Non siamo spagnoli. Siamo portoghesi.
10 La mia casa è vecchia, ma è grande e comoda.
11 Questo bicchiere non è pulito. È molto sporco.
12 James è ricco, ma non è felice.

architetto = architect
magro = thin / slim
comodo = comfortable
bicchiere = glass

am/is/are (*forma interrogativa*)

A

forma affermativa

I	am
he she it	is
we you they	are

forma interrogativa

am	I?
is	he? she? it?
are	we? you? they?

> **What's** your name?
> David.
> **Are you** married?
> No, I'm not.
> **Where are you** from?
> Manchester.
> **Are you** a student?
> Yes, I am.

- ○ 'Am I late?' 'No, **you're** on time.' *'Sono in ritardo?' 'No, sei in orario.'*
- ○ '**Is your mother** at home?' 'No, **she's** out.' *È a casa tua madre?' 'No, è fuori.'*
- ○ '**Are your parents** at home?' 'No, **they're** out.' *'Sono a casa i tuoi genitori?' 'No, sono fuori.'*
- ○ '**Is it** Thursday today?' 'No, **it's** Friday.' *'È giovedì oggi?' 'No, è venerdì.'*
- ○ **Your shoes are** nice. **Are they** new? *Le tue scarpe sono belle. Sono nuove?*

Osserva la posizione delle parole in queste domande:

- ○ **Is she** at home? / **Is your mother** at home? (*non* Is at home your mother?)
- ○ **Are they** new? / **Are your shoes** new? (*non* Are new your shoes?)

Non dimenticare il pronome personale soggetto:

- ○ Is **it** true? (*non* Is true?)
- ○ Is **it** important? (*non* Is important?)

B

Where ... ? / What ... ? / Who ... ? / How ... ? / Why ... ? *ecc.*

- ○ **Where is** your mother? Is she at home? *Dov'è tua madre? È a casa?*
- ○ '**Where are** you from?' 'Toronto, Canada.' *'Di dove sei/siete?' 'Di Toronto, in Canada.'*
- ○ '**What colour** is your car?' 'It's red.' *'Di che colore è la tua macchina?' 'È rossa.'*
- ○ **How are** your parents? Are they well? *Come stanno i tuoi genitori? Stanno bene?*
- ○ These shoes are nice. **How much are** they? *Queste scarpe sono belle. Quanto costano?*
- ○ This hotel isn't very good. **Why is** it so expensive? *Questo albergo non è molto buono. Perché è così caro?*

what**'s** = what **is**   who**'s** = who **is**   how**'s** = how **is**   where**'s** = where **is**

- ○ **What's** the time? *Che ora è ? / Che ore sono?*
- ○ **Who's** that man? *Chi è quell'uomo?*
- ○ **Where's** Lucy? *Dov'è Lucy?*
- ○ **How's** your father? *Come sta tuo padre?*

C

Risposte brevi

Yes,	I	am.
	he she it	is.
	we you they	are.

No,	I'm	not.
	he's she's it's	
	we're you're they're	

o

No,	he she it	isn't.
	we you they	aren't.

> That's my seat.
> No, it isn't.

In inglese si usa spesso questo tipo di risposte brevi:

- ○ '**Are you** tired?' '**Yes, I am.**' *'Sei stanco/a?' 'Sì.'*
- ○ A: **Are you** English? *Lei è inglese?*
  B: **No, I'm not. I'm** Scottish. *No (non lo sono). Sono scozzese.*
- ○ '**Is your friend** English?' '**Yes, he is.**' *'È inglese il tuo amico?' 'Sì.'*
- ○ '**Are these** your keys?' '**Yes, they are.**' *'Sono tue queste chiavi?' 'Sì.'*
- ○ '**That's** my seat.' '**No, it isn't.**' *'Quello è il mio posto.' 'No (non lo è).'*

am/is/are → **Unità 1**   I'm hungry / It's sunny *ecc.* → **Unità 3**   what/which/how → **Unità 49**

Esercizi

2.1 Per ogni domanda, segna la risposta giusta.

1 Where's the camera?	A London.	1	_G_
2 Is your car blue?	B No, I'm not.	2	
3 Is Kate from London?	C Yes, you are.	3	
4 Am I late?	D My sister.	4	
5 Where's Amy from?	E Black.	5	
6 What colour is your bag?	F No, it's black.	6	
7 Are you tired?	G In your bag.	7	
8 How is George?	H No, she's American.	8	
9 Who's that woman?	I Very well.	9	

2.2 Formula delle domande usando le parole tra parentesi.

1 (is / at home / your mother)   _Is your mother at home_ ?
2 (your parents / are / well)   _Are your parents at home_ ?
3 (interesting / is / your job) ?
4 (the shops / are / open today) ?
5 (from / where / you / are) ?
6 (is / near here / the station) ?
7 (at school / are / your children) ?
8 (you / are / late /why) ?

2.3 Completa le domande usando **What ...** / **Who ...** / **Where ...** / **How ...** .

1 _How are_ your parents? They're very well.
2 the bus stop? At the end of the street.
3 these oranges? €2.20 a kilo.
4 your favourite sport? Skiing.
5 the man in this photo? That's my father.
6 your new shoes? Black.

2.4 In treno incontri uno straniero che è in Italia per lavoro e gli rivolgi alcune domande.
Scrivile tenendo conto delle risposte a destra.

on business = per
   lavoro
Swiss = svizzero

PAUL

1 (name?)   _What's your name?_   Paul.
2 (American?)   No, I'm Australian.
3 (here on holiday?)   No, on business.
4 (married?)   Yes, I am.
5 (wife with you?)   No, she's at home.
6 (her name?)   Nadia.
7 (from?)   She's Swiss.

2.5 Rispondi in breve, in forma affermativa o negativa. (**Yes, I am.** / **No, he isn't.** ecc.)

dark = buio

1 Are you married?   _No, I'm not._
2 Are you at home?
3 Is it Monday?
4 Are your hands cold?
5 Is it dark now?
6 Are you a teacher?

2.6 Traduci in inglese.

in ritardo = late
occhio = eye
maglietta = T-shirt
(va) bene = (is) OK

1 'Dove sei?' 'Qui.'
2 È nuovo quel negozio?
3 Dov'è Sarah? È al lavoro?
4 È in ritardo il treno?
5 Di che colore sono i tuoi occhi?
6 Chi sono queste persone?
7 Perché Luisa è arrabbiata?
8 Di dove siete? Siete americani?
9 Questa maglietta va bene. Quant'è?
10 'Le banche sono chiuse oggi?' 'No, sono aperte.'
11 'Tuo fratello è sposato?' 'No.'

I'm hungry / It's sunny *ecc.*

A

Di solito, il verbo **be** *(presente:* **am/is/are**) *corrisponde al verbo 'essere' e, talvolta, a 'stare':*

- ⃝ I**'m not** angry.   *Non sono arrabbiato.*
- ⃝ James **is** late.   *James è in ritardo.*
- ⃝ **Are** you a student?   *Sei studente?*
- ⃝ Andy **is** a university professor.   *… è un professore universitario.*
- ⃝ Lisa **isn't** well. She's at home in bed.   *Lisa non sta bene. …*
- ⃝ How **are** your parents?   *Come stanno i tuoi genitori?*

B

Alcune espressioni con **be** *corrispondono a forme italiane con 'avere':*

I'm hot/cold = *ho caldo/freddo*
- ⃝ I**'m hot**. Can I open the window?
  Ho caldo. Posso aprire la finestra?
- ⃝ '**Are** you **cold**?'   'No, I'm OK.'
  'Hai freddo?'   'No, sto bene.'

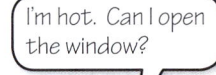

I'm hungry/thirsty = *ho fame/sete*
- ⃝ I**'m** not **hungry**.   *Non ho fame.*
- ⃝ The children **are thirsty**.   *I bambini hanno sete.*

I'm right/wrong = *ho ragione/torto*
- ⃝ Who**'s right**? You or me?   *Chi ha ragione? …*
- ⃝ We**'re right**. They**'re wrong**.   *Abbiamo ragione noi. Loro hanno torto.*

I'm scared, **I'm afraid** = *ho paura*
- ⃝ Why **is** John **scared** of dogs?
  Perché John ha paura dei cani?
- ⃝ I**'m** not **afraid** of spiders.
  Io non ho paura dei ragni.

I'm in a hurry = *ho fretta*
- ⃝ **Are** you **in a hurry**?   *Hai/Avete fretta?*

Per dire l'età si usa **am/is/are**:
- ⃝ A: How old **are** you?   *Quanti anni hai?*
  B: I**'m** 28.   (*o* I**'m** 28 years old.)   *Ho 28 anni.*
- ⃝ My grandmother **is** 74.   *Mia nonna ha 74 anni.*

C

Osserva anche le seguenti differenze tra l'inglese e l'italiano:

I**'m** a nurse / a mechanic / an engineer.
= *Faccio l'infermiera / il meccanico / l'ingegnere.*
- ⃝ A: What**'s** your job?   *Che lavoro fai?*
  B: I**'m** an electrician.   *Faccio l'elettricista.*

I'm interested in … = *Mi interessa …*
- ⃝ I**'m interested in** politics.   *Mi interessa la politica.*
- ⃝ Lisa **isn't interested in** art.   *A Lisa non interessa l'arte.*

It's hot/cold. = *Fa caldo/freddo.*
It's sunny/foggy/windy. = *C'è il sole / la nebbia / il vento.*
- ⃝ A: What**'s** the weather like?   *Che tempo fa?*
  B: **It's sunny**, but **it isn't** very **hot**. (*non* There is …)   *C'è il sole, ma non fa molto caldo.*

It's 10 o'clock. = *Sono le dieci.*
- ⃝ A: What time **is it**? (*o* What**'s** the time?)   *Che ora è? / Che ore sono?*
  B: **It's** 9 o'clock.   *Sono le 9.00.*

am/is/are ➔ **Unità 1–2**   It's hot/cold/sunny *ecc.* ➔ **Unità 41**

Esercizi

3.1 Scrivi una frase per ogni figura. Usa:

| angry | cold | ~~hot~~ | hungry | in a hurry | late | scared | thirsty |

He __'s hot.__ She _____ The bus _____

5 6 7 8

3.2 Completa le frasi.

warm = caldo

1 '__Are you__ cold?' 'No, I'm OK.'
2 'How old is your grandfather?' '__He's__ 66.'
3 'In Sicily, _____ hot in August?' 'Yes, very hot.'
4 'What's your job?' '_____ a taxi driver.'
5 'What time _____?' '10.30'
6 How old is Becky? _____ 22 or 23?
7 '_____ interested in art?' 'Yes, very much.'
8 _____ cold. Where's my jacket?
9 It's 9.30 and Richard isn't here! Why _____ always late?
10 _____ a nice day today. _____ warm and sunny.
11 'How _____?' '_____ fine, thank you. And you?'

3.3 Scrivi delle frasi vere (affermative o negative) su di te o su altre persone.

1 (interested in politics) __I'm interested in politics.__ o __I'm not interested in politics.__
   __My father is interested__ o __My father isn't interested in politics.__
2 (a student) I _____
3 (years old) _____
4 (hungry) _____
5 (in a hurry) _____
6 (scared of dogs) _____
7 (cold) _____
8 (interested in films) _____
9 (thirsty) _____
10 (very well) _____

3.4 Traduci in inglese.

molto = (qui) very
la scienza = science
volare = (qui) flying
medico = doctor

1 Hai caldo?
2 Il cane ha sete.
3 Laura non sta bene. Ha molto freddo.
4 Avete ragione voi. Jessica ha 25 anni.
5 Non siamo in ritardo. Perché Ben ha fretta?
6 'Che ore sono?' 'Sono le 11.35.'
7 Vi interessa la scienza?
8 Non ho paura di volare.
9 Buongiorno, Signor Madison.
   Come sta?
10 Fa freddo e c'è la nebbia.
11 Mia sorella fa il medico.

➜ Esercizi supplementari 1–2 (pag. 260–61)

I am doing (present continuous)

A

She**'s eating**.
She **isn't reading**.

It**'s raining**.
The sun **isn't shining**.

They**'re running**.
They **aren't walking**.

La forma affermativa del present continuous *è:* **am**/**is**/**are** + do**ing**/eat**ing**/runn**ing**/writ**ing** *ecc.*

I	**am** (not)	
he she it	**is** (not)	**-ing**
we you they	**are** (not)	

○ I**'m working**. *Sto lavorando.*

○ Maria **is reading** a newspaper. *Maria sta leggendo …*
○ She **isn't eating**. (*oppure* She**'s not eating**.) *Non sta mangiando.*
○ The bus **is coming**. *Sta arrivando l'autobus.*

○ We**'re having** dinner. *Stiamo cenando.*
○ You**'re not listening** to me. (o You **aren't** …) *Non mi stai/state ascoltando.*
○ The children **are doing** their homework. *… stanno facendo i compiti.*

B *Il* present continuous *descrive un'azione o una situazione in corso:*

> I**'m working**
> she**'s wearing** a hat
> they**'re playing** football
> I**'m not watching** TV

passato — *adesso* — *futuro*

In questo uso, **I'm doing** *corrisponde di solito a 'sto facendo' e, spesso, a 'faccio' (attenzione!):*
○ Please be quiet. I**'m working**. *… Sto lavorando.*
○ The weather is nice. It**'s not raining**. *… Non piove. / Non sta piovendo.*
○ 'Where are the children?' 'They**'re playing** in the park.' *… 'Giocano / Stanno giocando …'*
○ You can turn off the television. I**'m not watching** it. *… Non la guardo. / Non la sto guardando.*

Osserva i seguenti usi del present continuous *e le traduzioni in italiano con:*
wear (*indossare*) / **shine** (*splendere*) / **sit** (*stare seduti*) / **stand** (*stare in piedi*) / **lie** (*stare sdraiati*)
○ Look, there's Sarah. She**'s wearing** a brown coat. *… Porta/Indossa un cappotto marrone.*
○ The sun **is shining**. *C'è il sole. (letteralmente: Splende il sole.)*
○ We**'re sitting/standing/lying** in the sun. *Siamo seduti / in piedi / sdraiati …*

have a bath / **a shower** = *fare il bagno / la doccia*
have breakfast/**lunch**/**dinner** = *fare colazione / pranzare / cenare*
○ John can't answer his phone. He**'s having a shower**. *… Sta facendo la doccia.*
○ (*al telefono*) We**'re having dinner** now. Can I call you later? *Stiamo cenando …*

Ortografia (→ Appendice 5):

come → com**ing**   writ**e** → writ**ing**   danc**e** → danc**ing**
ru**n** → ru**nning**   si**t** → si**tting**   swi**m** → swi**mming**
li**e** → **ly**ing

am/is/are ➔ **Unità 1**   are you doing? (*forma interrogativa*) ➔ **Unità 5**   I am doing *e* I do ➔ **Unità 9**
What are you doing tomorrow? ➔ **Unità 28**   have breakfast / have a shower *ecc.* ➔ **Unità 61**

Esercizi

4.1 Descrivi che cosa stanno facendo queste persone. Usa i seguenti verbi.

floor = pavimento

~~eat~~   have   lie   sit   wait   play

1 __She's eating__ an apple.
2 He .... for a bus.
3 They .... football.
4 .... on the floor.
5 .... breakfast.
6 .... on the table.

4.2 Completa le frasi con le forme appropriate dei seguenti verbi.

build = costruire
stay = (qui) alloggiare
be quiet =
  fare silenzio

build   **cook**   **go**   **have**   **stand**   **stay**   **swim**   ~~**work**~~

1 Please be quiet. I __'m working__ .
2 'Where's John?' 'He's in the kitchen. He ....'
3 'You .... on my foot.' 'Oh, I'm sorry.'
4 Look! Somebody .... in the river.
5 We're here on holiday. We .... at the Central Hotel.
6 'Where's Sue?' 'She .... a shower.'
7 They .... a new theatre in the city centre at the moment.
8 I .... now. Goodbye.

4.3 Osserva la figura e scrivi delle frasi su Jane. Usa la struttura **She's -ing** oppure **She isn't -ing**.

Jane

1 (have dinner)   __Jane isn't having dinner.__
2 (watch TV)   __She's watching TV.__
3 (sit on the floor)   She ....
4 (read a book)   ....
5 (play the piano)   ....
6 (laugh)   ....
7 (wear a hat)   ....
8 (drink coffee)   ....

4.4 Scrivi delle frasi vere. Usa le tracce per dire che cosa succede o non succede in questo
momento.

snow = nevicare

1 (I / wash / my hair)   __I'm not washing my hair.__
2 (it / snow)   __It's snowing.__   o   __It isn't snowing.__
3 (I / sit / on a chair)   ....
4 (I / eat)   ....
5 (it / rain)   ....
6 (I / learn / English)   ....
7 (I / listen / to music)   ....
8 (the sun / shine)   ....
9 (I / wear / shoes)   ....
10 (I / read / a newspaper)   ....

4.5 Traduci in inglese.

su = on/about
a letto = in bed
castello di sabbia
  = sandcastle

1 Sto leggendo un libro su Garibaldi.
2 Arriva il treno. Andiamo!
3 'C'è il sole?' 'No, piove.'
4 Amy e Sam non sono in piedi. Sono seduti.
5 'Dov'è Tom?' 'È a letto, ma non dorme.'
6 Stiamo imparando il *present continuous*.
7 I bambini stanno costruendo un castello di sabbia.

19

are you doing?
(present continuous, *forma interrogativa*)

A

forma affermativa

I	am	
he she it	is	**doing working going staying** *ecc.*
we you they	are	

forma interrogativa

am	I	
is	he she it	**doing? working? going? staying?** *ecc.*
are	we you they	

What are you doing?

What **are** you **doing**? = *Che cosa stai facendo?*

- A: **Are** you **feeling** OK? *Ti senti bene?*
  B: Yes, I'm fine, thanks.
- A: **Is** it **raining**? *Piove? / Sta piovendo?*
  B: Yes, take an umbrella.
- Why **are** you **wearing** a coat? It's not cold. *Perché porti il cappotto?* …
- A: What**'s** Paul **doing**? *Che cosa fa / Che cosa sta facendo Paul?*
  B: He**'s studying** for his exams.
- A: What **are** the children **doing**? *Che fanno / Che stanno facendo i bambini?*
  B: They**'re watching** TV.
- Look, there's Emily! Where**'s** she **going**? … *Dove va / Dove sta andando?*
- Who **are** you **waiting** for? **Are** you **waiting** for Sue? *Chi aspetti? Aspetti Sue?*

B

Osserva la posizione del soggetto in queste domande. Il soggetto si colloca subito dopo **is/are**. *La costruzione è:*

is/are + soggetto + -ing

	Is	he	**working** today?
	Is	Ben	**working** today? (*non* Is working Ben today?)
Where	**are**	they	**going**?
Where	**are**	those people	**going**? (*non* Where are going those people?)

C

Risposte brevi

Yes,	I	am.
	he she it	is.
	we you they	are.

No,	I'm	
	he's she's it's	not.
	we're you're they're	

o

No,	he she it	isn't.
	we you they	aren't.

- 'Are you going now?' 'Yes, I am.'
- 'Is Ben working today?' 'Yes, he is.'
- 'Is it raining?' 'No, it isn't.'
- 'Are your friends staying at a hotel?' 'No, they aren't. They're staying with me.'

I am doing → Unità 4   What are you doing tomorrow? → Unità 28   *forme interrogative* → Unità 46–51

Esercizi

5.1 Osserva le vignette, leggi le risposte e scrivi le domande adatte. Usa le tracce.

turn off = spegnere
enjoy = piacere
work = (qui) funzionare

5.2 Osserva le vignette e completa le domande. Usa le forme appropriate dei seguenti verbi.

cry	eat	go	laugh	look at	~~read~~

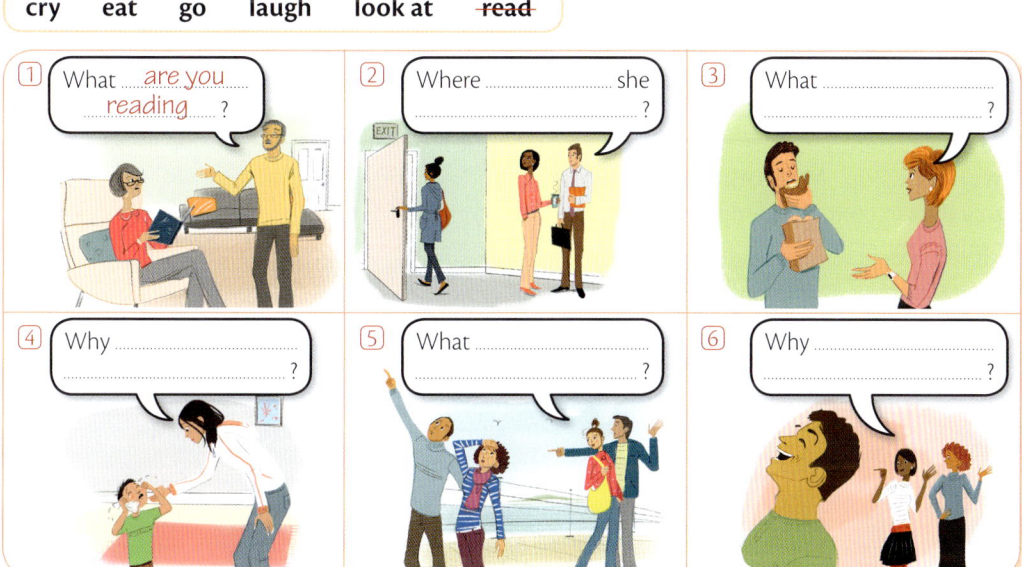

5.3 Scrivi delle domande riordinando le parole tra parentesi.

1 (is / working / Ben / today) _Is Ben working today_ ?
2 (what / the children / are / doing) _What are the children doing_ ?
3 (you / are / listening / to me) .... ?
4 (where / your friends / are / going) .... ?
5 (are / watching / your parents / TV) .... ?
6 (what / Jessica / is / cooking) .... ?
7 (why / you / are / looking / at me) .... ?
8 (is / coming / the bus) .... ?

5.4 Queste domande sono rivolte a te. Rispondi in breve (**Yes, I am.** / **No, it isn't.** ecc.).

1 Are you watching TV? _No, I'm not._
2 Are you wearing a watch? ....
3 Are you eating something? ....
4 Is it raining? ....
5 Are you sitting on the floor? ....
6 Are you feeling well? ....

watch = orologio
(da polso)

5.5 Traduci in inglese.

1 Che fa David? Sta lavorando?
2 Ti senti bene? Perché piangi?
3 Dove andate? Perché correte?
4 A: Sta studiando Emily?
  B: No, sta pulendo la sua camera.
5 Perché Joe porta il cappotto?
  Non fa freddo.
6 A: Che fanno quelle persone?
  B: Stanno aspettando l'autobus.

pulire = clean
persone = people

➜ **Esercizi supplementari 3** (pag. 261)

I do/work/like *ecc.* (present simple, *forma affermativa*)

A

We read a lot.

They have a lot of books.
They **read** a lot. *Leggono molto.*

I like ice cream.

He's eating an ice cream.
He **likes** ice cream. *Gli piace il gelato.*

They **read** / he **likes** / I **work** *ecc.* (*'leggono / gli piace / io lavoro' ecc.*) *sono forme del* present simple:

I/we/you/they	**read**	**like**	**work**	**live**	**watch**	**do**	**have**
he/she/it	**reads**	**likes**	**works**	**lives**	**watches**	**does**	**has**

Ricorda:

con **he** / **she** / **it** *il* present simple *termina in* **-s** (**he** work**s** / **she** live**s** / **it** rain**s**):

- ☐ **I work** in a shop. **My brother works** in a bank. (*non* My brother work)
- ☐ **Lucy lives** in London. **Her parents live** in Scotland.
- ☐ **It rains** a lot in winter.

I **have** → he/she/it **has**:

- ☐ **Joe has** a shower every day.

Ortografia (→ *Appendice 5*):

I verbi in **-s/-sh/-ch** → **-es**:	pas**s** → pass**es**	fini**sh** → finish**es**	wat**ch** → watch**es**
I verbi in **-y** → **-ies**:	stud**y** → stud**ies**	tr**y** → tr**ies**	
Inoltre:	do → do**es**	go → go**es**	

B

Si usa il present simple *per dire qualcosa che è vero in generale, o per parlare di situazioni o azioni ricorrenti.*
Anche in italiano, in questi casi, si usa la forma semplice del presente ('faccio / lavoro / mi piace' ecc.):

- ☐ Your English is good. You **speak** very well. ... *Parli molto bene.*
- ☐ Tom **works** very hard. He **starts** at 7.30 and **finishes** at 8 o'clock in the evening.
  Tom lavora moltissimo. Incomincia ... finisce ...
- ☐ The earth **goes** round the sun. *La terra gira intorno al sole.*
- ☐ We **do** a lot of different things in our free time. *Facciamo ...*
- ☐ It **costs** a lot of money to build a hospital. *Costa ...*

I like / **he likes** *ecc. corrisponde a 'mi piace / gli piace' ecc. Fai attenzione:*

- ☐ **I like** big cities. *Mi piacciono / A me piacciono le grandi città.*
- ☐ **Maria likes** animals. *A Maria piacciono gli animali.*

C

Osserva la posizione di **always/never/often/usually/sometimes** *con il* present simple:

- ☐ Sue **always gets** to work early. (*non* Sue gets always)
  Sue arriva sempre al lavoro in anticipo.
- ☐ I **never eat** breakfast. (*non* I eat never)
  Non faccio mai colazione.
- ☐ We **often go** away at weekends.
  Spesso andiamo via per il fine settimana.
- ☐ Mark **usually plays** football on Sundays.
  Di solito Mark gioca a calcio la domenica.
- ☐ I **sometimes walk** to work, but not often.
  A volte vado al lavoro a piedi, ma non spesso.

I don't ... (present simple, *forma negativa*) → **Unità 7**   **Do you** ... ? (present simple, *forma interrogativa*) → **Unità 8**
I am doing e **I do** → **Unità 9**   **always/usually/often** *ecc.* (*costruzione della frase 2*) → **Unità 97**

Esercizi

6.1 Scrivi i verbi nella forma appropriata per **he**/**she**/**it**.

1 (read)   she   _reads_   3 (fly)   it   ....   5 (have)   she   ....
2 (think) he   ....   4 (dance) he   ....   6 (finish) it   ....

6.2 Le frasi si riferiscono alle persone nelle vignette. Completale usando i seguenti verbi.

a lot of (3) = molto
a lot (5) = spesso

| eat | go | live | ~~play~~ | play | sleep |

1 ....He plays.................   the piano.   4 ....   tennis.
2 They ....   in a very big house.   5 ....   to the cinema a lot.
3 ....   a lot of fruit.   6 ....   seven hours a night.

6.3 Completa le frasi usando i seguenti verbi.

boil = bollire
degree = grado

| boil | close | cost | cost | like | like | meet | open | ~~speak~~ | teach | wash |

1 Maria   ...speaks.....   four languages.
2 The shops in the city centre usually ....   at 9 o'clock in the morning.
3 The City Museum ....   at 5 o'clock in the evening.
4 Tina is a teacher. She ....   mathematics to young children.
5 My job is very interesting. I ....   a lot of people.
6 Peter's car is always dirty. He never ....   it.
7 Food is expensive. It ....   a lot of money.
8 Shoes are expensive. They ....   a lot of money.
9 Water ....   at 100 degrees Celsius.
10 Laura and I are good friends. I ....   her and she ....   me.

6.4 Scrivi delle frasi riordinando le parole tra parentesi. Usa la forma corretta del verbo
(**arrive**/**arrives** ecc.).

hard = (*qui*) molto

1 (always / early / Sue / arrive)   _Sue always arrives early._
2 (to the cinema / never / I / go) I ....
3 (work / Martina / hard / always) ....
4 (like / chocolate / children / usually) ....
5 (Jackie / parties / enjoy / always) ....
6 (often / people's names / I / forget) ....
7 (TV / Sam / watch / never) ....
8 (usually / dinner / we / have / at 7.30) ....
9 (Kate / always / nice clothes / wear) ....

6.5 Scrivi delle frasi su di te. Usa **always**/**never**/**often**/**usually**/**sometimes**.

1 (watch TV in the evening)   _I usually watch TV in the evening._
2 (read in bed) I ....
3 (get up before 7 o'clock) ....
4 (go to work/school by bus) ....
5 (drink coffee in the morning) ....

6.6 Traduci in inglese.

andare in macchina
  = drive

1 Mi piacciono il tennis e il golf.   4 Peter non compra mai un giornale.
2 A mio padre piace Mozart.   5 Maria va sempre al lavoro in macchina.
3 Guardiamo spesso la TV.   6 Di solito fanno colazione alle 8.00.

I don't ... (present simple, *forma negativa*)

A

La forma negativa del present simple *si costruisce con* **don't/doesn't** + *verbo:*

She **doesn't drink** coffee.
Non beve caffè.

He **doesn't like** his job.
Non gli piace il suo lavoro.

forma affermativa *forma negativa*

I we you they	**work like do have**	I we you they	**don't** (**do not**)	**work like**
he she it	**works likes does has**	he she it	**doesn't** (**does not**)	**do have**

- ◯ I **drink** coffee, but I **don't drink** tea. *Bevo ... ma non bevo ...*
- ◯ Sue **drinks** tea, but she **doesn't drink** coffee. *Sue beve ... ma non beve ...*
- ◯ You **don't work** very hard. *Tu non lavori / Voi non lavorate molto.*
- ◯ We **don't watch** TV very often. *Non guardiamo ...*
- ◯ The weather is usually nice. It **doesn't rain** very often. *... Non piove ...*
- ◯ Sam and Chris **don't know** many people. *... non conoscono ...*

B

Ricorda:

I/we/you/they	**don't** ...		◯ **I don't** like football.
he/she/it	**doesn't** ...		◯ **He doesn't** like football.

- ◯ **I don't** like Fred and **Fred doesn't** like me. (*non* Fred don't like)
- ◯ **My car doesn't** use much petrol. (*non* My car don't use)
- ◯ Sometimes he is late, but **it doesn't** happen very often.

C

La negazione **don't/doesn't** *è seguita dall'infinito* (don't **like** / doesn't **speak** / doesn't **do** ecc.):
- ◯ I **don't like** washing the car. I **don't do** it very often. *Non mi piace ... Non lo faccio ...*
- ◯ Sarah **speaks** Spanish, but she **doesn't speak** Italian. (*non* doesn't speaks)
  Sarah parla spagnolo, ma non parla italiano.
- ◯ David **doesn't do** his job very well. (*non* David doesn't his job) *David non fa molto bene il suo lavoro.*
- ◯ Paula **doesn't** usually **have** breakfast. (*non* doesn't ... has) *Di solito Paula non fa colazione.*

Fai attenzione alla forma negativa del verbo **do** (= 'fare'):
- ◯ I **don't do** it very often.
- ◯ David **doesn't do** his job very well.

In queste frasi **don't** *e* **doesn't** *sono le forme negative, mentre* **do** *significa 'fare'.*
- ◯ We **don't do** the housework every day. *Non facciamo ...*

> I **do/work/like** ecc. (present simple, *forma affermativa*) ➔ **Unità 6**
> **Do you** ... ? (present simple, *forma interrogativa*) ➔ **Unità 8**

Esercizi

7.1 Scrivi la forma negativa delle seguenti frasi.

1 I play the piano very well.   *I don't play the piano very well.*
2 Anna plays the piano very well.   Anna ....
3 They know my phone number.   They ....
4 We work very hard.   ....
5 He has a bath every day.   ....
6 You do the same thing every day.   ....

the same thing =
  la stessa cosa

7.2 Osserva la tabella di gradimento. Poi utilizzala per scrivere delle frasi con il verbo **like**.

	BEN AND SOPHIE	KATE	YOU
1 classical music?	yes	no	**?**
2 boxing?	no	yes	
3 horror movies?	yes	no	

1 *Ben and Sophie like classical music.*
  Kate ....
  I .... classical music.
2 Ben and Sophie ....
  Kate ....
  I ....
3 ....
  ....
  ....

boxing = pugilato

7.3 Scrivi delle frasi su di te. Usa:

I never ...   oppure   **I often ...**   oppure   **I don't ... very often.**

1 (watch TV)   *I don't watch TV very often.*   o   *I never watch TV.*   o
  I often watch TV.
2 (go to the theatre)   ....
3 (ride a bike)   ....
4 (eat in restaurants)   ....
5 (travel by train)   ....

7.4 Completa le seguenti frasi con la forma negativa dei verbi elencati (**don't/doesn't** + verbo).

cost	go	know	~~rain~~	see	use	wear

1 The weather here is usually nice. It *doesn't rain* much.
2 Paul has a car, but he .... it very often.
3 Paul and his friends like films, but they .... to the cinema very often.
4 Amanda is married, but she .... a ring.
5 I .... much about politics. I'm not interested in it.
6 The Regent Hotel isn't expensive. It .... much to stay there.
7 Ed lives very near us, but we .... him very often.

ring = anello
stay = (qui) alloggiare

7.5 A seconda dei casi, scrivi la forma affermativa o negativa del verbo indicato.

1 Margaret *speaks* four languages – English, French, German and Spanish. (speak)
2 I *don't like* my job. It's very boring. (like)
3 'Where's Steve?' 'I'm sorry. I ....' (know)
4 Sue is a very quiet person. She .... very much. (talk)
5 Andy .... a lot of tea. It's his favourite drink. (drink)
6 It's not true! I .... it! (believe)
7 That's a very beautiful picture. I .... it very much. (like)
8 Mark is a vegetarian. He .... meat. (eat)

7.6 Traduci in inglese.

1 Non capisco questa parola.
2 Lisa ama Roma, ma il traffico non le piace.
3 Lui l'ama, ma lei non l'ama.
4 Francesco non parla inglese.
5 Mia sorella non fa colazione a casa.
6 Non fumo, non bevo e non mangio carne.
7 Ai miei amici non piace la musica classica.
8 Noi non dormiamo molto. Ci alziamo presto.
9 Non abitano a Milano, ma conoscono la città.

fare colazione = have
  breakfast
molto = (qui) much
presto = early

Do you ... ? (present simple, *forma interrogativa*)

A | *La forma interrogativa del present simple si costruisce con* **do/does**:

forma affermativa   *forma interrogativa*

I	**work**			I	
we	**like**	**do**		we	
you	**do**			you	**work?**
they	**have**			they	**like?**
					do?
he	**works**			he	**have?**
she	**likes**	**does**		she	
it	**does**			it	
	has				

Do you play the guitar?

Do you **play** the guitar? = *Tu suoni la chitarra?*

B | *Osserva la posizione delle parole in queste domande:*

do/does + *soggetto* + *infinito*

	Do	you	**play**	the guitar?
	Do	your friends	**live**	near here?
	Does	Chris	**work**	on Sundays?
	Does	it	**rain**	a lot here?
Where	**do**	your parents	**live?**	
How often	**do**	you	**wash**	your hair?
What	**does**	this word	**mean?**	
How much	**does**	it	**cost**	to fly to Rome?

Osserva anche la posizione di **always** *e* **usually** *nelle forme interrogative:*

	Does	Chris	**always**	**work**	on Sundays?
What	**do**	you	**usually**	**do**	at weekends?

Fai attenzione alle forme interrogative del verbo **do** *(= fare):*

- What **do** you usually **do** at weekends?
  Che cosa fai / fate di solito nel fine settimana?

In questo esempio il primo **do** *è la particella interrogativa. L'altro* **do** *significa 'fare'.*

What do you **do**? = *Che cosa fai? (Che lavoro fai?)*

- 'What do you do?' 'I work in a bank.'
- 'What does your father do?' 'He's an engineer.'

C | *Ricorda:*

do I/we/you/they ...	○ **Do they** like music?
does he/she/it ...	○ **Does he** like music? (*non* Do he likes)

D | *Risposte brevi*

Yes,	I/we/you/they **do**.	No,	I/we/you/they **don't**.
	he/she/it **does**.		he/she/it **doesn't**.

- 'Do you play the guitar?' 'No, I don't.'
- 'Do your parents speak English?' 'Yes, they do.'
- 'Does James work hard?' 'Yes, he does.'
- 'Does your sister live in London?' 'No, she doesn't.'

I do/work/like *ecc.* (present simple, *forma affermativa*) ➜ **Unità 6**   I don't ... (present simple, *forma negativa*) ➜ **Unità 7**
forme interrogative ➜ **Unità 46–51**

Esercizi

8.1 Scrivi le domande seguendo l'esempio. Usa **Do ... ?/Does ... ?**

hard = (qui) molto

1 I like chocolate. How about you? — *Do you like chocolate* ?
2 I play tennis. How about you? — _____ you _____ ?
3 You live near here. How about Lucy? — _____ Lucy _____ ?
4 Tom plays tennis. How about his friends? — _____ ?
5 You speak English. How about your brother? — _____ ?
6 I do yoga every morning. How about you? — _____ ?
7 Sue goes away a lot. How about Paul? — _____ ?
8 I want to be famous. How about you? — _____ ?
9 You work hard. How about Anna? — _____ ?

8.2 Scrivi delle domande con **do/does**. Utilizza, riordinandole, le parole tra parentesi.

have = (qui) mangiare/bere
mean = significare

1 (where / live / your parents) — *Where do your parents live* ?
2 (you / early / always / get up) — *Do you always get up early* ?
3 (how often / TV / you / watch) — _____ ?
4 (you / want / what / for dinner) — _____ ?
5 (like / you / football) — _____ ?
6 (your brother / like / football) — _____ ?
7 (what / you / do / in your free time) — _____ ?
8 (your sister / work / where) — _____ ?
9 (breakfast / always / you / have) — _____ ?
10 (what / mean / this word) — _____ ?
11 (in winter / snow / it / here) — _____ ?
12 (go / usually / to bed / what time / you) — _____ ?
13 (how much / to phone New York / it / cost) — _____ ?
14 (you / for breakfast / have / usually / what) — _____ ?

8.3 Completa le domande usando i verbi elencati.

~~do~~ do enjoy go like start teach work

1 What _do you do_ ? — I work in a bookshop.
2 _____ it? — It's OK.
3 What time _____ in the morning? — At 9 o'clock.
4 _____ on Saturdays? — Sometimes.
5 How _____ to work? — Usually by bus.
6 And your husband. What _____ ? — He's a teacher.
7 What _____ ? — Science.
8 _____ his job? — Yes, he loves it.

8.4 Queste domande sono rivolte a te. Rispondi in breve (**Yes, he does. / No, I don't.** ecc.).

1 Do you watch TV a lot? — *No, I don't.* o *Yes, I do.*
2 Do you live in a big city? — _____
3 Do you often ride a bike? — _____
4 Does it rain a lot where you live? — _____
5 Do you play the piano? — _____

8.5 Traduci in inglese.

1 Giocate spesso a tennis?
2 Dove abiti? Vivi a Bologna?
3 Tua sorella lavora a Londra?
4 A Jackie piace il jazz?
5 Che cosa fa tuo padre? Fa il medico?
6 'Che cosa significa *cookie*?'   'Non (lo) so.'
7 'Quanto costa?'   'Settanta euro. Ti piace?'
8 Loro che cosa fanno di solito il fine settimana?

spesso = often
il fine settimana =
  at the weekend

➜ **Esercizi supplementari 4** (pag. 261)

I am doing *e* I do
(present continuous *e* present simple)

A

Jack is watching television.
He is *not* playing the guitar.

But Jack has a guitar.
He often plays it and he plays very well.

Jack **plays** the guitar,
but he **is not playing** the guitar now.
(*... suona la chitarra, ma adesso non la sta suonando.*)

Is he playing the guitar?   **No, he isn't.**   (present continuous)
Does he play the guitar?   **Yes, he does.**   (present simple)

B

Il present continuous descrive un'azione o situazione in corso. Può avere due traduzioni.

present continuous ➡   **I am doing** *(azione in corso)* = *faccio (adesso) / sto facendo*

- Please be quiet. I**'m** work**ing**. (*non* I work)
  ... *Sto lavorando.*
- Tom **is** hav**ing** a shower at the moment. (*non* Tom has)
  Tom fa / sta facendo la doccia ...
- Take an umbrella with you. It**'s** rain**ing**. ... *Piove. / Sta piovendo.*
- You can turn off the television. I**'m** not watch**ing** it. ... *Non la guardo. / Non la sto guardando.*
- Why are you under the table? What **are** you do**ing**? ... *Che fai / Che stai facendo?*

C

Il present simple esprime realtà che sono vere in generale oppure azioni o situazioni ricorrenti.
Anche in italiano corrisponde alla forma semplice del presente.

present simple ➡   **I do** *(in generale, sempre, qualche volta)* = *faccio*

- I **work** every day from 9 o'clock to 5.30. *Lavoro ogni giorno ...*
- Tom **has** a shower every morning. ... *fa la doccia ogni mattina.*
- It **rains** a lot in winter. *Piove molto d'inverno.*
- I **don't watch** TV very often. *Non guardo ... molto spesso.*
- What **do** you usually **do** at weekends? *Che cosa fai/fate di solito ... ?*

Dunque, a seconda dei casi, la forma semplice del presente italiano può avere due traduzioni. Fai attenzione:

faccio ⟶ *(adesso) = sto facendo* → **I am doing**
⟶ *(in generale, sempre, qualche volta)* → **I do**

D

*Di solito, i seguenti verbi non si usano al present continuous (**I am -ing**):*

like	want	know	understand	remember
prefer	need	mean	believe	forget

*Usali soltanto al present simple (**I want** / **Do you like**? ecc.):*
- I'm tired. I **want** to go home. (*non* I'm wanting) ... *Voglio ...*
- A: **Do** you **kno**w that girl? *Conosci ... ?*
  B: Yes, but I **don't remember** her name. ... *non ricordo ...*
- I **don't understand**. What **do** you **mean**? *Non capisco. Che intendi dire?*

present continuous ➡ **Unità 4–5**   present simple ➡ **Unità 6–8**   *presente con significato futuro* ➡ **Unità 28**

Esercizi

9.1 Per ogni vignetta, confronta la situazione con le parole del fumetto. Poi rispondi alle domande.

take = (*qui*) fare
driver = autista

1 I'm a photographer.

Does he take photographs? *Yes, he does.*
Is he taking a photograph? *No, he isn't.*
What is he doing?
  He's having a bath.

2 I'm a bus driver.

Is she driving a bus? ....
Does she drive a bus? ....
What is she doing?

3 I'm a window cleaner.

Does he clean windows? ....
Is he cleaning a window? ....
What is he doing?

4 We are teachers.

Are they teaching? ....
Do they teach? ....
What do they do?

9.2 Completa le frasi con **am**/**is**/**are** oppure con **do**/**don't**/**does**/**doesn't**.

funny = buffo
in the rain = sotto
  la pioggia

1 Excuse me, ...*do*..... you speak English?
2 'Where's Kate?' 'I .... know.'
3 What's funny? Why .... you laughing?
4 'What .... your sister do?' 'She's a dentist.'
5 It .... raining. I .... want to go out in the rain.
6 'Where .... you come from?' 'Canada.'
7 How much .... it cost to stay at this hotel? Is it expensive?
8 Steve is a good tennis player, but he .... play very often.

9.3 Metti il verbo al present continuous (**I am doing**) o al present simple (**I do**).

turn off = spegnere

1 Excuse me, ...*do you speak*..... (you/speak) English?
2 'Where's Tom?' ' .....*He's having*..... (he/have) a shower.'
3 .....*I don't watch*..... (I/not/watch) TV very often.
4 Listen! Somebody .... (sing).
5 Sarah is tired. .... (she/want) to go home now.
6 How often .... (you/use) your car? Every day?
7 'Excuse me, but .... (you/sit) in my seat.' 'Oh, I'm sorry.'
8 I'm sorry, ... (I/not/understand). Can you speak more slowly?
9 It's late. .... (I/go) home now. .... (you/come) with me?
10 What time .... (your father / finish) work every day?
11 You can turn off the radio. .... (I/not/listen) to it.
12 'Where's Paul?' 'In the kitchen. .... (he/cook) something.'
13 Mark .... (not/usually/drive) to work.
   He .... (usually/walk).
14 Sue .... (not/like) coffee. .... (she/prefer) tea.

9.4 Traduci in inglese.

in TV = on TV

1 'Che cosa fai?' 'Sono studente.'
2 'Che cosa fai?' 'Sto scrivendo un'email.'
3 Guarda! Quel cane gioca con un gatto.
4 A Paul non piace Los Angeles. Preferisce New York.
5 Perché il treno si ferma? Non c'è una stazione qui.
6 Laura e Clara vivono a Boston, ma non parlano inglese.
7 Vi disturbo? State lavorando?
8 A: Andate spesso al cinema?
   B: No, ma guardiamo i film in TV.

→ **Esercizi supplementari 8–9** (pag. 263)

I have … *e* I've got …

A

I have / **I've got** = *io ho*

Si può dire **I have** *o* **I've got**, **he has** *o* **he's got**. *Il significato non cambia.*

I we you they	**have**	*oppure*	I we you they	**have got**	(**I've got**) (**we've got**) (**you've got**) (**they've got**)
he she it	**has**	*oppure*	he she it	**has got**	(**he's got**) (**she's got**) (**it's got**)

forme contratte

I've got a headache.

- ○ I **have** blue eyes. *o* I**'ve got** blue eyes. *Ho …*
- ○ Tom **has** two sisters. *o* Tom **has got** two sisters. *… ha …*
- ○ Our car **has** four doors. *o* Our car **has got** four doors. *… ha …*
- ○ Sarah isn't feeling well. She **has** a headache. *o* She**'s got** a headache. *… Ha mal di testa.*
- ○ They like animals. **They have** a horse, three dogs and six cats. *o* They**'ve got** … *Hanno …*

B

I **don't have** / I **haven't got** *ecc. (forme negative)*

Si può dire:

I/you we/they	**don't**	**have**	*o*	I/you we/they	**haven't**	**got**
he/she it	**doesn't**			he/she it	**hasn't**	

- ○ I **don't have** a car. *o* I **haven't got** a car. *Non ho la macchina.*
- ○ They **don't have** any children. *o* They **haven't got** any children. *Non hanno figli.*
- ○ It's a nice house, but it **doesn't have** a garden. *o* … it **hasn't got** a garden. *… ma non ha il giardino.*
- ○ Amy **doesn't have** a job at the moment. *o* Amy **hasn't got** a job … *Amy non ha un lavoro …*

C

do you **have**? / **have** you **got**? *ecc. (forme interrogative)*

Si può dire:

do	I/you we/they	**have**	*o*	**have**	I/you we/they	**got**
does	he/she it			**has**	he/she it	

- ○ '**Do** you **have** a camera?' 'No, I **don't**.' *'Hai … ?' 'No.'*
  '**Have** you **got** a camera?' 'No, I **haven't**'. *'Hai … ?' 'No.'*

- ○ '**Does** Helen **have** a car?' 'Yes, she **does**.' *'Helen ha … ?' 'Sì.'*
  '**Has** Helen **got** a car?' 'Yes, she **has**.' *'Helen ha … ?' 'Sì.'*

- ○ What kind of car **does** she **have**? *o* … **has** she **got**? *Che tipo di macchina ha?*

- ○ How many children **do** they **have**? *o* … **have** they **got**? *Quanti figli hanno?*

D

Sia **is** *che* **has** *si contraggono in* **'s**. *Fai attenzione:*
- ○ It**'s** (= It **is**) a small house, but it**'s got** (= it **has got**) a big garden. *È … ma ha …*
- ○ She**'s** (= She **is**) tired and she**'s got** (= she **has got**) a headache. *È … e ha …*

La forma **has** *si può contrarre in* **'s** *quando è seguita da* **got**:
- ○ She **has** a headache. *oppure* She**'s got** a headache. (*ma non* She**'s** a headache.)

---

had / **didn't have** (*passato*) ➜ Unità 12–13   **have breakfast** / **have a shower** *ecc.* ➜ Unità 61
a/an *dopo* **have** ➜ Unità 69   **some/any** ➜ Unità 79

Esercizi

10.1 Riscrivi le frasi usando **got**. Il significato non cambia.

1 They have two children.   *They've got two children.*
2 She doesn't have a key.   *She hasn't got a key.*
3 He has a new job.   He ....
4 Do you have an umbrella?   ....
5 We have a lot of work to do. ....
6 I don't have your phone number. ....
7 Does your father have a car? ....
8 How much money do we have?   ....

10.2 Riscrivi le frasi usando **do**/**does**/**don't**/**doesn't**. Il significato non cambia.

1 Have you got any money?   *Do you have any money?*
2 I haven't got many clothes. I ....
3 Has Tom got a brother?   ....
4 How many children have they got? ....
5 Have you got any questions? ....
6 Sam hasn't got a job.   ....

10.3 Leggi le domande e le risposte. Poi scrivi delle frasi su Mark.

1	Have you got a car?	No.	1	*He hasn't got a car.*
2	Have you got a bike?	Yes.	2	He ....
3	Have you got a dog?	No.	3	....
4	Have you got a mobile phone?	Yes.	4	....
5	Have you got a watch?	No.	5	....
6	Have you got any brothers or sisters?	Yes, two brothers and a sister.	6	....

Mark

E tu? Scrivi delle frasi su di te con **I've got** oppure **I haven't got**.

7 (a dog)   ....
8 (a bike)   ....
9 (brothers/sisters) ....

10.4 Completa le frasi. Usa **have**, **has**, **don't have** oppure **doesn't have**.

1 Sarah ....*doesn't have*.... a car. She goes everywhere by bike.
2 They like animals. They ....*have*.... three dogs and two cats.
3 Charles isn't happy. He .... a lot of problems.
4 They are always busy. They .... much free time.
5 'What's wrong?'   'I .... something in my eye.'
6 'Where's my pen?'   'I don't know. I .... it.'
7 Amy wants to go to the concert, but she .... a ticket.

10.5 Completa le frasi. Usa **have**/**has got** oppure **haven't**/**hasn't got**.

> six legs   a key   ~~a headache~~   a lot of friends   a job   much time

1 I'm not feeling very well. I ....*'ve got a headache.*....
2 Everybody likes Tom. He ....
3 She can't open the door. She ....
4 Quick! We ....
5 An insect ....
6 I'm unemployed. I ....

10.6 Traduci in inglese.

1 Abbiamo una casa grande.
  Ha quattro camere e tre bagni.
2 Tom ha un fratello. Io ho due sorelle.
3 Ho un problema. Hai un minuto?
4 Hai un'aspirina? Ho mal di testa.

5 'Hanno dei figli?'   'Sì, ne hanno due.'
6 'Avete un cane?'   'Sì, e abbiamo anche un gatto.'
7 Lucia ha un buon lavoro, ma non ha molto tempo libero.
8 'Abbiamo del latte?'   'Sì, ma non abbiamo cornflakes.'

figli = children
molto = (qui) much

➜ **Esercizi supplementari 5–7** (pag. 262)

was/were

A

last night   now

Now Robert **is** at work.

At midnight last night he **wasn't** at work.
A mezzanotte ieri sera non era al lavoro.

He **was** in bed.   *Era a letto.*
He **was** asleep.   *Era addormentato. / Dormiva.*

am/**is** (*presente*) → **was** (*passato*):

- ☐ I **am** tired. *Sono ...*
- ☐ Where **is** Kate? *Dov'è ...*
- ☐ The weather **is** good today.
  Il tempo è bello ...

I **was** tired **last night**. *Ero ...*
Where **was** Kate **yesterday**? *Dov'era / Dov'è stata ...*
The weather **was** good **last week**.
... è stato / era ...

are (presente) → **were** (passato):

- ☐ You **are** late. *Sei/Siete in ritardo.*
- ☐ They **aren't** here. *Non sono qui.*

You **were** late **yesterday**. *Eri/Eravate in ritardo ieri.*
They **weren't** here **last Sunday**. *Non erano qui ...*

B

forma affermativa   *forma negativa*

I he she it	**was**
we you they	**were**

I he she it	**was not** (**wasn't**)
we you they	**were not** (**weren't**)

forma interrogativa

was	I? he? she? it?
were	we? you? they?

- ☐ When I **was** a child, I **was** scared of dogs. *Quand'ero bambino, avevo paura...*
- ☐ We **were** hungry after the journey, but we **weren't** tired. *Avevamo fame ... , ma non eravamo stanchi.*
- ☐ The hotel **was** comfortable, but it **wasn't** expensive. *... era ... non era ...*

- ☐ **Was** the weather nice when you **were** on holiday? *Era / È stato ... sei stato / eri ... ?*
- ☐ Your shoes are nice. **Were** they expensive? *... Erano care? / Sono costate molto?*
- ☐ Why **were** you late this morning? *... eri/eravate ... ?*

*Di solito, **was**/**were** corrisponde all'imperfetto italiano di 'essere' ('ero/eri' ecc.) oppure al passato prossimo ('sono stato/ sei stato' ecc.). A volte, si traduce con il passato remoto ('fui/fosti' ecc.):*

- ☐ The exam **was** difficult. *... era / è stato ...*
- ☐ They **were** in the USA in 2009. *Sono stati / Erano ...*
- ☐ Romulus **was** the first king of Rome. *... fu ...*

*In certe espressioni, tuttavia, **was**/**were** si traduce con il verbo 'avere' (Unità 3):*

- ☐ I **was** scared. *Avevo paura.*
- ☐ We **were** hungry/thirsty. *Avevamo fame/sete.*
- ☐ Last year Rachel **was** 22, so she is 23 now. *L'anno scorso ... aveva 22 anni, ...*

C

Risposte brevi

Yes,	I/he/she/it **was**.
	we/you/they **were**.

No,	I/he/she/it **wasn't**.
	we/you/they **weren't**.

- ☐ '**Were you** late?' '**No, I wasn't.**'
- ☐ '**Was Tom** at work yesterday?' '**Yes, he was.**'
- ☐ '**Were Sue and Steve** at the party?' '**No, they weren't.**'

am/is/are ➜ **Unità 1–3**   I was doing ➜ **Unità 14**

Esercizi

11.1 Osserva le vignette. Dov'erano queste persone ieri pomeriggio alle 3.00? Scrivilo negli spazi.

JOE	JACK KATE		SUE	MR AND MRS HALL	BEN

1 <u>Joe was in bed.</u>   4 ....
2 Jack and Kate ....   5 ....
3 Sue ....   6 And you? I ....

11.2 Completa le frasi con **am**/**is**/**are** (presente) oppure con **was**/**were** (passato).

this time = in questo periodo

1 Last year she ...<u>was</u>... 22, so she ...<u>is</u>... 23 now.
2 Today the weather .... nice, but yesterday it .... very cold.
3 I .... hungry. Can I have something to eat?
4 I feel fine this morning, but I .... very tired last night.
5 Where .... you at 11 o'clock last Friday morning?
6 Don't buy those shoes. They .... very expensive.
7 I like your new jacket. .... it expensive?
8 This time last year I .... in Paris.
9 'Where .... Sam and Joe?' 'I don't know. They .... here ten minutes ago.'

11.3 Completa le frasi con **was**/**were** oppure con **wasn't**/**weren't**.

public holiday = giorno festivo

1 We weren't happy with the hotel. Our room ...<u>was</u>... very small and it ...<u>wasn't</u>... clean.
2 Mark .... at work last week because he .... ill. He's better now.
3 Yesterday .... a public holiday, so the banks .... closed. They're open today.
4 '..................... Kate and Ben at the party?' 'Kate .... there, but Ben .... '
5 Where are my keys? They .... on the table, but they're not there now.
6 You .... at home last night. Where .... you?

11.4 Osserva le risposte e scrivi le domande. Usa le parole tra parentesi nell'ordine giusto insieme a **was** o **were**.

bad = (qui) caotico

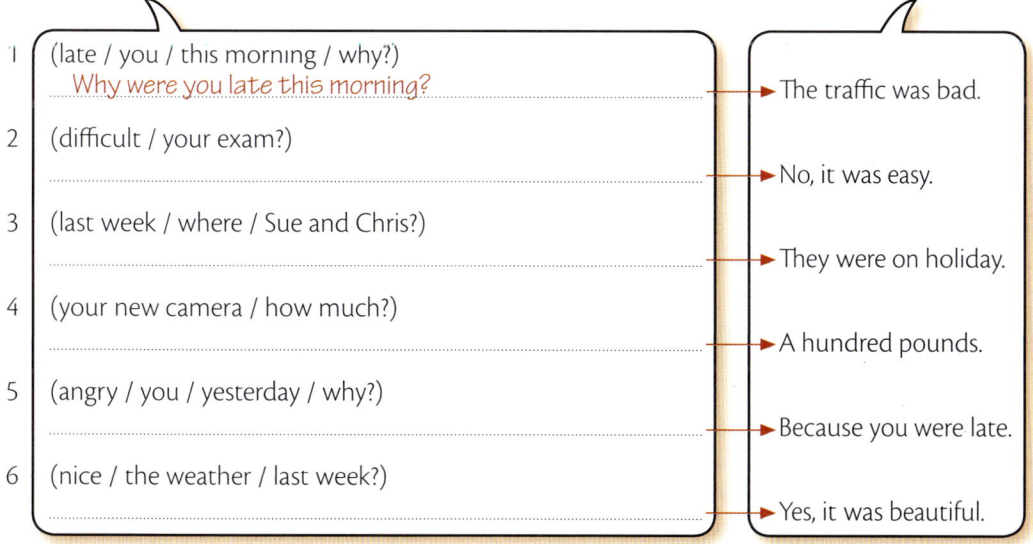

1 (late / you / this morning / why?)
   <u>Why were you late this morning?</u> → The traffic was bad.

2 (difficult / your exam?)
   .... → No, it was easy.

3 (last week / where / Sue and Chris?)
   .... → They were on holiday.

4 (your new camera / how much?)
   .... → A hundred pounds.

5 (angry / you / yesterday / why?)
   .... → Because you were late.

6 (nice / the weather / last week?)
   .... → Yes, it was beautiful.

11.5 Traduci in inglese.

martedì = on Tuesday
il fine settimana = at the weekend
i tuoni = thunder

1 Martedì non eravamo a casa.
2 È stato bello il film ieri sera?
3 Il museo non era molto interessante.
4 Quanti anni aveva Napoleone nel 1800?
5 Dov'eri alle 7.30? Eri alla stazione?
6 Chi fu il primo re d'Italia?
7 Ann e Kate sono state a Venezia il fine settimana?
8 Quand'ero bambino, avevo paura dei tuoni.

worked/got/went ecc. (past simple)

A

They **watch** TV every evening.
Guardano la TV ...

They **watched** TV yesterday evening.
Hanno guardato la TV ...

watched *è al* past simple:

I/we/you/they	**watched**
he/she/it	

B

Il past simple *di molti verbi (i verbi regolari) termina in* **-ed**. *Per esempio:*

work → **worked**	start → **started**	stay → **stayed**
clean → **cleaned**	dance → **danced**	need → **needed**

○ I clean my teeth every morning. This morning I **cleaned** my teeth.
  Mi lavo i denti ogni mattina. Questa mattina mi sono lavato i denti.
○ Terry **worked** in a bank from 2005 to 2011. *... lavorò / ha lavorato ...*
○ Yesterday it **rained** all morning. It **stopped** at lunchtime. *... è piovuto ... Ha smesso ...*
○ We **enjoyed** the party last night. We **danced** a lot and **talked** to a lot of people. The party **finished**
  at midnight. *Ci siamo divertiti alla festa ... Abbiamo ballato ... abbiamo parlato ... La festa è finita ...*

Ortografia (→ *Appendice 5*):

tr**y** → tr**ied**	sto**p** → sto**pped**	stud**y** → stud**ied**	pla**n** → pla**nned**	cop**y** → cop**ied**

C

Altri verbi sono irregolari (non seguono la regola **-ed***). Ecco un elenco dei più frequenti (vedi anche Appendici 2–3).*

begin *(cominciare)* → **began**	get → **got**	say *(dire)* → **said**
break *(rompere)* **broke**	give *(dare)* **gave**	see *(vedere)* **saw**
bring *(portare)* **brought**	go *(andare)* **went**	sell *(vendere)* **sold**
build *(costruire)* **built**	have *(avere)* **had**	sit *(sedere)* **sat**
buy *(comprare)* **bought**	hear *(sentire/udire)* **heard**	sleep *(dormire)* **slept**
catch *(prendere)* **caught**	know *(sapere/conoscere)* **knew**	speak *(parlare)* **spoke**
come *(venire)* **came**	leave *(partire/lasciare)* **left**	stand *(stare in piedi)* **stood**
do *(fare)* **did**	lose *(perdere)* **lost**	take *(prendere/portare)* **took**
drink *(bere)* **drank**	make *(fare)* **made**	tell *(dire)* **told**
eat *(mangiare)* **ate**	meet *(incontrare)* **met**	think *(pensare)* **thought**
fall *(cadere)* **fell**	pay *(pagare)* **paid**	win *(vincere)* **won**
find *(trovare)* **found**	put *(mettere)* **put**	write *(scrivere)* **wrote**
fly *(volare)* **flew**	read *(leggere)* **read /red/***	
forget *(dimenticare)* **forgot**	ring *(telefonare/squillare)* **rang**	* *pronuncia*

○ I usually get up early, but this morning I **got** up at 9 o'clock. *... mi sono alzato alle 9.00.*
○ We **did** a lot of work yesterday. *Abbiamo fatto ...*
○ Caroline **went** to the cinema three times last week. *... è andata ...*
○ James **came** into the room, **took** off his coat and **sat** down. *... entrò ... , si tolse ... e si sedette.*

D

Negli esempi qui sopra e nell'uso comune il past simple (**I watched** / **I went** *ecc.) corrisponde al passato prossimo
italiano ('ho guardato / sono andato' ecc.) o, talvolta, al passato remoto ('guardai/andai' ecc.).*

In altri casi, il past simple *si traduce con l'imperfetto italiano:*

○ I **was** tired last night. I **had** a headache too. *Ero stanco ieri sera. Avevo anche mal di testa.*
○ They **wanted** to see the manager. *Volevano vedere il direttore.*
○ Nobody **knew** the way. *Nessuno sapeva/conosceva la strada.*

---

was/were ➔ **Unità 11**   I didn't ... / Did you ... ? (past simple, *forme negativa e interrogativa*) ➔ **Unità 13**
ago ➔ **Unità 21**

Esercizi

12.1 Completa ogni frase con il past simple di uno dei verbi elencati.

> ~~clean~~   die   enjoy   finish   happen   open   rain   start   stay   want

1 I ....*cleaned*.... my teeth three times yesterday.
2 It was hot in the room, so I .... the window.
3 The film was very long. It .... at 7.15 and .... at 10 o'clock.
4 When I was a child, I .... to be a doctor.
5 The accident .... last Sunday afternoon.
6 The weather is nice today, but yesterday it .... all day.
7 We .... our holiday last year. We .... at a very nice place.
8 Anna's grandfather .... when he was 90 years old.

12.2 Scrivi il past simple dei seguenti verbi.

1 get ...*got*...   4 pay ....   7 go ....   10 know ....
2 see ....   5 visit ....   8 think ....   11 put ....
3 play ....   6 buy ....   9 copy ....   12 speak ....

12.3 Il testo descrive il viaggio di Lisa a Madrid. Completalo con la forma adatta dei verbi elencati.

on time = in orario

Last Tuesday Lisa (1) ...*flew*... from London to Madrid. She (2) .... up
at six o'clock in the morning and (3) .... a cup of coffee. At 6.30 she
(4) .... home and (5) .... to the airport. When she
(6) .... there, she (7) .... the car, (8) .... to the
airport building, and (9) .... in. Then she (10) .... breakfast
at a café and (11) .... for her flight. The plane (12) ....
on time and (13) .... in Madrid two hours later. Finally she
(14) .... a taxi from the airport to her hotel in the centre of Madrid.

| fly, get |
| have |
| leave, drive |
| get, park, walk |
| check, have |
| wait, depart |
| arrive |
| take |

12.4 Leggi le frasi al presente e, per ciascuna, scrivi una frase al past simple.

to see us = a trovarci

1 James always goes to work by car. Yesterday ...*he went to work by car.*...
2 Rachel often loses her keys. She .... last week.
3 Kate meets her friends every evening. She .... yesterday evening.
4 I buy a newspaper every day. Yesterday I ....
5 We often go to the cinema at weekends. Last Sunday we ....
6 I eat an orange every day. Yesterday I ....
7 Tom always has a shower in the morning. This morning he ....
8 Our friends often come to see us. They .... last Friday.

12.5 Ora scrivi che cosa hai fatto tu ieri.

1 ...*I played volleyball yesterday.*...   4 ....
2 ....   5 ....
3 ....   6 ....

12.6 Traduci in inglese.

dal ... al ... = from ... to ...
bambino (7) = baby
cellulare = mobile
bambino (10) = child

1 Ho ballato con Jack alla festa.
2 Andy lavorò a New York dal 1996 al 2008.
3 Shakespeare morì nel 1616.
4 Ieri pomeriggio abbiamo guardato la partita.
5 Il concerto è cominciato alle 9.00 ed è finito alle 11.00.
6 A: È nuova la tua macchina?
  B: L'ho comprata l'anno scorso.
7 Lucy ha avuto un bambino in ottobre.
8 Ieri ho perso il mio cellulare, ma l'ho trovato stamattina.
9 I miei genitori sono andati a Parigi il mese scorso.
10 Quand'ero bambino avevo un gatto e un cane.
11 Siete partiti presto ieri mattina!

→ **Esercizi supplementari 10** (pag. 264)

I didn't ...   Did you ... ?
(past simple, *forme negativa e interrogativa*)

A *Le forme negative e interrogative del* past simple *si costruiscono con* **did**:

infinito

| play |
| start |
| watch |
| have |
| see |
| do |
| go |

forma affermativa

I	**played**
we	**started**
you	**watched**
they	**had**
he	**saw**
she	**did**
it	**went**

forma negativa

I		play
we		start
you	**did not**	watch
they	**(didn't)**	have
he		see
she		do
it		go

forma interrogativa

	I	play?
	we	start?
	you	watch?
did	they	have?
	he	see?
	she	do?
	it	go?

B *Il* **do** *e il* **does** *del* present simple *diventano* **did** *al* past simple:

⃞ I **don't** watch TV very often. → I **didn't** watch TV **yesterday**.
   Non guardo ...   *Non ho guardato ...*

⃞ **Does** she often go away? → **Did** she go away **last week**?
   Va via ...   *È andata via ... ?*

C *Con* **did/didn't** *si usa l'infinito del verbo* (**watch/play/go** *ecc.*):

I **watched**	*ma*	I **didn't watch**	(*non* I didn't watched)
they **went**		**did** they **go**?	(*non* did they went?)
he **had**		he **didn't have**	
you **did**		**did** you **do**?	

⃞ I play**ed** tennis yesterday, but I **didn't win**. *Ho giocato ... ma non ho vinto.*
⃞ A: **Did** you **do** the shopping? *Hai fatto ... ?*
   B: No, I **didn't have** time. *... non ho avuto ...*
⃞ We **went** to the cinema, but we **didn't like** the film. *Siamo andati ... non ci è piaciuto ...*

Osserva questi due esempi:
⃞ **Did** you **do** the shopping?
⃞ Sam **didn't do** his homework. *Sam non ha fatto i compiti.*

Did *e* **didn't** *indicano la forma interrogativa e negativa,* **do** *è il verbo 'fare'.*

D *Fai attenzione alla costruzione delle domande con* **did**:

did + *soggetto* + *infinito*

	Did	your sister	**call**	you?
What	**did**	you	**do**	last night?
How	**did**	the accident	**happen**?	
Where	**did**	your parents	**go**	for their holiday?

E *Risposte brevi*

| Yes, | I/we/you/they he/she/it | **did**. |

| No, | I/we/you/they he/she/it | **didn't**. |

⃞ '**Did you** see Joe yesterday?' '**No, I didn't.**'
⃞ '**Did it** rain on Sunday?' '**Yes, it did.**'
⃞ '**Did Helen** come to the party?' '**No, she didn't.**'
⃞ '**Did your parents** have a good holiday?' '**Yes, they did.**'

worked/got/went *ecc.* (past simple) → Unità 12

Esercizi

13.1 Completa le frasi con la forma negativa dello stesso verbo.

1 I saw Barbara, but I ___didn't see___ Jane.
2 They worked on Monday, but they _____ on Tuesday.
3 We went to the post office, but we _____ to the bank.
4 She had a pen, but she _____ any paper.
5 Jack did French at school, but he _____ German.

13.2 Scrivi le domande seguendo l'esempio. Usa **Did ... ?**

1 I watched TV last night. How about you?   ___Did you watch TV last night___ ?
2 I enjoyed the party. How about you? _____ ?
3 I had a good holiday. How about you? _____ ?
4 I finished work early. How about you? _____ ?
5 I slept well last night. How about you? _____ ?

13.3 Scrivi che cosa hai fatto o non hai fatto ieri.

1 (watch TV)   ___I watched TV.___ o ___I didn't watch TV.___
2 (get up before 7 o'clock) I _____
3 (have a shower) _____
4 (buy a magazine) _____
5 (eat meat) _____
6 (go to bed before 10.30) _____

13.4 In ogni dialogo, B chiede qualcosa. Scrivi le sue domande usando queste forme verbali.

> arrive   cost   go   go to bed late   happen   have a nice time   ~~stay~~   win

1 A: We went to New York last month.
  B: Where ___did you stay___ ?
  A: With some friends.

2 A: I was late for the meeting.
  B: What time _____ ?
  A: Half past nine.

3 A: I played tennis this afternoon.
  B: _____ ?
  A: No, I lost.

4 A: I had a nice holiday.
  B: Good. Where _____ ?
  A: To the mountains.

5 A: We came home by taxi.
  B: How much _____ ?
  A: Fifteen euros.

6 A: I'm tired this morning.
  B: _____ ?
  A: No, but I didn't sleep very well.

7 A: We went to the beach yesterday.
  B: _____ ?
  A: Yes, it was great.

8 A: The window is broken.
  B: How _____ ?
  A: I don't know.

13.5 Metti il verbo nella forma appropriata – affermativa, negativa o interrogativa.

1 We went to the cinema, but the film wasn't very good. We ___didn't enjoy___ it. (enjoy)
2 Tom _____ some new clothes yesterday – two shirts, a jacket and a pullover. (buy)
3 '_____ yesterday?' 'No, it was a nice day.' (rain)
4 We were tired, so we _____ long at the party. (stay)
5 It was very warm in the room, so I _____ a window. (open)
6 'Did you phone Chris this morning?' 'No, I _____ time.' (have)
7 'I cut my hand this morning.' 'How _____ that?' (do)
8 'Why weren't you at the meeting yesterday?' 'I _____ about it.' (know)

long = molto tempo
warm = caldo
cut = tagliare

13.6 Traduci in inglese.

1 La partita è cominciata alle 9.00.
2 Sabato non abbiamo fatto la spesa. Il frigo è vuoto.
3 Siete andati via venerdì scorso?
4 A che ora hai finito giovedì?
5 'Che cosa volevano?' 'Avevano un libro per me.'
6 'Hai chiamato Tom ieri?' 'Non ho avuto tempo.'
7 Sophie è venuta in taxi, perché non conosceva la città.
8 Non ha comprato il vestito, perché non le è piaciuto.
9 A: Che cosa avete fatto il fine settimana?
   B: Niente. È piovuto tutto il tempo.

partita = match
sabato = on Saturday
vuoto = empty
vestito = (qui) dress

I was doing (past continuous)

A

4 o'clock   now (6 o'clock)

It is 6 o'clock now.
Paul **is** at home.
He **is watching** TV.   *Guarda / Sta guardando …*

At 4 o'clock he **wasn't** at home.
He **was** at the sports club.

He **was swimming** in the pool.   *Nuotava / Stava nuotando …*
He **wasn't watching** TV.   *Non guardava / Non stava guardando …*

Paul

3.30 ——————→ 4.00 ——————→ 4.15

he started swimming

he **was swimming**

he finished swimming

B

La forma **was**/**were** + **-ing** *si chiama* past continuous.
Si usa il past continuous *per descrivere azioni o situazioni in corso nel passato.*

forma affermativa

I he she it	**was**	**doing** **watching** **playing** **swimming** **living**
we you they	**were**	*ecc.*

forma negativa

I he she it	**was not** (**wasn't**)	**doing** **watching** **playing** **swimming** **living**
we you they	**were not** (**weren't**)	*ecc.*

forma interrogativa

	I he she it	**doing?** **watching?** **playing?** **swimming?** **living?**
was		
were	we you they	*ecc.*

- ○ What **were** you **doing** at 11.30 yesterday? **Were** you **working**?
  Che facevi / Che stavi facendo … ? Stavi lavorando?
- ○ 'What did he say?' 'I don't know. I **wasn't listening**.' '… Non ascoltavo. / Non stavo ascoltando.'
- ○ It **was raining**, so we didn't go out.   *Pioveva / Stava piovendo …*
- ○ In 2009 we **were living** in Canada.   *… abitavamo …*
- ○ Today she's wearing a skirt, but yesterday she **was wearing** trousers.
  Oggi ha/porta la gonna, ma ieri aveva/portava i pantaloni.
- ○ I woke up early yesterday. It was a beautiful morning. The sun **was shining** and the birds **were singing**.
  … C'era il sole (Il sole splendeva) e gli uccelli cantavano.

Sull'uso di **-ing** *con* **wear**/**shine**/**sit**/**stand**/**lie** *vedi l'Unità 4.*
Ortografia (live → living / run → running / lie → lying *ecc.*) → *Appendice 5*

C

Confronta il present continuous (**am**/**is**/**are** + **-ing**) *con il* past continuous (**was**/**were** + **-ing**):

I am doing = *faccio / sto facendo* (presente)

- ○ I**'m working**.
  Lavoro. / Sto lavorando.
- ○ It **isn't raining**.
  Non piove. / Non sta piovendo.
- ○ What **are** you do**ing**?
  Che fai? / Che stai facendo?

I was doing = *facevo / stavo facendo* (passato)

- ○ I **was working** at 10.30 **last night**.
  Lavoravo / Stavo lavorando …
- ○ It **wasn't raining** when we went out.
  Non pioveva / Non stava piovendo …
- ○ What **were** you **doing** at 3 o'clock?
  Che facevi / Che stavi facendo … ?

was/were ➜ Unità 11   I was doing *e* I did (past continuous *e* past simple) ➜ Unità 15

Esercizi

14.1 Guarda le figure. Dov'erano queste persone alle 3.00 ieri pomeriggio? E che stavano facendo?
Scrivi due frasi per ciascuna vignetta.

RACHEL	JACK KATE	TOM	TRACEY	MR AND MRS HALL
at home watch TV	at the cinema watch a film	in his car drive	at the station wait for a train	in the park walk

1 *Rachel was at home. She was watching TV.*
2 Jack and Kate .... They ....
3 Tom ....
4 ....
5 ....
6 And you? I ....

14.2 Sarah ha fatto molte cose ieri mattina. Osserva le vignette e completa le frasi corrispondenti.

1 At 8.45 *she was washing her car.*
2 At 10.45 she ....
3 At 8 o'clock ....
4 At 12.10 ....
5 At 7.15 ....
6 At 9.30 ....

14.3 Completa le domande. Utilizza le parole tra parentesi con **was/were -ing**. Usa **what/where/why** se necessario.

1 (you/live) *Where were you living* .... in 2012?
2 (you/do) .... at 2 o'clock?
3 (it/rain) .... when you got up?
4 (Sue/drive) .... so fast?
5 (Tom/wear) .... a suit yesterday?

In London.
I was asleep.
No, it was sunny.
Because she was late.
No, a T-shirt and jeans.

it was sunny = c'era
  il sole
so fast = così
  velocemente
suit = vestito (*intero*)

14.4 Ieri hai incontrato Joe. La vignetta lo riprende in quel momento. Scrivi che cosa stava o non stava facendo, che cosa indossava o non indossava, che cosa portava o non portava con sé.

Hi. I'm going shopping.

Joe

1 (wear / a jacket) *He wasn't wearing a jacket.*
2 (carry / a bag) ....
3 (go / to the dentist) ....
4 (eat / an ice cream) ....
5 (carry / an umbrella) ....
6 (go / home) ....
7 (wear / a hat) ....
8 (ride / a bike) ....

14.5 Traduci in inglese.

1 Nel 2006 Ed abitava negli USA.
2 Ho visto Chris e Becky al club ieri sera. Ballavano.
3 Jessica portava una gonna verde e un maglione giallo.
4 Non pioveva quando siamo arrivati. C'era il sole.
5 Ho telefonato alle 10.00. Stavate dormendo?
6 'Che cosa facevi alle 9.00 ieri sera?' 'Lavavo i piatti.'

gonna = skirt
maglione = sweater/
  jumper
lavare i piatti = do
  the washing-up

I was doing *e* I did
(past continuous *e* past simple)

A

Jack was reading a book.
... *stava leggendo* ...

His phone rang.
Squillò il telefono.

He stopped reading.
Smise di leggere.

He answered his phone.
Rispose al telefono.

What **happened**? His phone **rang**. (past simple)
What **was** Jack **doing** when his phone rang? ⎫
 He **was reading** a book. ⎭ (past continuous)

What **did** he **do** when his phone rang? ⎫
 He **stopped** reading and **answered** his phone. ⎭ (past simple)

When his phone rang, he **was reading**.
Quando squillò il telefono, leggeva / stava leggendo.

he started
reading

his phone
rang

he stopped
reading

he answered
his phone

he was reading

B

Il past simple (**we played**) *indica situazioni o azioni concluse.*

- A: What **did** you **do** yesterday morning?
  Che cosa avete fatto ieri mattina?
  B: We **played** tennis (*dalle 10 alle 11.30*).
  Abbiamo giocato a tennis.

inizio   *fine*
10 o'clock   11.30

we **played**
azione conclusa

- Jack **read** a book yesterday.
  Jack ha letto un libro ieri.
- **Did** you **watch** the game on TV last night?
  Hai guardato la partita alla TV ieri sera?
- It **didn't rain** while we were on holiday.
  Non è piovuto mentre eravamo in vacanza.

Il past continuous (**we were playing**) *indica situazioni o azioni in corso nel passato.*

- A: What **were** you **doing** at 10.30?
  Che facevate alle 10.30?
  B: We **were playing** tennis.
  Giocavamo / Stavamo giocando a tennis.

inizio
10 o'clock

we **were playing**
azione in corso

- Jack **was reading** a book when his phone rang.
  Jack stava leggendo un libro quando ...
- **Were** you **watching** TV when I phoned you?
  Stavi guardando la TV quando ti ho telefonato?
- It **wasn't raining** when I got up.
  Non pioveva quando mi sono alzato.

- I **started** work at 9 o'clock and **finished** at 4.30. At 2.30 **I was working**.
  Ho iniziato ... e ho finito ... Alle 2.30 stavo lavorando.
- It **was raining** when we **went** out.
  Pioveva quando siamo usciti.
- I **saw** Lucy and Steve this morning. They **were waiting** at the bus stop.
  Ho visto ... Aspettavano ...
- Kelly **fell** asleep while she **was reading**.
  ... si addormentò mentre leggeva.

I did (past simple) → Unità 12–13   I was doing (past continuous) → Unità 14   while → Unità 109

Esercizi

15.1 Osserva le tre storielle illustrate. Completa i testi con il past continuous o il past simple dei verbi tra parentesi.

ladder = scala
  (a pioli)
get off = scendere

1

Lucy ___broke___ (break) her arm last week. It .... (happen) when she .... (paint) her room. She .... (fall) off the ladder.

2

PAULA

Hi, Paula!

The train .... (arrive) at the station and Paula .... (get) off. Two friends of hers, Jon and Rachel, ... (wait) to meet her.

3

Hello, James!

I'm going to the station.

SUE

Yesterday Sue .... (walk) along the road when she .... (meet) James. He .... (go) to the station to catch a train and he .... (carry) a bag. They .... (stop) to talk for a few minutes.

15.2 Scrivi le forme appropriate dei verbi tra parentesi: past continuous o past simple.

kick = calciare
climb = arrampicarsi

1 A: What was the weather like when you ...got... (get) up this morning?
  B: It ...was raining... (rain).
2 A: Was Jane busy when you went to see her?
  B: Yes, she .... (study).
3 A: .... (Paul/call) this morning?
  B: Yes, he .... (call) while I .... (have) breakfast.
4 A: Was Tracey at work today?
  B: No, she .... (not/go) to work. She was ill.
5 A: How fast .... (you/drive) when the police .... (stop) you?
  B: I'm not sure, but I .... (not/drive) very fast.
6 A: .... (your team / win) the football match yesterday?
  B: The weather was very bad, so we .... (not/play).
7 A: How .... (you/break) the window?
  B: We .... (play) football. I .... (kick) the ball and it .... (hit) the window.
8 A: .... (you/see) Jessica last night?
  B: Yes, she .... (wear) a very nice jacket.
9 A: What .... (you/do) at 2 o'clock this morning?
  B: I was asleep.
10 A: I .... (lose) my key last night.
   B: How .... (you/get) into your room?
   A: I .... (climb) in through a window.

15.3 Traduci in inglese.

ora = (qui) time
entrare = (qui)
  come in

1 Che cosa hai visto ieri sera alla TV?
2 Ieri a quest'ora partivamo da Milano.
3 Quando entrò l'insegnante, Tom mangiava un sandwich.
4 È cominciato a piovere mentre correvo nel parco.
5 Vi stavano aspettando quando siete arrivati?
6 David è caduto dalla scala mentre puliva la finestra.
7 'Cosa ha fatto Mark quando ha perso il passaporto?' 'È andato alla stazione di polizia.'
8 'Che cosa facevi quando ti ho chiamato?' 'Ascoltavo musica e bevevo un caffè.'

➜ **Esercizi supplementari 14–15** (pag. 265–66)

I used to …

used to … = *una volta … (adesso non più)*

DAVE *alcuni anni fa*

DAVE *attualmente*

Dave **used to work** in a factory. Now he **works** in a supermarket.
Una volta Dave lavorava in fabbrica. Adesso lavora in un supermarket.

he **used to** work	he works
una volta	*adesso*

Si dice **I used to work** … / **she used to have** … / **they used to be** … *ecc.*

I/you/we/they he/she/it	**used to**	**be** **work** **have** **play** *ecc.*

La forma **used to** + *verbo indica azioni, stati o situazioni abituali del passato che ora non si verificano più.*
In italiano si rende con l'imperfetto, con o senza 'una volta' o 'prima'.

- ⬚ When I was a child, I **used to like** chocolate.
  Quando ero bambino mi piaceva il cioccolato.
- ⬚ I **used to read** a lot of books, but I don't read much these days.
  Prima leggevo molti libri, ma attualmente …
- ⬚ Lisa has short hair now, but it **used to be** very long.
  … ma una volta erano molto lunghi.
- ⬚ They **used to live** in the same street as us, so we **used to see** them a lot. But we don't see them much these days.
  Una volta abitavano … , perciò li vedevamo …
- ⬚ Helen **used to have** a piano, but she sold it a few years ago.
  Prima Helen aveva il piano, ma l'ha venduto …
- ⬚ There **used to be** a shop next to this pub. *C'era un negozio …*

I used to have very long hair.

La forma negativa è **I didn't use to** … :
- ⬚ When I was a child I **didn't use to like** tomatoes. *… non mi piacevano i pomodori …*

La forma interrogativa è **did you use to** … **?**:
- ⬚ Where **did** you **use to live** before you came here? *Dove abitavi/abitavate … ?*

La forma **used to** … *si usa solo per il passato. Al presente, non si può dire* 'I use to …':
- ⬚ I **used to play** tennis. These days I **play** golf. (*non* I use to play golf)
  … giocavo a tennis. … gioco a golf.
- ⬚ We usually **get** up early. (*non* We use to get up early) *Di solito ci alziamo presto.*

Ricorda: l'imperfetto italiano può avere diverse traduzioni in inglese. Eccone alcune:

past simple (*Unità 11–13*)	I **wanted** to go out with Kate, but she **was** ill. *Volevo … era …* I **didn't know** that you **had** a sister. *Non sapevo che avevi …*
past continuous (*Unità 14–15*)	A: What **were** you **doing** when it started to rain? *Che facevi / Che stavi facendo … ?* B: I **was playing** golf. *Giocavo / Stavo giocando …*
used to …	My father **used to play** rugby. *… giocava …*

16.1 Osserva le vignette. Completa le frase usando **used to …** .

a few = alcuni
glasses = occhiali
building = edificio

① This is me a few years ago.

She used to have long hair.

② When I was younger …

He .... football.

③ I'm a hairdresser now.

.... a taxi driver.

④ We live in London now.

OUR HOUSE IN THE COUNTRY 20 YEARS AGO

.... in the country.

⑤ This is me 20 years ago. I never wear glasses now.

....

⑥ NOW

A LONG TIME AGO

This building ....

16.2 Karen lavora molto e ha pochissimo tempo libero. Alcuni anni fa, le cose andavano diversamente.

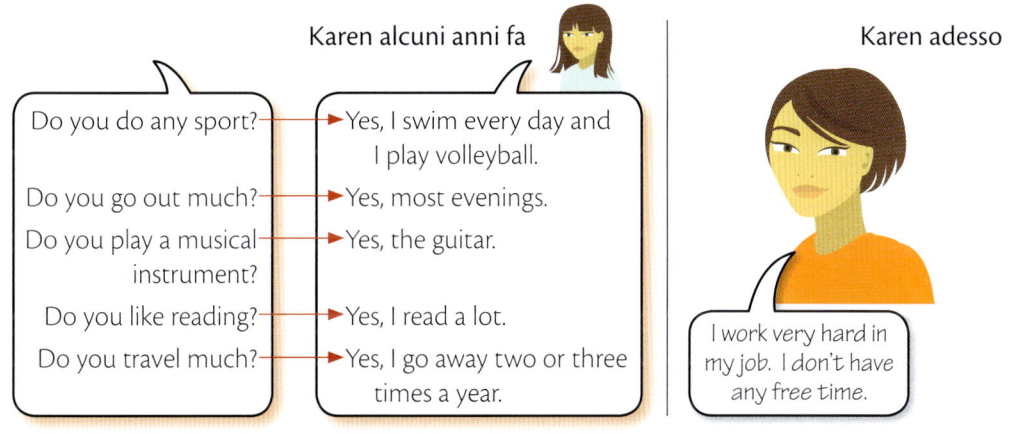

Karen alcuni anni fa

Do you do any sport? → Yes, I swim every day and I play volleyball.

Do you go out much? → Yes, most evenings.

Do you play a musical instrument? → Yes, the guitar.

Do you like reading? → Yes, I read a lot.

Do you travel much? → Yes, I go away two or three times a year.

Karen adesso

I work very hard in my job. I don't have any free time.

Parla di Karen. Scrivi che cosa faceva una volta, ma ora non fa più.

1 She used to swim every day.   4 ....
2 She ....   5 ....
3 ....   6 ....

16.3 Completa ogni frase con **used to …** o con il present simple (**I play** / **he lives** ecc.)

1 I ....used to play.... tennis. I stopped playing a few years ago.
2 'Do you do any sport?' 'Yes, I ....play.... basketball.'
3 'Do you have a car?' 'No, I .... one, but I sold it.'
4 George .... a waiter. Now he's the manager of a hotel.
5 'Do you go to work by car?' 'Sometimes, but most days I .... by train.'
6 When I was a child, I never .... meat, but I eat it now.
7 Mary loves watching TV. She .... TV every evening.
8 We .... near the airport, but we moved to the city centre a few years ago.
9 Normally I start work at 7 o'clock, so I .... up very early.
10 What games .... you .... when you were a child?

16.4 Traduci in inglese. Usa **used to**.

1 Prima Paul mangiava molta carne. Adesso è vegetariano.
2 Nostra nonna ci raccontava una storia ogni sera.
3 Quand'ero giovane andavo dappertutto a piedi.
4 C'erano molti alberi lungo questa strada.
5 C'era un cinema qui. Adesso c'è un supermarket.
6 A: Prima non ti piaceva il tè.
    B: No, ma adesso mi piace.
7 Una volta sapevo tutto sul calcio.

vegetariano = vegetarian
raccontare = tell
dappertutto = everywhere
lungo = along
sul = about

I have done (present perfect 1)

His shoes are dirty.

He is cleaning his shoes.

I've cleaned my shoes.

He **has cleaned** his shoes.
Ha pulito le scarpe.

They are at home.

They are going out.

They **have gone** out.
Sono usciti.

has cleaned / **have gone** *ecc.* (**have** + *participio passato*) *è la forma del* present perfect:

have/has + *participio passato*

I we you they	**have** (**'ve**) **have not** (**haven't**)	**cleaned** **finished** **started** **lost**	**have**	I we you they	**cleaned?** **finished?** **started?**	} *verbi regolari*
he she it	**has** (**'s**) **has not** (**hasn't**)	**done** **been** **gone**	**has**	he she it	**lost?** **done?** **been?** **gone?**	} *verbi irregolari*

↑
participio passato

Nel present perfect *si usa sempre* **have/has**, *non* am/is/are:
- They **haven't** gone. (*non* aren't gone)
- Sam **has** arrived. (*non* is arrived)

Verbi regolari: *Il participio passato termina in* **-ed** (*come il* past simple):

> clean → I have clean**ed**   finish → we have finish**ed**   start → she has start**ed**

Verbi irregolari: *Il participio passato non termina in* **-ed**.
A volte il past simple *e il participio passato sono identici:*

> buy → I **bought** / I have **bought**   have → he **had** / he has **had**

A volte il past simple *e il participio passato sono diversi:*

> break → I **broke** / I have **broken**   see → you **saw** / you have **seen**
> fall → it **fell** / it has **fallen**   go → they **went** / they have **gone**

Il present perfect *indica un'azione passata che produce un effetto nel presente:*
- I**'ve lost** my passport. *Ho perso ...* (*adesso non lo trovo*)
- 'Where's Rebecca?' 'She**'s gone** to bed.' ... '*È andata ...*' (*adesso è a letto*)
- We**'ve bought** a new car. *Abbiamo comprato ...* (*ora l'abbiamo*)
- It's Rachel's birthday tomorrow and I **haven't bought** her a present. ... *non le ho comprato ...*
- 'Bob is on holiday.' 'Oh, where **has** he **gone**? ... '*Ah, dov'è andato?*'
- Can I take this newspaper? **Have** you **finished** with it? ... *Hai finito (di leggerlo)?*

Il present perfect *corrisponde generalmente al passato prossimo italiano:*
- **Have** you **done** your driving test? *Hai fatto l'esame di guida?*
- Sarah **has gone** to the gym. ... *è andata in palestra.*

present perfect → **Unità 18–20**   present perfect *e* past simple → **Unità 22**   *verbi irregolari* → **Unità 27, Appendici 2–3**

Esercizi

17.1 Descrivi che cosa è successo. Per ogni situazione, usa la forma corretta di uno dei verbi elencati.

> go to bed   ~~clean his shoes~~   stop raining
> close the door   fall down   have a shower

prima   *adesso*

1 → He has cleaned his shoes.
2 → She ....
3 → They ....
4 → It ....
5 → He ....
6 → The ....

17.2 Completa ogni frase con uno dei verbi elencati.

> break   buy   decide   finish   forget   go   go
> invite   ~~lose~~   see   not/see   take   tell   not/tell

forget = dimenticare
look for = cercare
somebody = qualcuno

1 I .....'ve lost..... my keys. I don't know where they are.
2 I .... some new shoes. Do you want to see them?
3 'Where is Helen?' 'She's not here. She .... out.'
4 I'm looking for Paula. .... you .... her?
5 Look! Somebody .... that window.
6 'Does Lisa know that you're going away?' 'Yes, I .... her.'
7 I can't find my umbrella. Somebody .... it.
8 'Where are my glasses?' 'I don't know. I .... them.'
9 I'm looking for Sarah. Where .... she .... ?
10 I know that woman, but I .... her name.
11 Sue is having a party tonight. She .... a lot of people.
12 What are you going to do? .... you .... ?
13 A: Does Ben know about the meeting tomorrow?
   B: I don't think so. I .... him.
14 I .... with this magazine. Do you want it?

17.3 Traduci in inglese. Usa il present perfect.

1 Ho invitato Tina alla mia festa.
2 Accendi la TV! La partita è cominciata.
3 Anna non è qui. È uscita con Peter.
4 Aspetta! Non abbiamo finito.
5 Non ho visto Kelly oggi.
6 Ha smesso di piovere?
7 Tuo padre ha comprato una macchina nuova?
8 Dove sono andati Ben e Karen?

accendere = turn on
aspettare = wait
smettere = stop

I've just ...   I've already ...   I haven't ... yet
(present perfect 2)

A

I've just ... (Ho appena ...)

Usato con il present perfect, **just** *significa 'appena' (= poco fa):*
- ○ A: Are Laura and Paul here?
     B: Yes, they**'ve just arrived**. ... *sono appena arrivati.*

- ○ A: Are you hungry?
     B: No, I**'ve just had** dinner. ... *ho appena cenato.*

- ○ A: Is Tom here?
     B: No, I'm afraid he**'s just gone**. ... *è appena andato via.*
        (= he **has** just gone)

Welcome!

They **have just arrived**.

B

I've already ... (Ho già ...)

Already *significa 'già' (= prima del previsto):*
- ○ A: What time are Laura and Paul coming?
     B: They**'ve already arrived**. ... *sono già arrivati.*

- ○ It's only 9 o'clock and Ann **has already gone** to bed.
     ... *e Ann è già andata a letto.*

- ○ A: Jon, this is Emma.
     B: Yes, I know. We**'ve already met**.
        ... *ci siamo già conosciuti.*

Yes, I know. We've already met.

Jon, this is Emma.

C

I haven't ... yet (Non ho ancora ...) / **Have you ... yet?** (Hai/Avete già ... ?)

Yet *si usa nelle frasi negative e nelle domande. Di solito,* **yet** *si colloca alla fine della frase.*

not (**n't**) ... **yet** *corrisponde a 'non ... ancora':*
- ○ A: Are Laura and Paul here?
     B: No, they **haven't arrived yet**. ... *non sono ancora arrivati.*

- ○ A: Does James know that you're going away?
     B: No, I **haven't told** him **yet**. ... *non gliel'ho ancora detto.*

- ○ Silvia has bought a new dress, but she **hasn't worn** it **yet**.
     ... *ma non se l'è ancora messo.*

Nelle domande, **yet** *corrisponde a 'già':*
- ○ A: **Have** Laura and Paul **arrived yet**?
        Sono già arrivati ... ?
     B: No, not yet. We're still waiting for them.

- ○ A: **Has** Nicola **started** her new job **yet**?
        Ha già cominciato ... ?
     B: No, she starts next week.

- ○ A: This is my new dress.
     B: Oh, it's nice. **Have** you **worn** it **yet**?
        ... *Te lo sei già messo?*

The film **hasn't started yet**.

This is my new dress.

Oh, it's nice. Have you worn it yet?

D

Fai attenzione alle traduzioni di 'già' (vedi anche Unità 98).

Nelle frasi affermative 'già' corrisponde a **already**:
- ○ They have **already** arrived. *Sono già arrivati. (sono arrivati prima del previsto)*

Nelle interrogative 'già' corrisponde, molto spesso, a **yet**:
- ○ Have they arrived **yet**? *Sono già arrivati? (ormai dovrebbero essere arrivati)*

present perfect ➜ **Unità 17–22**   *costruzione della frase 2* ➜ **Unità 97**   **still**, **yet** *e* **already** ➜ **Unità 98**

Esercizi

18.1 Per ogni vignetta, scrivi che cosa è appena successo. Usa **just**.

1 _They've just arrived._   3 They ....
2 He ....   4 The race ....

18.2 Rispondi alle domande usando **already** con il present perfect.

forget = dimenticare

1	What time is Paul arriving?	_He's already arrived._
2	Do your friends want to see the film?	No, they .... it.
3	Don't forget to phone Tom.	I ....
4	When is Mark going away?	He ....
5	Do you want to read the newspaper?	I ....
6	When does Sarah start her new job?	She ....

18.3 Per ogni situazione, scrivi una frase con **just** (**They've just ...** / **She's just ...** ecc.) oppure una negativa con **yet** (**They haven't ... yet** / **She hasn't ... yet** ecc.).

soon = presto
(fra poco)

① a few minutes ago   now   I'M GOING OUT SOON
(she / go / out)
She hasn't gone out yet.

② a few minutes ago   now
(the bus / go)
The bus ....

③ a few minutes ago   now
(the train / leave)
....

④ a few minutes ago   now   THIS PRESENT IS FOR ME
(he / open / it)
....

⑤ a few minutes ago   now
(they / finish / their dinner)
....

⑥ a few minutes ago   now
(it / stop / raining)
....

18.4 Formula una domanda con **yet** per ognuna delle situazioni proposte.

vicino di casa
= neighbour
bolletta del gas =
gas bill

1 Un'amica ha trovato un nuovo lavoro e forse ha già iniziato a lavorare. Le chiedi:
Have you started your new job yet?
2 Un amico ha dei nuovi vicini di casa e forse li ha già incontrati. Gli chiedi:
.... you ....
3 Un'amica deve pagare la bolletta del gas. Forse l'ha già pagata. Le chiedi:
....
4 Tom cercava di vendere la sua auto. Forse l'ha già venduta. Chiedilo a un amico:
....

18.5 Traduci in inglese.

tazza = cup
prendere = (qui) have
fra = (qui) in

1 Steve non si è ancora alzato.
2 Questo film l'abbiamo già visto.
3 Lisa ha appena telefonato. Non è ancora partita.
4 'Una tazza di tè?' 'No, grazie. Ho appena preso un caffè.'
5 Hai già trovato il tuo passaporto? L'aereo parte fra un'ora.
6 Ho appena comprato un nuovo scooter.
7 Hanno già deciso i tuoi amici?
    Sarah vuole una risposta stasera.
8 A: Non dimenticare di invitare Paul.
    B: L'ho già invitato.
9 A: Ha già smesso di piovere?
    B: Non ancora.

Have you ever ... ? (present perfect 3)

A

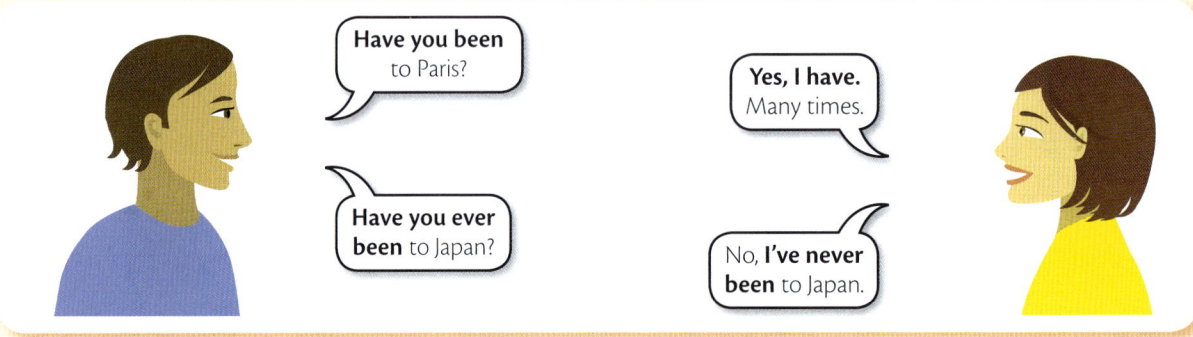

Si usa il present perfect (**have been** / **have had** / **have played** ecc.) quando ci si riferisce ad un arco di tempo che va dal passato sino ad ora – per esempio, la vita di qualcuno:

Have you ever been to Japan?
——————— Sei mai stato in Giappone? ———————

passato   adesso

- ○ 'Have you been to France?' 'No, I haven't.' 'Sei stato in Francia?' 'No.'
- ○ I've been to Canada, but I haven't been to the United States. Sono stato ... ma non sono stato ...
- ○ Mary is an interesting person. She has had many different jobs. ... Ha avuto ...
- ○ I've seen that woman before, but I can't remember where. Ho già visto quella donna ...
- ○ How many times has Brazil won the World Cup? Quante volte il Brasile ha vinto ...
- ○ A: Have you read this book? Hai letto questo libro?
  B: Yes, I've read it twice. Sì, l'ho letto due volte.

B Con il present perfect si usano spesso **ever** (= mai) nelle domande e **never** (= non ... mai) nelle frasi negative:
- ○ A: Has Ann ever been to Australia? Ann è mai stata ... ?
  B: Yes, once.
- ○ A: Have you ever played golf? Hai/Avete mai giocato ... ?
  B: No, never.
- ○ My sister has never travelled by plane. ... non ha mai viaggiato in aereo.
- ○ I've never ridden a horse. Non sono mai andato a cavallo.
- ○ A: Who is that man?
  B: I don't know. I've never seen him before. ... Non l'ho mai visto prima d'ora.

C **gone** e **been**

Ben **has gone** to Spain.
Ben è andato in Spagna. (è là)

Ben **has been** to Spain.
Ben è stato in Spagna. (ora è tornato)

Confronta:
- ○ I can't find Susan. Where **has** she **gone**? ... Dov'è andata? (= Dov'è?)
- ○ Oh, hello Susan! I was looking for you. Where **have** you **been**? ... Dove sei stata?

In questo caso dopo **been** si usa **to**. Fai attenzione:
- ○ Ben has never **been to** Spain. (non been in Spain)
- ○ Have you ever **been to** London?

present perfect ➜ **Unità 17–18, 20–21**   present perfect e past simple ➜ **Unità 22**

Esercizi

19.1 Immagina di intervistare Helen. Formula delle domande con **Have you ever ... ?**

Helen

1 (be / London?)
2 (play / golf?)
3 (be / Australia?)
4 (lose / your passport?)
5 (fly / in a helicopter?)
6 (win / a race?)
7 (be / New York?)
8 (drive / a bus?)
9 (break / your leg?)

Have you ever been to London?
Have you ever played golf?
Have ....
....
....
....
....
....
....

No, never.
Yes, many times.
Yes, once.
No, never.
Yes, a few times.
No, never.
Yes, twice.
No, never.
Yes, once.

a few = alcune
leg = gamba

19.2 Scrivi delle frasi su Helen tenendo conto delle sue risposte (19.1).

1 (be / New York)   Helen has been to New York twice.
2 (be / Australia) Helen ....
3 (win / a race) ....
4 (fly / in a helicopter) ....

Ora parla di te. Quante volte hai fatto queste cose?

5 (be / New York) I ....
6 (play / tennis) ....
7 (drive / a lorry) ....
8 (be / late for work or school) ....

lorry = camion

19.3 Mary ha 65 anni. Ha avuto una vita interessante. Scrivi delle frasi sulle sue esperienze.

all over the world = in tutto il mondo

Mary

~~have~~	be
do	write
travel	meet

all over the world	a lot of interesting things
~~many different jobs~~	a lot of interesting people
ten books	married three times

1 She has had many different jobs.
2 She ....
3 ....
4 ....
5 ....
6 ....

19.4 Completa le frasi con **gone** e **been**.

1 Ben is on holiday at the moment. He's ....gone.... to Spain.
2 'Have you ever .... to Mexico?'   'No, never.'
3 My parents aren't at home at the moment. They've .... out.
4 There's a new restaurant in town. Have you .... to it?
5 Rebecca loves Paris. She's .... there many times.
6 Helen was here earlier, but I think she's .... now.
7 'Where's Jessica?'   'She's not in the office. I think she's .... home.'
8 Hello, Sue. I was looking for you. Where have you .... ?

earlier = prima

19.5 Traduci in inglese. Usa il present perfect.

1 Non sono mai stato in America.
2 Ho sempre abitato in questa città.
3 Abbiamo visitato quel museo tre volte.
4 Quante volte ha corso la Maratona di Londra David?
5 'Avete visto James?'   'È andato a casa.'
6 'Hai mai incontrato una persona famosa?'   'Sì, una volta.'
7 Non hanno mai risposto alle nostre email.
8 'È mai arrivata in ritardo la tua insegnante?'   'No, mai.'

Maratona di Londra = London Marathon
a casa = (qui) home
rispondere a = answer

49

How long have you ... ? (present perfect 4)

A

Helen is on holiday in Ireland. She is there now.

She arrived in Ireland on Monday.
Today is Thursday.

How long **has she been** in Ireland?
Da quanto tempo è in Irlanda?

She **has been** in Ireland { **since Monday.**
{ **for three days.**

È in Irlanda { *da lunedì.*
{ *da tre giorni.*

> How long have you
> been in Ireland?

> Since
> Monday.

Osserva lo schema. Confronta **is** *e* **has been**:

She **is** in Ireland
now.

is = present

She **has been** in Ireland { **since Monday.**
{ **for three days.**

has been = present perfect

Monday

Thursday
(adesso)

B

Per chiedere e dire da quanto tempo si fa o succede qualcosa, in inglese si usa il present perfect, *non il presente come avviene di solito in italiano. Osserva e confronta:*

present simple	*(in italiano, presente in entrambi i casi)*	present perfect simple (**have been / have lived / have known** *ecc.*)
Dan and Kate **are** married. ... *sono sposati.*	*sono*	They **have been** married **for five years**. (*non* They are ...) *Sono sposati da cinque anni.*
Are you married? *Sei sposato / Siete sposati?*	*sei/siete?*	**How long have** you **been** married? (*non* How long are you married?) *Da quanto tempo sei/siete sposato/i?*
Do you **know** Lisa? *Conosci Lisa?*	*conosci?*	**How long have** you **known** her? (*non* How long do you know her?) *Da quanto tempo la conosci?*
I **know** Lisa. *Conosco Lisa.*	*conosco*	I've **known** her **for a long time**. (*non* I know her ...) *La conosco da molto tempo.*
Where **does** Vicky **live**? *Dove abita Vicky?*	*abita?*	**How long has** Vicky **lived** in London? *Da quanto tempo Vicky abita a Londra?*
She **lives** in London. *Abita a Londra.*	*abita*	She **has lived** there **all her life**. *Ci abita da sempre.*
I **have** a car. *Ho una macchina.*	*ho*	I've **had** it **since April**. *Ce l'ho da aprile.*

present continuous		present perfect continuous (**have been** + **-ing**)
Are you **learning** German? *Studi / Stai studiando ... ?*	*studi / stai studiando?*	**How long have** you **been learning** German? (*non* How long are you learning German?) *Da quanto tempo studi / stai studiando ... ?*
David **is watching** TV.	*guarda / sta guardando*	He's **been** (= He **has been**) **watching** TV **since 5 o'clock**. *Sta guardando la TV dalle 5.00.*
It**'s raining**.	*piove / sta piovendo*	It**'s been** (= It **has been**) **raining all day**. *È tutto il giorno che piove.*

for *e* **since** ➜ **Unità 21, 108**

Esercizi

20.1 Completa le frasi.

1 Helen is in hospital. She __has been__ in hospital since Monday.
2 I know Lisa. I __have known__ her for a long time.
3 Sarah and Andy are married. They .... married since 2005.
4 Ben is ill. He .... ill for the last few days.
5 We live in Scott Road. We .... there for a long time.
6 Catherine works in a bank. She .... there for five years.
7 Alan has a headache. He .... a headache since he got up this morning.
8 I'm learning English. I .... English for six months.

for the last few days
= da alcuni giorni

20.2 Costruisci delle domande con **How long ... ?** (= Da quanto tempo ... ?)

1 Helen is on holiday.	How long has she been on holiday ?
2 Steve and Nadia are in Brazil.	How long .... ?
3 I know Amy.	How long .... you .... ?
4 Emily is learning Italian.	.... ?
5 My brother lives in Canada.	.... ?
6 I'm a teacher.	.... ?
7 It is raining.	.... ?

20.3 Scrivi una frase per ogni vignetta. Inizia con il pronome dato e concludi con una delle espressioni elencate nel riquadro.

for ten minutes   all day   all her life   ~~for ten years~~   since he was 20   since Sunday

① We're married. ② I live in Wales. ③ We're on holiday. ④ The sun is shining. ⑤ I'm waiting. ⑥ I have a beard.

1 __They have been married for ten years.__
2 She ....
3 They ....
4 The sun ....
5 She ....
6 He ....

20.4 Scegli la soluzione corretta: present simple oppure present perfect.

1 Mark ~~lives~~ / has lived in Canada since April. (has lived *è corretto*)
2 Jane and I are friends. I know / I've known her very well.
3 Jane and I are friends. I know / I've known her for a long time.
4 A: Sorry I'm late. How long are you waiting / have you been waiting?
  B: Not long. Only five minutes.
5 Luke works / has worked in a hotel now. He likes his job a lot.
6 Ruth is reading a newspaper. She is reading / She has been reading it for two hours.
7 'How long do you live / have you lived in this house?' 'About ten years.'
8 'Is that a new coat?' 'No, I have / I've had this coat for a long time.'
9 Tom is / has been in Spain at the moment. He is / He has been there for the last three days.

for the last three days
= da tre giorni

20.5 Traduci in inglese.

1 'I miei genitori abitano a Palermo.' 'Da quanto tempo abitano là?'
2 'Ho un terribile mal di testa, dottore.' 'Da quanto tempo ce l'ha?'
3 Noi siamo qui da martedì. Voi da quanto tempo siete qui?
4 'I bambini dormono da dieci ore.' 'Dormono sempre tanto?'
5 'Stai aspettando qualcuno?' 'Sì, aspetto Silvia da 20 minuti.'

da martedì = since
  Tuesday
da dieci ore = for ten
  hours
tanto = so much
da 20 minuti = for
  20 minutes

→ **Esercizi supplementari 16–18** (pag. 266–68)

for   since   ago

A   for e since

Si usano **for** e **since** per dire, rispettivamente, *da quanto tempo* e *da quando succede qualcosa*. In tal caso, sia **for** che **since** corrispondono a 'da' in italiano. Fai attenzione:

inglese: present perfect + **for** o **since**   *italiano:* presente + da

○ Helen **has been** in Ireland { **for three days**.   *Helen è in Irlanda* { *da tre giorni*.
                                   { **since Monday**.   { *da lunedì*.

Si usa **for** + *un periodo di tempo*   Si usa **since** + *l'inizio del periodo*
(**three days / two years** *ecc.*):   (**Monday / 9 o'clock** *ecc.*):

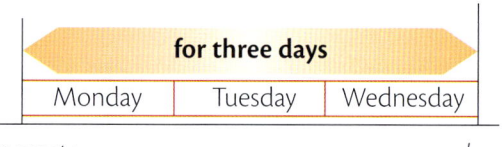

for	
three days	ten minutes
an hour	two hours
a week	four weeks
a month	six months
five years	a long time

since	
Monday	Wednesday
9 o'clock	12.30
24 July	Christmas
January	I was ten years old
1985	we arrived

○ Richard has been in Canada **for six months**.
   (*non* since six months)
   Richard è in Canada da sei mesi.
○ We've been waiting **for two hours**.
   (*non* since two hours)
   Stiamo aspettando da due ore.
○ I've lived in London **for a long time**.
   Vivo a Londra da molto tempo.

○ Richard has been in Canada **since January**.
   ... è in Canada da gennaio.

○ We've been waiting **since 9 o'clock**.
   Stiamo aspettando dalle 9.00.

○ I've lived in London **since I was ten years old**.
   Vivo a Londra da quando avevo 10 anni.

L'inizio del periodo di tempo, dopo **since***, può essere indicato anche da una frase al* past simple:
      ○ I've lived in London **since I was ten years old**.
      ○ Jack has been watching TV **since he got home from school**.
         ... da quando è tornato da scuola.

B   ago

Ago *si usa con il* past simple (**started / did / was** *ecc.*) *e corrisponde all'avverbio italiano 'fa':*
      ○ Susan started her new job **three weeks ago**.
         ... ha iniziato ... tre settimane fa.
      ○ A: When did Tom go out?   *Quand'è uscito ... ?*
         B: **Ten minutes ago**. *Dieci minuti fa*.
      ○ I had dinner **an hour ago**. *Ho cenato un'ora fa*.
      ○ Life was very different **a hundred years ago**.
         La vita era molto diversa cent'anni fa.

Confronta gli usi di **ago** *e* **for/since**:
      ○ **When did** Helen **arrive** in Ireland?
         She **arrived** in Ireland **three days ago**. *È arrivata ... tre giorni fa*.

      ○ **How long has** she **been** in Ireland?
         She **has been** in Ireland **for three days**. *È ... da tre giorni*.
         She **has been** in Ireland **since Monday**. *È ... da lunedì*.

present perfect + **for/since** ➜ Unità 20   from/until/since/for ➜ Unità 108   for e during ➜ Unità 109

Esercizi

21.1 Completa le frasi con **for** oppure **since**.

1 Helen has been in Ireland _since_ Monday.
2 Helen has been in Ireland _for_ three days.
3 My aunt has lived in Australia .... 15 years.
4 Tina is in her office. She has been there .... 7 o'clock.
5 India has been an independent country .... 1947.
6 The bus is late. We've been waiting .... 20 minutes.
7 Nobody lives in those houses. They have been empty .... many years.
8 Michael has been ill .... a long time. He has been in hospital .... October.

21.2 Rispondi alle domande usando **ago**.

time = (qui) volta

1 When was your last meal? _Three hours ago._
2 When was the last time you were ill? ....
3 When did you last go to the cinema? ....
4 When was the last time you were in a car? ....
5 When was the last time you went on holiday? ....

21.3 Completa le frasi. Usa le parole tra parentesi con **for** o **ago**.

be married = essere sposati
get married = sposarsi
a few = alcuni

1 Helen arrived in Ireland _three days ago._ (three days)
2 Helen has been in Ireland _for three days._ (three days)
3 Lynn and Mark have been married .... (20 years)
4 Lynn and Mark got married .... (20 years)
5 Dan arrived .... (an hour)
6 I bought these shoes .... (a few days)
7 Silvia has been learning English .... (six months)
8 Have you known Lisa ....? (a long time)

21.4 Studia le situazioni e completa le frasi usando **for** o **since**.

1 (Helen is in Ireland – she arrived there three days ago)
   Helen has been in Ireland for three days.
2 (Jack is here – he arrived on Tuesday)
   Jack has ....
3 (It's raining – it started an hour ago)
   It's been ....
4 (I know Sue – I first met her in 2008)
   I've ....
5 (Claire and Matt are married – they got married six months ago)
   Claire and Matt have ....
6 (Laura is studying medicine at university – she started three years ago)
   Laura has ....
7 (David plays the piano – he started when he was seven years old)
   David has ....

21.5 Parla di te. Scrivi delle frasi iniziando con:

I've lived ...   I've been ...   I've been learning ...   I've known ...   I've had ...

1 _I've lived in this town for three years._
2 ....
3 ....
4 ....
5 ....

21.6 Traduci in inglese.

1 Mio fratello è in Inghilterra da giugno.
2 'Quando vi siete sposati?'   'Due mesi fa.'
3 I miei genitori hanno questa casa dal 2004.
4 C'era il sole tre ore fa.
5 Luisa è andata in America cinque anni fa.
   Abita a Chicago da molto tempo.
6 Conosco Michael da circa un mese.
   L'ho incontrato a una festa.
7 Kate lavora in giardino da quando si è alzata questa mattina.

c'è il sole = it's sunny (o the sun is shining)
circa = about
alzarsi = get up

I have done (present perfect) e I did (past simple)

A

*Quando ci si riferisce a un periodo di tempo 'già finito' (**yesterday** / **last week** ecc.) si usa il* past simple *(**arrived**/**saw**/**was** ecc.):*

past simple + *tempo già finito*

We **arrived**	yesterday. last week. at 3 o'clock. in 2002. six months ago.

| **yesterday** |
| **last week** |
| **six months ago** |
| *tempo già finito* |

passato   *adesso*

Non si usa il present perfect *(**have arrived** / **have done** / **have been** ecc.) quando ci si riferisce a un tempo già finito:*

- ☐ I **saw** Paula **yesterday**. *(non* I have seen*) Ho visto …*
- ☐ Where **were** you **on Sunday afternoon**? *(non* Where have you been*) Dove sei stato … ?*
- ☐ We **didn't have** a holiday **last year**. *(non* We haven't had*) Non siamo andati in vacanza …*
- ☐ A: What **did** you **do last night**? *Che cosa hai fatto … ?*
  B: I **stayed** at home. *Sono rimasto …*
- ☐ William Shakespeare **lived from 1564 to 1616**. He **was** a writer. He **wrote** many plays and poems.
  … visse dal 1564 al 1616. Era uno scrittore. Scrisse molte opere teatrali e poesie.

*Nelle domande al passato con **When** (= Quando) o **What time** (= A che ora) si usa il* past simple:

- ☐ **When did** you **buy** your computer?
- ☐ **What time did** Andy **go** out?

B

Nell'uso comune, sia il present perfect *(**I have done**) che il* past simple *(**I did**) corrispondono molto spesso al passato prossimo italiano (ho fatto). Osserva e confronta:*

present perfect (**I have done**)	passato prossimo (ho fatto)	past simple (**I did**)
☐ I **have lost** my key. (*adesso non la trovo*)	ho perso	☐ I **lost** my key **last week**.
☐ Ben **has gone** home. (*adesso non è qui*)	è andato	☐ Ben **went** home **ten minutes ago**.
☐ **Have** you **seen** Kate? (*dov'è adesso?*)	hai visto?	☐ **Did** you **see** Kate **on Saturday**?
☐ **Have** you **ever been** to Spain?	Sei stato?	☐ **Did** you **go** to Spain **last year**?
☐ Sam **hasn't phoned** me yet.	non mi ha telefonato	☐ Sam **didn't phone** me yesterday.
☐ My friend is a writer. He **has written** many books. (*e scrive ancora libri*)	ha scritto	☐ Shakespeare **wrote** many plays and poems. (*Shakespeare è morto. Non scrive più.*)

C

Nota bene che il present perfect + **for** *o* **since** *non corrisponde al passato prossimo italiano, bensì al presente + 'da'. Osserva anche le seguenti differenze:*

- ☐ We**'ve lived** in Singapore **for** six years. *ma*
  Viviamo … da sei anni.
  (Adesso viviamo là.)
- ☐ We **lived** in Glasgow for six years, but now we live in Singapore.
  Abbiamo vissuto … per sei anni, ma ora viviamo …

- ☐ She**'s been** in Austria **since** Sunday. *ma*
  È in Austria da domenica.
- ☐ Before that she **was** in Germany.
  Prima è stata / era in Germania.

past simple ➜ **Unità 12–13**   present perfect ➜ **Unità 17–20**

Esercizi

22.1 Rispondi alle domande utilizzando le parole tra parentesi.

1	Have you seen Kate?	(5 minutes ago)	Yes, *I saw her 5 minutes ago* .
2	Have you started your new job?	(last week)	Yes, I _____ last week.
3	Have your friends arrived?	(at 5 o'clock)	Yes, they _____ .
4	Has Sarah gone away?	(on Friday)	Yes, _____ .
5	Have you worn your new suit?	(yesterday)	Yes, _____ .

22.2 Leggi le frasi, controlla i verbi sottolineati e correggi quelli sbagliati.

1 I've lost my key. I can't find it. — *OK*
2 Have you seen Kate yesterday? — *Did you see*
3 I've finished my work at 2 o'clock. _____
4 I'm ready now. I've finished my work. _____
5 What time have you finished your work? _____
6 Sue isn't here. She's gone out. _____
7 Steve's grandmother has died two years ago. _____
8 Where have you been last night? _____

22.3 Scrivi le forme corrette dei verbi tra parentesi: present perfect o past simple.

travel = viaggiare

1 My friend is a writer. He *has written* (write) many books.
2 We *didn't have* (not/have) a holiday last year.
3 I _____ (play) tennis yesterday afternoon.
4 What time _____ (you/go) to bed last night?
5 _____ (you/ever/meet) a famous person?
6 The weather _____ (not/be) very good yesterday.
7 Kathy travels a lot. She _____ (visit) many countries.
8 I _____ (switch) off the light before going out this morning.
9 I live in New York now, but I _____ (live) in Mexico for many years.
10 'What's Canada like? Is it beautiful?' 'I don't know. I _____ (not/be) there.'

22.4 Scrivi le forme corrette dei verbi tra parentesi: present perfect o past simple.

have a good time = divertirsi
a few = alcuni
factory = fabbrica
waitress = cameriera

1 A: *Have you ever been.* (you/ever/be) to Florida?
  B: Yes, we *went* (go) there on holiday two years ago.
  A: _____ (you/have) a good time?
  B: Yes, it _____ (be) great.

2 A: Where's Alan? _____ (you/see) him?
  B: Yes, he _____ (go) out a few minutes ago.
  A: And Rachel?
  B: I don't know. I _____ (not/see) her.

3 Rose works in a factory. She _____ (work) there for six months.
  Before that she _____ (be) a waitress in a restaurant. She
  _____ (work) there for two years, but she _____
  (not/enjoy) it very much.

4 A: Do you know Mark's sister?
  B: I _____ (see) her a few times, but I _____
  (never/speak) to her. _____ (you/ever/speak) to her?
  A: Yes. I _____ (meet) her at a party last week. She's very nice.

22.5 Traduci in inglese.

1 Ieri ho trovato 50 euro nel parco.
2 Aspetta. Tom e Ann non hanno finito.
3 'Dov'è la tua amica?' 'È andata a casa.'
4 Non l'abbiamo vista a scuola la settimana scorsa.
5 'A che ora siete arrivati?' 'Alle 5.00.'
6 È molto tardi. Dove sei stato?
7 Quando è partita Tina?
8 Abito qui da cinque anni.
9 Ho abitato a Bologna per dieci anni.

→ **Esercizi supplementari 19–23** (pag. 268–70)

I had done (past perfect)

A

Osserva la situazione:

7.10–7.30

Lisa waited for Tom until 7.30.
Then she went home.
Lisa aspettò Tom fino alle 7.30.
Poi andò a casa.

7.40

When Tom arrived, Lisa wasn't there.
She **had gone** home.
Quando Tom arrivò, Lisa non c'era.
Era andata a casa.

B

had gone (**had** + *participio passato*) *è la forma del* past perfect:

I/we/they/you/ he/she/it	**had** (**'d**) **had not** (**hadn't**)	start**ed** finish**ed** **been** **gone** *ecc.*	**Had**	I/we/they/you/ he/she/it	start**ed**? finish**ed** **been**? **gone**? *ecc.*

} *verbi regolari*
} *verbi irregolari*
} *(paradigmi a pag. 250)*

Nel past perfect *si usa sempre* **had** (**'d**): He**'d** finished / She**'d** waited / I**'d** gone *ecc.* (*non* I was gone)

C

Parlando di un'azione o situazione al passato, si usa il past perfect *per indicare un fatto o un'altra azione precedente (come nel trapassato italiano):*

- ○ Adam was feeling sick because he **had eaten** too much.
  ... aveva mangiato ...
- ○ I walked out and shut the front door. Then I realised I**'d left** my keys inside.
  ... mi accorsi che avevo lasciato ...
- ○ When we phoned the travel agency, we found they **hadn't received** our email.
  ... non avevano ricevuto ...
- ○ A: Kate went to Rome last year and really enjoyed it. *... e le è piaciuta molto.*
  B: **Had** she **been** there before? *C'era già stata?*
- ○ A: No, it was her first time.

Si usa spesso il past perfect *con* **just**, **already** *o* **yet**:

- ○ Kevin was very happy because his wife **had just had** a baby.
  ... aveva appena avuto ...
- ○ When we got to the city centre, the shops **had already closed**.
  ... avevano già chiuso.
- ○ Sue asked Ben about a new film, but he said he **hadn't seen** it **yet**.
  ... non l'aveva ancora visto.

D

Confronta il past perfect (**I had done**) *con il* past simple (**I did**):

- ○ When we went in, the lecture **had** already **started**. (past perfect: *azione precedente*)
  Quando entrammo, la conferenza era già incominciata.

- ○ When we went in, everybody **looked** at us. (past simple: *azione immediatamente successiva*)
  Quando entrammo, tutti ci guardarono.

just/already/yet *con il* present perfect → **Unità 18**   *Il* past perfect *nelle frasi condizionali* → **Unità 104**

Esercizi

23.1 Completa le frasi con il past perfect (**had worked** / **had gone** ecc.) dei verbi elencati.

be	change	drive	go	go	see	snow	~~spend~~	turn down

1 Anna asked me for 20 euros because she ..._had spent_... all her money.
2 Sarah told the police that she .... a stranger in the garden.
3 There was nobody in the office when you phoned. Everybody .... home.
4 When we woke up yesterday morning, we saw that it .... during the night.
5 I .... about 15 kilometres when the car broke down.
6 The room was very cold because someone .... the heating.
7 'Was Lisa at home when you left?'   'No, she .... out with Sue.'
8 When I arrived at the hotel, I remembered I .... there before.
9 Ben went to Australia ten years ago, and he came back last week. When I saw him, I thought
   he .... a lot.

turn down =
   abbassare
break down =
   rompersi
heating =
   riscaldamento

23.2 Metti i verbi al past simple (**I did**) o al past perfect (**I had done**).

1 When I met Sam for the first time, I ..._thought_... (think) I had seen him somewhere before.
2 We .... (walk) more than ten kilometres when we decided to go back
   because it was getting dark.
3 Tom was surprised to receive a postcard from Angela two days ago. She
   .... (not/send) one to him before.
4 Alice was very tired. When she got into bed, she .... (fall) asleep immediately.
5 I went to London by car last year. I was very nervous because I ....
   (not/drive) on the left before.
6 When Paul came out of the theatre, he found that someone .... (steal)
   his car.
7 I was walking across the park when I .... (see) a small bird which
   .... (fall) out of a tree. I .... (try) to pick it up, but it
   .... (fly) away.
8 I felt very tired yesterday morning because I .... (not/sleep) all night.

pick up = raccogliere

23.3 Completa ogni frase con il past perfect di uno dei verbi elencati + **just**, **already** o **yet**.

read	do	not/rise	~~not/start~~	say

1 I asked Amy about her new job, but she said she ..._hadn't started_... yet.
2 I gave James a book for his birthday, but he .... it.
3 The children went on a school trip yesterday. They got up very early. When they left, the sun
   ....
4 I wanted to help in the kitchen, but Tom .... everything by himself.
5 'Did you see Fiona yesterday?'   'Yes. I .... goodbye to her when I met you
   at the supermarket.'

rise = sorgere
trip = gita

23.4 Traduci in inglese.

1 Sono andato a Parigi sei anni fa e l'anno scorso. L'anno scorso ho trovato la città molto diversa.
   Era cambiata molto.
2 Avevo quasi finito di tagliare l'erba, quando è cominciato a piovere.
3 Perché non mi hai detto che Luke non aveva comprato le bibite per la festa?
4 'Che cosa facevi nel giardino ieri sera?'   'Avevo perso le mie chiavi e le stavo cercando.'
5 'Eri a casa alle 8.30 questa mattina?'   'No. Ero appena partita.'
6 Quando siamo arrivati, l'incendio aveva già distrutto l'appartamento.
7 Tutti erano pronti a partire, ma il taxi non era ancora arrivato.
8 La lezione era appena cominciata quando squillò un telefonino.

quasi = almost

A

The office **is cleaned** every day.
L'uffico è/viene pulito ogni giorno.

The office **was cleaned** yesterday.
L'ufficio è stato pulito ieri.

Confronta le forme attive e passive:

Somebody **cleans** the office every day.	(*attiva*)
The office **is cleaned** every day.	(*passiva*)
Somebody **cleaned** the office yesterday.	(*attiva*)
The office **was cleaned** yesterday.	(*passiva*)

B

*La struttura della forma passiva inglese corrisponde di solito a quella italiana (**be** = essere):*

participio passato

present simple past simple	**am/is/are** **was/were**	(not)	+	cleaned done invented built injured taken *ecc.*

*Il participio passato dei verbi regolari termina in **-ed** (clean**ed**/damag**ed** ecc.).*
*Alle Appendici 2–3 troverai un elenco dei participi passati irregolari (**done**/**built**/**taken** ecc.).*
In italiano, oltre al verbo 'essere', si usa spesso 'venire'.

- ○ Oranges **are imported** into Britain. *... sono/vengono importate ...*
- ○ How often **is** this room **cleaned**? *Ogni quanto tempo viene pulita ... ?*
- ○ I **am** never **invited** to parties. *Non sono / Non vengo mai invitato ...*

- ○ This house **was built** 100 years ago. *... fu/venne costruita ...*
- ○ These houses **were built** 100 years ago. *... furono/vennero costruite ...*
- ○ When **was** the telephone **invented**? (*non* When was invented the telephone?)
  Quando fu / è stato inventato il telefono?
- ○ We **weren't invited** to the party last week. *Non siamo stati invitati ...*
- ○ A: **Was** anybody **injured** in the accident? *È rimasto ferito qualcuno nell'incidente?*
  B: Yes, two people **were taken** to hospital. *Sì, due persone sono state portate all'ospedale.*

Talvolta, alla forma inglese corrisponde il 'si' passivante ('si fa', 'si usa' ecc.):

- ○ Butter **is made** from milk. *Il burro si fa con il latte.*
- ○ Where **are** these flowers **found**? *Dove si trovano questi fiori?*
- ○ This word **isn't used** very often. *Questa parola non si usa molto spesso.*

C

Si dice **I was born / you were born** *ecc. (= sono nato / sei nato ecc.):*

- ○ I **was born** in Berlin in 1993. (*non* I am born) *Sono nato / Nacqui ...*
- ○ Where **were** you **born**? *Dove sei nato / siete nati?*

D

Forma passiva + **by** *(= da)*

- ○ I was bitten **by a dog**. (*non* from a dog)
  Fui morso da un cane.
- ○ *La Dolce Vita* was directed **by Federico Fellini**. *... da Federico Fellini.*
- ○ Do you like these paintings? They were painted **by a friend of mine**.
  Ti piacciono questi quadri? Sono stati dipinti da un mio amico.

is being done / has been done ➜ **Unità 25**   *verbi irregolari* ➜ **Unità 27, Appendici 2–3**   by ➜ **Unità 115**
forme attiva e passiva ➜ **Appendice 1**

Esercizi

24.1 Costruisci delle frasi utilizzando le parole tra parentesi. Le frasi 1–7 sono al presente.

sand = sabbia
allow = permettere/
    autorizzare

1 (the office / clean / every day)   *The office is cleaned every day.*
2 (how often / these rooms / clean?)   *Are these rooms cleaned every day?*
3 (glass / make / from sand)   Glass ....
4 (the windows / clean / every two weeks) ....
5 (this room / not / use / very much)   ....
6 (we / allow / to park here?)   ....
7 (how / this word / pronounce?)   ....

Le frasi 8–15 sono al passato.

8 (the office / clean / yesterday)   *The office was cleaned yesterday.*
9 (the house / paint / last month)   The house ....
10 (my phone / steal / a few days ago)   ....
11 (three people / injure / in the accident) ....
12 (when / this bridge / build?)   ....
13 (I / not / wake up / by the noise)   ....
14 (how / these windows / break?)   ....
15 (you / invite / to Jon's party last week?) ....

24.2 Le seguenti frasi sono scorrette. Correggile.

break into = introdursi
    (con scasso)

1 This house built 100 years ago.   *This house was built*
2 Football plays in most countries of the world. ....
3 Why did the letter send to the wrong address? ....
4 A film studio is a place where films make. ....
5 Where are you born?   ....
6 How many languages are speaking in Switzerland? ....
7 Somebody broke into our house, but nothing stolen. ....
8 When was invented the bicycle?   ....

24.3 Completa le frasi. Usa la forma passiva, presente o passata, dei seguenti verbi.

~~clean~~	damage	find	give	invite	make	make	show	steal	~~take~~

1 The room ...*is cleaned*... every day.
2 I saw an accident yesterday. Two people ...*were taken*... to hospital.
3 Paper .... from wood.
4 There was a fire at the hotel last week. Two of the rooms ....
5 'Where did you get this picture?' 'It .... to me by a friend of mine.'
6 Many American programmes .... on British TV.
7 'Did James and Sue go to the wedding?' 'No. They ...., but they didn't go.'
8 'How old is this film?' 'It .... in 1985.'
9 My car .... last week, but the next day it .... by the police.

24.4 Dove sono nate queste persone? Scrivilo riferendoti ai dati tra parentesi.

1 (Ian / Edinburgh)   *Ian was born in Edinburgh.*
2 (Sarah / Manchester)   Sarah ....
3 (her parents / Ireland) Her ....
4 (you / ???)   I ....
5 (your mother / ???)   ....

24.5 Traduci in inglese.

produrre = produce
causa = cause
incendio = fire
pila = battery

1 Questo vino si produce in Francia.
2 Marat fu ucciso da Charlotte Corday.
3 Quante lingue si parlano in Svizzera?
4 I miei figli sono nati in Australia.
5 Quando è stata costruita questa chiesa?
6 Nessuno è rimasto ferito nell'incidente.
7 Molte auto italiane vengono esportate negli USA.
8 Perché è stata chiamata la polizia ieri sera?
9 Non si conosce la causa dell'incendio.
10 La pila elettrica fu inventata da Alessandro Volta nel 1800.

is being done   has been done (*forma passiva 2*)

A

is/are being ... (*forma passiva del* present continuous)

Somebody **is painting** the door . (*attiva*)

The door **is being painted**. (*passiva*)

Qualcuno sta verniciando la porta.
La porta viene verniciata. / Stanno verniciando la porta.

Al present continuous *la forma passiva si costruisce così:*

is/are being   +   paint**ed**/clean**ed**/**built**/**done** *ecc.*

present continuous *di* **be**   *participio passato*

- ☐ My car is at the garage. It i**s being repaired**. ... *La stanno riparando.*
- ☐ Some new houses **are being built** opposite the park. *Sono in costruzione delle case nuove ...*

In italiano non esiste una struttura simile (non si dice 'La porta sta essendo verniciata'), ma in certi casi la costruzione del 'si' passivante si avvicina alla forma e al senso del present continuous *passivo:*
- ☐ A new project **is being developed**. *Si sta sviluppando un nuovo progetto.*

Confronta il present continuous *con il* present simple:
- ☐ The office **is being cleaned** at the moment. (continuous, *azione in corso*)
- ☐ The office **is cleaned** every day. (simple, *azione abituale*)
- ☐ Football matches **are** often **played** at the weekend (simple, *azione abituale*), but no matches **are being played** next weekend (continuous, *significato futuro*).
  Spesso le partite di calcio si giocano nel fine settimana, ma nel prossimo fine settimana non si gioca (nessuna partita).

Sull'uso del present continuous *e del* present simple, *vedi Unità 9 e 28.*

B

has/have been ... (*forma passiva del* present perfect)

prima   *adesso*

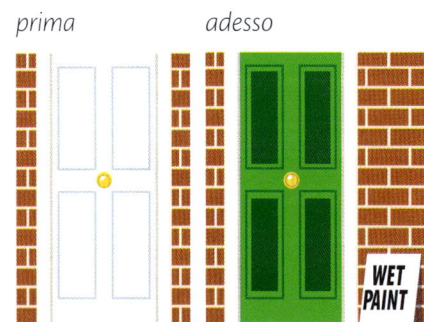

Somebody **has painted** the door . (*attiva*)

The door **has been painted**. (*passiva*)

Qualcuno ha verniciato la porta.
La porta è stata verniciata.

Al present perfect *la forma passiva si costruisce così:*

has/have been   +   paint**ed**/clean**ed**/**built**

present perfect *di* **be**   *participio passato*

- ☐ My key **has been stolen**. *La mia chiave è stata rubata.*
- ☐ My keys **have been stolen**. *Le mie chiavi sono state rubate.*
- ☐ I'm not going to the party. I **haven't been invited**. ... *Non sono stato invitato.*
- ☐ **Has** this shirt **been washed**? *È stata lavata questa camicia?*

Confronta il present perfect *con il* past simple (*vedi anche Unità 22*):
- ☐ The room isn't dirty any more. It **has been cleaned**. (present perfect, *tempo indeterminato*)
- ☐ The room **was cleaned** yesterday. (past simple, *tempo 'già finito'*)
- ☐ I can't find my keys. I think they**'ve been stolen**. (present perfect)
- ☐ My keys **were stolen** last week. (past simple)

is done / was done ➜ **Unità 24**   *forme attiva e passiva* ➜ **Appendice 1**

Esercizi

25.1 Descrivi che cosa succede. Usa la forma passiva.

1 *The car is being repaired.*   3 The windows ....
2 A bridge ....   4 The grass ....

25.2 Osserva le vignette e descrivi che cosa sta succedendo o che cosa è successo. Usa le forme passive del present continuous (**is**/**are being ...**) o del present perfect (**has**/**have been ...**).

damage =
  danneggiare
knock down = (*qui*)
  demolire

1 (the office / clean)   *The office is being cleaned.*
2 (the shirts / iron)   *The shirts have been ironed.*
3 (the window / break)   The window ....
4 (the roof / repair)   The roof ....
5 (the car / damage) ....
6 (the houses / knock / down) ....
7 (the trees / cut / down) ....
8 (they / invite / to a party) ....

25.3 Completa le frasi. (Studia anche l' Unità 24 prima di fare questo esercizio.)

factory = fabbrica

1 I can't use my office at the moment. It *is being painted* (paint).
2 We didn't go to the party. We *weren't invited* (not/invite).
3 The washing machine was broken, but it's OK now. It .... (repair).
4 The washing machine .... (repair) yesterday afternoon.
5 A factory is a place where things .... (make).
6 How old are these houses? When .... (they/build)?
7 A: .... (the photocopier / use) at the moment?
    B: No, you can go ahead and use it.
8 I've never seen these flowers before. What .... (they/call)?
9 My sunglasses .... (steal) at the beach yesterday.
10 The bridge is closed at the moment. It .... (damage) last week
    and it .... (not/repair) yet.

25.4 Traduci in inglese.

sbrigarsi = hurry up

1 La colazione viene sempre servita alle 8.00.
2 (*in albergo*) Sbrigati! Stanno servendo la colazione adesso.
3 Il boiler non è ancora stato riparato.
4 Vicky è stata vista al cinema con Sam sabato sera.
5 La finale si gioca mercoledì prossimo.
6 Sono state lavate le mie camicie?
7 Si stanno vendendo molte biciclette.
8 (*in un negozio*) Mi stanno servendo, grazie.

be/have/do
nei tempi presenti e passati

A

be (**am/is/are/was/were**) *è seguito dalla forma in* **-ing** (**cleaning/working** *ecc.*) *nel* present continuous *e nel* past continuous:

am/is/are + -ing (present continuous) → *Unità 4–5 e 28*	○ Please be quiet. I**'m working**. *... Sto lavorando.* ○ It **isn't raining** at the moment. *Non piove ...* ○ What **are** you **doing** this evening? *Che cosa fai ... ?*
was/were + -ing (past continuous) → *Unità 14*	○ I **was working** when she arrived. *Stavo lavorando ...* ○ It **wasn't raining**, so we didn't need an umbrella. *Non pioveva ...* ○ What **were** you **doing** at 3 o'clock? *Che stavi facendo ... ?*

B

be *è seguito dal participio passato* (**cleaned/made/eaten** *ecc.* = *pulito/fatto/mangiato ecc.*) *nella forma passiva:*

am/is/are + *part. passato* (present simple *passivo*) → *Unità 24*	○ I**'m** never **invited** to parties. *Non sono mai invitato ...* ○ Oranges **are imported** into Britain. *... sono/vengono importate ...* ○ These offices **aren't cleaned** every day. *... non vengono puliti ...*
was/were + *part. passato* (past simple *passivo*) → *Unità 24*	○ The office **was cleaned** yesterday. *... è stato pulito ...* ○ These houses **were built** 100 years ago. *... furono costruite ...* ○ How **was** the window **broken**? *Come è stata rotta ... ?* ○ Where **were** you **born**? *Dove sei nato?*

C

have (**have/has/had**) *è seguito dal participio passato* (**cleaned/made/eaten** *ecc.*) *nel* present perfect *e nel* past perfect:

have/has + *part. passato* (present perfect) → *Unità 17–20*	○ I**'ve cleaned** my room. *Ho pulito ...* ○ Tom **has lost** his passport. *... ha perso ...* ○ Kate **hasn't been** to Canada. *... non è stata ...* ○ Where **have** Paul and Emma **gone**? *Dove sono andati ... ?*
had + *part. passato* (past perfect) → *Unità 23*	○ I was sick because I**'d eaten** too much. *... avevo mangiato ...* ○ Ann said she **hadn't received** my letter. *... non aveva ricevuto ...* ○ A: I went to Prague last year. B: **Had** you **been** there before? *C'eri già stato?*

D

do/does/did *si usano con l'infinito* (**clean/like/eat/go** *ecc.*) *nelle forme negative e interrogative del* present simple *e del* past simple:

do/does + *infinitivo* (present simple, *forme negativa e interrogativa*) → *Unità 7–8*	○ I like coffee, but I **don't like** tea. *... ma non mi piace il tè.* ○ Chris **doesn't go** out very often. *... non esce ...* ○ What **do** you usually **do** at weekends? *Che cosa fai/fate ... ?* ○ **Does** Sam **live** alone? *Sam vive ... ?*
did + *infinitivo* (past simple, *forme negativa e interrogativa*) → *Unità 13*	○ I **didn't watch** TV yesterday. *Non ho guardato ...* ○ It **didn't rain** last week. *Non è piovuto ...* ○ What time **did** Paul and Emma **go** out? *A che ora sono usciti ... ?*

verbi irregolari ➜ **Unità 27, Appendici 2–3**

Esercizi

26.1 Completa le domande con **is/are/do/does**.

1 _Do_ you work in the evenings?
2 Where _are_ they going?
3 Why .... you looking at me?
4 .... Ben live near you?
5 .... you like cooking?

6 .... the sun shining?
7 What time .... the shops close?
8 .... Maria working today?
9 What .... this word mean?
10 .... you feeling all right?

26.2 Completa con **am not/isn't/aren't/don't/doesn't**. Tutte le frasi sono negative.

1 Tom _doesn't_ work at weekends.
2 I'm very tired. I .... want to go out this evening.
3 I'm very tired. I .... going out this evening.
4 Gary .... working this week. He's on holiday.
5 My parents are usually at home. They .... go out very often.
6 Nicola has travelled a lot, but she .... speak any foreign languages.
7 You can turn off the television. I .... watching it.
8 Lisa has invited us to her party next week, but we .... going.

26.3 Completa le domande con **was/were/did/have/has**.

1 Where _were_ your shoes made?
2 .... you go out last night?
3 What .... you doing at 10.30?
4 Where .... your mother born?
5 .... Laura gone home?

6 What time .... she go?
7 When .... these houses built?
8 .... Steve arrived yet?
9 Why .... you go home early?
10 How long .... they been married?

26.4 Completa le frasi con **is/are/was/were/have/has/had**.

sand = sabbia

1 Joe _has_ lost his passport.
2 This bridge .... built ten years ago.
3 .... you finished your work yet?
4 This town is always clean. The streets .... cleaned every day.
5 Where .... you born?
6 I .... just made some coffee. Would you like some?
7 Glass .... made from sand.
8 This is a very old photograph. It .... taken a long time ago.
9 I wanted to pay for the drinks, but Sarah .... already paid.
10 David .... bought a new car.

26.5 Completa le frasi con le forme adatte dei verbi elencati.

damage	~~rain~~	enjoy	~~go~~	pronounce	eat
listen	use	open	go	understand	

1 I'm going to take an umbrella with me. It's _raining_.
2 Why are you so tired? Did you _go_ to bed late last night?
3 Where are the chocolates? Have you .... them all?
4 How is your new job? Are you .... it?
5 My car was badly .... in the accident, but I was OK.
6 Kate has got a car, but she doesn't .... it very often.
7 Lisa isn't at home. She has .... away for a few days.
8 I don't .... the problem. Can you explain it again?
9 Mark is in his room. He's .... to music.
10 I don't know how to say this word. How is it ....?
11 How do you .... this window? Can you show me?

26.6 Traduci in inglese.

fabbricare = make
patente = driving
  licence

1 Lynn e Ruth sono in soggiorno. Guardano la TV.
2 Che cosa stavano facendo i tuoi amici?
3 Si parla inglese in tutto il mondo.
4 Questi computer sono fabbricati in Italia.
5 *Macbeth* fu scritto da Shakespeare.

6 Joe non può guidare. Ha rotto gli occhiali.
7 Il poliziotto voleva vedere la mia patente, ma io l'avevo lasciata a casa.
8 A me piace il rugby. A te piace?
9 Dove va Emma il sabato sera?
10 Ieri non ho fatto niente.

I verbi regolari e irregolari

A I verbi regolari

Il past simple e il participio passato dei verbi regolari terminano in **-ed**:

clean → clean**ed**   live → liv**ed**   paint → paint**ed**   study → stud**ied**

past simple (→ *Unità 12*)

- ○ I **cleaned** my room yesterday. *Ieri ho pulito la mia camera.*
- ○ Chris **studied** engineering at university. *Chris ha studiato ingegneria all'università.*

participio passato

Il *participio passato si usa nel* present perfect, *nel* past perfect *e nella forma passiva:*

have/**has** + *participio passato* (present perfect → *Unità 17–20*):
- ○ I **have cleaned** my room. *Ho pulito la mia camera.*
- ○ Tina **has lived** in Rome for ten years. *Tina vive a Roma da dieci anni.*

had + *participio passato* (past perfect → *Unità 23*):
- ○ Lisa was happy because she **had passed** her driving test. *… aveva superato l'esame di guida.*
- ○ When we got to the cinema, the film **had started**. *… il film era incominciato.*

be (**is**/**are**/**were**/**has been** ecc.) + *participio passato* (forma passiva → *Unità 24–25*):
- ○ These rooms **are cleaned** every day. *Queste camere vengono pulite ogni giorno.*
- ○ My car **has been repaired**. *La mia auto è stata riparata.*

B I verbi irregolari

Il past simple e il participio passato dei verbi irregolari non terminano in **-ed**:

	make	break	cut
past simple	**made**	**broke**	**cut**
participio passato	**made**	**broken**	**cut**

A volte il past simple *e il* participio passato *sono identici. Per esempio:*

	make	find	buy	cut
past simple / *participio passato*	**made**	**found**	**bought**	**cut**

- ○ I **made** a cake yesterday. (past simple)
  Ieri ho fatto una torta.
- ○ I **have made** some coffee. (*participio passato nel* present perfect)
  Ho fatto un po' di caffè.
- ○ I realised I **had made** a mistake. (*participio passato nel* past perfect)
  Mi accorsi di aver fatto un errore / che avevo fatto un errore.
- ○ Butter **is made** from milk. (*participio passato nel* present simple *passivo*)
  Il burro si fa con il latte.

A volte il past simple *e il* participio passato *sono diversi. Per esempio:*

	break	know	begin	go
past simple	**broke**	**knew**	**began**	**went**
participio passato	**broken**	**known**	**begun**	**gone**

- ○ Somebody **broke** the window last night. (past simple)
  Qualcuno ha rotto la finestra ieri sera.
- ○ Somebody **has broken** this window. (*participio passato nel* present perfect)
  Qualcuno ha rotto questa finestra.
- ○ John wanted to know who **had broken** the window. (*participio passato nel* past perfect)
  … voleva sapere chi aveva rotto la finestra.
- ○ This window **was broken** last night. (*participio passato nel* past simple *passivo*)
  Questa finestra è stata rotta ieri sera.

elenco dei verbi irregolari più frequenti ➜ **Appendici 2–3**   ortografia ➜ **Appendice 5**

Esercizi

27.1 Scrivi il past simple / participio passato dei seguenti verbi. (In questo esercizio, le due forme sono identiche.)

1 make	*made*	6 enjoy	....	11 hear	....
2 cut	*cut*	7 buy	....	12 cost	....
3 get	....	8 sit	....	13 catch	....
4 bring	....	9 leave	....	14 watch	....
5 pay	....	10 happen	....	15 understand	....

27.2 Scrivi il past simple e il participio passato dei seguenti verbi.

1 break	*broke* *broken*	6 speak	....	11 go	....
2 begin	....	7 write	....	12 give	....
3 eat	....	8 come	....	13 throw	....
4 drink	....	9 know	....	14 forget	....
5 drive	....	10 take	....		

27.3 Completa le frasi con le forme corrette dei verbi tra parentesi.

to hurt = farsi male

1 I ....*washed*.... my hands because they were dirty. (wash)
2 Somebody has ....*broken*.... this window. (break)
3 I feel good. I .... very well last night. (sleep)
4 We .... a really good film yesterday. (see)
5 It .... a lot while we were on holiday. (rain)
6 I've .... my bag. Have you .... it? (lose / see)
7 Rosa's bike was .... last week. (steal)
8 I .... to bed early because I was tired. (go)
9 Have you .... your work yet? (finish)
10 The shopping centre was .... about 20 years ago. (build)
11 Anna .... to drive when she was 18. (learn)
12 I've never .... a horse. (ride)
13 Jessica is a good friend of mine. I've .... her for a long time. (know)
14 Yesterday I .... and .... my leg. (fall / hurt)
15 My brother .... in the London Marathon last year. Have you ever .... in a marathon? (run / run)

27.4 Completa le frasi con le forme corrette dei verbi elencati.

cost	drive	fly	~~make~~	meet	sell
speak	swim	tell	think	wake up	win

loud = forte (rumoroso)
side = parte / lato
through = attraverso

1 I have ....*made*.... some coffee. Would you like some?
2 Have you .... John about your new job?
3 We played basketball on Sunday. We didn't play very well, but we .... the game.
4 I know Gary, but I've never .... his wife.
5 We were .... by loud music in the middle of the night.
6 Stephanie jumped into the river and .... to the other side.
7 'Did you like the film?' 'Yes, I .... it was very good.'
8 Many different languages are .... in the Philippines.
9 Our holiday .... a lot of money because we stayed in an expensive hotel.
10 Have you ever .... a very fast car?
11 All the tickets for the concert were .... very quickly.
12 A bird .... in through the open window while we were having our dinner.

27.5 Traduci in inglese.

1 Ho ballato con Chris domenica.
2 Laura è partita alle 7.00.
3 Il film non è ancora incominciato.
4 Rachel era seccata, perché aveva perso il treno.
5 È stato pulito l'ufficio?
6 Ho trovato molti funghi sabato.
7 Dimenticarono di darci le chiavi.
8 Chi ha mangiato il mio sandwich ieri?
9 Ha appena telefonato Rebecca.
10 Steve disse che conosceva un buon ristorante.
11 Ho sentito la notizia due ore fa.
12 *Moby Dick* è stato scritto nel 1851.

seccato = annoyed
perdere = miss
fungo = mushroom
notizia = news

What are you doing tomorrow?

A

They **are playing** tennis (**now**).
Stanno giocando a tennis (adesso).

today is Sunday

> I'm playing tennis tomorrow.

He **is playing** tennis **tomorrow**.
Domani gioca a tennis.

Si usa **am/is/are** + **-ing** *(present continuous) per parlare di qualcosa che sta accadendo ora:*
- ☐ A: Where are Tina and Helen?
  B: They**'re playing** tennis in the park. *Stanno giocando a tennis …*
- ☐ Please be quiet. I**'m working**. *Fa' piano, per favore. Sto lavorando.*

Si usa **am/is/are** + **-ing** *anche per il futuro (domani / la prossima settimana ecc.):*
- ☐ Andrew **is playing** tennis tomorrow. *Domani Andrew gioca a tennis.*
- ☐ I**'m** not **working** next week. *La prossima settimana non lavoro.*

B

I am doing something tomorrow (= *Domani faccio qualcosa*) *significa che ho stabilito di farlo, ho in programma di farlo:*
- ☐ Sophie **is going** to the dentist on Friday.
  Sophie va dal dentista venerdì.
- ☐ We**'re having** a party next weekend.
  Il prossimo fine settimana facciamo una festa.
- ☐ **Are** you **meeting** your friends tonight?
  Incontri/Vedi i tuoi amici stasera?
- ☐ What **are** you **doing** tomorrow evening?
  Che cosa fai/fate domani sera?
- ☐ I**'m** not **going** out tonight. I**'m staying** at home.
  Stasera non esco. Sto a casa.

> I'm going to a concert tomorrow.

Concert Ticket

Con un significato simile, si può dire anche **I'm going to** *do something (→ Unità 29).*

C

*Si usa il present continuous (***I'm staying** / **are you coming** *ecc.) per dire che cosa si è stabilito di fare:*
- ☐ I**'m staying** at home this evening. (*non* I stay)
- ☐ **Are** you **going** out tonight? (*non* Do you go)
- ☐ Lisa **isn't coming** to the party next week. (*non* Lisa doesn't come)

*Ma si usa il present simple (***start/arrives** *ecc.) parlando di orari, programmi di spettacoli, treni, autobus, ecc. :*
- ☐ The train **arrives** at 7.30. *Il treno arriva alle 7.30.*
- ☐ What time **does** the film **finish**? *A che ora finisce il film?*

Confronta:

present continuous: *di solito riferito a persone*	present simple: *di solito per orari, spettacoli, ecc.*
in italiano si usa la forma semplice del presente in entrambi i casi	
☐ I**'m going** to a concert tomorrow. *Domani vado a un concerto.*	☐ The concert **starts** at 7.30. *Il concerto inizia alle 7.30.*
☐ What time **are** you **leaving**? *A che ora parti/partite?*	☐ What time **does** your train **leave**? *A che ora parte il tuo treno?*

present continuous → **Unità 4–5**   present simple → **Unità 6–8**   I'm going to … → **Unità 29**

Esercizi

28.1 Osserva le vignette. Che cosa fanno queste persone venerdì prossimo? Scrivilo.

①	②	③	④	⑤
ANDREW	RICHARD	RACHEL	KAREN	SUE AND TOM

1   *Andrew is playing tennis on Friday.*
2   Richard .... to the cinema.
3   Rachel ....
4   .... lunch with Will.
5   ....

28.2 Costruisci delle domande per chiedere informazioni sul futuro.

1   (you / go / out / tonight?)   *Are you going out tonight?*
2   (you / work / next week?) ....
3   (what / you / do / tomorrow evening?) ....
4   (what time / your friends / arrive?) ....
5   (when / Lisa / go / on holiday?) ....

28.3 Scrivi le cose che farai nei prossimi giorni.

1   *I'm staying at home tonight.*
2   *I'm going to the theatre on Monday.*
3   ....
4   ....
5   ....
6   ....

28.4 Metti i verbi al present continuous (**he is leaving** ecc.) o al present simple (**the train leaves** ecc.).

tired = stanco
get married = sposarsi
last = ultimo

1   ' *Are you going* .... (you/go) out tonight?'   'No, I'm too tired.'
2   *We're going* .... (we/go) to a concert tonight.   *It starts* .... (it/start) at 7.30.
3   Do you know about Sarah? .... (she/get) married next month!
4   A: My parents .... (go) on holiday next week.
     B: Oh, that's nice. Where .... (they/go)?
5   Silvia is doing an English course at the moment. The course ....
     (finish) on Friday.
6   There's a party tomorrow night, but .... (I/not/go).
7   .... (I/go) out with some friends tonight. Why don't you come too?
     .... (we/meet) at the Royal Hotel at 8 o'clock.
8   A: How .... (you/get) home after the party tomorrow? By taxi?
     B: No, I can go by bus. The last bus .... (leave) at midnight.
9   A: .... (you/come) with us to the cinema tonight?
     B: Yes, what time .... (the film / begin)?
10   A: What .... (you/do) tomorrow afternoon?
     B: .... (I/work).

28.5 Traduci in inglese.

restare = stay
uscire = go out

1   Kelly e Paul vanno a Parigi domani.
2   Luca non lavora la prossima settimana.
3   Restano a casa i bambini stasera?
4   L'aereo parte nel pomeriggio.
5   Uscite voi sabato? Noi andiamo al cinema.
6   Quando parte tuo fratello?
7   La partita finisce alle 4.30.

➜ **Esercizi supplementari 29, 31–32** (pag. 273, 275–76)

I'm going to …

I'm going to do something

I'm going to watch TV this evening.

morning   this evening

She **is going to watch** TV this evening.   *Questa sera guarderà / ha intenzione di guardare la TV.*

La struttura **am**/**is**/**are** + **going to** … + *infinito si usa per il futuro:*

forme affermativa e negativa

I	**am**		do …
he/she/it	**is**	(not) **going to**	drink …
we/you/they	**are**		watch …

forma interrogativa

am	I		buy … ?
is	he/she/it	**going to**	eat … ?
are	we/you/they		wear … ?

I am going to do something *significa 'farò qualcosa' o 'faccio qualcosa' nel senso che ho deciso oppure ho intenzione di farlo:*

I decided to do it ────────→   **I'm going to do it**

prima   *adesso*   *futuro*

- I**'m going to buy** some books tomorrow.   *Domani comprerò dei libri.*
- Sarah **is going to sell** her car.   *… ha intenzione di vendere …*
- I**'m not going to have** breakfast this morning. I'm not hungry.   *Non faccio colazione stamattina. …*
- What **are** you **going to wear** to the wedding next week?   *Che cosa ti metti … ?*
- A: Your hands are dirty.
  B: Yes, I know. I**'m going to wash** them. … *Ho intenzione di lavarle.*
- **Are** you **going to invite** Mark to your party?   *Inviti/Inviterai … ?*

Per parlare di programmi personali o cose stabilite per il futuro si usa anche il present continuous (→ *Unità 28*):

- I **am playing** tennis with Julia tomorrow.   *Domani gioco a tennis con Julia.*

Si usa **am**/**is**/**are going to** … *anche nel caso in cui sia evidente adesso che qualcosa* <u>sta per</u> *accadere, è imminente, accadrà:*

It's going to rain.

- Look at the sky! It**'s going to rain**.
  Guarda il cielo! Sta per piovere.
- Oh dear! It's 9 o'clock and I'm not ready.
  I**'m going to** be late.
  Povero me! Sono le nove e non sono pronto.
  Finirò per far tardi.

Come risulta dagli esempi, **am**/**is**/**are going to** … *può avere diverse traduzioni in italiano:*

I am going to do something = $\begin{cases} \text{Farò qualcosa.} \\ \text{Ho intenzione di fare qualcosa.} \\ \text{Faccio qualcosa (più tardi / domani ecc.)} \\ \text{Sto per fare qualcosa.} \end{cases}$

tempi presenti con valore di futuro → **Unità 28**   will → **Unità 30–31**

Esercizi

29.1 Queste persone esprimono delle intenzioni. Che cosa dicono? Scrivilo nei fumetti.

29.2 Completa le frasi. Per ciascuna, usa **going to** + uno dei verbi elencati.

to lie down = sdraiarsi
to leave = (qui) finire

| do   eat   give   lie down   stay   walk   ~~wash~~   watch   ~~wear~~ |

1 My hands are dirty.   *I'm going to wash*   them.
2 What   *are you going to wear*   to the party tonight?
3 It's a nice day. I don't want to take the bus. I ....
4 Steve is going to London next week. He .... with some friends.
5 I'm hungry. I .... this sandwich.
6 It's Sarah's birthday next week. We .... her a present.
7 Sue says she's feeling very tired. She .... for an hour.
8 Your favourite programme is on TV tonight. .... you .... it?
9 What .... Rachel .... when she leaves school?

29.3 Osserva le vignette. Che cosa sta per succedere? Scrivilo.

shelf = mensola/ripiano

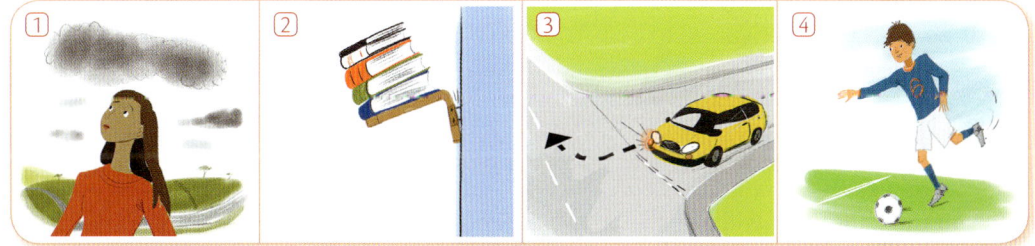

1   *It's going to rain.*
2 The shelf ....
3 The car ....
4 He ....

29.4 Che cosa farai oggi o domani? Scrivilo in tre frasi.

1 I'm ....
2 ....
3 ....

29.5 Traduci in inglese. Usa **going to …** .

1 Costruiranno un albergo qui.
2 Il concerto sta per cominciare.
3 Non ho intenzione di aspettare.
4 Inviti molta gente alla tua festa?
5 Siamo in ritardo. Perderemo il treno.
6 Dove passerete le vacanze di Natale?
7 A: Che farà Maria dopo l'università?
   B: Cercherà un lavoro.

will/shall 1

A

SARAH

Sarah goes to work every day. She is always there from 8.30 until 4.30.

It is 11 o'clock now. Sarah **is** at work.
… *Sarah è al lavoro.*

At 11 o'clock yesterday, she **was** at work.
… *ieri, era al lavoro.*

At 11 o'clock tomorrow, she **will be** at work.
… *domani, sarà al lavoro.*

will *è seguito dall'infinito* (**will be** / **will win** / **will come** *ecc.*):

I/we/you/they he/she/it	**will ('ll)** **will not (won't)**	be win eat come *ecc.*

will	I/we/you/they he/she/it	be? win? eat? come? *ecc.*

'll *è la contrazione di* **will**: I**'ll** (= I will) / you**'ll** / she**'ll** *ecc.*
won't *è la contrazione di* **will not**: I **won't** (= I will not) / you **won't** / she **won't** *ecc.*

B

Si usa **will** *per parlare del futuro* (tomorrow / next week *ecc.*):
- ○ Sue travels a lot. Today she is in Madrid. Tomorrow she**'ll be** in Rome. Next week she**'ll be** in Tokyo.
  … *Domani sarà a Roma. La prossima settimana sarà a Tokyo.*
- ○ You can call me this evening. I**'ll be** at home. … *Sarò a casa.*
- ○ Leave the old bread in the garden. The birds **will eat** it. … *Gli uccelli lo mangeranno.*
- ○ We**'ll** probably **go** out this evening. *Probabilmente usciremo …*
- ○ **Will** you **be** at home this evening? *Sarai a casa … ?*

- ○ I **won't be** here tomorrow. (= I will not be here) *Non sarò qui …*
- ○ Don't drink coffee before you go to bed. You **won't sleep**. … *Non dormirai.*

Spesso si dice **I think** … **will** … / **I don't think** … **will** … :
- ○ **I think** Kelly **will pass** the exam. *Penso che Kelly supererà l'esame.*
- ○ **I don't think** it **will rain** this afternoon. (*non* I think it won't rain)
  Non penso che / Penso che non pioverà questo pomeriggio.
- ○ **Do you think** the exam **will be** difficult? *Pensi che l'esame sarà difficile?*

C

Non si usa **will** *per parlare di cose stabilite, accordi o decisioni già prese* (→ Unità 28–29):
- ○ We**'re going** to the cinema on Saturday. Do you want to come with us? (*non* We will go)
- ○ I**'m** not **working** tomorrow. (*non* I won't work)
- ○ **Are** you **going to do** the exam? (*non* Will you do)

D

shall

Con **I** *e* **we** *si può usare* **shall** *al posto di* **will**:
- ○ **I shall be** late tomorrow. *oppure* **I will (I'll) be** late tomorrow.
- ○ I think **we shall win**. *oppure* I think **we will (we'll) win**.

Ma non usare **shall** *con* **you/they/he/she/it**:
- ○ **Tom will be** late. (*non* Tom shall be)

What are you doing tomorrow? → **Unità 28**   I'm going to … → **Unità 29**   will/shall 2 → **Unità 31**

Esercizi

30.1 Helen sta viaggiando in Europa. Osserva l'itinerario e completa le frasi con **she was, she's** oppure **she'll be**.

trip = viaggio

1 Yesterday .....she was..... in Paris.
2 Tomorrow .... in Amsterdam.
3 Last week .... in Barcelona.
4 Next week .... in London.
5 At the moment .... in Brussels.
6 Three days ago .... in Munich.
7 At the end of her trip .... very tired.

LONDON
(next week)

AMSTERDAM
(tomorrow)

●BRUSSELS (now)

PARIS (yesterday) ●

●MUNICH
(3 days ago)

BARCELONA●
(last week)

Helen

30.2 Scrivi dove sarai alle ore o nei tempi indicati. Usa:

I'll be ...   oppure   **I'll probably be ...**   oppure   **I don't know where I'll be.**

1 (at 10 o'clock tomorrow) .....I'll probably be on the beach.........
2 (one hour from now) ....
3 (at midnight tonight) ....
4 (at 3 o'clock tomorrow afternoon) ....
5 (two years from now) ....

30.3 Completa le frasi con **will** (**'ll**) oppure **won't**.

away = via

1 Don't drink coffee before you go to bed. You ......won't...... sleep.
2 'Are you ready yet?' 'Not yet. I .... be ready in five minutes.'
3 I'm going away for a few days. I'm leaving tonight, so I .... be at home tomorrow.
4 It .... rain, so you don't need to take an umbrella.
5 A: I don't feel very well this evening.
    B: Well, go to bed early and you .... feel better in the morning.
6 It's Ben's birthday next Monday. He .... be 25.
7 I'm sorry I was late this morning. It .... happen again.

30.4 Riformula le frasi iniziando con **I think ...** oppure **I don't think ...** .

1 (Kelly will pass the exam)   .....I think Kelly will pass the exam.........
2 (Kelly won't pass the exam)   .....I don't think Kelly will pass the exam.........
3 (we'll win the game)   I ....
4 (I won't be here tomorrow)   ....
5 (Sue will like her present)   ....
6 (they won't get married)   ....
7 (you won't enjoy the film)   ....

30.5 Scegli la soluzione corretta. (Studia o ripassa anche l'Unità 28.)

lend = prestare
put on = mettersi

1 ~~We'll go~~ / We're going to the theatre tonight. We've got tickets. (We're going è *corretto*)
2 'What will you do / are you doing tomorrow evening?' 'Nothing. I'm free.'
3 They'll go / They're going away tomorrow morning. Their train is at 8.40.
4 I'm sure your aunt will lend / is lending us some money. She's very rich.
5 'Why are you putting on your coat?' 'I'll go / I'm going out.'
6 Do you think Clare will phone / is phoning us tonight?
7 Steve can't meet us on Saturday. He'll work / He's working.
8 Will you / Shall you be at home tomorrow evening?
9 A: What are your plans for the weekend?
    B: Some friends will come / are coming to stay with us.

30.6 Traduci in inglese.

credere = (*qui*) think
innaffiare = water
più = (*qui*) again

1 Domani alle 9.00 saremo a Vienna.
2 Chiedi a Jessica. Ti aiuterà.
3 Non chiamarli alle 2.00. Non saranno a casa.
4 Non credo che l'Inter vincerà.
5 Penso che Tom non verrà.
6 Credi che pioverà a fine settimana?
7 Ti ricorderai di innaffiare i fiori?
8 Jack non sarà in ufficio domani.
    Va a Londra.
9 Mi dispiace. Non succederà più.

A

I'll carry it for you.

Bye, I'll phone you tomorrow, OK?

L'uso di **will** e **shall** non sempre corrisponde a quello del futuro italiano.

Si può dire **I'll …** (**I will**) *quando si decide o ci si offre di fare qualcosa:*
- ○ 'My bag is very heavy.' '**I'll carry** it for you.' … *'Te la porto io.'*
- ○ '**I'll phone** you tomorrow, OK?' 'OK, bye.' *'Ti telefono domani, va bene?'* …

Spesso si dice **I think I'll …** / **I don't think I'll …** *per esprimere una decisione:*
- ○ I'm tired. **I think I'll go** to bed early tonight. … *Penso che andrò …*
- ○ It's a nice day. **I think I'll sit** outside. … *Penso che mi siederò …*
- ○ It's raining. **I don't think I'll go** out. … *Non penso che / Penso che non uscirò.*

In italiano si usa spesso il presente per decidere o offrirsi di fare qualcosa. Non usare il present simple (I go / I phone *ecc.) in frasi di questo tipo:*
- ○ **I'll phone** you tomorrow, OK? (*non* I phone you) *Ti telefono domani, va bene?*
- ○ **I'll carry** it for you. / **I'll pay**. / **I'll drive**. *Te la porto io. / Pago io. / Guido io.*

B

Non usare **I'll …** *per esprimere decisioni già prese in precedenza* (→ Unità 28–29):
- ○ I**'m working** tomorrow. (*non* I'll work)
- ○ I don't want my car any more. I**'m going to sell** it. (*non* I'll sell)
- ○ What **are** you **doing** at the weekend? (*non* What will you do)

Sia **I'm going to do**, *sia* **I'll do** *possono corrispondere al futuro italiano ('farò'). Confronta:*
- ○ A: Have you phoned Tanya?
  B: No. I**'m going to phone** her later. (*B lo ho già deciso prima*) … *Le telefonerò più tardi.*
- ○ A: Have you phoned Tanya?
  B: Oh, no. I forgot. I**'ll phone** her later. (*B lo decide adesso*) … *Le telefonerò più tardi.*

C

Shall I … ? Shall we … ?

That's the doorbell. **Shall I** go?

No, it's OK. I'll go.

Si dice **Shall I … ?** / **Shall we … ?** *per chiedere un parere sul da farsi o per proporre di fare qualcosa insieme.*
Anche in questo caso si usa spesso il presente in italiano. Fai attenzione:
- ○ It's very warm in this room. **Shall I open** the window? … *Apro / Devo aprire la finestra?*
- ○ '**Shall I phone** you this evening?' 'Yes, please.' *'Ti telefono / Devo telefonarti … ?'*
- ○ I'm going to a party tonight. What **shall I wear**? … *Che cosa mi metto / Che cosa devo mettermi?*

- ○ It's a nice day. **Shall we go** for a walk? … *Andiamo a fare due passi?*
- ○ Where **shall we go** for our holidays this year? *Dove andiamo in vacanza … ?*
- ○ 'Let's go out this evening.' 'OK, what time **shall we meet**?' … *'Va bene. A che ora ci troviamo?'*

What are you doing tomorrow? → Unità 28   I'm going to … → Unità 29   will/shall 1 → Unità 30   Let's → Unità 38

Esercizi

31.1 Completa ogni frase con **I'll** (**I will**) + uno dei seguenti verbi.

~~carry~~   do   eat   show   sit   stay

1	My bag is very heavy.	I'll carry .... it for you.
2	I don't want this banana.	Well, I'm hungry. .... it.
3	Do you want a chair?	No, it's OK. .... on the floor.
4	Did you phone Sophie?	Oh no, I forgot. .... it now.
5	Are you coming with me?	No, I don't think so. .... here.
6	How do you use this camera?	Give it to me and .... you.

31.2 Completa ogni frase con **I think I'll …** oppure **I don't think I'll …** + uno di questi verbi.

something = qualcosa

buy   buy   ~~go~~   have   play

1 It's cold today.   I don't think I'll go .... out.
2 I'm hungry. I .... something to eat.
3 I feel very tired. .... tennis.
4 I like this hat. .... it.
5 This camera is too expensive. .... it.

31.3 Scegli la soluzione corretta.

exercise = (qui) movimento
anything = qualcosa

1 ~~I phone~~ / I'll phone you tomorrow, OK?   (I'll phone *è corretto*)
2 I haven't done the shopping yet. I do / I'll do it later.
3 I like sport. I watch / I'll watch a lot of sport on TV.
4 I need some exercise. I think I go / I'll go for a walk.
5 Carl is going to buy / will buy a new car. He told me last week.
6 'This book belongs to Tina.'   'OK. I give / I'll give / I'm going to give it to her.'
7 A: Are you doing / Will you do anything this evening?
  B: Yes, I'm going / I'll go out with some friends.
8 I can't go out with you tomorrow night. I work / I'm working / I'll work.

31.4 Costruisci delle frasi con **Shall I … ?** Abbina le espressioni elencate nei riquadri.

turn on   make   some sandwiches   the TV
turn off   ~~open~~   ~~the window~~   the light

1	It's very warm in this room.	Shall I open the window?
2	This programme isn't very good.	
3	I'm hungry.	
4	It's dark in this room.	

31.5 Costruisci delle frasi con **Shall we … ?** Abbina le parole elencate nei riquadri.

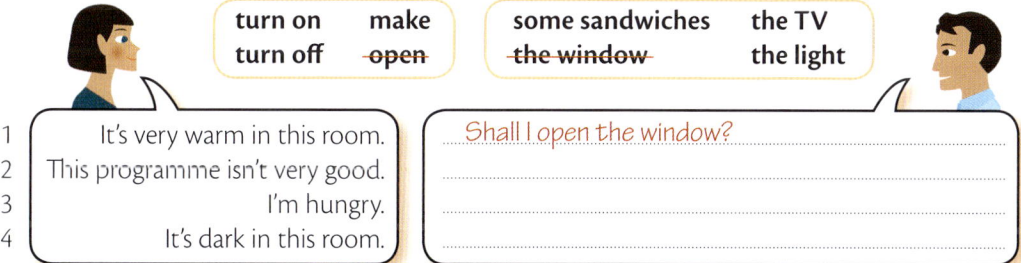

what   where   buy   invite
~~what time~~   who   go   ~~meet~~

1	Let's go out tonight.	OK, what time shall we meet?
2	Let's have a holiday.	OK,
3	Let's spend some money.	OK,
4	Let's have a party.	OK,

31.6 Traduci in inglese.

piatto = dish
progetto = plan
prendere = (qui) have

1 Guido io. Tu sei troppo stanco.
2 Pulisci la cucina. I piatti li lavo io.
3 Credo che guarderò il film stasera.
4 A: Penso che non telefonerò a Ann.
  B: Devo telefonarle io?
5 A: Quali sono i tuoi progetti per il futuro?
  B: Studierò medicina.

6 Accendiamo la TV?
7 'Che cosa fai domani?'   'Vado a Firenze.'
8 Che cosa prendiamo? Caffè?
9 Sam suona molto bene la chitarra.
  Lo invito alla festa?

➜ **Esercizi supplementari 28, 30** (pag. 272, 274)

A

He **might go** to New York.
Può darsi che vada a New York.

It **might rain**.
Potrebbe piovere. / Può darsi che piova.

might *è seguito dall'infinito (**might go** / **might be** / **might rain** ecc.):*

I/we/you/they he/she/it	**might** (not)	**be** **go** **play** **come** *ecc.*

B

Si usa **might** *per dire che qualcosa è possibile, forse accadrà.*

- I **might go** to the cinema this evening. *Può darsi che io vada / Forse vado …*
- A: When is Rebecca going to phone you?
  B: I don't know. She **might phone** this afternoon. *… Può darsi che telefoni …*
- Buy a lottery ticket. You **might be** lucky. *… Potresti essere fortunato.*
- A: Are you going out tonight? *Esci stasera?*
  B: **I might**. *Può darsi. / Forse sì.*

Confronta:

certezza	possibilità
I**'m playing** tennis tomorrow. *Domani gioco …*	I **might play** tennis tomorrow. *Può darsi che domani io giochi …*
Rebecca **is going to phone** later. *Rebecca telefonerà …*	Rebecca **might phone** later. *Può darsi che Rebecca telefoni …*

C

La forma negativa di **might** *è* **might not**:

- I **might not go** to work tomorrow.
  Può darsi che io non vada …
- Sue **might not come** to the party.
  Può darsi che Sue non venga …

D **may**

Anche **may** *esprime possibilità, e si può usare al posto di* **might** *nello stesso modo:*

- I **may go** to the cinema this evening.
  Forse vado / Può darsi che vada …
- Sue **may not come** to the party.
  Forse Sue non viene / Può darsi che Sue non venga …

Per chiedere il permesso di fare qualcosa si usa **May I** … **?** *(= Posso … ?):*

- **May I** ask a question? *Posso fare una domanda?*
- A: **May I** sit here? *Posso sedermi qui?*
  B: Yes, of course. *Sì, certo.*

Per chiedere il permesso, in modo meno formale, si può usare anche **Can I** … **?** *(= Posso …?):*

- **Can I** sit here? *Posso sedermi qui?*

will ➜ **Unità 30–31**   can ➜ **Unità 33**

Esercizi

32.1 Riformula le frasi tra parentesi usando **might**.

1 (it's possible that I'll go to the cinema) *I might go to the cinema.*
2 (it's possible that I'll see you tomorrow) I ....
3 (it's possible that Sarah will forget to phone) ....
4 (it's possible that it will snow today) ....
5 (it's possible that I'll be late tonight) ....

E adesso usa **might not**.

6 (it's possible that Mark will not be here next week) ....
7 (it's possible that I won't have time to go out) ....

32.2 Qualcuno ti chiede che programmi hai. Tu non sai ancora esattamente che cosa farai. Rispondi con **I might** utilizzando le parole qui elencate:

get = (qui) andare
I hear = ho saputo

> fish   go away   ~~Spain~~   Monday   a new car   taxi

1	Where are you going for your holidays?	I'm not sure. *I might go to Spain.*
2	What are you doing at the weekend?	I don't know. I ....
3	When will you see Kate again?	I'm not sure. ....
4	What are you going to have for dinner?	I don't know. ....
5	How are you going to get home tonight?	I'm not sure. ....
6	I hear you won some money. What are you going to do with it?	I haven't decided yet. ....

32.3 Immagina di porre a Ben le seguenti domande. Alcune delle sue risposte sono sicure, ma le altre sono incerte.

perhaps = forse
maybe = può darsi

1	Are you playing tennis tomorrow?	Yes, in the afternoon.
2	Are you going out tomorrow evening?	Possibly.
3	Are you going to get up early?	Perhaps.
4	Are you working tomorrow?	No, I'm not.
5	Will you be at home tomorrow morning?	Maybe.
6	Are you going to watch TV?	I might.
7	Are you going out in the afternoon?	Yes, I am.
8	Are you going shopping?	Perhaps.

Ben

Riferisci le risposte di Ben usando **might** dove è opportuno.

1 *He's playing tennis tomorrow afternoon.*
2 *He might go out tomorrow evening.*
3 He ....
4 ....
5 ....
6 ....
7 ....
8 ....

32.4 Scrivi tre cose che forse farai domani. Usa **might**.

1 ....
2 ....
3 ....

32.5 Traduci in inglese. Usa **might** o **may**.

1 Può darsi che Sue e Kate arrivino in ritardo.
2 'Forse avrai bisogno di aiuto.'   'Può darsi.'
3 'Vedrai Chris domani?'   'Forse sì.'
4 Può darsi che Clare non telefoni.
5 Può darsi che non siamo a casa nel pomeriggio.
6 Stasera vado a teatro. Posso usare la tua bicicletta?

in ritardo = late
aver bisogno di = need

can *e* could

A

I can play the piano.

He **can play** the piano.
Sa suonare il piano.

Could you open the door, please?

Potrebbe aprire la porta, per favore?

can *è seguito dall'infinito* (**can do** / **can play** / **can come** *ecc.*):

I/we/you/they he/she/it	can can't (cannot)	do play see come *ecc.*

can	I/we/you/they he/she/it	do? play? see? come? *ecc.*

B

I can do something *può significare 'so fare qualcosa' oppure 'posso/riesco a fare qualcosa'.*

I can do something = *so fare qualcosa:*
- ○ I **can play** the piano. My brother **can play** the piano too. *So suonare … … sa suonare …*
- ○ Sarah **can speak** Italian, but she **can't speak** Spanish. *… sa parlare … ma non sa parlare …*
- ○ A: **Can** you **swim**? *Sai nuotare?*
  B: Yes, but I'm not a very good swimmer.

I can do something = *posso/riesco a fare qualcosa:*
- ○ A: **Can** you **change** twenty pounds? *Puoi/Può cambiarmi … ?*
  B: I'm sorry, I **can't**. *No, mi spiace.*
- ○ A: There aren't any taxis.
  B: We **can take** a bus. *Possiamo prendere un autobus.*
- ○ I'm too tired. I **can't sleep**. *… Non riesco a dormire.*

Con **see** *e* **hear**, *in inglese di solito si usa* **can** (**I can see** / **I can hear**), *mentre in italiano si dice semplicemente 'vedo/sento' ecc. :*
- ○ **Can** you **hear** me? *Mi senti? / Mi sentite?*
- ○ I **can see** a light over there. *Vedo una luce laggiù.*

C

Il passato di **can/can't** *è* **could/couldn't**:
- ○ When I was young, I **could run** very fast. *… ero capace di correre …*
- ○ Before Maria came to Britain, she **couldn't understand** much English. Now she **can understand** everything. *… non capiva / non riusciva a capire … Adesso capisce / riesce a capire …*
- ○ I was tired last night, but I **couldn't sleep**. *… non riuscivo a dormire.*
- ○ I had a party last week, but Paul and Rachel **couldn't come**. *… non sono potuti venire.*

D

Uso di **Can** … **?** *e* **Could** … **?** *nelle richieste:*

Si usa **Can you** … **?** (= *Puoi/Può* … ?) *o* **Could you** … **?** (= *Potresti/Potrebbe* … ?) *per chiedere a qualcuno di fare qualcosa:*
- ○ **Can you** open the door, please? *oppure* **Could you** open the door, please?
- ○ **Can you** wait a moment, please? *oppure* **Could you** wait … ?

Si chiede **Can I have** … **?** *o* **Can I get** … **?** (*letteralmente:* 'Posso/Potrei avere … ?') *per avere qualcosa:*
- ○ **Can I have** a glass of water, please? *oppure* **Can I get** … ?
  Mi dà un bicchiere d'acqua, per favore? / Vorrei …

Can I … **?** (= *Posso* … ?) *o* **Could I** … **?** (= *Potrei* … ?) *si usano per chiedere un permesso o un favore:*
- ○ **Can I** sit here?
- ○ Tom, **could I** borrow your umbrella?

May I … ? ➔ **Unità 32**

Esercizi

33.1 Chiedi a Steve se sa fare le cose illustrate nelle figure.

① ② ③

chess

④ ⑤ ⑥

10 kilometres

You   Steve

1 *Can you swim?*
2 ....
3 ....
4 ....
5 ....
6 ....

Osserva ancora le figure. Scrivi che cosa sai o non sai fare tu. Usa **I can** o **I can't**.

7 I ....   10 ....
8 ....   11 ....
9 ....   12 ....

33.2 Completa ogni frase usando **can** o **can't** + uno dei seguenti verbi.

| ~~come~~   find   hear   see   speak |

quietly = a bassa voce
get = ottenere

1 I'm sorry, but we .....*can't come*..... to your party next Saturday.
2 I like this hotel room. You .... the mountains from the window.
3 You are speaking very quietly. I .... you.
4 Have you seen my bag? I .... it.
5 Catherine got the job because she .... five languages.

33.3 Completa ogni frase usando **can't** o **couldn't** + uno di questi verbi.

| decide   eat   find   go   go   ~~sleep~~ |

meeting = riunione

1 I was tired, but I .....*couldn't sleep*..... .
2 I wasn't hungry yesterday. I .... my dinner.
3 Kate doesn't know what to do. She ....
4 I wanted to speak to Mark yesterday, but I .... him.
5 James .... to the concert next Saturday. He has to work.
6 Paula .... to the meeting last week. She was ill.

33.4 Che diresti in queste situazioni? Usa **can** o **could** con le parole indicate tra parentesi.

*borrow = prendere
 in prestito*

① (open/door)   *Could you open
                  the door, please?*

② (pass/salt)

③ (have/postcards)

④ (turn off / radio)

⑤ (borrow/newspaper)

⑥ (use/pen)

33.5 Traduci in inglese.

1 Lisa sa suonare la chitarra, ma non sa cantare.
2 James non può venire alla riunione domani.
3 Quand'ero giovane sapevo sciare molto bene.
4 Che cosa sai fare? Sai scrivere una relazione?
5 Potresti prestarmi il tuo ombrello, per piacere?
6 'Mi vedi?'   'Ti sento, ma non ti vedo.'
7 Non siamo riusciti a lasciare l'ufficio prima delle 5.30.
8 Mi dà un chilo di arance, per favore?

relazione = report
prestare = lend
lasciare = leave

must   mustn't   don't need to

A

It's a fantastic film. You must see it.

I **must** / you **must** ecc. = devo/devi ecc.

must è seguito dall'infinito (**must do** / **must work** ecc.):

I/we/you/they he/she/it	**must**	**do** **stop** **go** **write** ecc.

B

Si usa **must** se si ritiene indispensabile fare o che qualcuno faccia qualcosa:

- ☐ I'm very hungry. I **must eat** something. … Devo mangiare qualcosa.
- ☐ It's a fantastic film. You **must see** it. … Devi vederlo.
- ☐ The windows are very dirty. I **must clean** them. … Devo pulirle.

Al passato (yesterday / last week ecc.) si usa **had to** … (non must):

- ☐ I was very hungry. I **had to eat** something. (non I must eat)
  … Ho dovuto mangiare …
- ☐ We **had to walk** home last night. There were no buses. (non We must walk)
  Siamo dovuti andare a casa a piedi. …

C

mustn't (= must not)

I **mustn't** do something significa 'non devo fare qualcosa' nel senso che è necessario non farlo, è sbagliato o proibito farlo:

You mustn't touch the pictures.

- ☐ I **must go**. I **mustn't be** late.
  Devo andare. Non devo far tardi.
- ☐ I **mustn't forget** to phone Chris.
  (= I **must remember** to phone her)
  Non devo dimenticare di telefonare a Chris.
- ☐ Be happy! You **mustn't be** sad.
  Sii contento! Non devi essere triste.
- ☐ You **mustn't touch** the pictures.
  Non devi / Non si devono toccare i quadri.

D

don't need to

I **don't need to** do something significa 'non devo fare qualcosa' nel senso che non è necessario farlo, non occorre che io lo faccia:

- ☐ I **don't need to go** yet. I can stay a little longer.
  Non devo andare / Non occorre che io vada …
- ☐ You **don't need to shout**. I can hear you OK.
  Non devi gridare / Non c'è bisogno che tu gridi …

Si può dire anche **don't have to** … :

- ☐ I **don't have to go** yet. I can stay a little longer.

Confronta **don't need to** e **mustn't**:

- ☐ You **don't need to** go. You can stay here if you want.
  Non devi andare (non è necessario andare). Puoi stare qui se vuoi.
- ☐ You **mustn't** go. You must stay here.
  Non devi andare (è necessario rimanere). Devi restare qui.

I have to … → Unità 36

Esercizi

34.1 Completa ogni frase usando **must** con uno di questi verbi.

| be | ~~eat~~ | go | learn | meet | wash | win |

1 I'm very hungry. I .....*must eat*..... something.
2 Marilyn is a very interesting person. You .... her.
3 My hands are dirty. I .... them.
4 You .... to drive. It will be very useful.
5 I .... shopping. I need to buy some food.
6 The game tomorrow is very important for us. We ....
7 You can't always have things immediately. You .... patient.

34.2 Inserisci **I must** oppure **I had to** negli spazi.

1 .....*I had to*..... walk home last night. There were no buses.
2 It's late. .... go now.
3 I don't usually work on Saturdays, but last Saturday .... work.
4 .... get up early tomorrow. I have a lot to do.
5 I came here by train. The train was full and .... stand all the way.
6 I was nearly late for my appointment this morning. .... run to get there on time.
7 I forgot to phone David yesterday. .... phone him later today.

all the way = per tutto
il tragitto
nearly = quasi

34.3 Completa ogni frase usando **mustn't** o **don't need to** con uno dei verbi elencati.

| forget | ~~go~~ | lose | phone | rush | wait |

1 I .....*don't need to go*..... home yet. I can stay a little longer.
2 We have a lot of time. We ....
3 Keep these papers in a safe place. You .... them.
4 I'm not ready yet, but you .... for me. You can go now and I'll come later.
5 We .... to turn off the lights before we leave.
6 I must contact David, but I .... him – I can send him an email.

rush = affrettarsi/
correre
keep = tenere

34.4 Abbina le frasi che hanno lo stesso significato.

1 We can leave the meeting early.	A We must stay until the end.	1 .....E.....
2 We must leave the meeting early.	B We couldn't stay until the end.	2 ....
3 We mustn't leave the meeting early.	C We can't stay until the end.	3 ....
4 We had to leave the meeting early.	D We can stay until the end.	4 ....
5 We don't need to leave the meeting early.	E We don't need to stay until the end.	5 ....

meeting = riunione
until = fino a

34.5 Completa le frasi con **must** / **mustn't** / **had to** / **don't need to**.

1 You .....*don't need to*..... go. You can stay here if you want.
2 It's a fantastic film. You .....*must*..... see it.
3 The restaurant won't be busy tonight. We .... reserve a table.
4 I was very busy last week. I .... work every evening.
5 I want to know what happened. You .... tell me.
6 I don't want Sue to know what happened. You .... tell her.
7 I .... go now or I'll be late for my appointment.
8 'Why were you so late?' 'I .... wait half an hour for a bus.'
9 We .... decide now. We can decide later.
10 It's Lisa's birthday next week. I .... forget to buy her a present.

34.6 Traduci in inglese.

1 Devi ricordarti di comprare del pane.
2 Era tardi. Hanno dovuto prendere un taxi.
3 È importante. Dovete ascoltarmi.
4 L'aereo è partito alle 7.00 del mattino. Abbiamo dovuto alzarci alle 4.30.
5 Non è necessario che Kelly mi aspetti.
6 Non dovete pagare adesso. Potete pagare più tardi.
7 Questo è un segreto. Non devi dirlo a nessuno.
8 Dobbiamo vincere. Non dobbiamo perdere questa partita.

nessuno = (qui)
anybody

A

I **should** do something = *Dovrei fare qualcosa*

You shouldn't watch TV so much.

should *è seguito dall'infinito*
(**should do** / **should watch** *ecc.*):

I/we/you/they he/she/it	should shouldn't	do stop go watch *ecc.*

B

Si usa **should** *per dare e richiedere consigli o pareri sul da farsi:*

- ◯ Tom doesn't study enough. He **should study** harder. ... *Dovrebbe studiare di più.*
- ◯ It's a good film. You **should go** and see it. ... *Dovresti andare a vederlo.*
- ◯ When you play tennis, you **should** always **watch** the ball. ... *si dovrebbe sempre guardare ...*

C

La forma negativa è **shouldn't** (= should not):

- ◯ Tom **shouldn't go** to bed so late. *Tom non dovrebbe andare ...*
- ◯ You watch TV all the time. You **shouldn't watch** TV so much.
  ... *Non dovresti guardare tanto la TV.*

D

Spesso si usa **think** (= *pensare/credere*) *insieme a* **should**:

I think ... should ... *Penso/Credo che dovresti/dovrebbe ecc.*

- ◯ **I think** Lisa **should buy** some new clothes.
  Penso/Credo che Lisa dovrebbe/debba comprare ...
- ◯ It's late. **I think** I **should go** home now.
  ... *Penso che adesso dovrei andare a casa.*
- ◯ A: Shall I buy this coat?
  B: Yes, **I think** you **should**. *Penso/Credo di sì.*

Do you think I should buy this hat?

I don't think ... should ... *Penso/Credo che non dovresti ecc.*
(*letteralmente: Non penso che dovresti/dovrebbe ecc.*)

- ◯ **I don't think** you **should work** so hard.
  Penso/Credo che non dovresti lavorare tanto.
- ◯ **I don't think** we **should go** yet. It's too early.
  Penso/Credo che non dovremmo già andare. È troppo presto.

Do you think ... should ... ? *Pensi/Credi che dovresti/dovrebbe? ecc:*

- ◯ **Do you think** I **should buy** this hat? *Pensi che dovrei comprare ... ?*
- ◯ What time **do you think** we **should go** home? *A che ora pensi che dovremmo andare ... ?*

E

Must (= *devo/devi ecc.*) *è più forte di* **should**:

- ◯ It's a **good** film. You **should** go and see it. ... *Dovresti/Dovreste andare ...*
- ◯ It's a **fantastic** film. You **must** go and see it. ... *Devi/Dovete andare ...*

F

Invece di **should** *si può dire anche* **ought to**. *Il significato non cambia:*

- ◯ It's a good film. You **ought to go** and see it. ... *Dovresti/Dovreste andare a vederlo.*
- ◯ I think Lisa **ought to buy** some new clothes. *Credo che Lisa dovrebbe/debba ...*

Confronta le due strutture (**ought** *è seguito da* **to**):

- ◯ You **should go**. *ma* You **ought to go**.

La forma negativa di **ought to** *è* **ought not to**:

- ◯ You **ought not to** work so hard. *Non dovresti lavorare tanto.*

shall ➜ Unità 30–31   must ➜ Unità 34

Esercizi

35.1 Completa ogni frase usando **you should** con uno dei seguenti verbi.

> eat   go   take   visit   ~~watch~~   wear

seat belt = cintura di sicurezza

1 When you play tennis, _you should watch_ the ball.
2 It's late and you're very tired. _____ to bed.
3 _____ plenty of fruit and vegetables.
4 If you have time, _____ the Science Museum. It's very interesting.
5 When you're driving, _____ a seat belt.
6 It's too far to walk from here to the station. _____ a taxi.

35.2 Scrivi che cosa non dovrebbero fare le persone nelle vignette. Usa **He/She shouldn't ... so ...** .

too / too much = troppo
so / so much = tanto

① You watch TV too much.   ② You eat too much.   ③ You work too hard.   ④ You drive too fast.

1 _She shouldn't watch TV so much._   3 _____ hard.
2 He _____   4 _____

35.3 Sei in queste situazioni con un'amica. Consigliati con lei usando **Do you think I should ... ?**

1 You are in a shop. You are trying on a jacket. (buy?)
  You ask your friend: _Do you think I should buy this jacket?_
2 You can't drive. (learn?)
  You ask your friend: Do you think _____
3 You don't like your job. (get another job?)
  You ask your friend: _____
4 You are going to have a party. (invite Gary?)
  You ask your friend: _____

35.4 Scrivi delle frasi con **I think ... should ...** o **I don't think ... should ...** a seconda delle situazioni.

1 We have to get up early tomorrow. (go home now)   _I think we should go home now._
2 That coat is too big for you. (buy it)   _I don't think you should buy it._
3 You don't need your car. (sell it) _____
4 Karen needs a rest. (have a holiday) _____
5 Sarah and Dan are too young. (get married) _____
6 You're not well this morning. (go to work) _____
7 James isn't well today. (go to the doctor) _____
8 The hotel is too expensive for us. (stay there) _____

35.5 Esprimi delle opinioni. Scrivi delle frasi con **should**.

1 I think _everybody should learn another language._
2 I think everybody _____
3 I think _____
4 I don't think _____
5 I think I should _____

35.6 Traduci in inglese.

1 Dovreste comprare una macchina nuova.
2 Ruth non dovrebbe dire queste cose.
3 L'insegnante pensa che dovresti andare in Inghilterra ogni estate.
4 Anna deve andare. Voi dovete aspettare Paul.
5 Credo che non dovrebbero parlare tanto.
6 Pensate che dovrei dirle la verità?
7 È tardi. Devo partire subito.
8 Pensi che dovremmo cominciare?

dire (2) = say
dire (6) = tell

I have to ...

A

This is my medicine. I have to take it three times a day.

I have to do something = *devo fare qualcosa (nel senso che sono tenuto a farlo, mi tocca farlo)*

I/we/you/they	**have**	**to do**
		to work
he/she/it	**has**	**to go**
		to wear *ecc.*

- ○ I'll be late for work tomorrow. I **have to go** to the dentist. … *Devo andare …*
- ○ Jane starts work at 7 o'clock, so she **has to get** up at 6. … *deve alzarsi …*
- ○ You **have to pass** a test before you can get a driving licence. *Si deve superare …*

B

Il passato è **had to** (= *ho dovuto / dovevo ecc.*):
- ○ I was late for work yesterday. I **had to go** to the dentist. … *Sono dovuto andare …*
- ○ We **had to walk** home last night. There were no buses.
  Siamo dovuti andare a casa a piedi …

C

Nella forma interrogativa e nella forma negativa si usa **do/does** *(presente) e* **did** *(passato):*

presente

| **do** | I/we/you/they | **have to** … ? |
| **does** | he/she/it | |

| I/we/you/they | **don't** | **have to** … |
| he/she/it | **doesn't** | |

passato

| **did** | I/we/you/they he/she/it | **have to** … ? |

| I/we/you/they he/she/it | **didn't have to** … |

- ○ What time **do** you **have to go** to the dentist tomorrow? *A che ora devi andare …*
- ○ **Does** Jane **have to work** on Sundays? *Jane deve lavorare … ?*
- ○ Why **did** they **have to leave** the party early? *Perché hanno dovuto lasciare … ?*

I **don't have to** do something = *non devo fare qualcosa (nel senso che non sono tenuto/obbligato a farlo):*
- ○ I'm not working tomorrow, so I **don't have to get** up early. … *non devo alzarmi …*
- ○ Ian **doesn't have to work** very hard. He's got an easy job. *Ian non deve lavorare molto. …*
- ○ We **didn't have to wait** very long for the bus – it came in a few minutes.
  Non abbiamo dovuto aspettare …

D

must *e* **have to**

Sia **must** *che* **have to** *corrispondono al verbo 'dovere'. A volte, si può usare indifferentemente l'uno o l'altro:*
- ○ It's a fantastic film. You **must** see it. *oppure* You **have to** see it.

Spesso, però, vi è differenza:

Con **must** *si esprime un obbligo che proviene da chi parla, dal suo punto di vista:*
- ○ **I must** remember to phone him.
  (*sono io che lo sento come obbligo*)
- ○ **You must** listen to me.
  (*chi parla lo ritiene indispensabile*)

dovere

Con **have to** *l'obbligo è sentito come esterno, derivante da altri, da leggi, norme o regole:*
- ○ I can't come. **I have to** go to the dentist.
  (*obbligo derivante da impegno precedente*)
- ○ In Italy, children **have to** go to school from the age of 6. (*una legge lo prevede*)

must / mustn't / don't need to ➔ **Unità 34**

Esercizi

36.1 Completa ogni frase usando **have to** o **has to** con uno dei seguenti verbi.

> do   hit   read   speak   travel   ~~wear~~

1 My eyes are not very good. I ___have to wear___ glasses.
2 At the end of the course all the students .... a test.
3 Sarah is studying literature. She .... a lot of books.
4 Albert doesn't understand much English. You .... very slowly to him.
5 Kate is often away from home. She .... a lot in her job.
6 In tennis you .... the ball over the net.

36.2 Completa ogni frase usando **have to** o **had to** con uno dei seguenti verbi.

> answer   buy   change   go   ~~walk~~

all the way to =
fino a
out of ten = su dieci

1 We ___had to walk___ home last night. There were no buses.
2 It's late. I .... now. I'll see you tomorrow.
3 I went to the supermarket after work yesterday. I .... some food.
4 This train doesn't go all the way to London. You .... at Bristol.
5 We did an exam yesterday. We .... six questions out of ten.

36.3 Completa le domande. Alcune sono al presente, altre al passato.

1 I have to get up early tomorrow.   What time ___do you have to get up___ ?
2 George had to wait a long time.   How long .... ?
3 Lisa has to go somewhere.   Where .... ?
4 We had to pay a lot of money.   How much .... ?
5 I have to do some work.   What exactly .... ?

36.4 Scrivi delle frasi con **don't**/**doesn't**/**didn't have to ...** .

1 Why are you going out? You ___don't have to go out.___
2 Why is Sue waiting? She ....
3 Why did you get up early? You ....
4 Why is Paul working so hard? He ....
5 Why do you want to leave now? We ....

36.5 Scegli la soluzione corretta. A volte vanno bene sia **must** che **have to**.

for nothing = (qui)
gratis
borrow = prendere a
prestito
What's wrong? =
Che hai?

1 It's a fantastic film. You <u>must see / have to</u> see it.   (entrambi sono corretti)
2 Jessica won't be at work this afternoon. She <u>~~must go~~ / has to go</u> to the doctor.
   (<u>has to go</u> è corretto)
3 You can't park your car here for nothing. You <u>must pay / have to pay</u>.
4 I didn't have any money with me last night, so I <u>must borrow / had to borrow</u> some.
5 I eat too much chocolate. I really <u>must stop / have to stop</u>.
6 Paul is in a hurry. He <u>must meet / has to meet</u> somebody in five minutes.
7 What's wrong? You <u>must tell / have to tell</u> me. I want to help you.

36.6 Scrivi che cosa dovete o avete dovuto fare tu o i tuoi amici (o familiari). Riferisciti ai tempi indicati.

1 (every day)   ___I have to travel ten miles every day.___
2 (every day)   ....
3 (yesterday)   ....
4 (tomorrow)   ....

36.7 Traduci in inglese.

1 Non posso giocare a calcio domani pomeriggio. Devo andare a scuola.
2 Emily non viene. Deve andare dal medico.
3 Devo sbrigarmi. Devo prendere l'autobus.
4 'È pronto Steve?'   'No, deve finire un lavoro.'
5 Amy e Ben hanno dovuto comprare una casa più grande l'anno scorso.
6 Devi leggere molti libri per l'esame?
7 Avete dovuto rispondere a molte domande?
8 Non dobbiamo alzarci presto domani. È festa.
9 Devi trovare un lavoro migliore.

sbrigarsi = to hurry
un lavoro (4) = some
work
è festa = it's a holiday
un lavoro (9) = a job

Would you like … ?   I'd like …

A

Would you like … ? = *Vorresti/Vuoi/Gradiresti … ?*
(letteralmente: Ti piacerebbe … ?)

Si usa **Would you like … ?** *per offrire qualcosa:*
- ☐ A: **Would you like** some coffee?
  B: No, thank you.   *No, grazie.*
- ☐ A: **Would you like** a chocolate?
  B: Yes, please.   *Sì, grazie.*
- ☐ A: What **would you like**, tea or coffee?
  B: Tea, please.   *Tè, grazie.*

Si usa **Would you like to** … ? *per invitare qualcuno:*
- ☐ **Would you like to go** for a walk?
  Vorresti/Vorreste fare due passi?
- ☐ A: **Would you like to eat** with us on Sunday?   *Vuoi/Vorresti pranzare con noi domenica?*
  B: Yes, **I'd love to**.   (= I would love to eat with you)   *Sì, volentieri. (mi piacerebbe molto)*
- ☐ What **would you like to do** this evening?
  Cosa vuoi/volete fare … ?

B

Si dice **I'd like** … (= *Vorrei/Gradirei …*) *per formulare delle richieste* (**I'd like** = I would like):
- ☐ I'm thirsty. **I'd like** a drink.
  … Vorrei qualcosa da bere.
- ☐ **I'd like** some information about hotels, please.
  Vorrei delle informazioni …
- ☐ I'm feeling tired. **I'd like to stay** at home this evening.
  … Vorrei restare a casa …

C

Would you like … ? *e* **Do you like** … ?

Would you like … ? / **I'd like** … *Vorresti (o Vuoi) … ? / Vorrei …*	**Do you like … ?** / **I like** … *Ti piace … ? / Mi piace …*

Would you like some tea?   *Vuoi del tè?*
- ☐ A: **Would you like** to go to the cinema tonight?
  Vuoi/Vorresti andare … ?
  B: Yes, I'd love to.   *Sì, volentieri.*
- ☐ **I'd like** an orange.
  Vorrei un'arancia.
- ☐ What **would you like** to do next weekend?
  Che vorresti/vorreste fare questo fine settimana?

Do you like tea?   *Ti piace il tè?*
- ☐ A: **Do you like** going to the cinema?
  Ti piace andare … ?
  B: Yes, I go to the cinema a lot.
  Sì, vado spesso al cinema.
- ☐ **I like** oranges.
  Mi piacciono le arance.
- ☐ What **do you like** to do at weekends?
  Che cosa ti piace / vi piace fare nel fine settimana?

like to do *e* like -ing ➜ **Unità 55**   I would do something if … ➜ **Unità 103**

Esercizi

37.1 Che cosa dicono le persone ritratte nelle vignette? Falle parlare usando **Would you like ... ?**

① Would you like a chocolate?

②

③

④

⑤

⑥

37.2 Che cosa chiederesti a Sue nelle seguenti situazioni? Usa **Would you like to ... ?**

1 You want to go to the cinema tonight. Perhaps Sue will go with you. (go)
   You say: *Would you like to go to the cinema tonight?*
2 You want to play tennis tomorrow. Perhaps Sue will play too. (play)
   You say: ....
3 You have an extra ticket for a concert next week. Perhaps Sue will go. (go)
   You say: ....
4 It's raining and Sue is going out. She doesn't have an umbrella, but you have one. (borrow)
   You say: ....

> perhaps = magari/ forse
> an extra ticket = un biglietto in più

37.3 Scegli la soluzione corretta.

1 'Do you like / Would you like a chocolate?'   'Yes, please.'   (Would you like è *corretto*)
2 'Do you like / Would you like bananas?'   'Yes, I love them.'
3 'Do you like / Would you like an ice cream?'   'No, thank you.'
4 'What do you like / would you like to drink?'   'A glass of water, please.'
5 'Do you like / Would you like to go out for a walk?'   'Not now. Perhaps later.'
6 I like / I'd like tomatoes, but I don't eat them very often.
7 What time do you like / would you like to have dinner this evening?
8 'Do you like / Would you like something to eat?'   'No, thanks. I'm not hungry.'
9 'Do you like / Would you like your new job?'   'Yes, I'm enjoying it.'
10 I'm tired. I like / I'd like to go to sleep now.
11 'I like / I'd like a sandwich, please.'   'Sure. What kind of sandwich?'
12 'What kind of music do you like / would you like?'   'All kinds.'

> walk = passeggiata
> go to sleep = addormentarsi

37.4 Traduci in inglese.

1 'Vorreste qualcosa da bere?'   'Sì, grazie.'
2 'Vuoi ballare con me?'   'Sì, volentieri.'
3 'Che cosa gradisce, Mr Bloom?'   'Caffè, grazie.'
4 Vi piacerebbe andare allo zoo, bambini?
5 Io vorrei del roast-beef, per favore.
6 Vorrei guardare la partita stasera.

7 A: Vuoi una limonata?
   B: No, grazie. Non mi piace.
8 Ti piace la mia mountain bike?
   Vorresti provarla?
9 Vi piace la mia nuova casa?

> zoo = zoo
> provare = try

Unità 38

Do this!   Don't do that!   Let's do this!

A

Look!
Guarda!

Be careful! **Don't fall**.
Stai attenta! Non cadere.

La forma affermativa dell'imperativo è identica all'infinito senza to (come/look/go/wait/be, ecc.).
Si usa l'imperativo per comandi, esortazioni, avvertimenti ecc. :

- A: **Come** here and **look** at this! *Vieni qui e guarda … !*
  B: What is it?
- I don't want to talk to you. **Go** away! *… Vattene!/Andatevene!*
- I'm not ready yet. Please **wait** for me. *… Per favore, aspettami / aspettatemi / mi aspetti.*
- Please **be** quiet. I'm working. *Per favore, fai/fate silenzio. …*

Inoltre:

- Bye! **Have** a good holiday! / **Have** a nice time! / **Have** a good flight! / **Have** fun!
  … Buone vacanze! / Buon divertimento! / Fate buon viaggio! / Divertitevi!
- A: **Have** a chocolate. *Prendi/Prenda un cioccolatino.*
  B: Oh, thanks.

Nota que a seconda dei casi, l'imperativo inglese si traduce in modi diversi:
Wait! = *Aspetta! o Aspettate! oppure (dando del 'Lei') Aspetti!*

B

La forma negativa è **don't** *… (***don't come/go/do/wait/be** *ecc.). (***don't** *= do not)*

- Be careful. **Don't fall**. *… Non cadere.*
- Please **don't go**. Stay here with me. *Per favore, non andare / non andate. …*
- Be here on time. **Don't be** late! *Sii puntuale. Non far tardi. / Siate puntuali. Non fate tardi.*

C

Si usa **Let's** *… (***Let's** *= Let us) quando si propone a qualcuno di fare qualcosa insieme.*

Si usa **Let's** *+ infinito senza to (***Let's go/do/have** *ecc.):*

- It's a nice day. **Let's go** out. *È una bella giornata. Usciamo.*
- Come on! **Let's dance**. *Dai! Balliamo.*
- Are you ready? **Let's go**. *… Andiamo.*
- **Let's have** fish for dinner tonight. *Prendiamo del pesce …*
- A: Shall we go out tonight? *Usciamo stasera?*
  B: No, I'm tired. **Let's stay** at home *… Restiamo a casa.*

Confronta **Let's** *… e* **Shall we** *… ?:*

- **Let's go**. *Andiamo.* (affermativa)
- **Shall we go?** *Andiamo?* (interrogativa)

D

La forma negativa è **Let's not** *… :*

- It's cold. **Let's not** go out. Let's stay at home.
  … Non usciamo.
- **Let's not** have fish for dinner tonight. Let's have chicken.
  Non prendiamo del pesce …

infinito con o senza to → **Unità 54**   Shall I / Shall we? → **Unità 31**

Esercizi

38.1 Completa ogni frase nei fumetti con la forma affermativa o negativa dell'imperativo
(**buy**/**come** ecc. oppure **don't buy** / **don't come** ecc.). Usa questi verbi:

be	buy	~~come~~	~~drink~~	drop	forget	have	sit	sleep	smile

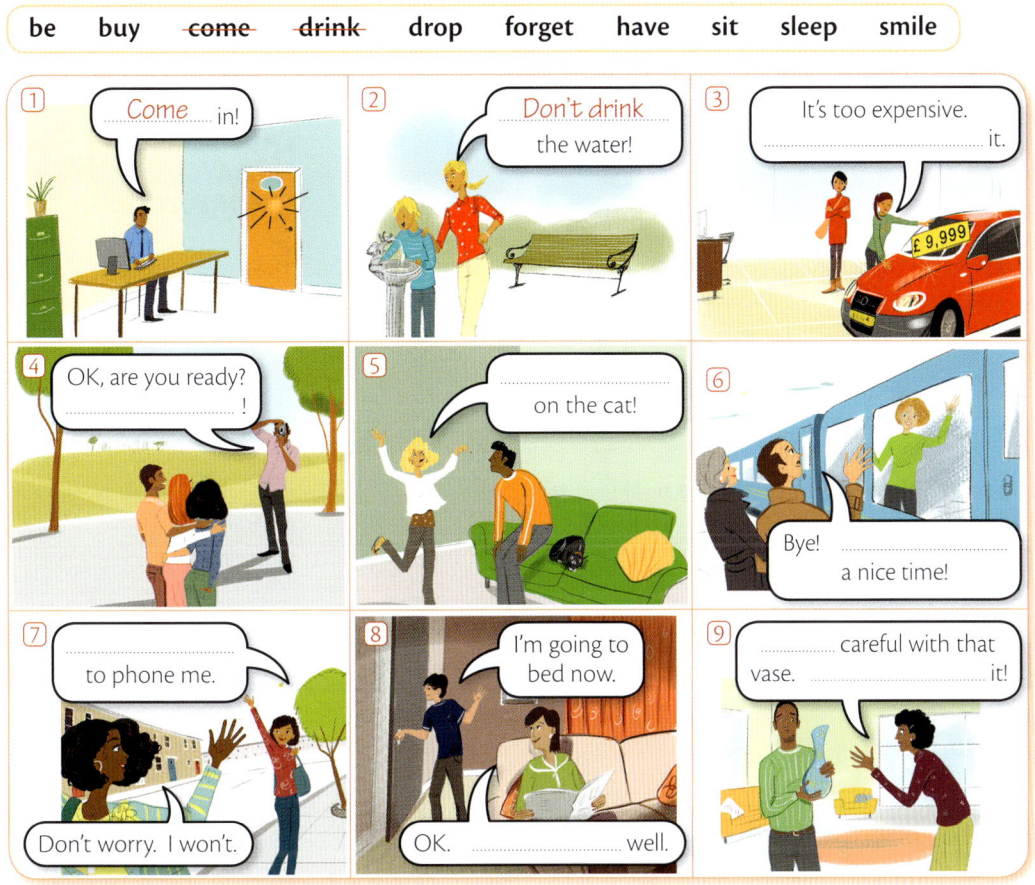

1. Come .... in!
2. Don't drink .... the water!
3. It's too expensive. .... it.
4. OK, are you ready? .... !
5. .... on the cat!
6. Bye! .... a nice time!
7. .... to phone me. — Don't worry. I won't.
8. I'm going to bed now. — OK. .... well.
9. .... careful with that vase. .... it!

38.2 Proponi qualcos'altro. Usa **let's ...** + una di queste espressioni:

~~go for a swim~~	go to a restaurant	take a taxi	wait a little	watch TV

1 Would you like to play tennis?   No, *let's go for a swim* .
2 Do you want to walk home?   No, ...
3 Shall I put a CD on?   No, ...
4 Shall we eat at home?   No, ...
5 Would you like to go now?   No, ...

38.3 Qualcuno ti chiede indicazioni sul da farsi, oppure ti propone di fare qualcosa insieme.
Rispondi con **No, don't ...** oppure **No, let's not ...** a seconda dei casi.

turn on = accendere
light = luce

1 Shall I wait for you?   *No, don't wait for me.*
2 Shall we go home now?   *No, let's not go home yet.*
3 Shall we go out?   ....
4 Do you want me to close the window?   ....
5 Shall I phone you tonight?   ....
6 Do you think we should wait for Andy?   ....
7 Do you want me to turn on the light?   ....
8 Shall we go by bus?   ....

38.4 Traduci in inglese.

1 Per favore aiutami.
2 Non essere scortese. Sii paziente.
3 Non si preoccupi, Signor Bates.
4 Stai attento. C'è molto traffico.
5 Scrivere le risposte in stampatello.
6 Cominciamo!
7 Mandatemi un SMS dall'aeroporto. Non dimenticatevi.
8 A: Conosci la strada?
   B: No, chiediamo a qualcuno.
9 A: Guardiamo un film?
   B: No, non guardiamo la TV. Usciamo.
10 La stazione? Prenda la seconda a destra.

scortese = rude
preoccuparsi = worry
stampatello = capital
   letters
SMS = text
strada = (qui) way

there is   there are

SUNDAY
MONDAY
TUESDAY
WEDNESDAY
THURSDAY
FRIDAY
SATURDAY
} 7

There's a man on the roof.
Cè un uomo sul tetto.

There's a train at 10.30.
Cè un treno alle 10.30.

There are seven days in a week.
Ci sono sette giorni in una settimana.

singolare

there is …	(**there's**)	= *c'è* …
is there … ?		= *c'è* … ?
there is not …	(**there isn't** o **there's not**)	= *non c'è* …

- **There's** a big tree in the garden. *Cè un grande albero …*
- **There's** nothing on TV tonight. *Non cè niente alla TV stasera.*
- A: Do you have any money? *Hai dei soldi?*
  B: Yes, **there's** some in my bag. *Sì, ce ne sono nella mia borsa.*
- A: Excuse me, **is there** a hotel near here? *Scusi, cè un albergo qui vicino?*
  B: Yes, **there is**. / No, **there isn't**. *Sì, cè. / No, non cè.*
- We can't go skiing. **There isn't** any snow. … *Non cè neve.*

plurale

there are …	= *ci sono* …
are there … ?	= *ci sono* … ?
there are not … (**there aren't**)	= *non ci sono* …

- **There are** some big trees in the garden. *Ci sono dei grandi alberi …*
- **There are** a lot of accidents on this road. *Ci sono molti incidenti …*
- A: **Are there** any restaurants near here? *Ci sono dei ristoranti qui vicino?*
  B: Yes, **there are**. / No, **there aren't**. *Sì, ci sono. / No, non ci sono.*
- This restaurant is very quiet. **There aren't** many people here. … *Non ci sono molte persone.*
- How many players **are there** in a football team? *Quanti giocatori ci sono … ?*
- **There are** 11 players in a football team. *Ci sono 11 giocatori …*

Non confondere **there is** *con* **it is**:

there is = *c'è*	**it is** = *è*

There's a book on the table.	I like this book . **It's** interesting.
Cè un libro sul tavolo.	*Questo libro mi piace. È interessante.*

Confronta:

- A: What's **that noise**? *Cosè quel rumore?*
  B: **It's** a train. (**It** = that noise) *È un treno.*
  There's a train at 10.30. **It's** a fast train. (**It** = the 10.30 train)
  Cè un treno alle 10.30. È un treno rapido.

- **There's** a lot of salt in this soup. *Cè molto sale in questa minestra.*
  I don't like this soup. **It's** too salty. (**It** = this soup) … *È troppo salata.*

- **It's** cold and **there's** a lot of snow. (*non* There is cold) *Fa freddo e cè molta neve.*

there was / were / has been *ecc.* ➜ Unità 40   *ancora* it *e* there ➜ Unità 41   some *e* any ➜ Unità 79

Esercizi

39.1 La tabella si riferisce a Kentham, una piccola città. Utilizzane i dati per scrivere delle frasi con **There is/are** o **There isn't/aren't**.

1	a castle?	No
2	any restaurants?	Yes (a lot)
3	a hospital?	Yes
4	a swimming pool?	No
5	any cinemas?	Yes (two)
6	a university?	No
7	any big hotels?	No

1 *There isn't a castle.*
2 *There are a lot of restaurants.*
3 ....
4 ....
5 ....
6 ....
7 ....

39.2 Scrivi delle frasi sulla tua città (o una città che conosci). Usa **There is/are/isn't/aren't**.

1 *There are a few restaurants.*
2 *There's a big park.*
3 ....
4 ....
5 ....
6 ....

39.3 Completa le frasi con **there is / there isn't / is there / there are / there aren't / are there**.

nowhere = nessun posto

1 Kentham isn't an old town. ....*There aren't*.... any old buildings.
2 Look! .... a picture of your brother in the newspaper!
3 'Excuse me, ... a bank near here?' 'Yes, at the end of the street.'
4 .... five people in my family: my parents, my two sisters and me.
5 'How many students .... in the class?' 'Twenty.'
6 The road is usually very quiet. .... much traffic.
7 '.. a bus from the city centre to the airport?' 'Yes, every 20 minutes.'
8 '.. any problems?' 'No, everything is OK.'
9 .... nowhere to sit down. .... any chairs.

39.4 Scrivi delle frasi con **There are ...** . Usa per ogni frase espressioni scelte dai tre riquadri.

~~seven~~	twenty-six
eight	thirty
fifteen	fifty

letters	~~days~~
players	days
planets	states

September	the solar system
the USA	~~a week~~
a rugby team	the English alphabet

1 *There are seven days in a week.*
2 ....
3 ....
4 ....
5 ....
6 ....

39.5 Inserisci **there's / is there / it's / is it**.

1 '....*There's*.... a train at 10.30.' '....*Is it*.... a fast train?'
2 I'm not going to buy this shirt. .... too expensive.
3 'What's wrong?' '.. something in my eye.'
4 .... a red car outside your house. .... yours?
5 '.. anything good on TV tonight?' 'Yes, ... a programme I want to see at 8.15.'
6 'What's that building?' '.. a school.'
7 '.. a restaurant in this hotel?' 'No, I'm afraid not.'

39.6 Traduci in inglese.

regalo = present
frigo = fridge

1 Mi piace questa città. Ci sono molti posti interessanti e non c'è molto traffico.
2 Ci sono 100 pence in una sterlina.
3 Quante ragazze ci sono nella tua classe?
4 Non ci sono molti negozi qui.
5 C'è un regalo per te. È sul tavolo.
6 'C'è un film alla TV stasera?' 'Sì. È su Canale 5.'
7 C'è dell'acqua in frigo, ma non è ancora fredda.

A

there was / there were (past simple) = *c'era o c'è stato / c'erano o ci sono stati*

There is a train every hour.
C'è ...

The time now is 11.15.
There was a train at 11 o'clock.
C'era ...

Confronta:

there is/are (present simple)
- ○ **There is** nothing on TV tonight.
  Non c'è niente alla TV stasera.
- ○ We are staying at a very big hotel.
  There are 550 rooms. *... Ci sono ...*
- ○ I'm hungry, but **there isn't** anything to eat.
  Ho fame, ma non c'è niente da mangiare.
- ○ Is everything OK? **Are there** any problems?
  Va tutto bene? Ci sono dei problemi?

there was/were (past simple)
- ○ **There was** nothing on TV last night.
  Non c'era niente alla TV ieri sera.
- ○ We stayed at a very big hotel.
  There were 550 rooms. *... C'erano ...*
- ○ I was hungry when I got home, but **there wasn't** anything to eat. *... ma non c'era ...*
- ○ Was everything OK yesterday? **Were there** any problems? *È andato tutto bene ieri?
  Ci sono stati dei problemi?*

B

there has been / there have been (present perfect) = *c'è stato / ci sono stati*

There's been an accident.

- ○ Look! **There's been** an accident.
  (**there's been** = there **has** been)
  ... C'è stato un incidente.
- ○ This road is very dangerous. **There have been** many accidents. *... Ci sono stati ...*

Confronta con **there was** (past simple):
- ○ **There was** an accident **last night**.
  (*non* There has been ...)
  C'è stato un incidente ieri sera.

Per il confronto tra past simple e present perfect vedi Unità 22.

C

there will be = *ci sarà o ci saranno*

There will be rain tomorrow afternoon.

- ○ Do you think **there will be** a lot of people at the party on Saturday?
  Pensi che ci saranno ... ?

- ○ The manager of the company is leaving, so **there will be** a new manager soon.
  ... ci sarà presto un nuovo direttore.

- ○ I'm going away tomorrow. I'll do my packing today because **there won't be** time tomorrow.
  (**there won't be** = there **will not** be)
  ... Farò le valige oggi, perché domani non ci sarà tempo.

---

was/were ➜ Unità 11   has/have been ➜ Unità 17–20   will ➜ Unità 30   there is/are ➜ Unità 39
there *e* it ➜ Unità 39, 41   some *e* any ➜ Unità 79

Esercizi

40.1 Osserva le due figure. Ora la stanza è vuota, ma la settimana scorsa che cosa c'era?
Scrivi delle frasi con **There was ...** oppure **There were ...** e le parole elencate.

> an armchair   a carpet   some flowers   a sofa
> some books   ~~a clock~~   three pictures   a small table

carpet = tappeto
shelves = mensole/
  ripiani

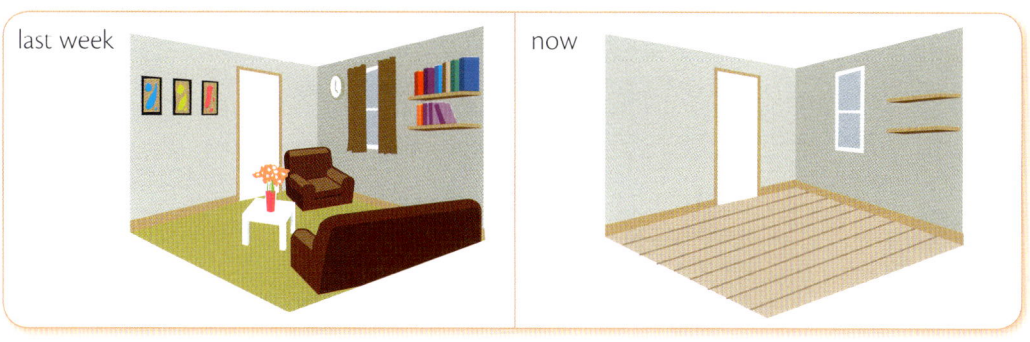

1 *There was a clock* .... on the wall near the window.
2 .... on the floor.
3 .... on the wall near the door.
4 .... in the middle of the room.
5 .... on the table.
6 .... on the shelves.
7 .... in the corner near the door.
8 .... opposite the armchair.

40.2 Completa le frasi con **there was** / **there wasn't** / **was there** / **there were** / **there weren't** /
were there.

envelope = busta
wallet = portafogli
meeting = riunione

1 I was hungry, but ....*there wasn't*........ anything to eat.
2 Was everything OK yesterday? ....*Were there*........ any problems?
3 I opened the envelope, but it was empty. .... nothing in it.
4 'We stayed at a very nice hotel.' 'Really? .... a swimming pool?'
5 'Did you buy any bananas?' 'No, ... any in the shop.'
6 The wallet was empty. .... any money in it.
7 '.. many people at the meeting?' 'No, very few.'
8 We didn't visit the museum. .... enough time.
9 I'm sorry I'm late. .... a lot of traffic.
10 Twenty years ago .... many tourists here. Now there are a lot.

40.3 Completa le frasi con **there + is** / **are** / **was** / **were** / **has been** / **have been** / **will be**.

1 ....*There was*........ a good film on TV last night.
2 .... 24 hours in a day.
3 .... a party at the club last Friday, but I didn't go.
4 'Where can I get something to eat?' '.. a cafe at the end of the street.'
5 'Why are the police outside the bank?' '.. a robbery.'
6 When we arrived at the theatre, ... a long queue outside.
7 When you arrive tomorrow, ... somebody at the station to meet you.
8 Ten years ago .... 500 children at the school. Now
.... more than a thousand.
9 Last week I went back to the town where I was born. It's very different now.
.... a lot of changes.
10 I think everything will be OK. I don't think .... any problems.

40.4 Traduci in inglese.

albero = tree
spazio = room

1 C'è una banca qui vicino?
2 Non ci sono molti alberi in questa città.
3 Non c'erano case qui vent'anni fa.
4 C'è stata molta pioggia quest'anno.
5 'C'era molta gente nel parco ieri sera.' 'Sì, c'è stato un concerto.'
6 'Ci sarà abbastanza spazio per venti persone?' 'Non ci saranno problemi.'
7 Pensi che ci sarà tempo per un caffè prima della lezione?

It ...

A

Si usa **it** *per parlare dell'ora, di giorni e date, distanze e condizioni atmosferiche:*

l'ora

○ What time is **it**? *Che ore sono?*
○ **It**'s half past ten. *Sono le dieci e mezza.*
○ **It**'s late. *È tardi.*
○ **It**'s time to go home. *È ora di andare a casa.*

giorni e date

○ What day is **it**? *Che giorno è?*
○ **It**'s Thursday. *È giovedì.*
○ **It**'s 16 March. *È il 16 marzo.*
○ **It** was my birthday yesterday. *Ieri era il mio compleanno.*

distanze

our house

3 kilometres

city centre

○ **It**'s three kilometres from our house to the city centre.
  Ci sono tre chilometri da casa nostra al centro.
○ How far is **it** from Bari to Rome? *Quanto dista Bari da Roma?*
○ **It**'s a long way from here to the station.
  La stazione è lontana da qui.
○ We can walk home. **It** isn't far. ... *Non è lontano.*

La parola 'lontano' si traduce **far** *nelle domande (***is it far?***) e nelle frasi negative* (**it isn't far**)*. Nelle frasi affermative si usa* **a long way** (**it's a long way**)*.*

condizioni atmosferiche

○ **It**'s raining.   **It** isn't raining.   **Is** it snowing?
  Piove.   *Non piove.*   *Sta nevicando?*
○ **It** rains a lot here.   **It** didn't rain yesterday.   Does **it** snow very often?
  Piove molto qui.   *Ieri non è piovuto.*   *Nevica spesso?*
○ **It**'s warm/hot/cold. *Fa caldo/caldissimo/freddo.*
○ **It**'s fine/cloudy/dark. *È bello/nuvoloso/buio.*
○ **It**'s windy/sunny/foggy. *C'è il vento / il sole / la nebbia.*
○ **It**'s a nice day today. *Oggi è una bella giornata.*

Confronta **it** *e* **there**:
○ **It rains** a lot in winter. *D'inverno piove molto.*
  There is **a lot of rain** in winter. *D'inverno c'è molta pioggia.*
○ **It** was very **windy**. (*letteralmente: Era molto ventoso.*)
  There was **a strong wind** yesterday. *C'era un forte vento ieri.*

B

Si usa **it** *nelle costruzioni del tipo* **It's nice/interesting** *ecc. +* **to** *+ infinito:*

It's	easy / difficult / impossible / dangerous / safe / important expensive / interesting / nice / wonderful / terrible *ecc.*	to ...

○ **It**'s nice **to see you again**. *È bello rivederti.*
○ **It**'s impossible **to understand her**. *È impossibile capirla.*
○ **It** wasn't easy **to find your house**. *Non è stato facile trovare la tua casa.*

C

It *può introdurre frasi riferite a persone. Fai attenzione:*
○ 'Who's that over there?' '**It**'s Jane Mason.' ... '*È Jane Mason.*'
○ (*al telefono*) Hello, **it**'s Tom. Can I speak to Alice? *Pronto, sono Tom.* ...
○ (*al citofono*) 'Who's there?' '**It**'s me.' '*Chi è?*' '*Sono io.*'

D

Non si può tralasciare **it**:
○ **It**'s raining again. (*non* Is raining again) *Piove ancora.*
○ Is **it** true that you're going away? (*non* Is true that ...) *È vero che vai via?*

there is → Unità 39

Esercizi

41.1 Osserva le figure. Che tempo fa? Dillo con **It's ...** .

| ① | ② | ③ | ④ | ⑤ | ⑥ |

1   It's raining.   4   ....
2   5   ....
3   6   ....

41.2 Completa le frasi con **it is** (**it's**) oppure **is it**.

1   What time ......is it......?
2   We have to go now. .... very late.
3   .... true that Ben can fly a helicopter?
4   'What day .... today? Tuesday?'   'No, ... Wednesday.'
5   .... ten kilometres from the airport to the city centre.
6   .... OK to call you at your office?
7   'Do you want to walk to the hotel?'   'I don't know. How far .... ?'
8   .... Lisa's birthday today. She's 27.
9   I don't believe it! .... impossible.

fly = (qui) pilotare
believe = credere

41.3 Costruisci delle domande con **How far ... ?**

1   (here / the station)   How far is it from here to the station?
2   (the hotel / the beach)   How ....
3   (New York / Washington)   ....
4   (your house / the airport) ....

41.4 Inserisci **it** oppure **there**.

1   The weather isn't so nice today. ......It...... 's cloudy.
2   ......There...... was a strong wind yesterday.
3   .... 's hot in this room. Open a window.
4   .... was a nice day yesterday. .... was warm and sunny.
5   .... was a storm last night. Did you hear it?
6   I was scared because .... was very dark.
7   .... 's often cold here, but .... isn't much rain.
8   .... 's a long way from here to the nearest shop.

storm = temporale
be scared = avere paura

41.5 Completa le frasi con **it's ... to ...** . Scegli dai riquadri le espressioni adatte.

it's	easy	dangerous	to	work here	~~get up early~~
	~~difficult~~	nice		visit different places	go out alone
	impossible	interesting		see you again	make friends

alone = da soli
noise = rumore

1   If you go to bed late, ...it's difficult to get up early...... in the morning.
2   Hello, Jane. .... How are you?
3   .... There is too much noise.
4   Everybody is very nice at work. ....
5   I like travelling. ....
6   Some cities are not safe. .... at night.

41.6 Traduci in inglese.

1   Sono le 8.00. È ora di andare al lavoro.
2   Quanto dista New York da Buenos Aires?
3   'Fa freddo. Dov'è l'albergo?'   'Non è lontano.'
4   Era bello. Faceva caldo e c'era il sole.
5   È nevicato a Natale l'anno scorso?
6   È buio e c'è la nebbia. È pericoloso guidare.
7   È lontano. Non possiamo andarci a piedi.
8   Non è facile imparare una lingua.
9   (al telefono) A: Chi parla?
                  B: Sono io. Anna.

I am, I don't *ecc.*

A

I'm not tired.

I am.

Do you like tea?

No, I **don't**.

Yes, I **do**.

She isn't tired, but **he is**.
(**he is** = he is tired)

He likes tea, but **she doesn't**.
(**she doesn't** = she doesn't like tea)

Gli esempi illustrati mostrano che certi verbi (qui **is** *e* **does**) *possono essere usati da soli, in forma affermativa o negativa, per non ripetere parole precedenti ('he is* tired', 'she doesn't like tea').*

I verbi elencati nel riquadro possono essere usati nello stesso modo:

am/is/are
was/were
have/has
do/does/did
can
will
might
must

○ I haven't got a car, but my sister **has**. (= my sister has got a car)
Io non ho la macchina, ma mia sorella sì.

○ A: Please help me. *Per favore, aiutami.*
B: I'm sorry. I **can't**. (= I can't help you) *Mi spiace. Non posso.*

○ A: Are you tired? *Sei stanco?*
B: I **was**, but I**'m not** now. (= I was tired, but I'm not tired now) *Prima sì, ma ora no.*

○ A: Do you think Laura will come and see us? *Pensi che Laura verrà a trovarci?*
B: She **might**. (= she might come) *Forse sì. / Può darsi.*

○ A: Are you going now? *Te ne vai adesso?*
B: Yes, I'm afraid I **must**. (= I must go) *Temo proprio di sì.*

*In questi casi non si possono usare le forme contratte (***'m/'s/'ve*** ecc.). Si usano le forme estese (***am/is/have*** ecc.):*
○ She isn't tired, but he **is**. (*non* but he's)

È possibile, però, usare le contrazioni negative **isn't/haven't/won't** *ecc. :*
○ My sister has got a car, but I **haven't**.
○ 'Are you and Jane working tomorrow?' 'I am, but Jane **isn't**.'

B

*Gli stessi verbi (***am/is/have*** ecc.) si possono usare nelle risposte brevi dopo* **Yes** *o* **No**:
○ 'Are you tired?' 'Yes, I **am**. / No, I**'m not**.'
○ 'Will Alan be here tomorrow?' 'Yes, he **will**. / No, he **won't**.'
○ 'Is there a bus to the airport?' 'Yes, there **is**. / No, there **isn't**.'

C

Con il present simple si usa **do/does** *(→ Unità 7–8) nello stesso modo:*
○ I don't like hot weather, but Sue **does**. (= but Sue likes hot weather)
A me non piace il caldo, ma a Sue sì.
○ Sue works hard, but I **don't**. (= but I don't work hard) *… ma io no.*
○ A: Do you enjoy your work? *Ti piace il tuo lavoro?*
B: Yes, I **do**. *Sì.*

Con il past simple si usa **did** *(→ Unità 13):*
○ A: Did you and Chris enjoy the film? *A te e a Chris è piaciuto il film?*
B: I **did**, but Chris **didn't**. (= I enjoyed it, but Chris didn't enjoy it) *A me sì, ma a Chris no.*
○ A: I had a good time. *Io mi sono divertito.*
B: I **did** too. (= I had a good time too) *Anch'io.*
○ A: Did it rain yesterday? *È piovuto ieri?*
B: No, it **didn't**. *No.*

have you? / don't you? *ecc.* → **Unità 43**   so am I / neither do I *ecc.* → **Unità 44**

Esercizi

42.1 Completa le frasi usando ogni volta un solo verbo (**is**/**have**/**can** ecc.).

1 Kate wasn't hungry, but we ___were___ .
2 I'm not married, but my brother _____ .
3 Ben can't help you, but I _____ .
4 I haven't seen the film, but Tom _____ .
5 Karen won't be here, but Chris _____ .
6 You weren't late, but I _____ .

42.2 Completa ogni frase con un verbo alla forma negativa (**isn't**/**haven't**/**can't** ecc.).

1 My sister can play the piano, but I ___can't___ .
2 Sam is working today, but I _____ .
3 I was working, but my friends _____ .
4 Mark has been to China, but I _____ .
5 I'm ready to go, but Tom _____ .
6 I've got a key, but Sarah _____ .

42.3 Completa le frasi con **do**/**does**/**did** oppure **don't**/**doesn't**/**didn't**.

wear = portare

1 I don't like hot weather, but Sue ___does___ .
2 Sue likes hot weather, but I ___don't___ .
3 My mother wears glasses, but my father _____ .
4 You don't know Paul very well, but I _____ .
5 I didn't enjoy the party, but my friends _____ .
6 I don't watch TV much, but Peter _____ .
7 Kate lives in London, but her parents _____ .
8 You had breakfast this morning, but I _____ .

42.4 Descrivi alcune differenze fra te e altre persone. Osserva l'esempio e utilizza le tracce.

1 I didn't ___go out last night, but my friends did.___
2 I like _____ , but _____
3 I don't _____ , but _____
4 I'm _____
5 I haven't _____

42.5 Completa ogni frase con un verbo in forma affermativa o negativa.

earlier = prima
sure = sicuro

1 'Are you tired?' 'I ___was___ earlier, but I'm not now.'
2 Steve is happy today, but he _____ yesterday.
3 The bank isn't open yet, but the shops _____ .
4 I haven't got a telescope, but I know somebody who _____ .
5 I would like to help you, but I'm afraid I _____ .
6 I don't usually go to work by car, but I _____ yesterday.
7 A: Have you ever been to the United States?
   B: No, but Sandra _____ . She went there on holiday last year.
8 'Do you and Chris watch TV a lot?' 'I _____ , but Chris doesn't.'
9 I've been invited to Sam's wedding, but Kate _____
10 'Do you think Sarah will pass her driving test?' 'Yes, I'm sure she _____ .'
11 'Are you going out tonight?' 'I _____ . I don't know for sure.'

42.6 Queste domande ti riguardano. Rispondi con **Yes, I have.** / **No, I'm not.** ecc.

1 Are you American? ___No, I'm not.___
2 Have you got a car? _____
3 Do you feel OK? _____
4 Is it snowing? _____
5 Are you hungry? _____
6 Do you like classical music? _____
7 Will you be in Paris tomorrow? _____
8 Have you ever broken your arm? _____
9 Did you buy anything yesterday? _____
10 Were you asleep at 3 a.m.? _____

42.7 Traduci in inglese.

avere caldo = be hot
capire = understand

1 Ieri ero contento, ma ora no.
2 'Può venire Emma?' 'Temo di no.'
3 A me piace il golf, ma a lei no.
4 Paul non ha questo problema, ma io sì.
5 Noi avevamo caldo, ma Chris no.
6 'Tu e Anna conoscete mia moglie?' 'Anna sì, ma io no.'
7 'Siete arrivati tardi ieri?' 'Laura sì, ma io no.'
8 'Avete finito?' 'Io sì, ma mio fratello no.'
9 'Pensi che Ben capirà?' 'Sono sicuro di sì.'

Have you?   Are you?   Don't you? *ecc.*

A

Se si vuol dimostrare interesse o sorpresa per qualcosa che ci viene detto, si può usare **have you?** / **is it?** / **can't he?** *ecc.* (= *Davvero?* / *Veramente?* / *Ah sì?* / *No?* ecc.):

- ☐ 'You're late.'   'Oh, **am I?** I'm sorry.'
- ☐ 'I was ill last week.'   '**Were you?** I didn't know that.'
- ☐ 'It's raining again.'   '**Is it?** It was sunny ten minutes ago.'
- ☐ 'There's a problem with the car.'   '**Is there?** What's wrong with it?'
- ☐ 'Bill can't drive.'   '**Can't he?** I didn't know that.'
- ☐ 'I'm not hungry.'   '**Aren't you?** I am.'
- ☐ 'Sue isn't at work today.'   '**Isn't she?** Is she ill?'

ah, sì?
davvero?
veramente?
sul serio?
no?
ecc.

Con il present simple *si usa* **do/does** *e con il* past simple **did**:

- ☐ 'I speak four languages.'   '**Do you?** Which ones?'
- ☐ 'Ben doesn't eat meat.'   '**Doesn't he?** Does he eat fish?'
- ☐ 'Nicola got married last week.'   '**Did she?** Really?'

B   Question tags

Si tratta di domande brevi (... **have you?** / ... **is it?** / ... **can't she?** *ecc.) che si possono aggiungere alla fine di una frase. In italiano hanno varie traduzioni. Le più comuni sono '... vero?' / '... non è vero?' / '... no?'.*

Con una frase affermativa la question tag *è negativa.*
Con una frase negativa la question tag *è positiva.*

frase affermativa → *tag negativa*

It's a beautiful day,	**isn't it?**		Yes, it's perfect.
Kate lives in London,	**doesn't she?**	*... vero?*	Yes, that's right.
You closed the window,	**didn't you?**	*... non è vero?*	Yes, I think so.
Those shoes are nice,	**aren't they?**	*... no?*	Yes, very nice.
Tom will be here soon,	**won't he?**		Yes, probably.

frase negativa → *tag negativa*

That isn't your car,	**is it?**		No, it's my mother's.
You haven't met my mother,	**have you?**	*... vero?*	No, I haven't.
Helen doesn't go out much,	**does she?**		No, she doesn't.
You won't be late,	**will you?**		No, I'm never late.

I am / I don't *ecc.* ➜ **Unità 42**

Esercizi

43.1 Replica con **Do you?** / **Doesn't she?** / **Did they?** ecc.

1	I speak four languages	_Do you_	? Which ones?
2	I work in a bank.		? I work in a bank too.
3	I didn't go to work yesterday.		? Were you ill?
4	Jane doesn't like me.		? Why not?
5	You look tired.		? I feel fine.
6	Kate phoned me last night.		? What did she say?

ill = malato
look = sembrare

43.2 Replica con **Have you?** / **Haven't you?** / **Did she?** / **Didn't she?** ecc.

1	I've bought a new car.	_Have you_	? What make is it?
2	Tim doesn't eat meat.	_Doesn't he_	? Does he eat fish?
3	I've lost my key.		? When did you last have it?
4	Sue can't drive.		? She should learn.
5	I was born in Italy.		? I didn't know that.
6	I didn't sleep well last night.		? Was the bed uncomfortable?
7	There's a film on TV tonight.		? Are you going to watch it?
8	I'm not happy.		? Why not?
9	I saw Paula last week.		? How is she?
10	Maria works in a factory.		? What kind of factory?
11	I won't be here next week.		? Where will you be?
12	The clock isn't working.		? It was working yesterday.

make = marca
last (3) = l'ultima
  volta
factory = fabbrica
work (12) = (qui)
  funzionare

43.3 Completa ogni frase con la question tag appropriata (**isn't it?** / **haven't you?** ecc.).

1	It's a beautiful day,	_isn't it_ ?	Yes, it's perfect.
2	These flowers are nice,	?	Yes, what are they?
3	Jane was at the party,	?	Yes, but I didn't speak to her.
4	You've been to Paris,	?	Yes, many times.
5	You speak German,	?	Yes, but not very well.
6	Martin looks tired,	?	Yes, he works very hard.
7	You'll help me,	?	Yes, of course I will.

43.4 Completa ogni frase con una question tag positiva (**is it?** / **do you?** ecc.) o negativa (**isn't it?** / **don't you?** ecc.).

1	You haven't got a car,	_have you_ ?	No, I can't drive.
2	You aren't tired,	?	No, I feel fine.
3	Lisa is a very nice person,	?	Yes, everybody likes her.
4	You can play the piano,	?	Yes, but I'm not very good.
5	You don't know Mike's sister,	?	No, I've never met her.
6	Sarah went to university,	?	Yes, she studied psychology.
7	The film wasn't very good,	?	No, it was terrible.
8	Anna lives near you,	?	That's right. In the same street.
9	You won't tell anybody what I said,	?	No, of course not.

43.5 Traduci in inglese. Utilizza **is it?** / **have you?** / **doesn't he?** ecc.

1 'Ho comprato una moto.' 'Davvero?'
2 'Non ho freddo.' 'Veramente?'
3 'Ed e Lisa non sanno nuotare.' 'No?'
4 'Sam ti ha visto alla TV ieri.' 'Ah, sì?'
5 Julia è americana, non è vero?
6 Tu sai scannerizzare una foto, vero?
7 Non eravate a casa ieri mattina, o sì?
8 Tuo fratello verrà alla festa, vero?
9 Piove spesso in Gran Bretagna, non è vero?

scannerizzare = scan

too/either   so am I / neither do I *ecc.*

A

too (= anche) *e* **not … either** (= neanche)

Le congiunzioni **too** *e* **either** *si pongono alla fine della frase.*

Si usa **too** *nelle frasi affermative:*
- ○ A: I'm happy.
  B: I**'m** happy **too**. *Sono contento anch'io.*

- ○ A: I enjoyed the film.
  B: I **enjoyed** it **too**. *È piaciuto anche a me.*

- ○ Jane is a doctor. Her husband **is** a doctor **too**.
  … *Anche suo marito è medico.*

Nelle frasi negative si usa **either** *(non* **too***):*
- ○ A: I'm not happy.
  B: I**'m not** happy **either**.
  Neanch'io sono contento.

- ○ A: I can't cook.
  B: I **can't either**. *Neanch'io.*

- ○ Ben doesn't watch TV. He **doesn't** read
  newspapers **either**.
  … *Non legge neanche i giornali.*

B

So am I / Neither do I *ecc.* (= Anch'io / Neanch'io ecc.)

	am/is/are …
	was/were …
so	do/does …
	did …
	have/has …
neither	can …
	will …
	would …

So … *e* **Neither** … *si pongono all'inizio della frase. Sono seguiti dall'ausiliare (***am/have/did** *ecc.) che corrisponde al verbo della frase precedente. Osserva bene gli esempi.*

so am I = I am too
so have I = I have too (*ecc.*):
- ○ A: **I'm** working.
  B: **So am I**. *Anch'io.*

- ○ A: **I was** late for work today.
  B: **So was Sam**. *Anche Sam.*

- ○ A: **I work** in a bank.
  B: **So do I**. *Anch'io.*

- ○ A: **We went** to the cinema last night.
  B: Did you? **So did we**.
  Davvero? Anche noi.

- ○ A: **I'd** like to go to Australia.
  B: **So would I**. *Anch'io.*

neither am I = I'm not either
neither can I = I can't either (*ecc.*):
- ○ A: **I haven't** got a key.
  B: **Neither have I**. *Neanch'io.*

- ○ A: **Kate can't** cook.
  B: **Neither can Tom**. *Neanche Tom.*

- ○ A: **I won't** (= will not) be here tomorrow.
  B: **Neither will I**. *Neanch'io.*

- ○ A: **I never go** to the cinema.
  B: **Neither do I**. *Neanch'io.*

Al posto di **Neither** … *si può usare anche* **Nor** … :
- ○ A: I'm not married.
  B: **Nor am I**. *oppure* **Neither am I**.

Fai attenzione alla posizione delle parole. Si dice:
- ○ So **am I**. (*non* So I am)
- ○ Neither **have I**. (*non* Neither I have)

I am / I don't *ecc.* → Unità 42

Esercizi

44.1 Completa le frasi con **too** oppure **either**.

1	I'm happy.	I'm happy _too_ .
2	I'm not hungry.	I'm not hungry ....
3	I'm going out.	I'm going out ....
4	It rained on Saturday.	It rained on Sunday ....
5	Rachel can't drive a car.	She can't ride a bike ....
6	I don't like shopping.	I don't like shopping ....
7	Emma's mother is a teacher.	Her father is a teacher ....

44.2 Replica con **So ... I** (**So am I** / **So do I** / **So can I** ecc.).

thirsty = assetato
need = aver bisogno di

1	I went to bed late last night.	_So did I._
2	I'm thirsty.	....
3	I've just eaten.	....
4	I need a holiday.	....
5	I'll be late tomorrow.	....
6	I was very tired this morning.	....

Ora replica con **Neither ... I**.

7	I can't go to the party.	....
8	I didn't phone Alex last night.	....
9	I haven't got any money.	....
10	I'm not going out tomorrow.	....
11	I don't know what to do.	....

44.3 Stai parlando con Maria. Rispondi alle sue affermazioni parlando di te. Dove possibile, usa **So ... I** oppure **Neither ... I**. Osserva gli esempi.

I'm tired.   Puoi rispondere: _So am I._   o   _I'm not._

I don't work hard.   Puoi rispondere: _Neither do I._   o   _I do._

Maria   You

1	I'm learning English.
2	I can ride a bike.
3	I'm not American.
4	I like cooking.
5	I don't like cold weather.
6	I slept well last night.
7	I've never run a marathon.
8	I don't use my phone much.
9	I'm going out tomorrow evening.
10	I haven't been to Scotland.
11	I didn't watch TV last night.
12	I go to the cinema a lot.

44.4 Traduci in inglese.

aver paura = be scared
vino = wine
incidente = accident

1 'Mi piace il rugby.'   'Piace anche a me.'
2 'Non so la risposta.'   'Non la sa neanche Michael.'
3 'Sam e Jack non vanno mai al cinema.'
   'Non guardano neanche la TV.'
4 'Noi siamo di Bristol.'   'Davvero? Anche noi.'
5 'Io ho paura.'   'Anche io.'

6 A: Alan non sa nuotare.
   B: Neanche sua moglie.
7 A: Non bevo mai vino.
   B: Neanch'io.
8 A: Noi abbiamo visto l'incidente.
   B: Anche i miei genitori.

isn't, haven't, don't *ecc. (forme negative)*

A

Nella forma negativa dei seguenti verbi si usa **not** (**n't**):

affermativa → negativa

am	**am not** (**'m not**)	○ I'm **not** tired.
is	**is not** (**isn't** *o* **'s not**)	○ It **isn't** (*o* It**'s not**) raining.
are	**are not** (**aren't** *o* **'re not**)	○ They **aren't** (*o* They**'re not**) here.
was	**was not** (**wasn't**)	○ Julian **wasn't** hungry.
were	**were not** (**weren't**)	○ The shops **weren't** open.
have	**have not** (**haven't**)	○ I **haven't** finished my work.
has	**has not** (**hasn't**)	○ Sue **hasn't** got a car.
will	**will not** (**won't**)	○ We **won't** be here tomorrow.
can	**cannot** (**can't**)	○ George **can't** drive.
could	**could not** (**couldn't**)	○ I **couldn't** sleep last night.
must	**must not** (**mustn't**)	○ I **mustn't** forget to phone Jane.
should	**should not** (**shouldn't**)	○ You **shouldn't** work so hard.
would	**would not** (**wouldn't**)	○ I **wouldn't** like to be an actor.

B

Forme negative con **don't/doesn't/didn't**

present simple negative	I/we/you/they	**do not** (**don't**)	
	he/she/it	**does not** (**doesn't**)	**work/live/go** *ecc.*
past simple negative	I/they/he/she *ecc.*	**did not** (**didn't**)	

affermativa	→	*negativa*
I **want** to go out.	→	I **don't want** to go out.
They **work** hard.	→	They **don't work** hard.
Lisa **plays** the guitar.	→	Lisa **doesn't play** the guitar.
My father **likes** his job.	→	My father **doesn't like** his job.
I **got** up early this morning.	→	I **didn't get** up early this morning.
They **worked** hard yesterday.	→	They **didn't work** hard yesterday.
We **played** tennis.	→	We **didn't play** tennis.
Emily **had** dinner with us.	→	Emily **didn't have** dinner with us.

Don't … *con l'imperativo*

La forma negativa dell'imperativo è **don't** + *infinito, anche con* **be** (**don't go** / **don't be** *ecc.*):

Look!	→	**Don't look!**
Wait for me.	→	**Don't wait** for me.
Be happy.	→	**Don't be** sad.

C

Forme negative del verbo **do** (= *fare*)

Do something!	→	**Don't do** anything!
Sue **does** a lot at weekends.	→	Sue **doesn't do** much at weekends.
I **did** what you said.	→	I **didn't do** what you said.

Negli esempi **don't/doesn't/didn't** *è la negazione, mentre* **do** *significa 'fare'.*

present simple *negativo* ➜ **Unità 7**   past simple *negativo* ➜ **Unità 13**
Do this! Don't do that! (*imperativo*) ➜ **Unità 38**   **Why isn't/don't** … **?** ➜ **Unità 46**

Esercizi

45.1 Scrivi la forma negativa delle seguenti frasi.

1 He's gone away.   *He hasn't gone away.*   4 It's cold today. ....
2 They're married. ....   5 We'll be late. ....
3 I've had dinner. ....   6 You should go. ....

45.2 Scrivi la forma negative delle seguenti frasi usando **don't**/**doesn't**/**didn't**.

1 She saw me.   *She didn't see me.*   4 He lives here. ....
2 I like cheese. ....   5 Go away! ....
3 They understood. ....   6 I did the shopping. ....

45.3 Scrivi la forma negativa delle seguenti frasi.

1 She can swim.   *She can't swim.*   6 He'll be pleased. ....
2 They've arrived. ....   7 Call me tonight. ....
3 I went to the bank. ....   8 It rained yesterday. ....
4 He speaks German. ....   9 I could hear them. ....
5 We were angry. ....   10 I believe you. ....

pleased = contento

45.4 Completa le frasi con un verbo negativo (**isn't**/**haven't**/**don't** ecc.).

1 They aren't rich. They ....*haven't*.... got much money.
2 'Would you like something to eat?'   'No, thank you. I .... hungry.'
3 I .... find my glasses. Have you seen them?
4 Steve .... go to the cinema much. He prefers to watch DVDs at home.
5 We can walk to the station from here. It .... very far.
6 'Where's Jane?'   'I .... know. I .... seen her today.'
7 Be careful! .... fall!
8 We went to a restaurant last night. I .... like the food very much.
9 I've been to Japan many times, but I .... been to Korea.
10 Julia .... be here tomorrow. She's going away.
11 'Who broke that window?'   'Not me. I .... do it.'
12 We didn't see what happened. We .... looking at the time.
13 Lisa bought a new coat a few days ago, but she .... worn it yet.
14 You .... drive so fast. It's dangerous.

careful = attento

45.5 Hai intervistato Gary. Ora riporta i risulati del tuo questionario. Per ogni 'Yes' ou 'No' scrivi una frase affermativa o negativa su di lui.

most = la maggior parte di

Gary

You

Are you married?	No.	1	*He isn't married.*
Do you live in London?	Yes.	2	*He lives in London.*
Were you born in London?	No.	3	....
Do you like London?	No.	4	....
Would you like to live in the country?	Yes.	5	....
Can you drive?	Yes.	6	....
Have you got a car?	No.	7	....
Do you read newspapers?	No.	8	....
Are you interested in politics?	No.	9	....
Do you watch TV most evenings?	Yes.	10	....
Did you watch TV last night?	No.	11	....
Did you go out last night?	Yes.	12	....

45.6 Traduci in inglese.

1 Io non ho molti soldi, ma non sono infelice.
2 Joe non ha potuto telefonarmi prima delle 8.00.
3 Marta non è messicana. Non parla spagnolo.
4 I miei genitori non abitano qui.
5 Non era tardi, ma Sarah non è voluta restare.
6 Non siamo andati a sciare l'anno scorso.
7 Per favore, non far tardi. Non posso aspettare.
8 Non devi dirlo a nessuno. Non dimenticarlo.
9 Tina non fa mai niente la domenica mattina.
10 Mio padre non ha fatto inglese a scuola.

restare = stay
far tardi = be late
fare (10) = do

is it … ?   have you … ?   do they … ? ecc.
(forme interrogative 1)

A

Forma interrogativa con inversione:

forma affermativa   **you**   **are**   **You are** eating.

forma interrogativa   **are**   **you**   **Are you** eating?   What **are you** eating?

Nelle domande, il verbo ausiliare (**is/are/can/will** ecc.) precede il soggetto:

forma affermativa
soggetto + verbo

forma interrogativa
verbo + soggetto

I	**am** late.	→	**Am**	**I** late?
That seat	**is** free.	→	**Is**	**that seat** free?
She	**was** angry.	→	Why **was**	**she** angry?
David	**has** gone.	→	Where **has**	**David** gone?
You	**have** got a car.	→	**Have**	**you** got a car?
They	**will** be here soon.	→	When **will**	**they** be here?
Paula	**can** swim.	→	**Can**	**Paula** swim?

Attento alla posizione del soggetto. Si colloca dopo l'ausiliare (il primo verbo):
- Where **has David** gone? (non Where has gone David?)
  Dov'è andato David?
- **Are those people** waiting for something? (non Are waiting … ?)
  Aspetta / Sta aspettando qualcosa quella gente?
- When **was the telephone** invented? (non When was invented … ?)
  Quando fu inventato … ?

B

Forme interrogative con **do**/**does** e **did**:

present simple questions	**do** I/we/you/they **does** he/she/it	**work/live/go** ecc. … ?
past simple questions	**did** I/they/he/she ecc.	

forma affermativa   forma interrogativa

They **work** hard.	→	**Do** they **work** hard?
You **watch** television.	→	How often **do** you **watch** television?
Chris **works** hard.	→	**Does** Chris **work** hard?
She **gets up** early.	→	What time **does** she **get** up?
They **worked** hard.	→	**Did** they **work** hard?
You **had** dinner.	→	What **did** you **have** for dinner?
She **got** up early.	→	What time **did** she **get** up?

Quando il verbo principale è **do** (= fare), la forma interrogativa è **do** you **do** / **did** he **do** ecc.:
- What **do** you usually **do** at weekends? Che cosa fai/fate di solito … ?
- A: What **does** your brother **do**? Che cosa fa tuo fratello?
  B: He works in a bank.
- A: I broke my finger last week. Mi sono rotto un dito …
  B: How **did** you **do** that? (non How did you that?) Come hai fatto?

C

Why isn't … ? / **Why don't** … ? ecc. (forme interrogative negative con **Why** … ?):
- Where's John? **Why isn't he** here? (non Why he isn't here?)
  Dov'è John? Perché non è qui?
- **Why can't Paula** come to the meeting tomorrow? (non Why Paula can't … ?)
  Perché Paula non può venire alla riunione domani?
- **Why didn't you** phone me last night?
  Perché non mi hai telefonato ieri sera?

present simple interrogativo ➜ **Unità 8**   past simple interrogativo ➜ **Unità 13**   forme interrogative 2–3 ➜ **Unità 47–48**
what/which/how ➜ **Unità 49**

Esercizi

near here = qui vicino

46.1 Scrivi delle domande complete che corrispondano alle domande brevi tra parentesi.

1 I can swim. (and you?) *Can you swim?.*
2 I work hard. (and Jack?) *Does Jack work hard?*
3 I was late this morning. (and you?) ....
4 I've got a key. (and Kate?) ....
5 I'll be here tomorrow. (and you?) ....
6 I'm going out this evening. (and Paul?) ....
7 I like my job. (and you?) ....
8 I live near here. (and Nicola?) ....
9 I enjoyed the film. (and you?) ....
10 I had a good holiday. (and you?) ....

46.2 Si parla di andare in auto. Fai domande a un amico utilizzando le tracce.

nearly = quasi

You

1 (have / a car?) *Have you got a car?*   Yes, I have.
2 (use / a lot?) .... it   Yes, nearly every day.
3 (use / yesterday?) ....   Yes, to go to work.
4 (enjoy driving?) ....   Not very much.
5 (a good driver?) ....   I think I am.
6 (ever / have / an accident?) ....   No, never.

46.3 Costruisci delle domande riordinando le parole.

truth = verità
guest = ospite
damage =
** danneggiare**

1 (has / gone / where / David?) *Where has David gone?*
2 (working / Rachel / is / today?) *Is Rachel working today?*
3 (the children / what / are / doing?) What ....
4 (made / is / how / cheese?) ....
5 (to the party / coming / is / your sister?) ....
6 (you / the truth / tell / don't / why?) ....
7 (your guests / have / yet / arrived?) ....
8 (leave / what time / your train / does?) ....
9 (to work / Emily / why / go / didn't?) ....
10 (your car / in the accident / was / damaged?) ....

46.4 Completa le domande.

1 I want to go out.   Where *do you want to go?*
2 Kate and Paul aren't going to the party.   Why *aren't they going?*
3 I'm reading.   What ....
4 Sue went to bed early.   What time ....
5 My parents are going on holiday.   When ....
6 I saw Tom a few days ago.   Where ....
7 I can't come to the party.   Why ....
8 Tina has gone away.   Where ....
9 I need some money.   How much ....
10 Angela doesn't like me.   Why ....
11 It rains sometimes.   How often ....
12 I did the shopping.   When ....

46.5 Traduci in inglese.

1 Sono nuovi quei jeans?
2 Dov'è Lisa? È andata a casa?
3 Ha una sorella Mario?
4 Andate a scuola in autobus di solito?
5 Cosa stanno facendo i bambini?
6 Perché i tuoi amici non possono aspettarci?
7 Che cosa fa tua madre? Scrive libri?
8 Che cosa ha fatto tuo padre all'università?
9 Perché non vuoi venire con me?

Who saw you?   Who did you see?
(forme interrogative 2)

A

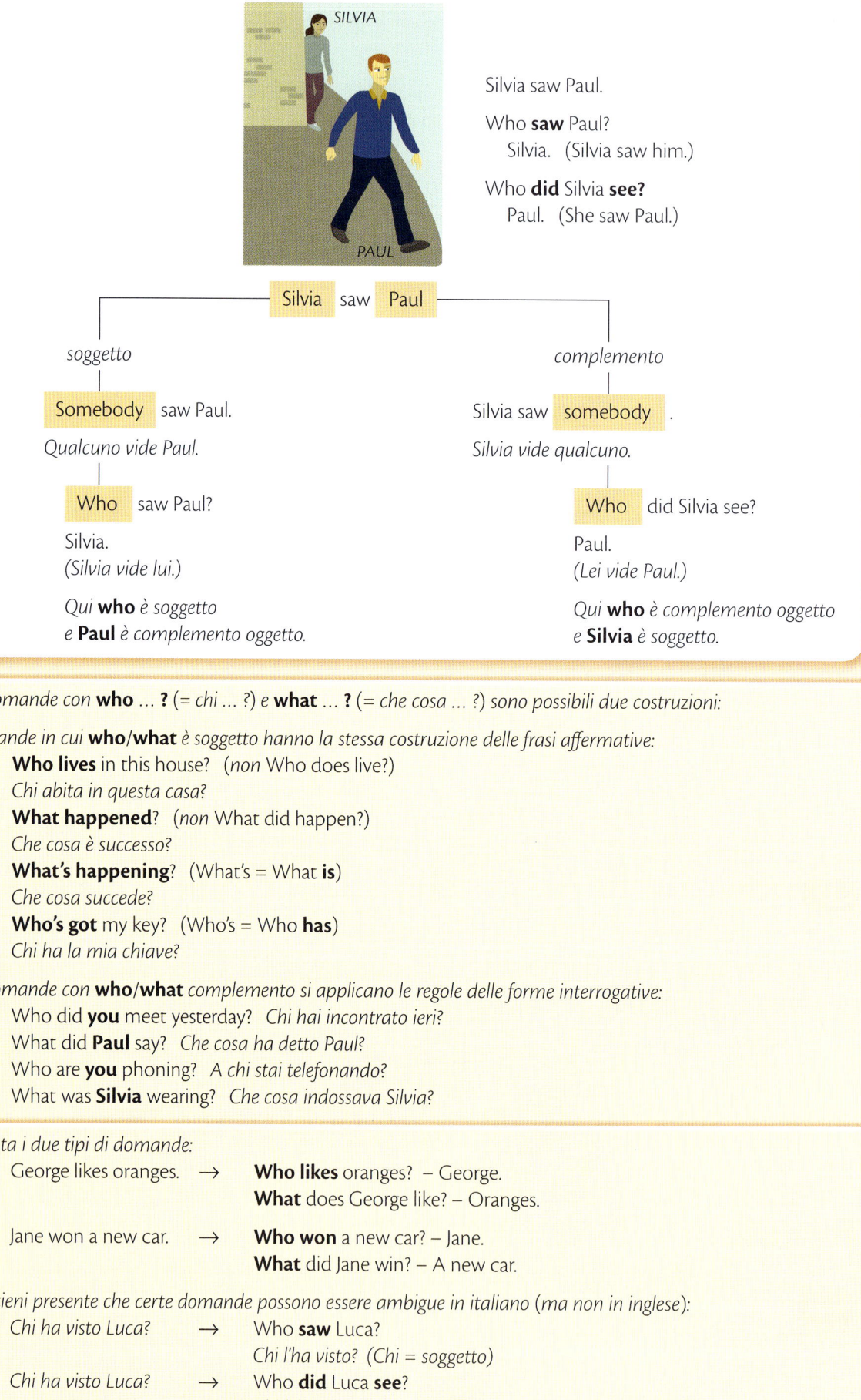

Silvia saw Paul.

Who **saw** Paul?
  Silvia.   (Silvia saw him.)

Who **did** Silvia **see?**
  Paul.   (She saw Paul.)

Silvia   saw   Paul

soggetto

Somebody   saw Paul.

Qualcuno vide Paul.

Who   saw Paul?

Silvia.
(Silvia vide lui.)

Qui **who** *è soggetto
e* **Paul** *è complemento oggetto.*

complemento

Silvia saw   somebody   .

Silvia vide qualcuno.

Who   did Silvia see?

Paul.
(Lei vide Paul.)

Qui **who** *è complemento oggetto
e* **Silvia** *è soggetto.*

B

Nelle domande con **who** *... ? (= chi ... ?) e* **what** *... ? (= che cosa ... ?) sono possibili due costruzioni:*

Le domande in cui **who/what** *è soggetto hanno la stessa costruzione delle frasi affermative:*
- **Who lives** in this house?   (*non* Who does live?)
  Chi abita in questa casa?
- **What happened**?   (*non* What did happen?)
  Che cosa è successo?
- **What's happening**?   (What's = What **is**)
  Che cosa succede?
- **Who's got** my key?   (Who's = Who **has**)
  Chi ha la mia chiave?

Nelle domande con **who/what** *complemento si applicano le regole delle forme interrogative:*
- Who did **you** meet yesterday?   *Chi hai incontrato ieri?*
- What did **Paul** say?   *Che cosa ha detto Paul?*
- Who are **you** phoning?   *A chi stai telefonando?*
- What was **Silvia** wearing?   *Che cosa indossava Silvia?*

C

Confronta i due tipi di domande:
- George likes oranges.   →   **Who likes** oranges? – George.
                               What does George like? – Oranges.

- Jane won a new car.   →   **Who won** a new car? – Jane.
                            What did Jane win? – A new car.

Inoltre, tieni presente che certe domande possono essere ambigue in italiano (ma non in inglese):
- Chi ha visto Luca?   →   Who **saw** Luca?
                           Chi l'ha visto? (Chi = soggetto)
- Chi ha visto Luca?   →   Who **did** Luca **see**?
                           Chi è la persona che Luca ha visto? (Chi = complemento)

forme interrogative → **Unità 46, 48**   **what/which/how** → **Unità 49**

Esercizi

47.1 Costruisci delle domande con **who** e **what**. In questo esercizio, **who/what** è soggetto.

shelf = ripiano/
  mensola
ill = (che sta) male

1	Somebody broke the window.	*Who broke the window?*
2	Something fell off the shelf.	What ....
3	Somebody wants to see you.	.... me?
4	Somebody took my umbrella.	
5	Something made me ill.	
6	Somebody is coming.	

47.2 Costruisci delle domande con **who** o **what** (soggetto o complemento).

1	I bought something.	*What did you buy?*
2	Somebody lives in this house.	*Who lives in this house?*
3	I phoned somebody.	
4	Something happened last night.	
5	Somebody knows the answer.	
6	Somebody did the washing-up.	
7	Jane did something.	
8	Something woke me up.	
9	Somebody saw the accident.	
10	I saw somebody.	
11	Somebody has got my pen.	
12	This word means something.	

47.3 Vuoi avere le informazioni che mancano (indicate con XXXXX). Formula le domande adatte con **who** e **what**.

advice = consigli
I hear = ho saputo

1 I lost **XXXXX** yesterday, but fortunately **XXXXX** found it and gave it back to me.
What did you lose?
Who found it?

2 **XXXXX** phoned me last night. She wanted **XXXXX**.
Who ....
What ....

3 I needed some advice, so I asked **XXXXX**. He said **XXXXX**.

4 I hear that **XXXXX** got married last week. **XXXXX** told me.

5 I met **XXXXX** on my way home this evening. She told me **XXXXX**.

6 Steve and I played tennis yesterday. **XXXXX** won. After the game we **XXXXX**.

7 It was my birthday last week and I had some presents. **XXXXX** gave me a book and Catherine gave me **XXXXX**.

47.4 Traduci in inglese.

malato = ill
funzionare = work
aver bisogno di
  = need
scoprire = discover

1 Pronto! Chi parla?
2 Che cosa stanno dicendo Anna e Lynn?
3 Chi ti ha detto che ero malato?
4 La TV non funziona. Chi posso chiamare?
5 Chi ha bisogno di una grammatica inglese?
6 Questa stanza è diversa. Che cosa è cambiato?

7 A: Kate si è sposata ieri.
  B: Davvero? Chi ha sposato?
8 Che cosa scoprì Newton?
  Che cosa gli diede quell'idea?

Who is she talking to? What is it like?
(forme interrogative 3)

Jessica is talking to somebody.

Who is she talking **to**?

JESSICA

Nelle domande con **Who** … **?** / **What** … **?** / **Which** … **?** / **Where** … **?** *le preposizioni (***to**/**with**/**about** *ecc.) si collocano di solito alla fine della domande. In italiano, invece, la preposizione è davanti a 'chi/che cosa/quale/dove'.*

- ○ '**Where** are you **from**?' 'I'm from Thailand.' *'Di dove sei?'* …
- ○ 'Jack was afraid.' '**What** was he afraid **of**?' … *'Di che cosa aveva paura?'*
- ○ '**Who** do these books belong **to**?' 'They're mine.' *'A chi appartengono questi libri?'* …
- ○ 'Tom's father is in hospital.' '**Which** hospital is he **in**?' … *'In che ospedale è?'*
- ○ 'Kate is going on holiday.' '**Who with**? / **Who** is she going **with**?' … *'Con chi? / Con chi va?'*
- ○ 'Can we talk?' 'Sure. **What** do you want to talk **about**?' … *'Certo. Di che cosa vuoi parlare?'*
- ○ What's this key? **What** is it **for**? *Che cos'è questo tasto? A che serve?*

What's it like? / **What are they like?** *ecc.*

What's your new house **like**?

It's very big.

What**'s** it like? = What **is** it like?

What's it like? = tell me something about it – is it good or bad, big or small, old or new (*ecc.*)?

What's … **like?** / **What are** … **like?** (What**'s** = What **is**) *Com'è … ? / Come sono … ?*

- ○ A: There's a new restaurant in our street.
  B: **What's** it **like**? Is it good? *Com'è? È buono?*
  A: I don't know. I haven't eaten there yet.

- ○ A: **What's** your new teacher **like**? *Com'è la tua / la vostra nuova insegnante?*
  B: She's very good. We learn a lot.

- ○ A: I met Nicola's parents yesterday.
  B: Did you? **What** are they **like**? *Davvero? Come sono?*
  A: They're very nice.

- ○ A: Did you have a good holiday? **What** was the weather **like**? … *Com'era / è stato il tempo?*
  B: It was lovely. It was sunny every day.

Fai attenzione: qui **like** *significa 'come', non 'piacere' (***What do** *you* **like**? = *Che cosa ti piace?*).

Confronta le domande:
- ○ A: **How is** Lisa? *Come sta Lisa?*
  B: She's very well.
- ○ A: **What is** Lisa **like**? *Com'è / Che tipo è Lisa?*
  B: She's very friendly.
- ○ A: **What does** Lisa **look like**? *Com'è (fisicamente) Lisa?*
  B: She's tall with short brown hair.

forme interrogative 1–2 → **Unità 46–47**   what/which/how → **Unità 49**   *preposizioni* → **Unità 107–116**

Esercizi

48.1 Vuoi avere le informazioni mancanti (indicate con XXXXX). Formula le domande adatte con **who** o **what**.

look for = cercare
by = da

1 The letter is from **XXXXX**.   *Who is the letter from?*
2 I'm looking for a **XXXXX**.   What .... you
3 I went to the cinema with **XXXXX**.
4 The film was about **XXXXX**.
5 I gave the money to **XXXXX**.
6 The book was written by **XXXXX**.

48.2 Le domande si riferiscono alle vignette. Completale usando i seguenti verbi con preposizioni adatte.

| go | listen | look | ~~talk~~ | talk | wait |

It was very good.

I'm going to a restaurant.

Yes, very interesting.

1 *Who is she talking to?*   4 What ....
2 What .... they   5 What ....
3 Which restaurant ....   6 Which bus ....

48.3 Chiedi di precisare le affermazioni formulando domande con **Which ... ?**

1 Tom's father is in hospital.   *Which hospital is he in?*
2 We stayed at a hotel.   .... you ....
3 Jack plays for a football team.
4 I went to school in this town.

48.4 Usa **What is/are ... like?** per chiedere informazioni su un paese straniero.

road = strada

1 (the roads)   *What are the roads like?*
2 (the food)   ....
3 (the people)   ....
4 (the weather) ....

48.5 Costruisci delle domande con **What was/were ... like?** Segui le istruzioni.

1 Your friend has just come back from holiday. Ask about the weather.
   What was the weather like?

2 Your friend has just come back from the cinema. Ask about the film.

3 Your friend has just finished an English course. Ask about the lessons.

4 Your friend has just come back from holiday. Ask about the hotel.

48.6 Traduci in inglese.

1 Di chi state parlando?
2 Di dove sono i tuoi genitori?
3 A che cosa servono queste scatole?
4 In che ufficio lavora la Signora Evans?
5 A: Ho giocato a tennis ieri.
   B: Con chi hai giocato?'

6 A: Com'è Helen fisicamente?
   B: È alta e ha i capelli biondi.
7 Che cosa piace a Mara? Le piace il pesce?
8 'Com'è Carlos?' 'È molto gentile.'
9 A: Come sta tuo nonno?
   B: Bene, grazie.

107

What … ?   Which … ?   How … ?
(forme interrogative 4)

A

What … ? (= Che / Che cosa / Quale / Quali … ?) può essere usato con un nome o senza.

What + nome (**What colour** … ? / **What kind** … ? ecc.) = Che + nome
- ☐ **What colour** is your car? *Di che colore è … ?*   ☐ **What colour** are your eyes? *Di che colore sono … ?*
- ☐ **What size** is this shirt? *Che taglia … ?*   ☐ **What make** is your TV? *Che marca … ?*
- ☐ **What time** is it? *Che ora … ?*   ☐ **What day** is it today? *Che giorno … ?*
- ☐ **What kind** of job do you want? (*o* **What type** of job … ? / **What sort** of job … ?)
  Che tipo / Che genere … ?

What senza nome = Che cosa / Quale / Quali:
- ☐ **What**'s your favourite colour? *Qual è … ?*
- ☐ **What** do you want to do tonight? *Che cosa … ?*

Fai attenzione alla traduzione italiana delle seguenti domande:
- ☐ **What**'s your name? (*letteralmente: Qual è il tuo nome?*) *Come ti chiami?*
- ☐ **What** do you call this in English? (*non* How do you) *Come si chiama questo … ?*

B

Which … ? (= Che/Quale/Quali … ?) può essere usato con un nome o senza.

Which + nome si usa per cose o persone:
- ☐ **Which train** did you catch – the 9.50 or the 10.30? *Che/Quale treno hai preso … ?*
- ☐ **Which doctor** did you see – Doctor Ellis, Doctor Gray or Doctor Hill?

Which senza nome si usa per le cose, non per le persone:
- ☐ **Which** is bigger – Canada or Australia? *Qual è più grande … ?*

Il pronome riferito alle persone è **who** (= chi):
- ☐ **Who** is taller – Joe or Gary? (*non* Which is taller?) *Chi è più alto … ?*

C

What o **which**? (entrambi possono corrispondere a che/quale/quali … ?)

Si usa **which** *quando si pensa che la scelta riguardi un numero limitato di possibilità:*
- ☐ **Which way** shall we go, this way or that way?
  Da che parte andiamo, di qua o di là?
- ☐ There are four umbrellas here. **Which** is yours?
  … Qual è il tuo? (Ci sono solo quattro possibilità.)

? o **?** o **?** o **?**

WHICH?

What è più generico:
- ☐ **What**'s the capital of Italy? *Qual è la capitale d'Italia?*
- ☐ **What** sort of music do you like? *Che genere di musica ti piace?*

Confronta:
- ☐ **What colour** are his eyes? (*non* Which colour?)
- ☐ **Which colour** do you prefer, **pink or yellow**?'
- ☐ **What** is the longest river in the world?
- ☐ **Which** is the longest river – **the Mississippi, the Amazon or the Nile**?

D

How … **?** (= Come … ?)
- ☐ '**How** was the party last night?' 'It was great.' *'Com'è stata / Come è andata la festa ieri sera?'*
- ☐ '**How** do you usually go to work?' 'By bus.' *'Come / Con che mezzo vai a lavorare di solito?'*

How può essere usato con un aggettivo o un avverbio (**How tall?** / **How old?** / **How often?** ecc.).
In tal caso, la traduzione letterale è 'Quanto' + aggettivo/avverbio:

'How	**tall** are you?' 'I'm 1 metre 70.'	*Quanto sei alto?*
	big is the house?' 'Not very big.'	*Quant'è grande?*
	old is your mother?' 'She's 45.'	*Quanti anni ha … ?*
	far is it from here to the airport?' 'Five kilometres.'	*Quanto dista … ?*
	often do you use your car?' 'Every day.'	*Quanto spesso … ?*
	long have they been married?' 'Ten years.'	*Da quanto tempo … ?*
	much was the meal?' 'Thirty pounds.'	*Quanto è costato … ?*

forme interrogative → Unità 46–48   How long does it take? → Unità 50   which one(s) → Unità 78

Esercizi

49.1 Vuoi avere informazioni più precise. Scrivi delle domande con **What**.

sweater = maglione

1	I've got a new TV.	(make?)	*What make is it?*
2	I want a job.	(kind?)	*What kind of job do you want?*
3	I bought a new sweater.	(colour?)	What ....
4	I got up early this morning.	(time?)	.... get up?
5	I like music.	(type?)	....
6	I want to buy a car.	(kind?)	....

49.2 Completa le domande. Inizia con **Which**.

① *Which way* .... shall we go?

② .... is yours?

③ .... do you want to see?

④ .... goes to the centre?

49.3 Completa le domande con **what/which/who**.

desk = scrivania
most = di più

1 ....*What*.... is that man's name?
2 ....*Which*.... way shall we go? Left or right?
3 You can have tea or coffee. ....
   do you prefer?
4 '........................ day is it today?' 'Friday.'
5 This is a nice office. .... desk is yours?
6 .... is your favourite sport?

7 .... is more expensive, meat or fish?
8 .... is older, Liz or Steve?
9 .... kind of camera do you have?
10 A: I have three cameras.
   B: .... camera do you use most?
11 .... nationality are you?

49.4 Completa ogni domanda con **How** + l'aggettivo o l'avverbio appropriato (**high/long** ecc.).

nearly = quasi

1	....*How high is*.... Mount Everest?	Nearly 9000 metres.
2	.... is it to the station?	It's about two kilometres from here.
3	.... is Helen?	She's 26.
4	.... do the buses run?	Every ten minutes.
5	.... is the water in the pool?	Two metres.
6	.... have you lived here?	Nearly three years.

48.5 Usa **How ... ?** per chiedere la stessa cosa in una domanda sola.

once = una volta

1 Are you 1 metre 70? 1.75? 1.80? *How tall are you?*
2 Is this box one kilogram? Two? Three? ....
3 Are you 20 years old? 22? 25? ....
4 Did you spend £20? £30? £50? ....
5 Do you watch TV every day? Once a week? Never?
   ....
6 Is it 1000 miles from Paris to Moscow? 1500? 2000?
   ....

49.6 Traduci in inglese.

erba = grass

1 Che genere di musica ti piace?
2 Come si chiama un animale che mangia erba?
3 Come si chiama tua sorella?
4 Che marca è il tuo computer?
5 Che jeans preferisci, questi o quelli?

6 Quanto dista Oxford da Londra?
7 A che piano abita il Signor Lewis?
8 Qual è la risposta giusta – A, B o C?
9 Quanto spesso lavi la macchina?

How long does it take ... ?

A How long does it take from ... to ... ? *Quanto ci vuole ... ?*

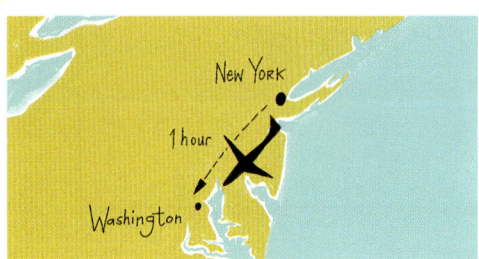

How long **does it take** by plane from New York to Washington?
Quanto ci vuole in aereo da New York a Washington?

It takes an hour.
Ci vuole un'ora.

In questa unità, il verbo **take** *corrisponde alle forme italiane 'volerci' oppure 'metterci' nel senso di 'impiegare' (del tempo):*

- ○ How long **does it take** by train from London to Manchester?
- ○ **It takes** two hours by train from London to Manchester.
- ○ How long **does it take** by car from your house to the station?
- ○ **It takes** ten minutes by car from my house to the station.

B How long does it take to do something? *Quanto tempo ci vuole a/per fare qualcosa?*

How long	does did will	it take to ... ?	It	takes took will take	a week a long time three hours	to ...
				doesn't didn't won't	take	long	

- ○ How long **does it take to cross** the Atlantic by ship?
  Quanto tempo ci vuole ad attraversare l'Atlantico in nave ?
- ○ A: I came by train.
  B: Did you? How long **did it take** (**to get** here)? ... *Quanto tempo c'è voluto ... ?*
- ○ How long **will it take to get** from here to the hotel? *Quanto tempo ci vorrà da qui all'albergo?*

- ○ **It takes** a long time **to learn** a language. *Ci vuole molto tempo per imparare ...*
- ○ **It doesn't take** long **to cook** an omelette. *Non ci vuole molto tempo a preparare ...*
- ○ **It won't take** long **to fix** the computer. *Non ci vorrà molto a riparare il computer.*

C How long does it take you to do something? *Quanto ci metti / Quanto ti ci vuole a fare qualcosa?*

How long	does did will	it take	you Tom them	to ... ?

It	takes took will take	me Tom them	a week a long time three hours	to ...

I started reading the book on Monday.
I finished it on Wednesday evening.

It **took me** three days **to read** it. *Mi ci son voluti / Ci ho messo tre giorni a leggerlo.*

- ○ How long **will it take me to learn** to drive? *Quanto tempo mi ci vorrà per imparare ... ?*
- ○ **It takes Tom** 20 minutes **to get** to work in the morning. *Tom ci mette 20 minuti ad arrivare ...*
- ○ **It took us** an hour **to do** the shopping. *Ci abbiamo messo un'ora a fare ...*
- ○ **Did it take you** a long time **to find** a job? *Ci hai messo molto a trovare ... ?*
- ○ **It will take me** an hour **to cook** dinner. *Mi ci vorrà / Ci metterò un'ora a preparare ...*

Esercizi

50.1 Per ognuno dei tragitti chiedi quanto tempo ci vuole con il mezzo di trasporto indicato.

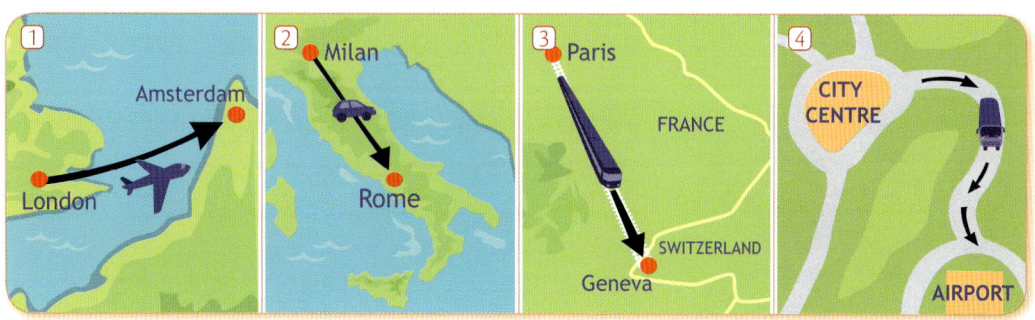

1   *How long does it take by plane from London to Amsterdam?*
2   ....
3   ....
4   ....

50.2 Quanto tempo ci vuole a fare queste cose? Scrivi delle frasi complete con **It takes ...** .

country = paese/
nazione
the nearest = il più
vicino

1   fly from your city/country to London
    It takes two hours to fly from Turin to London.
2   fly from your city/country to New York
    ....
3   study to be a doctor in your country
    ....
4   walk from your home to the nearest shop
    ....
5   get from your home to the nearest airport
    ....

50.3 Formula delle domande con **How long did it take ... ?** Riferisciti alle azioni tra parentesi.

1   (Jane found a job.)   *How long did it take her to find a job?*
2   (I walked to the station.)   .... you ....
3   (Tom painted the bathroom.)   ....
4   (I learnt to ski.)   ....
5   (They repaired the car.)   ....

50.4 Scrivi delle frasi con **It took ...** per esprimere la durata delle azioni.

later = dopo / più tardi
pass = superare

1   I read a book last week. I started reading it on Monday. I finished it three days later.
    It took me three days to read the book.
2   We walked home last night. We left at 10 o'clock and we arrived home at 10.20.
    ....
3   I learnt to drive last year. I had my first driving lesson in January. I passed my driving test
    six months later.
    ....
4   Mark drove to London yesterday. He left home at 8 o'clock and got to London at 10.
    ....
5   Lisa began looking for a job a long time ago. She got a job last week.
    ....
6   *Scrivi una frase su di te.*
    ....

50.5 Traduci in inglese.

parcheggiare = park

1   Quanto ci vuole in macchina da Piacenza a Torino?
2   Ci vuole molto tempo in autobus da qui all'aeroporto?
3   Non ci vuole molto tempo per leggere una pagina.
4   Mi ci vollero due giorni a pulire l'appartamento.
5   Gli ci vorranno due ore per arrivare a Londra.
6   Quanto tempo ci hai messo a trovare la casa?
7   Non ci metteremo molto a parcheggiare la macchina.
8   Quanto ci ha messo Andy a fare il test?

Do you know where … ?
I don't know what … *ecc.*

Do you know where Paula is?

Si dice: Where **is** **Paula**? *Dov'è Paula?*

ma **Do you know** where **Paula** **is** ? *Sai dov'è Paula?*

(*non* Do you know where is Paula?)

Si trova la stessa costruzione in frasi come:

I know			So	
I don't know	where **Paula is**.		Non so	dov'è Paula.
Can you tell me			Sai dirmi	

A volte una domanda (**Where is Paula?**) *è inserita in un'altra frase* (**Do you know where Paula is?** / **I don't know where Paula is**. *ecc.*). *In tal caso si costruisce come la forma affermativa* where **Paula is** (*non* where is Paula).

Confronta le due costruzioni:

Who **are those people**?   *ma*
How old **is Nicola**?
What time **is it**?
Where **can I** go?
How much **is this camera**?
When **are you** going away?
Where **have they** gone?
What **was Kate** wearing?

Do you know **Can you tell me**	who **those people are** how old **Nicola is** what time **it is** where **I can** go	?
I know **I don't know** **I don't remember**	how much **this camera is** when **you're** going away where **they have** gone what **Kate was** wearing	.

Per queste domande non si usa **do/does/did** *nel* present simple *e nel* past simple. *Il verbo ha la stessa forma delle frasi affermative:*

Where **does he live** ?

ma **Do you know** where **he lives** ? (*non* Do you know where does he live?)

How **do airplanes** fly?   *ma*
What **does Jane** want?
Why **did she** go home?
Where **did I** put the key?

Do you know	how **airplanes fly**	?
I don't know **I don't remember** **I know**	what **Jane wants** why **she went** home where **I put** the key	.

Per le domande del tipo **Is … ?** / **Do … ?** / **Can … ?** *ecc. si usa* **if** *o* **whether** (= se):

Is Jack at home?   *ma*
Have they got a car?
Can Ben swim?
Do they live near here?
Did anybody see you?

Do you know	**if** *oppure* **whether**	**Jack is** at home **they've got** a car	?
I don't know		**Ben can** swim **they live** near here **anybody saw** you	.

In questo tipo di frasi è possibile usare sia **if**, *sia* **whether**:

- ☐ Do you know **if** they've got a car? *oppure* Do you know **whether** they've got a car?
   Sai se hanno la macchina?
- ☐ I don't know **if** anybody saw me. *oppure* I don't know **whether** anybody saw me.
   Non so se mi ha visto qualcuno.

She asked me where …   He asked me if … ➜ **Unità 53**

Esercizi

51.1 Rispondi alle domande usando **I don't know where**/**when**/**why** ... ecc.

1	Have your friends gone home?	(where)	*I don't know where they've gone.*
2	Is Kate in her office?	(where)	I don't know ....
3	Is the castle very old?	(how old)	....
4	Will Paul be here soon?	(when)	....
5	Was he angry because I was late?	(why)	....
6	Has Emily lived here a long time?	(how long)	....

51.2 Completa le frasi.

1 (How do airplanes fly?) Do you know *how airplanes fly* .... ?
2 (Where does Susan work?) I don't know ....
3 (What did Peter say?) Do you remember .... ?
4 (Why did he go home early?) I don't know ....
5 (What time does the meeting begin?) Do you know .... ?
6 (How did the accident happen?) I don't remember ....

51.3 Scegli la soluzione corretta.

1 Do you know what time ~~is it~~ / it is? (Do you know what time <u>it is</u>? è corretto)
2 Why <u>are you</u> / you are going away?
3 I don't know where <u>are they</u> / they are going.
4 Can you tell me where <u>is the museum</u> / the museum is?
5 Where <u>do you want</u> / you want to go for your holidays?
6 Do you know what <u>do elephants eat</u> / elephants eat?
7 I don't know how far <u>is it</u> / it is from the hotel to the station.

51.4 Riformula le domande iniziando con **Do you know if ... ?**

1 (Have they got a car?) *Do you know if they've got a car?* ....
2 (Are they married?) Do you know ....
3 (Does Sue know Bill?) ....
4 (Will Gary be here tomorrow?) ....
5 (Did he pass his exam?) ....

51.5 Riformula le domande iniziando con **Do you know ... ?**

1 (What does Laura want?) *Do you know what Laura wants?* ....
2 (Where is Paula?) Do ....
3 (Is she working today?) ....
4 (What time does she start work?) ....
5 (Are the shops open tomorrow?) ....
6 (Where do Sarah and Jack live?) ....
7 (Did they go to Jane's party?) ....

51.6 Completa le frasi a piacere.

1 Do you know why *the bus was late* .... ?
2 Do you know what time .... ?
3 Excuse me, can you tell me where .... ?
4 I don't know what ....
5 Do you know if .... ?
6 Do you know how much .... ?

51.7 Traduci in inglese.

1 Sai quanti anni ha Lisa?
2 Non so che cosa voglia James.
3 Sai se la Roma ha vinto ieri?
4 Non so se abbiamo abbastanza tempo.
5 Non ricordo quando l'ho comprato.
6 Non capisco perché Karen sia partita.

7 Sai che cosa sta facendo Tom?
8 Sa dirmi chi è il Direttore, per piacere?
9 Nessuno sa a che ora arriva Mark domani.
10 Scusi. Sa dirmi dov'è la fermata dell'autobus?

fermata dell'autobus
= bus stop

She said that ...   He told me that ...

Di solito, quando si riferisce che cosa è stato detto, il verbo dopo **She said that** ... (Disse che ...) / **He told me that** ... (Mi disse che ...) ecc. è al passato.

La settimana scorsa sei andato a una festa. C'erano molti tuoi amici. Ecco alcune delle cose che ti hanno detto:

Oggi incontri Paul e gli parli della festa. Gli dici che cosa hanno detto i tuoi amici.

(presente)

(passato)

CLARE
I'm enjoying my new job.
Trovo piacevole ...
My father isn't well.
Mio padre non sta molto bene.

am
is } → was

- Clare said that **she was** enjoying her new job.
  ... disse che trovava piacevole ...
- She said that **her father wasn't** well.
  Disse che suo padre non stava ...

SARAH
We're going to buy a house.
BEN

are → were

- Sarah and Ben said that **they were** going to buy a house.
  ... dissero che avevano intenzione ...

PETER
I have to leave early.
My sister has gone to Australia.

have
has } → had

- Peter said that **he had** to go early.
  ... disse che doveva andarsene presto.
- He said that **his sister had** gone to Australia.
  Disse che sua sorella era andata ...

KATE
I can't find a job.

can → could

- Kate said that **she couldn't** find a job.
  ... disse che non riusciva a trovare ...

STEVE
I'll phone you.

will → would

- Steve said that **he would** phone me.
  ... disse che mi avrebbe telefonato.

RACHEL
I don't like my job.
My son doesn't like school.

do
does } → did

- Rachel said that **she didn't** like her job.
  ... disse che non le piaceva ...
- She said that **her son didn't** like school.
  ... disse che a suo figlio non piaceva ...

MIKE
You look tired.
I feel fine.
YOU

look → looked
feel → felt
ecc.   ecc.

- Mike said that **I looked** tired.
  ... disse che avevo l'aria stanca.
- I said that **I felt** fine.
  Dissi che mi sentivo benone.

say e **tell**

Sia **say**, sia **tell** corrispondono al verbo italiano 'dire'. Confronta:

say (passato **said**)
- He **said** that he was tired.
  (*non* He said me) *Disse che era stanco.*
- What did she **say to** you?
  (*non* say you) *Che cosa ti disse?*

Si dice **he said to me**, **I said to Ann** ecc.
(*non* he said me, I said Ann)

tell (passato **told**)
- He **told me** that he was tired.
  (*non* He told that) *Mi disse che era stanco.*
- What did she **tell you**?
  (*non* tell to you) *Che cosa ti disse?*

Si dice **he told me**, **I told Ann** ecc.
(*non* he told to me, I told to Ann)

Il **that** che segue **say** e **tell** può essere omesso. Si può dire:
- He said **that** he was tired. *oppure* He said he was tired. (*senza* that)
- Kate told me **that** she couldn't find a job. *oppure* Kate told me she couldn't find a job.

She asked me where ... He asked me if ... → **Unità 53**   I told you to ... → **Unità 56**

Esercizi

52.1 Leggi che cosa hanno detto queste persone. Riferisci i loro discorsi con **He/She/They said** (**that**) ... .

1 I've lost my watch.

He said he had lost his watch.

6 I don't feel very well.

2 I'm very busy.

7 We'll be home late.

3 I can't go to the party.

8 I've just come back from holiday.

4 I have to go out.

9 I'm going to buy a guitar.

5 I'm learning Russian.

10 We haven't got a key.

52.2 Completa le frasi riportando le battute dei fumetti.

need = aver bisogno di	
borrow = prendere a prestito	
ladder = scala (a pioli)	

① I'm enjoying my new job. — CLARE

② EMMA — I'm not hungry.

③ I need it. — MIKE

④ I don't want to go. — INVITATION — HANNAH

⑤ You can have it. — SUSAN

⑥ MARTIN — I'll send you a postcard.

⑦ Where's Robert? / He's gone home. — NICOLA

⑧ I want to watch TV. — DAVID

⑨ I'm going to the cinema. — MARY

1 I met Clare last week. She said ....*she was enjoying her new job*.............................. .
2 Emma didn't want anything to eat. She said ....
3 I wanted to borrow Mike's ladder, but he said ....
4 Hannah was invited to the party, but she said ....
5 Susan told me she didn't want the picture. She said ....
6 Martin has just gone away on holiday. He said ....
7 I was looking for Robert. Nicola said ....
8 'Why did David stay at home?' 'He said ....' ;
9 'Has Mary gone out?' 'I think so. She said ....' ;

52.3 Completa le frasi con **say/said** oppure **tell/told**.

1 He .....*said*..... he was tired.
2 What did she .....*tell*..... you?
3 Anna .... she didn't like Peter.
4 Jack .... me that you were ill.
5 Please don't .... Dan what happened.
6 Did Lucy .... she would be late?

7 The woman .... she was a reporter.
8 The woman .... us she was a reporter.
9 They asked me a lot of questions, but I didn't .... them anything.
10 They asked me a lot of questions, but I didn't .... anything.

52.4 Traduci in inglese.

1 Dissi a Mario che stavo pranzando.
2 Ben e Clare ci dissero che potevamo andare con loro.
3 Mike disse a sua madre che non voleva restare a casa.
4 Gli amici di Emily dissero che l'avevano vista in centro.
5 Qualcuno disse a Rebecca che io sapevo tutto.

6 David ci salutò e andò a casa immediatamente.
7 Ann disse: 'Non mi piacciono questi pantaloni.'
8 L'insegnante mi disse: 'Non dirmi che sei stanco.'

tutto = everything
salutare: *traduci* 'dire ciao'

115

She asked me where ...   He asked me if ...

A

Quando si riferisce che cosa è stato chiesto, verbi come **she asked** ... (= *chiese* ...) *e* **he wanted to know** ... (= *volle/voleva sapere* ...) *sono seguiti da un verbo al passato in forma affermativa.*

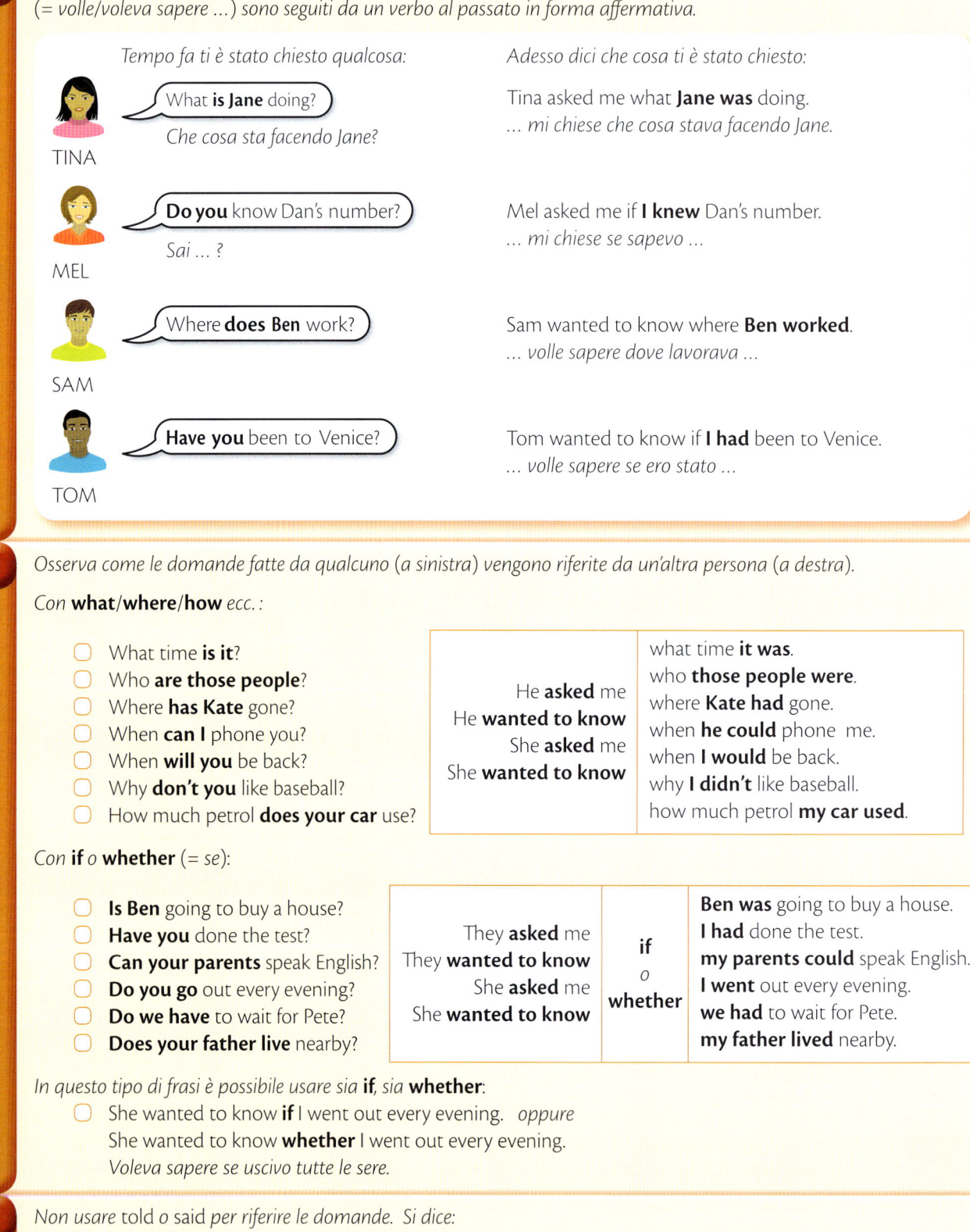

Tempo fa ti è stato chiesto qualcosa:

TINA

What **is Jane** doing?

Che cosa sta facendo Jane?

MEL

Do you know Dan's number?

Sai ... ?

SAM

Where **does Ben** work?

TOM

Have you been to Venice?

Adesso dici che cosa ti è stato chiesto:

Tina asked me what **Jane was** doing.
... *mi chiese che cosa stava facendo Jane.*

Mel asked me if **I knew** Dan's number.
... *mi chiese se sapevo ...*

Sam wanted to know where **Ben worked**.
... *volle sapere dove lavorava ...*

Tom wanted to know if **I had** been to Venice.
... *volle sapere se ero stato ...*

B

Osserva come le domande fatte da qualcuno (a sinistra) vengono riferite da un'altra persona (a destra).

Con **what**/**where**/**how** *ecc.:*

- What time **is it**?
- Who **are those people**?
- Where **has Kate** gone?
- When **can I** phone you?
- When **will you** be back?
- Why **don't you** like baseball?
- How much petrol **does your car** use?

He **asked** me He **wanted to know** She **asked** me She **wanted to know**	what time **it was**. who **those people were**. where **Kate had** gone. when **he could** phone me. when **I would** be back. why **I didn't** like baseball. how much petrol **my car used**.

Con **if** *o* **whether** (= *se*):

- **Is Ben** going to buy a house?
- **Have you** done the test?
- **Can your parents** speak English?
- **Do you go** out every evening?
- **Do we have** to wait for Pete?
- **Does your father live** nearby?

They **asked** me They **wanted to know** She **asked** me She **wanted to know**	**if** *o* **whether**	**Ben was** going to buy a house. **I had** done the test. **my parents could** speak English. **I went** out every evening. **we had** to wait for Pete. **my father lived** nearby.

In questo tipo di frasi è possibile usare sia **if**, *sia* **whether**:
- She wanted to know **if** I went out every evening. *oppure*
  She wanted to know **whether** I went out every evening.
  Voleva sapere se uscivo tutte le sere.

C

Non usare told *o* said *per riferire le domande. Si dice:*
- Mary **asked** us if we were busy. (*non* Mary told us if ...)
  ... *ci chiese se eravamo occupati.*
- James **wanted to know** why I was angry. (*non* James said why ...)
  ... *volle sapere perché ero arrabbiato.*

forme interrogative ➜ **Unità 46–48**   *domande subordinate* ➜ **Unità 51**   *discorso indiretto* ➜ **Unità 52**

Esercizi

53.1 Leggi ogni frase insieme al fumetto cui si riferisce. Completa le frasi con la forma indiretta delle domande.

1 ANNA — Have you invited Dan too?
2 STEVE — When are you going to move house?
3 ED AND SUE — Has Laura gone home?
4 LISA — How old is the castle? Are there any ghosts?
5 CLARE — Where can I park my car?
6 TOM — Will the test be difficult?

1 When I invited Anna to my party, she asked me if I ___had invited Dan too___ .
2 Mel and her boyfriend met Steve last week. He asked them when they _____ .
3 Ed and Sue were looking for Laura. They asked me whether _____ .
4 When we visited Edinburgh, Lisa wanted to know _____ and whether _____ .
5 There were a lot of people at the concert. The car park was full. Clare asked a policeman _____ .
6 Tom wanted to know if the test _____ .

53.2 Alessia è a Liverpool. Due giorni fa si è presentata al colloquio di selezione per un posto di commessa. Leggi le domande e riferiscile in forma indiretta. Utilizza le tracce.

1 Where are you from? — They asked her ___where she was from___
2 When did you leave school? — and when _____ .
3 Why do you want to work in Liverpool? — Then they wanted to know _____
4 How long are you going to stay? — and _____ .
5 Have you worked in a shop before? — Next, they asked her whether _____ ,
6 Are you interested in fashion? — if _____
7 Do you have a car? — and if _____ .
8 When can you start work? — Finally, they wanted to know _____ .

9 Is it a big shop? — Alessia asked them _____
10 How many people work here? — and how many _____ there.
11 What time do you open in the morning? — After that, she wanted to know _____
12 Will I have to work in the evenings? — and whether she _____ .

53.3 Traduci in inglese.

1 Mike voleva sapere se il taxi era arrivato.
2 Becky mi chiese se sapevo parlare francese.
3 Chiesi a Peter che cosa stava facendo.
4 I nostri genitori ci chiesero dove andavamo in vacanza.
5 L'intervistatore mi chiese se mi piaceva il mio lavoro.
6 Il padre di Lucy voleva sapere chi erano quei ragazzi.
7 Mia madre volle sapere a che ora sarei tornata quella sera.
8 Quel turista voleva sapere quanto costava un biglietto per il teatro.
9 Ieri ho chiesto a Tom e Ben se potevano aiutarmi a verniciare la recinzione.

intervistatore = interviewer
tornare = come back
verniciare = paint
recinzione = fence

117

work/working   go/going   do/doing

A

L'infinito inglese si usa a volte con **to** (**to play**) *e in altri casi senza* **to** (**play**):

- ○ Would you like **to play** tennis? *Vorresti giocare ... ?*
- ○ I can't **play** tennis. *Non so giocare ...*
- ○ I want **to finish**. *Voglio finire.*
- ○ I must **finish**. *Devo finire.*

Entrambe le forme corrispondono normalmente all'infinito italiano (giocare).

B

work/go/be *ecc.*

Dopo **will**/**can**/**must** *ecc. si usa l'infinito senza* **to** (**work/go/be** *ecc.*):

will	○ Anna **will be** here soon.	} → Unità 30–31
shall	○ **Shall** I **open** the window?	
might	○ I **might phone** you later.	} → Unità 32
may	○ **May** I **sit** here?	
can	○ I **can't meet** you tomorrow.	} → Unità 33
could	○ **Could** you **pass** the salt, please?	
must	○ It's late. I **must go** now.	→ Unità 34
should	○ You **shouldn't work** so hard.	→ Unità 36
would	○ **Would** you **like** some coffee?	→ Unità 37

Anche **do/does** *e* **did** (*forme interrogative e negative*) *vogliono l'infinito senza* **to**:

do/does (present simple)	○ **Do** you **work**? → Unità 7–8
	○ They **don't work** very hard.
	○ Helen **doesn't know** many people.
	○ How much **does** it **cost**?
did (past simple)	○ What time **did** the train **leave**? → Unità 13
	○ We **didn't sleep** well.

C

to work / to go / to be *ecc.*

Con le seguenti forme verbali si usa **to** + *infinito* (**to work / to go / to be** *ecc.*):

(I'm) **going to ...** *Ho intenzione di ...*	○ I**'m going to play** tennis tomorrow. → Unità 29 ○ What **are** you **going to do**?
(I) **have to ...** *Devo ...*	○ I **have to go** now. → Unità 35 ○ Everybody **has to eat**.
(I) **ought to ...** *Dovrei ...*	○ I **ought to phone** Clare. → Unità 36 ○ You **ought not to work** so hard.
(I) **want to ...** *Voglio ...*	○ Do you **want to go** out? → Unità 55 ○ They don't **want to come** with us.
(I) **would like to ...** *Vorrei ...*	○ I**'d like to talk** to you. → Unità 37 ○ **Would** you **like to go** out?
(I) **used to ...** *Una volta ...*	○ Dave **used to work** in a factory. → Unità 16 *Una volta / Prima Dave lavorava ...*

D

working/going/playing *ecc.*

Con **am/is/are/was/were** *si usa la forma in* **-ing** (**working/going/playing** *ecc.*):

am/is/are + **-ing** (present continuous)	○ Please be quiet. I**'m working**. → Unità 4–5, 9, 28 ○ Tom **isn't working** today. ○ What time **are** you **going** out?
was/were + **-ing** (past continuous)	○ It **was raining**, so we didn't go out. → Unità 14–15 ○ What **were** you **doing** at 11.30 yesterday?

altri verbi che reggono l'infinito o **-ing** ➜ **Unità 55**   go + **-ing** ➜ **Unità 58**

Esercizi

54.1 Completa ogni frase con **... phone Paul** oppure **... to phone Paul**.

1 I'll   *phone Paul*   .
2 I'm going   *to phone Paul*   .
3 Can you   _____ Paul?
4 Shall I   _____ ?
5 I'd like   _____ .
6 Do you have   _____ ?
7 You should   _____ .
8 I want   _____ .
9 I might   _____ .
10 You must   _____ .

54.2 Completa ogni frase con uno dei verbi elencati. A volte dovrai usare l'infinito (**work**/**go** ecc.) e a volte la forma in **-ing** (**working**/**going** ecc.).

do/doing	get/getting	~~sleep/sleeping~~	watch/watching
eat/eating	go/going	stay/staying	wear/wearing
fly/flying	listen/listening	wait/waiting	~~work/working~~

1 Please be quiet. I'm   *working*   .
2 I feel tired today. I didn't   *sleep*   very well last night.
3 What time do you usually   _____ up in the morning?
4 'Where are you   _____ ?'   'To the office.'
5 Did you   _____ TV last night?
6 Look at that plane! It's   _____ very low.
7 You can turn off the radio. I'm not   _____ to it.
8 They didn't   _____ anything because they weren't hungry.
9 My friends were   _____ for me when I arrived.
10 'Does Susan always   _____ glasses?'   'No, only for reading.'
11 'What are you   _____ tonight?'   'I'm   _____ at home.'

54.3 Inserisci le forme corrette dei verbi indicati: infinito (**work**/**go** ecc.), **to** + infinito (**to work** / **to go** ecc.) oppure **-ing** (**working**/**going** ecc.).

1 Shall I   *open*   the window? (open)
2 It's late. I have   *to go*   now. (go)
3 Amanda isn't   *working*   this week. She's on holiday. (work)
4 I'm tired. I don't want   _____ out. (go)
5 It might   _____ , so take an umbrella with you. (rain)
6 What time do you have   _____ tomorrow morning? (leave)
7 I'm sorry I can't   _____ you. (help)
8 My brother is a student. He's   _____ physics. (study)
9 Would you like   _____ on a trip round the world? (go)
10 When you saw Maria, what was she   _____ ? (wear)
11 When you go to London, where are you going   _____ ? (stay)
12 I'm hungry. I must   _____ something to eat. (have)
13 'Where's Gary?'   'He's   _____ a bath.' (have)
14 I used   _____ a car, but I sold it last year. (have)
15 He spoke very quietly. I couldn't   _____ him. (hear)
16 You don't look well. I don't think you should   _____ to work today. (go)
17 I don't know what he said. I wasn't   _____ to him. (listen)
18 I missed the bus and had   _____ home. (walk)
19 I want   _____ what happened. (know) You must   _____ me. (tell)
20 May I   _____ this book? (borrow)

I'm sorry = mi dispiace
trip = viaggio
quietly = piano (sottovoce)

54.4 Traduci in inglese.

1 Volete giocare con noi?
2 Possiamo cominciare adesso.
3 Una volta c'era un albergo qui.
4 Vorrei comprare un computer nuovo.
5 Non dovresti andare a letto così tardi.
6 Dan arriva domenica. Maggie lo conosce?
7 Devi essere paziente. Capirai più tardi.
8 Potresti prestarmi cinque sterline, per favore?
9 Sam non voleva andare a casa. Si stava divertendo.

divertirsi = have fun

to ... (I want to do) e -ing (I enjoy doing)

*In questa unità, l'infinito con **to** e la forma in **-ing** si traducono entrambi con l'infinito italiano.*

A

*I seguenti verbi reggono **to** + infinito (**I want to do**):*

want	plan	decide	try	
hope	expect	offer	forget	+ **to** ... (**to do** / **to work** / **to be** *ecc.*)
need	promise	refuse	learn	

- ○ What do you **want to do** this evening? *Che cosa vuoi/volete fare ... ?*
- ○ Tina has **decided to sell** her car. *... ha deciso di vendere ...*
- ○ You **forgot to switch** off the light when you went out. *Hai dimenticato di spegnere ...*
- ○ My brother is **learning to drive**. *... sta imparando a guidare.*
- ○ I **tried to read** my book, but I was too tired. *Cercai/Tentai di leggere ...*

B

*Questi verbi, invece, sono seguiti da **-ing** (**I enjoy doing**):*

enjoy	stop		
mind	finish	**suggest**	+ **-ing** (**doing/working/being** *ecc.*)

I enjoy dancing.

- ○ I **enjoy dancing**. (*non* enjoy to dance) *Mi piace ballare.*
- ○ I don't **mind getting** up early. *Non mi dispiace alzarmi ...*
- ○ Has it **stopped raining**? *Ha smesso di piovere?*
- ○ Sonia **suggested going** to the cinema. *... propose di andare ...*

C

*Certi verbi possono essere seguiti sia da **-ing**, sia da **to** ... :*

like	love	start		
prefer	hate	begin	**continue**	+ **-ing** (**doing** *ecc.*) *oppure* **to** ... (**to do** *ecc.*)

- ○ Do you **like getting** up early? *oppure* Do you **like to get** up early? *Ti piace alzarti presto?*
- ○ I **prefer travelling** by car. *oppure* I **prefer to travel** by car. *Preferisco viaggiare in macchina.*
- ○ Anna **loves dancing**. *oppure* Anna **loves to dance**. *Ad Anna piace molto ballare.*
- ○ I **hate being** late. *oppure* I **hate to be** late. *Detesto essere in ritardo.*
- ○ It **started raining**. *oppure* It **started to rain**. *Cominciò a piovere.*

D

*I seguenti verbi preceduti da **would** reggono **to** + infinito (non **-ing**):*

would like	**would** love	
would prefer	**would** hate	+ **to** ... (**to do** / **to work** / **to be** *ecc.*)

- ○ Amy **would like to meet** you. (*non* would like meeting) *... vorrebbe conoscerti ...*
- ○ I**'d love to go** to Australia. (I**'d** = I **would**) *Mi piacerebbe molto andare ...*
- ○ '**Would** you **like to sit** down?' 'No, I**'d prefer to stand**, thank you.' *'Vuoi ... ?' '... preferirei ...'*
- ○ I like this apartment. I **wouldn't like to move**. *... Non vorrei proprio traslocare.*
- ○ I live in a small village. I**'d hate to live** in a big city. *... Odierei vivere in una grande città.*

E

*Dopo una preposizione (**at/of/with** ecc.) il verbo assume la forma in **-ing** (**doing/being** ecc.):*

- ○ I'm not very good **at telling** lies. *Non sono molto bravo a dire bugie.*
- ○ Are you fed up **with doing** the same thing every day? *Sei stufo di fare ... ?*
- ○ I'm sorry **for** not **phoning** you yesterday. *Mi dispiace di non averti telefonato ...*
- ○ Mark is thinking **of buying** a new car. *... sta pensando di comprare ...*
- ○ Tom left **without saying** goodbye. *... partì senza salutare.*
- ○ **After doing** the shopping, they went home. *Dopo aver fatto la spesa ...*

would like ➜ Unità 37   I want you to ... ➜ Unità 56   go + -ing ➜ Unità 58
verbi e aggettivi + preposizioni ➜ Unità 116

Esercizi

55.1 Completa ogni frase con la forma corretta dei verbi indicati: **to ...** oppure **-ing**.

1 I enjoy __dancing__. (dance)
2 What do you want __to do__ tonight? (do)
3 Bye! I hope .... you again soon. (see)
4 I learnt .... when I was five years old. (swim)
5 Have you finished .... the kitchen? (clean)
6 I'm tired. I want .... to bed. (go)
7 Do you enjoy .... other countries? (visit)
8 The weather was nice, so I suggested .... for a walk by the river. (go)
9 Where's Ben? He promised .... here on time. (be)
10 I'm not in a hurry. I don't mind .... (wait)
11 What have you decided .... ? (do)
12 Dan was very angry and refused .... to me. (speak)
13 I'm tired. I want .... to bed. (go)
14 I was very upset and started .... (cry)
15 I'm trying .... (work) Please stop .... (talk)

be in a hurry = avere fretta
upset = scosso/ agitato

55.2 Completa ogni frase con la forma corretta di uno dei verbi elencati: **to ...** o **-ing**.

| ~~go~~ go help lose rain read see send wait watch |

1 'Have you ever been to Australia?' 'No, but I'd love __to go__.'
2 Amy had a lot to do, so I offered .... her.
3 I'm surprised that you're here. I didn't expect .... you.
4 Kate has a lot of books. She enjoys ....
5 This ring was my grandmother's. I'd hate .... it.
6 Don't forget .... us a postcard when you're on holiday.
7 I'm not going out until it stops ....
8 What shall we do this afternoon? Would you like .... to the beach?
9 When I'm tired in the evenings, I like .... TV.
10 'Shall we go now?' 'No, I'd prefer .... a few minutes.'

expect = aspettarsi

55.3 Completa le risposte. Utilizza i verbi delle domande nelle forme appropriate: **to ...** o **-ing**.

travel = viaggiare

1 Do you usually get up early? — Yes, I like __to get up early__ o __getting up early__.
2 Do you ever go to museums? — Yes, I enjoy ....
3 Would you like to go to a museum now? — No, I'm hungry. I'd prefer .... to a restaurant.
4 Do you drive a lot? — No, I don't like ....
5 Have you ever been to New York? — No, but I'd love .... one day.
6 Do you often travel by train? — Yes, I enjoy ....
7 Shall we walk home or take a taxi? — I don't mind ...., but a taxi would be quicker.

55.4 Completa ogni frase con **at/for/in/with/without** + la forma corretta del verbo indicato.

1 I'm not very good __at telling__ stories. (tell)
2 I wanted to go to the cinema, but Paula wasn't interested .... (go)
3 Don't do anything .... me first. (ask)
4 Sue isn't very good .... up in the morning. (get)
5 Let's go! I'm fed up .... (wait)
6 Can you translate this sentence .... a dictionary? (use)
7 I'm sorry .... you up in the middle of the night. (wake)

55.5 Traduci in inglese.

1 Spero di partire domani mattina.
2 Sarah ha finito di leggere il giornale?
3 Smise di piovere e cominciò a nevicare.
4 Irene è stufa di guardare la TV ogni sera.
5 Ti spiace telefonare più tardi?
6 Era una bella giornata e Gary propose di andare al parco.
7 A: Ti piacerebbe avere un cane?
B: Preferirei avere un gatto.

sperare = hope
nevicare = snow

I want you to ...   I told you to ...

A | I want you to ...

I'm going.

Please don't go.

The woman **wants to go**.
La donna vuole andarsene.

The man **doesn't want** the woman **to go**.
L'uomo non vuole che la donna se ne vada.

He **wants** her **to stay**.
Vuole che lei rimanga.

I want	you somebody Sarah	**to do** something

- I **want you to be** happy. (*non* I want that you are happy)
  Voglio che tu sia felice.
- They didn't **want anybody to know** their secret.
  Non volevano che qualcuno conoscesse il loro segreto.
- Do you **want me to lend** you some money?
  Vuoi che (io) ti presti dei soldi?

Il verbo **would like** *si usa nello stesso modo:*
- **Would** you **like me to lend** you some money? *Vorresti che ti prestassi dei soldi?*

B

La stessa costruzione si usa con altri verbi come **ask**, **tell**, **advise**, **expect**, **persuade** *e* **teach**:

Sue	**asked**	a friend	**to lend**	her some money.	*Sue chiese a un amico di prestarle ...*
I	**told**	you	**to be**	careful.	*Ti ho detto di stare attento.*
What do you	**advise**	me	**to do**?		*Che cosa mi consigli di fare?*
I didn't	**expect**	them	**to be**	here.	*Non mi aspettavo che fossero qui.*
We	**persuaded**	Ben	**to come**	with us.	*Abbiamo convinto Ben a venire ...*
I	**taught**	my sister	**to swim**.		*Ho insegnato a mio fratello a nuotare.*

C | I **told** you **to** ... / I **told** you **not to** ...

Nella forma indiretta dell'imperativo si usa **tell** + *complemento oggetto* + *infinito*:

Wait for me.

JANE   ME

Don't wait for me.

PAUL   SUE

→ Jane **told** me **to wait** for her.
Jane mi disse di aspettarla.

→ Paul **told** Sue **not to wait** for him.
Paul disse a Sue di non aspettarlo.

D | make *e* let

Dopo **make** (= *fare/indurre*) *e* **let** (= *lasciare/permettere*) *si usa l'infinito senza* **to**:
- He's very funny. He **makes** me **laugh**. (*non* makes me to laugh) ... *Mi fa ridere.*
- At school our teacher **made** us **work** very hard. ... *ci ha fatto lavorare molto.*
- I didn't have my phone with me, so Sue **let** me **use** hers. (*non* let me to use) ... *mi lasciò usare il suo.*

Per proporre a qualcuno di fare qualcosa insieme si può usare **Let's** ... (= **Let us**):
- Come on! **Let's dance**. *Dai! Balliamo.*
- A: Do you want to go out tonight?
  B: No, I'm tired. **Let's stay** at home. ... *Restiamo a casa.*

Let's ... → Unità 38   He told me that ... → Unità 52   I want to ... → Unità 55

Esercizi

56.1 Riformula le frasi tra parentesi usando **I want you ...** / **I don't want you ...** / **Do you want me ... ?**

1 (you must come with me)   I want you to come with me.
2 (listen carefully)   I want ....
3 (please don't be angry)   I don't ....
4 (shall I wait for you?)   Do you ....
5 (don't call me tonight)   ....
6 (you must meet Sarah)   ....

56.2 Completa le frasi riferendoti alle situazioni illustrate.

luggage = bagagli
phone call =
  telefonata

1 Dan persuaded   me to go to the cinema.
2 I wanted to get to the station. A woman told ....
3 Ben wasn't well. I advised ....
4 Laura had a lot of luggage. She asked ....
5 I was too busy to talk to Tom. I told ....
6 I wanted to make a phone call. Paul let ....
7 Sue is going to call me later. I told ....
8 Amy's mother taught ....

56.3 Completa le frasi con l'infinito dei verbi elencati. In certi casi è richiesto il **to** (**to go** / **to wait** ecc.), in altri no (**go**/**wait** ecc.).

borrow = prendere
  in prestito
a few = alcuni

| arrive | borrow | get | ~~go~~ | go | make | repeat | tell | think | wait |

1 Please stay here. I don't want you   to go   yet.
2 I didn't hear what she said, so I asked her .... it.
3 'Shall we begin?' 'No, let's .... a few minutes.'
4 Are they already here? I expected them .... much later.
5 Kevin's parents didn't want him .... married.
6 I want to stay here. You can't make me .... with you.
7 'Is that your bike?' 'No, it's John's. He let me .... it.'
8 Rachel can't come to the party. She told me .... you.
9 Would you like a drink? Would you like me .... some coffee?
10 'Kate doesn't like me.' 'What makes you .... that?'

56.4 Traduci in inglese.

1 Volevo andare a casa subito.
2 Puoi dire a Ann di telefonarmi?
3 Usciamo! Non voglio che loro ci vedano qui.
4 Vorrei che tu partissi domani mattina.
5 Carmen vorrebbe che noi la invitassimo.
6 I nostri genitori ci hanno detto di non far tardi.
7 Mi aspettavo che qualcuno te lo dicesse.
8 Paul non si aspettava che noi lo aiutassimo.
9 Tina vuole dire qualcosa. Lasciala parlare.

subito =
  immediately
far tardi = be late

123

I went to the shop to …

A

Paula wanted a newspaper, so she went to the shop.

Why did she go to the shop?
To get a newspaper.
Per comprare/prendere un giornale.

She went to the shop **to get** a newspaper.
Andò al negozio per comprare/prendere un giornale.

*Si usa **to** + infinito (**to buy** / **to see** ecc.) per dire il perché, lo scopo per cui si fa qualcosa:*
- ◯ 'Why are you going out?' '**To buy** some food.' *'Per comprare …'*
- ◯ Sue turned on the television **to watch** the news. *… per guardare …*
- ◯ Catherine went to the station **to meet** her friend. *… per/a incontrare …*
- ◯ I'd like to go to Spain **to learn** Spanish. *… per/a studiare …*

money/time to (do something):
- ◯ We need some **money to buy** food. *… soldi per comprare …*
- ◯ He had a lot of **money to spend** on clothes. *… soldi da spendere …*
- ◯ I need more **time to think**. *… tempo per pensare …*
- ◯ I don't have **time to watch** TV. *… tempo di guardare …*

*In queste frasi, la struttura inglese '**to** + infinito' corrisponde alle strutture italiane 'per/a/di/da' + infinito.*

B

*Lo scopo di un'azione si può esprimere con **to** + infinito oppure con **for** + nome:*

to + verbo (**to buy** / **to see** ecc.)	**for** + nome (**for a newspaper** / **for food** ecc.)
◯ They went to Milan **to see** the match. (*non* for see)	◯ They went to Milan **for the match**.
◯ They're going to Brazil **to see** their friends. (*non* for to see)	◯ They're going to Brazil **for a holiday**.
◯ We need some money **to buy** food.	◯ We need some money **for food**.

C

wait (= *aspettare*)

wait for (somebody/something) = *aspettare qualcuno/qualcosa*
- ◯ Please **wait for** me. *Aspettami, per favore.*
- ◯ Are you **waiting for** the bus? *Stai aspettando l'autobus?*

wait to (do something) = *aspettare di fare qualcosa*
- ◯ Hurry up! I'm **waiting to go**.
  Spicciati! Sto aspettando di uscire.
- ◯ Are you **waiting to see** the doctor?
  Aspettate di vedere il medico?

wait for (somebody/something) **to** …
= *aspettare che qualcuno/qualcosa …*
- ◯ The lights are red. You have to **wait for them to change**.
  Il semaforo è rosso. Devi aspettare il verde.
  (*letteralmente: Devi aspettare che cambi.*)
- ◯ Are you **waiting for the doctor to come**?
  Aspettate che arrivi il medico?

They're **waiting for the lights to change**.

go to … e go for … → **Unità 58**   something to eat / nothing to do *ecc.* → **Unità 82**
enough + to/for … → **Unità 94**   too + to/for … → **Unità 95**

Esercizi

57.1 Scrivi delle frasi per dire dove sei andato/a e a che scopo. Scegli dai riquadri.

> a coffee shop   ~~the station~~   +   buy some vegetables   get some medicine
> the chemist   the market   meet a friend   ~~get a train ticket~~

1 *I went to the station to get a train ticket.*
2 I went ....
3 ....
4 ....

57.2 Scrivi la seconda parte di ogni frase scegliendola nel riquadro.

> to get some fresh air   to read the newspaper   to wake him up
> to open this door   to see who it was   ~~to watch the news~~

fresh air = aria pura
knock = bussare

1 I turned on the TV *to watch the news* ....
2 Alice sat down in an armchair ....
3 Do I need a key .... ?
4 I went for a walk by the river ....
5 I knocked on the door of David's room ....
6 The doorbell rang, so I looked out of the window ....

57.3 Completa ogni frase a piacere con un infinito di scopo.

1 I went to the shop *to buy a newspaper* ....
2 I'm very busy. I don't have time ....
3 I called Amy ....
4 I'm going out ....
5 I borrowed some money ....

borrow = prendere
  in prestito

57.4 Completa con **to** oppure **for**.

1 I went out *to* get some bread.
2 We went to a restaurant .... have dinner.
3 Robert wants to go to university .... study economics.
4 I'm going to London .... an interview next week.
5 I'm going to London .... visit some friends of mine.
6 Do you have time .... a cup of coffee?
7 I got up late this morning. I didn't have time .... wash.
8 Everybody needs money .... live.
9 We didn't have any money .... a taxi, so we walked home.
10 The office is very small. There's space only .... a desk and chair.
11 A: Excuse me, are you waiting .... be served?
    B: No, I'm already being served, thanks.

interview =
  colloquio
desk = scrivania

57.5 Completa le frasi. Usa le parole elencate con **for ... to ...** .

> it / to arrive   you / tell me   ~~them / change~~   the film / begin

1 We stopped at the lights and waited *for them to change* ....
2 I sat down in the cinema and waited ....
3 We called an ambulance and waited ....
4 'Do you know what to do?'   'No, I'm waiting ....'

57.6 Traduci in inglese.

1 Domani andiamo a Verona a vedere un'opera.
2 Joe uscì per incontrare i suoi amici.
3 Vorrei andare a Londra per imparare l'inglese.
4 'Dove sono Laura e Ben?'   'Sono andati al bar a bere qualcosa.'
5 Non ho avuto tempo di leggere il giornale ieri.
6 Tina e Steve erano a Cannes per il Festival.
7 Aspettavo di parlare col direttore quando David mi chiamò.
8 Non partire adesso. Aspetta che ritorni Nick!
9 'Che fai qui?'   'Aspetto che arrivi mio padre.'

go to ...   go on ...   go for ...   go -ing

A

go to ... = *andare a/in/da ...* (**go to London** / **go to France** / **go to the doctor** *ecc.*)

- What time do you usually **go to work**? *... vai al lavoro?*
- Sophie didn't want to **go to the concert**. *... non è voluta andare al concerto.*
- A: Where's Tom?
  B: He's **gone to bed**. *È andato a letto.*
- Shall we **go to Paris** this year? *Andiamo a Parigi quest'anno?*
- I'm **going to China** next week. *Vado in Cina ...*
- Let's **go to the swimming pool**! *Andiamo in piscina!*
- I **went to the dentist** yesterday. *Sono andato dal dentista ...*
- We can **go to Mario's**. *Possiamo andare da Mario.*

go to ➤

Ma si dice **go home** (*senza* **to**):

- I'm **going home** now. (*non* going to home) *Adesso vado a casa.*

go to sleep = *addormentarsi*

- I went to bed and **went to sleep** immediately.
  Sono andato a letto e mi sono addormentato subito.

B

go on ...

go on	holiday a trip a cruise	*andare*	*in vacanza* *in gita* *in crociera*
	a tour		*fare un giro turistico*
	strike		*entrare in sciopero*

- We're **going on holiday** next week.
- Children often **go on school trips**.
- Would you like to **go on a cruise** to Egypt?
- Workers at the airport have **gone on strike**.

C

go for ...

go for	a walk a run a swim	*andare*	*a fare due passi* *a fare una corsa* *a fare il bagno*
	a drink		*a bere qualcosa*
	a meal		*a mangiare fuori*

- 'Where's Emma?'   'She's **gone for a walk**.'
- Do you **go for a run** every morning?
- The water looks nice. Let's **go for a swim**.
- I met Chris in town, so we **went for coffee**.
- Shall we **go** out **for a meal**? I know a good restaurant.

D

go + -ing

Si usa **go** + **-ing** *per diverse attività sportive e del tempo libero* (**swimming/skiing/fishing** *ecc.*).
Si dice anche **go shopping**.

| I **go**
he is **going**
we **went**
they have **gone**
she wants to **go** | shopping
swimming
fishing
sailing
skiing
jogging *ecc.* |

I'm going skiing.

- Are you **going shopping** this afternoon?
  Vai/Andate a fare la spesa ... ?
- It's a nice day. Let's **go swimming**. (*oppure* Let's **go for a swim**.)
  ... Andiamo a fare il bagno / a nuotare.
- Rachel has a small boat and she often **goes sailing**.
  ... va spesso a far della vela.
- I **went jogging** before breakfast this morning.
  Sono andato a correre ...

Esercizi

58.1 Completa con **to**/**on**/**for** dove necessario.

clean = pulito

1 I'm going ___to___ China next week.
2 Richard often goes ___–___ sailing.
3 Sue went ___ Mexico last year.
4 Jack goes ___ jogging every morning.
5 I'm going out ___ a walk. Do you want to come?
6 I'm tired because I went to ___ bed very late last night.
7 Mark is going ___ holiday ___ Italy next week.
8 The weather was warm and the river was clean, so we went ___ a swim.
9 The taxi drivers went ___ strike when I was in New York.
10 Let's go to ___ the cinema this evening.
11 It's late. I have to go ___ home now.
12 Would you like to go ___ a tour of the city?
13 Shall we go out ___ dinner this evening?
14 My parents are going ___ a cruise this summer.

58.2 Osserva le vignette e completa le frasi corrispondenti. Usa **go**/**goes**/**going**/**went** + **-ing**.

① often	② last Saturday	③ every day	④ next month	⑤ later	⑥ yesterday
RICHARD	EMILY	DAN	JESSICA	PETER	SARAH

1 Richard has a boat. He often ___goes sailing___ .
2 Last Saturday Emily went ___ .
3 Dan ___ every day.
4 Jessica is going on holiday next month. She is ___ .
5 Peter is going out later. He has to ___ .
6 Sarah ___ after work yesterday.

58.3 Completa le frasi scegliendo le parole dal riquadro. Usa anche **to**/**on**/**for** se necessario.

soon = presto
(tra poco)

~~a swim~~	holiday	Portugal	shopping	sleep
a walk	home	riding	skiing	university

1 The water looks nice. Let's go ___for a swim___ .
2 After leaving school, Tina went ___ where she studied psychology.
3 I'm going ___ now. I have to buy a few things.
4 I was very tired last night. I sat down in an armchair and went ___ .
5 I wasn't enjoying the party, so I went ___ early.
6 We live near the mountains. In winter we go ___ most weekends.
7 Robert has got a horse. He goes ___ a lot.
8 The weather is nice. Shall we go ___ along the river?
9 A: Are you going ___ soon?
    B: Yes, next month. We're going ___ . We've never been there before.

58.4 Traduci in inglese.

1 'Vai a casa adesso?' 'No. Devo andare da Helen.'
2 Perché non andiamo in piscina questo pomeriggio?
3 Andiamo in gita scolastica la settimana prossima.
4 'È andata a letto Amy?' 'No. È andata in bagno.'
5 Devo andare in banca e poi dal dentista.
6 A mio padre piace andare a pesca il fine settimana.
7 Mio nonno si addormenta spesso davanti alla TV.
8 Ben e Cathy sono andati in vacanza in Spagna l'estate scorsa.

get

Il verbo **get** ha diverse traduzioni in italiano.
Nei casi qui considerati, **get** denota cambiamento di luogo, stato o situazione.

A

get + nome (**get an email** / **get a job** ecc.) = ricevere/ottenere/prendere/comprare/procurarsi/trovare ecc.

you **don't have** something → you **get** it → you **have** it

- ○ I **got an email** from Sam this morning.   *Ho ricevuto un'email da Sam …*
- ○ I like your sweater. Where did you **get it**?   *… Dove l'hai preso/comprato?*
- ○ Can you **get me a knife** from the kitchen?   *Puoi prendermi un coltello … ?*
- ○ 'Is Lisa here?'   'Yes. I'll **get her** for you.'   *… 'Sì. Te la chiamo.'*
- ○ We **get wool** from sheep.   *La lana si ottiene da …*
- ○ Is it hard to **get a job** at the moment?   *È difficile trovare lavoro … ?*

Si dice anche **get a bus** / **a train** / **a taxi** (= prendere l'autobus / il treno / il taxi).
- ○ 'Did you walk here?'   'No, I **got the bus**.'   *… 'No, ho preso l'autobus.'*

B

get + aggettivo (**get tired** / **get cold** / **get hungry** ecc.) = diventare/farsi + aggettivo

you're **not tired** → you **get tired** → you **are tired**

In italiano questa costruzione corrisponde spesso a verbi riflessivi o derivati da aggettivo. Per esempio:

get angry = arrabbiarsi	**get dressed** = vestirsi	**get dark** = farsi buio
get cold = raffreddarsi	**get lost** = perdersi	**get late** = farsi tardi
get drunk = ubriacarsi	**get married** = sposarsi	**get old** = invecchiare
get tired = stancarsi	**get ready** = prepararsi	**get better/worse** = migliorare/peggiorare
get wet = bagnarsi	**get hurt** = ferirsi / farsi male	**get hungry** = venir fame (a qualcuno)

- ○ Drink your coffee. It**'s getting cold**.
- ○ We **got** very **wet** without our umbrella.
- ○ I got up and **got dressed** quickly.
- ○ We didn't have a map, so we **got lost**.
- ○ Nicola and Frank **are getting married** soon.
- ○ Hurry up! It**'s getting late**.
- ○ I hope your mother **gets better** soon.
- ○ If you don't eat, you **get hungry**.

C

get to + luogo = arrivare a
- ○ I usually **get to work** before 8.30.   *Di solito arrivo al lavoro …*
- ○ We left London at 10 o'clock and **got to Manchester** at 12.45.
  … e siamo arrivati a Manchester …

get to

get here/there (senza **to**)
- ○ How did you **get here**? By bus?   *Come sei arrivato qui? …*

get home (non get to home) = arrivare a casa
- ○ What time did you **get home** last night?

D

get in/out/on/off = salire/scendere (con mezzi di trasporto)

get in (a car)   **get out** (of a car)   **get on**   **get off**
(a bus / a train / a plane)

- ○ Kate **got in** (o **into**) **the car** and drove away.   *… salì in macchina e partì.*
- ○ A car stopped and a man **got out**.   *… e ne scese un uomo.* (ma **got out of the car**)
- ○ We **got on the bus** outside the hotel and **got off** in Church Street.   *Siamo saliti … e siamo scesi …*

get to → Unità 112   in/out/on/off → Unità 114, 117   get up → Unità 117   get on → Unità 117, Appendice 7

Esercizi

59.1 Completa ogni frase con **get/gets** e una espressione adatta scelta dal riquadro.

interview = colloquio

| a doctor | a lot of rain | a taxi | ~~my email~~ | the job |
| a good salary | a new laptop | a ticket | some milk | your boots |

1 Did you ___get my email___ ? I sent it a week ago.
2 Where did you _____ ? They're very nice.
3 Quick! This man is ill. We need to _____ .
4 I don't want to walk home. Let's _____ .
5 Tom has an interview tomorrow. I hope he _____ .
6 When you go to the shop, can you _____ ?
7 'Are you going to the concert?'   'Yes, if I can _____ .'
8 Helen has a well-paid job. She _____ .
9 The weather is horrible here in winter. We _____ .
10 I'm going to _____ . The one I have is too slow.

59.2 Completa ogni frase con **getting** + uno degli aggettivi elencati.

| ~~cold~~ | dark | late | married | ready |

1 Drink your coffee. It's ___getting cold___ .
2 Turn on the light. It's _____ .
3 'I'm _____ next week.'   'Really? Congratulations!'
4 'Where's Karen?'   'She's _____ to go out.'
5 It's _____ . It's time to go home.

59.3 Completa ogni frase con **get/gets/got** + uno dei seguenti aggettivi.

stay young = rimanere giovane

| angry | better | ~~hungry~~ | lost | married | old | wet |

1 If you don't eat, you ___get hungry___ .
2 Don't go out in the rain. You'll _____ .
3 My brother _____ last year. His wife's name is Sarah.
4 Mark is always very calm. He never _____ .
5 We tried to find the hotel, but we _____ .
6 Everybody wants to stay young, but we all _____ .
7 Yesterday the weather wasn't so good at first, but it _____
during the day.

59.4 Costruisci delle frasi con **I left ...** and **got to ...** .

1 (home / 7.30 → work / 8.15)
   ___I left home at 7.30 and got to work at 8.15.___
2 (London / 10.15 → Bristol / 11.45)
   I left London at 10.15 and _____
3 (the party / 11.15) → (home / midnight)
   _____
4 *Ora scrivi una frase vera su di te.*
   I left _____

59.5 Scrivi **got in** / **got out of** / **got on** / **got off** negli spazi vuoti.

1 Kate ___got in___ the car and drove away.
2 I _____ the bus and walked to my house from the bus stop.
3 Isabel _____ the car, shut the door and went into a shop.
4 I made a stupid mistake. I _____ the wrong train.

59.6 Traduci in inglese. Usa il verbo **get**.

1 Hai ricevuto dei bei regali a Natale?
2 'Sue ha una bicicletta nuova.'   'Dove l'ha presa?'
3 Maria si è arrabbiata con me alla festa.
4 Il mio inglese sta migliorando o peggiorando?
5 Accendi la luce. Si sta facendo buio.
6 Siamo arrivati in ufficio alle 9.10.
7 Jack arriva sempre a casa prima delle 6.00.
8 Piove. Sali in macchina. Ti bagnerai.
9 Ho incontrato un vecchio amico in treno.
   È salito a Modena ed è sceso a Forlì.

do e make

Sia **do***, sia* **make** *corrispondono di solito al verbo 'fare' italiano.*

Do (= *fare*) *indica azioni o attività in modo generico:*

- ⬜ What are you **doing** this evening? (*non* What are you making?) *Che fai/fate stasera?*
- ⬜ A: Shall I open the window?
  B: No, it's OK. I'll **do** it. … *Lo faccio io.*
- ⬜ Rachel's job is very boring. She **does** the same thing every day. … *Fa la stessa cosa …*
- ⬜ I **did** a lot of things yesterday. *Ho fatto molte cose …*

What do you do? (= *Che cosa fai?*) *equivale a* 'What's your job?' (= *Che lavoro fai?*):

- ⬜ A: What do you **do**?
  B: I work in a bank.

Make (= *fare*) *denota l'idea di produrre/creare/fabbricare (fare qualcosa che prima non c'era). Per esempio:*

| She's **making** coffee. | He has **made** a cake. | They **make** umbrellas. | It was **made** in China. |

Confronta **do** *e* **make**:

- ⬜ I **did** a lot yesterday. I **cleaned** my room, I **wrote** some letters and I **made** a cake.
  Ho fatto molte cose … Ho pulito … ho scritto … ho fatto una torta.
- ⬜ A: What do you **do** in your free time? *Che cosa fai nel tempo libero?*
  B: I **make** clothes. I **make** dresses and jackets. I also **make** toys for children.
  Faccio dei vestiti. Faccio abiti e giacche. Faccio anche giocattoli per bambini.

Alcune espressioni con **do**:

do	an exam / a test a course homework housework somebody a favour an exercise	*fare*	*un esame/test* *un corso* *i compiti* *i lavori domestici* *un favore a qualcuno* *ginnastica*

- ⬜ I'm **doing my driving test** next week.
- ⬜ John has just **done a training course**.
- ⬜ Our children have to **do** a lot of **homework**.
- ⬜ I hate **doing housework**, especially cleaning.
- ⬜ Sue, could you **do me a favour**?
- ⬜ I go for a run and **do exercises** every morning.

Si dice anche:

do the shopping *fare la spesa*   **do the washing** *fare il bucato*   **do the washing-up** *lavare i piatti*
do the ironing *stirare*   **do the cooking** *cucinare ecc.*

- ⬜ I **did the washing**, but I didn't **do the shopping**.

Alcune espressioni con **make**:

make	a mistake a phone call a list a noise a bed an appointment	*fare* *prendere un appuntamento*	*un errore* *una telefonata* *un elenco* *rumore* *il letto*

- ⬜ I'm sorry, I **made a mistake**.
- ⬜ Excuse me, I have to **make a phone call**.
- ⬜ Have you **made a shopping list**?
- ⬜ It's late. Don't **make a noise**.
- ⬜ Sometimes I forget to **make my bed** in the morning.
- ⬜ I need to **make an appointment** to see the doctor.

Si dice **make a film** (= *fare un film*), *ma* **take a photo** / **take a picture** (= *fare una foto*):

- ⬜ When was **this film made**? *Quando è stato fatto questo film?*

ma ⬜ When was **this photo taken**? *Quando è stata fatta questa foto?*

do/does/did (*domande e forme negative*) ➜ **Unità 45–46**   **make** somebody do something ➜ **Unità 56**

Esercizi

60.1 Completa le frasi con **make/making/made** oppure **do/doing/did/done**.

factory = fabbrica

1 'Shall I open the window?'   'No, it's OK. I'll _do_ it.'
2 What did you .... at the weekend? Did you go away?
3 Do you know how to .... bread?
4 Paper is .... from wood.
5 Richard didn't help me. He sat in an armchair and .... nothing.
6 'What do you ....?'   'I'm a doctor.'
7 I asked you to clean the bathroom. Have you .... it?
8 'What do they .... in that factory?'   'Shoes.'
9 I'm .... some coffee. Would you like some?
10 Why are you angry with me? I didn't .... anything wrong.
11 'What are you .... tomorrow afternoon?'   'I'm working.'

60.2 Che cosa stanno facendo queste persone?

1 _He's making a cake._   6 ....
2 They ....   7 ....
3 He ....   8 ....
4 ....   9 ....
5 ....   10 ....

60.3 Completa ogni frase con la forma corretta di **make** o **do**.

engine = motore

1 I hate _doing_ housework, especially cleaning.
2 Why do you always .... the same mistake?
3 'Can you .... me a favour?'   'It depends what it is.'
4 'Have you .... your homework?'   'Not yet.'
5 I need to see the dentist, but I haven't .... an appointment.
6 I'm .... a course in photography at the moment. It's very good.
7 The last time I .... an exam was ten years ago.
8 How many phone calls did you .... yesterday?
9 When you've finished Exercise 1, you can .... Exercise 2.
10 There's something wrong with the car. The engine is .... a strange noise.
11 It was a bad mistake. It was the worst mistake I've ever ....
12 Let's .... a list of all the things we have to .... today.

60.4 Traduci in inglese.

i mobili = furniture

1 'Che cosa fa tuo padre?'   'Fa mobili.'
2 'Non so fare questo esercizio.'   'Te lo faccio io.'
3 'Puoi fare tu la spesa oggi?'   'Certo. Hai fatto la lista?'
4 Pronto! Vorrei prendere un appuntamento con il Sig. Turner.
5 Per piacere, non fare rumore. Lisa sta facendo i compiti.
6 Luca e io faremo un corso di tedesco l'anno prossimo.
7 'Ieri ho fatto il test di francese.'   'Hai fatto degli errori?'
8 Abbiamo fatto delle belle foto in Scozia. Volete vederle?
9 'Di solito quando fai i lavori di casa?'   'Faccio tutto il sabato.'

have

A

have *e* **have got** (→ *Unità 10*)

I have (something) *oppure* **I've got** (something) = *ho (qualcosa)*

- ⬜ I **have** a new car. *oppure* I**'ve got** a new car. *Ho una macchina nuova.*
- ⬜ Sue **has** long hair *oppure* Sue **has got** long hair. *Sue ha i capelli lunghi.*
- ⬜ **Do** they **have** any children? *oppure* **Have** they **got** any children? *Hanno … ?*
- ⬜ Tom **doesn't have** a job. *oppure* Tom **hasn't got** a job. *Tom non ha …*
- ⬜ How much time **do** you **have**? *oppure* How much time **have** you **got**? *… hai/avete?*

Si usa **have** *o* **have got** *anche parlando di problemi di salute:*

- ⬜ I **have** (*o* I**'ve got**) a headache. *Ho mal di testa.*
- ⬜ **Do** you **have** (*o* **Have** you **got**) a cold? *Hai il raffreddore?*

Il passato è **I had** (*senza* **got**) / **I didn't have** / **Did you have?** *ecc.*:

- ⬜ When I first met Sue, she **had** short hair. *… aveva i capelli corti.*
- ⬜ He **didn't have** any money because he **didn't have** a job. *Non aveva … perché non aveva …*
- ⬜ **Did** you **have** enough time to do everything you wanted? *Hai / Avete avuto abbastanza tempo … ?*

B

have breakfast / **have a shower** *ecc.*

have = *prendere/consumare (mangiare o bere):*

have	breakfast / lunch / dinner a meal / a sandwich / a pizza *ecc.* a cup of coffee / a glass of milk *ecc.* something to eat/drink

- ⬜ A: Where's Lisa?
B: She**'s having** lunch. *Sta pranzando.*
- ⬜ I **don't** usually **have** breakfast.
Di solito non faccio colazione.
- ⬜ A: **Have** a biscuit! *Prendi un biscotto!*
B: Oh, thank you.
- ⬜ I **had** three cups of coffee this morning.
Ho preso tre tazze di caffè …

have = *fare:*

have	a bath / a shower a holiday / a party a swim / a walk / a game a dream

- ⬜ I **had** a shower this morning. *Ho fatto la doccia …*
- ⬜ We**'re having** a party next week. You must come.
Facciamo una festa …
- ⬜ I **had** a strange dream last night.
Ho fatto un sogno strano la notte scorsa.

altri significati:

have	a rest fun / a nice time a good trip an accident a baby a look (at …)

- ⬜ Enjoy your holiday. **Have** a nice rest! *… Riposati/Riposatevi!*
- ⬜ **Did** you **have** a good time in Tokyo?
Ti sei divertito / Vi siete divertiti … ?
- ⬜ Bye! **Have** a good trip! *Ciao! Buon viaggio!*
- ⬜ James **had** an accident last week.
… ha avuto/fatto un incidente …
- ⬜ Sandra **has** just **had** a baby. *… ha appena avuto un bambino.*
- ⬜ Can I **have** a look at your magazine? *Posso dare un'occhiata … ?*

C

Confronta:

Have *o* **have got**

- ⬜ I **have** / I**'ve got** a new shower. It's very good.
Ho una doccia nuova. …

Have (*non* have got)

- ⬜ I **have** a shower every morning. (*non* I've got)
Faccio la doccia …
- ⬜ A: Where's Paul?
B: He**'s having** a shower. *Sta facendo la doccia.*

I've got a new shower.

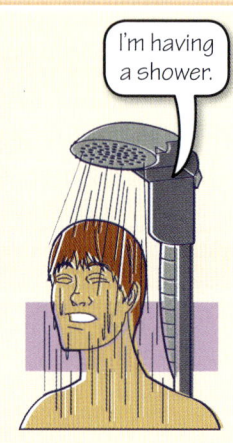

I'm having a shower.

I have / I've got → **Unità 10**   I've (**done**) (present perfect) → **Unità 17–20**   I have to … → **Unità 36**

Esercizi

61.1 Completa le frasi con le forme corrette di **have** o **have got**. Segui le indicazioni tra parentesi.

1 ___I didn't have___ time to do the shopping yesterday. (I / not / have)
2 '___Has Lisa got___ o ___Does Lisa have___ a car?' 'No, she can't drive.' (Lisa / have?)
3 He can't open the door. _____ a key. (he / not / have)
4 _____ a cold last week. He's better now. (Gary / have)
5 What's wrong? _____ a headache? (you / have?)
6 We wanted to go by taxi, but _____ enough money. (we / not / have)
7 Laura is very busy. _____ much free time. (she / not / have)
8 _____ any problems when you were on holiday? (you / have?)

61.2 Osserva i personaggi delle vignette. Usa le seguenti espressioni per dire che cosa stanno facendo.

| a bath | ~~breakfast~~ | a cup of tea | dinner | a good time | a rest |

1 ___They're having breakfast.___   4 They _____
2 She _____   5 _____
3 He _____   6 _____

61.3 Che cosa si dice in queste situazioni?

flight = volo
game = partita

1 Emily is going on holiday. What do you say to her before she goes?
   ___Have a nice holiday!___
2 You meet Clare at the airport. She has just got off her plane. Ask her about the flight.
   ___Did you have a good flight?___
3 Tom is going on a long trip. What do you say to him before he leaves?
   _____
4 It's Monday morning. You are at work. Ask Paula about her weekend.
   _____
5 Paul has just come home after playing tennis with a friend. Ask him about the game.
   _____
6 Rachel is going out this evening. What do you say to her before she goes?
   _____
7 Mark has just returned from holiday. Ask him about his holiday.
   _____

61.4 Completa ogni frase con **have**/**had** e una delle espressioni elencate.

engine = motore

| an accident | a glass of water | a look | a walk | ~~a party~~ | something to eat |

1 We ___had a party___ a few weeks ago. We invited 50 people.
2 'Shall we _____?' 'No, I'm not hungry.'
3 I was thirsty, so I _____ .
4 I like to get up early and _____ before breakfast.
5 Tina is a very good driver. She has never _____ .
6 There's something wrong with the engine of my car. Can you _____ at it?

61.5 Traduci in inglese. Usa **have** o **have got**.

pulito = clean

1 Non ho una Fiat. Ho una Ford.
2 Di solito fai la doccia o il bagno?
3 Non ho tempo di pranzare a casa oggi.
4 Che cosa prendi di solito per colazione?
5 Mio padre non aveva la TV quando era bambino.
6 Il mare è molto pulito qui. Facciamo il bagno!
7 Vi siete divertiti in Irlanda l'anno scorso?
8 Francesca guida bene. Non ha mai avuto un incidente.
9 Steve non è andato a scuola ieri. Ha il raffreddore.
10 Hai un minuto? Puoi dare un'occhiata a questo esercizio?

I/me   he/him   they/them *ecc.*
(*pronomi personali*)

A   *Persone*

soggetto	**I**	**we**	**you**	**he**	**she**	**they**
complemento	**me**	**us**	**you**	**him**	**her**	**them**

soggetto	
I	**I** know Tom.
we	**We** know Tom.
you	**You** know Tom.
he	**He** knows Tom.
she	**She** knows Tom.
they	**They** know Tom.

	complemento	
Tom knows **me**.	**me**
Tom knows **us**.	**us**
Tom knows **you**.	**you**
Tom knows **him**.	**him**
Tom knows **her**.	**her**
Tom knows **them**.	**them**

Conosco Tom. Tom mi conosce.
Conosciamo Tom. Tom ci conosce.
Conosci Tom. Tom ti conosce.*
Conosce Tom. Tom lo conosce.
Conosce Tom. Tom la conosce.
Conoscono Tom. Tom li conosce.

* **You** *soggetto può corrispondere a 'tu' o a 'voi' oppure al 'Lei' della forma di cortesia. Dunque* **you** *complemento traduce 'ti/vi/La' ecc.* (Tom knows you. = *Tom ti conosce. / Tom vi conosce. / Tom La conosce.*).

I pronomi complemento inglesi seguono sempre il verbo (Tom knows **him**.).
I pronomi complemento italiani spesso precedono il verbo (Tom lo conosce.).

B   *Cose*

It's nice. I like it.

They're nice.
I like them.

soggetto	**it**	**they**
complemento	**it**	**them**

○ I don't want **this book**. You can have **it**. ... *Puoi tenerlo.*
○ I don't want **these books**. You can have **them**. ... *Puoi tenerli.*
○ Kate never drinks **milk**. She doesn't like **it**. ... *Non le piace.*
○ I never go to **parties**. I don't like **them**. ... *Non mi piacciono.*

C   *Dopo le preposizioni (**for/to/with** ecc.) si usano i pronomi complemento (**me/her/them** ecc.):*
○ This letter isn't **for me**. It's **for you**. ... *non è per me. È per te.*
○ Who is that woman? Why are you looking **at her**? ... *Perché la guardi?*
○ Where's Paul? I'd like to talk **to him**. ... *Vorrei parlargli.*
○ We're going to the cinema. Do you want to come **with us**? *Vuoi/Volete venire con noi?*
○ Sue and Kevin are going to the cinema. Do you want to go **with them**? ... *andare con loro?*
○ 'Where's the newspaper?' 'You're sitting **on it**.' ... *'Ci sei seduto sopra.'*

Di solito, il complemento oggetto **it**/**them** *precede gli altri complementi:*
○ I want that book. Please give **it to me**. ... *Per favore, dammelo.* (*letteralmente: 'dal-lo a me'*)
○ Robert needs these books. Can you give **them to him**, please? ... *Puoi darglieli?* ('*darli a lui*')

D   *Ricorda: in inglese, il pronome soggetto è indispensabile (in italiano, spesso, se ne può fare a meno):*
○ 'What does your sister do?' '**She works** in a bank.' ... '*Lavora ...*'
○ I can't do it. **It's** too hard. ... *È troppo difficile.*

my/his/their ecc. → **Unità 63**   Give me that book / Give it to me → **Unità 99**

Esercizi

62.1 Completa le domande con il pronome adatto (**him**/**her**/**them**).

1 I don't know those girls. Do you know _them_ ?
2 I don't know that man. Do you know _____ ?
3 I don't know those people. Do you know _____ ?
4 I don't know David's wife. Do you know _____ ?
5 I don't know Mr Stevens. Do you know _____ ?
6 I don't know Sarah's parents. Do you know _____ ?
7 I don't know the woman in the black coat. Do you know _____ ?

62.2 Completa le frasi con **I**/**me**/**you**/**she**/**her** ecc.

1 **I** want to see **her**, but _she_ doesn't want to see _me_ .
2 **They** want to see **me**, but _____ don't want to see _____ .
3 **She** wants to see **him**, but _____ doesn't want to see _____ .
4 **We** want to see **them**, but _____ don't want to see _____ .
5 **He** wants to see **us**, but _____ don't want to see _____ .
6 **They** want to see **her**, but _____ doesn't want to see _____ .
7 **I** want to see **them**, but _____ don't want to see _____ .
8 **You** want to see **her**, but _____ doesn't want to see _____ .

62.3 Per ogni frase, aggiungi un commento o una domanda. Inizia con **I like ...** , **I don't like ...** o
Do you like ... ?

1 I don't eat tomatoes. _I don't like them_ .
2 George is a very nice man. I like _____ .
3 This jacket isn't very nice. I don't _____ .
4 This is my new car. Do _____ ?
5 Mrs Clark is not very friendly. I _____ .
6 These are my new shoes. _____ ?

62.4 Completa le frasi con **I**/**me**/**he**/**him** ecc.

1 Who is that woman? Why are you looking at _her_ ?
2 'Do you know that man?' 'Yes, I work with _____ .'
3 Where are the tickets? I can't find _____ .
4 I can't find my keys. Where are _____ ?
5 We're going out. You can come with _____ .
6 I've got a new motorbike. Do you want to see _____ ?
7 Maria likes music. _____ plays the piano.
8 I don't like dogs. I'm afraid of _____ .
9 I'm talking to you. Please listen to _____ .
10 Where is Anna? I want to talk to _____ .
11 You can have these CDs. I don't want _____ .
12 My brother has a new job, but _____ doesn't like _____ very much.

62.5 Completa le frasi imitando l'esempio.

1 I need that book. Can you _give it to me_ ?
2 He wants the key. Can you give _____ ?
3 She wants the keys. Can you _____ ?
4 I need my bag. Can you _____ ?
5 They want the money. Can you _____ ?
6 We want the pictures. Can you _____ ?

62.6 Traduci in inglese.

1 Alice è simpatica. Mi piace.
2 Luke ama Ruth, ma lei non lo ama.
3 Chi sono quelle persone? Le conosci?
4 Ho comprato una giacca nuova. Vuoi vederla?
5 I vostri genitori abitano con voi?
6 Il direttore vuole parlarci adesso.
7 'C'è un pacco per te.' 'Dov'è? Dammelo.'

8 Abbiamo trovato gli occhiali di Ben. Puoi darglieli?
9 A: Quei ragazzi ti guardano.
   B: No. Guardano te.
10 A: Avete una bella casa.
   B: Ci piace perché è grande.

direttore = manager
pacco = parcel

my/his/their *ecc.* (*aggettivi possessivi*)

A

| **my** umbrella *il mio …* | **our** umbrella *il nostro …* | **your** umbrella *il tuo …* | **his** umbrella *il suo …* | **her** umbrella *il suo …* | **their** umbrella *il loro …* |

I	→	**my**
we	→	**our**
you	→	**your**
he	→	**his**
she	→	**her**
they	→	**their**

I	like	**my**	house.
We	like	**our**	house.
You	like	**your**	house.
He	likes	**his**	house.
She	likes	**her**	house.
They	like	**their**	house.

it	→	**its**

Oxford is famous for **its** university. (**its** = *la sua, di Oxford*)

My/your/his *ecc. sono sempre seguiti da un nome. Non sono mai preceduti da* **the**.

my hands *le mie mani* (*non* the my hands)	**his** new **car** *la sua macchina nuova*	**her parents** *i suoi genitori*
our clothes *i nostri vestiti*	**your** best **friend** *il tuo miglior amico*	**their room** *la loro camera*

Your *corrisponde sia a 'il tuo / i tuoi / il vostro / i vostri' ecc., sia a 'il Suo / i Suoi' ecc. (dando del 'Lei'):*
- ○ Sue, Steve, tell us about **your** trip to India. *… del vostro viaggio in India.*
- ○ Mr Evans, **your** taxi is here. *Signor Evans, il Suo taxi è arrivato.*

B

his/her/their *si riferiscono al possessore (maschile/femminile/plurale), non all'oggetto posseduto:*

AMY	*ANDY*	*MR AND MRS LEE*
her car (= Amy's car) 	**his** bike 	**their** son 
her husband (= Amy's husband) 	**his** sister 	**their** daughter 
her children (= Amy's children) 	**his** parents 	**their** children 

C

Non confondere **its** *con* **it's**. *Non sono la stessa cosa:*
its = *suo/sua ecc. (di cosa o animale)* Oxford is famous for **its** university. *… per la sua università.*
it's (= **it is**) I like Oxford. **It's** a nice city. (= It **is** a nice city.)

D

Si usano spesso **my/your/her** *ecc. parlando di parti del corpo, capi di vestiario o effetti personali:*
- ○ I clean **my** teeth after meals. *Mi lavo i denti dopo i pasti.* (*letteralmente: pulisco i miei denti*)
- ○ Who's that boy with **his** hands in **his** pockets? *… con le mani in tasca?*
- ○ Please take off **your** coat. *Prego, togliti / si tolga il cappotto.*
- ○ Jane left **her** umbrella on the bus. *Jane ha lasciato l'ombrello sull'autobus.*

mine/yours *ecc.* → Unità 64   I/me/my/mine → Unità 65

Esercizi

63.1 Completa le frasi usando **my**/**his**/**their** ecc.

1 I'm going to wash ...my hands... .   4 He's going to wash ....
2 She's going to wash .... hands.   5 They're going to wash ....
3 We're going to wash ....   6 Are you going to wash .... ?

63.2 Completa le frasi usando **my**/**his**/**their** ecc.

1 He ...lives with his parents... .   5 I .... parents.
2 They live with .... parents.   6 John ....
3 We .... parents.   7 Do you live .... ?
4 Martina lives ....   8 Most children ....

63.3 Completa le frasi con **his**/**her**/**their**. Aiutati con l'albero genealogico.

SARAH = PHILIP

BEN   WILL   LAURA = STEVE

ROBERT   BETH

1 I saw Sarah with ...her... husband, Philip.
2 I saw Laura and Steve with .... children.
3 I saw Steve with .... wife, Laura.
4 I saw Ben with .... brother, Will.
5 I saw Laura with .... brother, Will.
6 I saw Sarah and Philip with .... son, Will.
7 I saw Laura with .... parents.
8 I saw Beth and Robert with .... parents.

63.4 Completa le frasi con **my**/**our**/**your**/**his**/**her**/**their**/**its**.

leaves = foglie

1 Do you like ...your... job?
2 I know Mr Watson, but I don't know .... wife.
3 Alice and Tom live in London. .... son lives in Australia.
4 We're going to have a party. We're going to invite all .... friends.
5 Anna is going out with .... friends this evening.
6 I like tennis. It's .... favourite sport.
7 'Is that .... car?' 'No, I don't have a car.'
8 I want to contact Maria. Do you know .... number?
9 Do you think most people are happy in .... jobs?
10 I'm going to wash .... hair before I go out.
11 This is a beautiful tree. .... leaves are a beautiful colour.
12 John has a brother and a sister. .... brother is 25, and .... sister is 21.

63.5 Completa le frasi. Usa **my**/**his**/**their** ecc. con i seguenti nomi.

coat	homework	house	husband	~~job~~	key	name

1 James doesn't enjoy ...his job... . It's not very interesting.
2 I can't get in. I don't have ....
3 Sally is married. .... works in a bank.
4 Please take off .... and sit down.
5 'What are the children doing?' 'They're doing ....'
6 'Do you know that man?' 'Yes, but I don't know ....'
7 We live in Barton Street. .... is at the end on the left.

63.6 Traduci in inglese.

molto = (qui) hard
infermiera = nurse

1 Non mi piacciono le vostre idee.
2 Scusi. Questo è il Suo cappotto?
3 Vi piace il nostro giardino?
4 Edimburgo è famosa per il suo festival.
5 Robert e le sue sorelle parlano inglese e francese.
6 Sam lavora molto. Gli piace il suo lavoro.
7 Conosco Maria, ma non conosco suo fratello.
8 I miei figli sono al cinema con i loro amici.
9 Mettiti le scarpe. È ora di andare a scuola.
10 Kate si lava spesso le mani. Fa l'infermiera.

Whose is this?   It's mine/yours/hers *ecc.* (*pronomi possessivi*)

A

| (il) mio | (il) nostro | (il) tuo/vostro/Suo | (il) suo | (il) suo | (il) loro |

I	→	my	→	mine
we	→	our	→	ours
you	→	your	→	yours
he	→	his	→	his
she	→	her	→	hers
they	→	their	→	theirs

It's **my** money.	It's **mine**.
It's **our** money.	It's **ours**.
It's **your** money.	It's **yours**.
It's **his** money.	It's **his**.
It's **her** money.	It's **hers**.
It's **their** money.	It's **theirs**.

B

My/your *ecc. si usano davanti a un nome* (**my glasses** / **your book** *ecc.*):
- ○ Where are **my glasses**? *Dove sono i miei occhiali?*
- ○ Is this **your book**? *Questo è il tuo libro?*
- ○ Helen gave me **her umbrella**. *Helen mi ha dato il suo ombrello.*
- ○ It's **their problem**, not **our problem**. *È un problema loro, non un nostro problema.*

Mine/yours *ecc. si usano da soli* (*senza nome*). *Non sono mai preceduti da* **the**.
- ○ Is this book **mine** or **yours**? *Questo libro è (il) mio o (il) tuo?*
- ○ I didn't have an umbrella, so Sarah gave me **hers**. (*non* the hers)
  Non avevo l'ombrello, così Ann mi diede il suo.
- ○ It's their problem, not **ours**. *È un problema loro, non nostro.*
- ○ We went in our car, and they went in **theirs**. (*non* in the theirs)
  Noi siamo andati con la nostra macchina e loro … con la loro.

His *può essere usato sia davanti a un nome, sia da solo:*
- ○ A: Is this **his camera** or **yours**? *Questa è la sua macchina fotografica o la tua?*
  B: It's **his**. *È la sua.*

C

Si dice a friend **of mine** / a friend **of his** / some friends **of ours** *ecc.* (= *un mio amico / un suo amico / dei nostri amici ecc.*):
- ○ I went out to meet a friend **of mine**. (*non* a my friend)
  … un mio amico / una mia amica.
- ○ Tom was in a restaurant with a friend **of his**. (*non* a friend of him)
  … un suo amico / una sua amica.
- ○ Are those people friends **of yours**? (*non* friends of you)
  … tuoi amici?

D

Whose … **?** = *Di chi … ?* (*possessivo*)
- ○ **Whose phone** is this? *Di chi è questo telefonino?*

Whose *può essere usato sia davanti a un nome, sia da solo:*
- ○ **Whose watch** is this?
  Di chi è questo orologio?
  } It's mine.
- ○ **Whose** is this?
  Di chi è questo?

- ○ **Whose shoes** are these?
  Di chi sono queste scarpe?
  } They're John's.
- ○ **Whose** are these?
  Di chi sono queste?

Whose phone is this?

my/his/their *ecc.* → Unità 63   I/me/my/mine → Unità 65   Kate's coat / my brother's car → Unità 67

Esercizi

64.1 Completa le frasi con i pronomi possessivi (**mine**/**yours** ecc.).

1 It's your money. It's ......*yours*........................ .
2 It's my bag. It's ....
3 It's our car. It's ....
4 They're her shoes. They're ....
5 It's their house. It's ....
6 They're your books. They're ....
7 They're my glasses. They're ....
8 It's his coat. It's ....

64.2 Aggettivo o pronome? Scegli la soluzione corretta.

1 It's their/ ~~theirs~~ problem, not ~~our~~ /ours.   (*their* e *ours* sono corretti*)
2 This is a nice camera. Is it your/yours?
3 That's not my/mine umbrella. My/Mine is black.
4 Whose books are these? Your/Yours or my/mine?
5 Catherine is going out with her/hers friends this evening.
6 My/Mine room is bigger than her/hers.
7 They have two children, but I don't know their/theirs names.
8 Can we use your washing machine? Our/Ours isn't working.

> washing machine = lavatrice

64.3 Completa le frasi con **friend**(**s**) **of mine**/**yours** ecc.

1 I went to the cinema with a .....*friend of mine*.................. .
2 They went on holiday with some .....*friends of theirs*................. .
3 She's going out with a friend ....
4 We had dinner with some ....
5 I played tennis with a ....
6 Tom is going to meet a ....
7 Do you know those people? Are they .... ?

64.4 Osserva le vignette e scrivi le battute nei fumetti.

64.5 Traduci in inglese.

1 'Di chi è questo cane?'   'È nostro.'
2 Di chi sono quegli occhiali? Sono tuoi?
3 Invitammo Anna, Tom e un loro amico.
4 Luisa va al cinema con un suo amico ogni giovedì.
5 'Scusi, queste sono le Sue chiavi?'   'Sì, sono le mie.'
6 A: La mia macchina è troppo piccola.
  B: Emma può prestarci la sua.
7 A: Questa è la borsa di Jon o la tua?
  B: È mia. La sua è nera.

I/me/my/mine

A

*I can see **him**, but **he** can't see **me**.*

You give me **your** number, and **I**'ll give **you** mine.

		I pronomi personali		*I possessivi*	
		soggetto (→ Unit 62)	*complemento* (→ Unit 62)	*aggettivi* (→ Unit 63)	*pronomi* (→ Unit 64)
		I know Tom. *(io)*	Tom knows **me**. *Tom mi conosce.*	It's **my** car. *È la mia auto.*	It's **mine**. *È (la) mia.*
		We know Tom. *(noi)*	Tom knows **us**. *Tom ci conosce.*	It's **our** car. *È la nostra auto.*	It's **ours**. *È (la) nostra.*
		You know Tom. *(tu/voi/Lei)*	Tom knows **you**. *Tom ti/vi/La conosce.*	It's **your** car. *È la tua/vostra/ Sua auto.*	It's **yours**. *È (la) tua/vostra/ Sua.*
		He knows Tom. *(lui)*	Tom knows **him**. *Tom lo conosce.*	It's **his** car. *È la sua auto (di lui).*	It's **his**. *È (la) sua.*
		She knows Tom. *(lei)*	Tom knows **her**. *Tom la conosce.*	It's **her** car. *È la sua auto (di lei).*	It's **hers**. *È (la) sua.*
		They know Tom. *(loro)*	Tom knows **them**. *Tom li/le conosce.*	It's **their** car. *È la loro auto.*	It's **theirs**. *È (la) loro.*

B

Osserva questi esempi:

- A: Do **you** know that man? *Conosci quell'uomo?*
  B: Yes, **I** know **him**, but **I** can't remember **his name**. *Sì, lo conosco, ma non ricordo il suo nome.*
- **She** was very pleased because **we** invited **her** to stay with **us** at **our house**.
  Era molto contenta, perché l'abbiamo invitata a stare da noi, a casa nostra.
- A: Where are the children? Have **you** seen **them**? *Dove sono i bambini? Li hai/avete visti?*
  B: Yes, **they** are playing with **their friends** in the park. *Sì, stanno giocando con i loro amici nel parco.*
- That's **my pen**. Can **you** give it to **me**, please? *Quella è la mia penna. Puoi darmela, per favore?*
- A: Is this **your umbrella**? *Questo è il tuo/vostro/Suo ombrello?*
  B: No, it's **yours**. *No, è il tuo/vostro/Suo.*
- **He** didn't have an umbrella, so **she** gave **him hers**.
  Lui non aveva l'ombrello, così lei gli diede il suo.
- **I**'m going out with a friend of **mine** this evening. (*non* a my friend)
  Questa sera esco con un mio amico.

myself/yourself *ecc.* ➔ **Unità 66**   **Give me that book / Give it to me** ➔ **Unità 99**

Esercizi

65.1 Osserva le vignette. Completa le frasi imitando l'esempio.

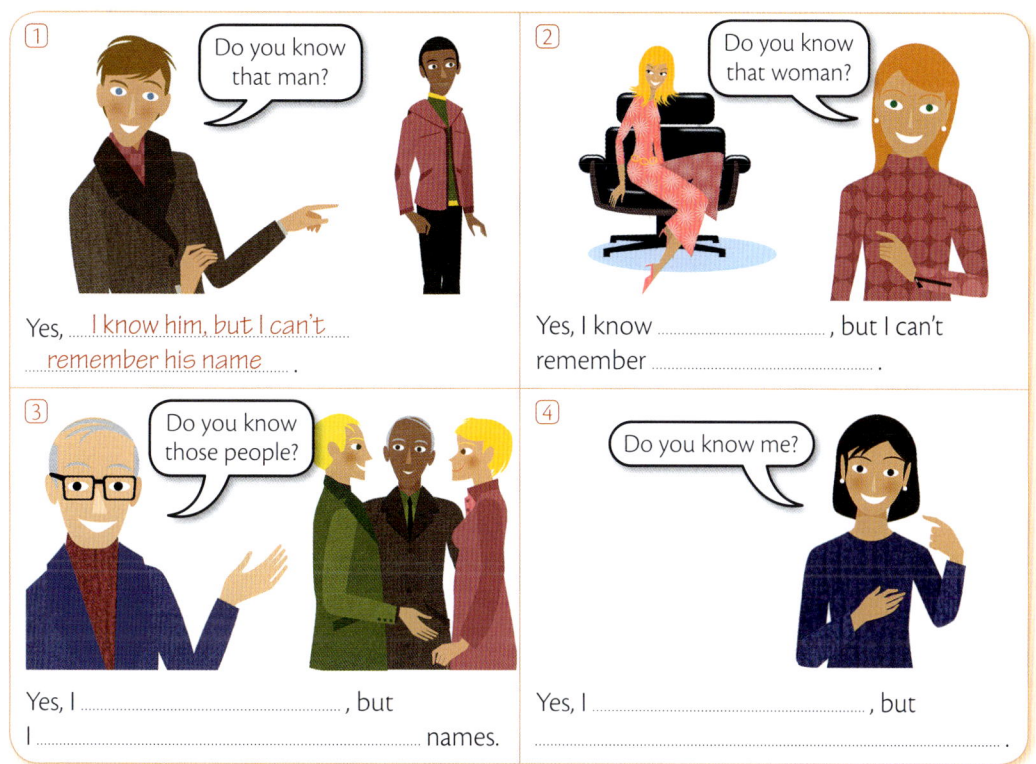

① Do you know that man?

Yes, _I know him, but I can't remember his name_ .

② Do you know that woman?

Yes, I know _____, but I can't remember _____ .

③ Do you know those people?

Yes, I _____, but I _____ names.

④ Do you know me?

Yes, I _____, but _____ .

65.2 Scrivi la seconda parte di ogni frase imitando l'esempio.

1 We invited her _to stay with us at our house_ .
2 He invited us to stay with _____ at his house.
3 They invited me to stay with _____ house.
4 I invited them to stay _____ house.
5 She invited us to stay _____ house.
6 Did you invite him _____ house?

65.3 Completa le frasi seguendo lo schema dell'esempio.

1 I gave him __my__ phone number, and __he gave me his__ .
2 I gave her __my__ phone number, and she gave me _____ .
3 He gave me __his__ phone number, and I gave _____ .
4 We gave them _____ phone number, and they gave _____ .
5 She gave him _____ phone number, and he gave _____ .
6 You gave us _____ phone number, and we gave _____ .
7 They gave you _____ phone number, and you gave _____ .

65.4 Completa le frasi con **him**/**her**/**yours** ecc.

1 Where's Amanda? Have you seen __her__ ?
2 Where are my keys? Where did I put _____ ?
3 This book belongs to Ben. Can you give it to _____ ?
4 We don't see _____ neighbours much. They're not at home very often.
5 'I can't find my phone. Can I use _____ ?' 'Yes, of course.'
6 We're going to the cinema. Why don't you come with _____ ?
7 Did your sister pass _____ exams?
8 Some people talk about _____ work all the time.
9 Last night I went out for a meal with a friend of _____ .

pass = superare
all the time = continuamente
go out for a meal = andare a mangiare fuori

65.5 Traduci in inglese.

1 Martin ama gli animali. E loro amano lui.
2 'Scusi. Questo giornale è Suo?' 'No. Non è mio.'
3 Questo è il nostro indirizzo. Potete darci il vostro?
4 'Quella è Mrs Gray'. 'La conosco. Suo fratello è un mio amico.'
5 'La mia valigia è troppo piccola.' 'Chiedi a Joe di darti la sua.'
6 Questi sono i miei bambini. E questa è Sarah, una loro amica.

myself/yourself/themselves *ecc.*
(*pronomi riflessivi*)

A

He's looking at **himself**.

They're enjoying **themselves**.

myself	me stesso / mi
himself	se stesso / si
herself	se stessa / si
yourself	te stesso / ti
	Se stessa / Si
yourselves	voi stessi / vi
ourselves	noi stessi / ci
themselves	se stessi / si

- ○ I cut **myself** with a knife. (*non* I cut me) *Mi tagliai …*
- ○ **He** looked at **himself** in the mirror. *Si guardò allo specchio.*
- ○ **She** fell off her bike, but she didn't hurt **herself**. *… ma non si fece male.*
- ○ Help **yourself**, Kate. *Serviti, Kate.*
- ○ Please help **yourself**, Mr Bates. *… si serva …*
- ○ Please help **yourselves**. *… servitevi.*
- ○ **We** had a good holiday. **We** enjoyed **ourselves**. *… Ci siamo divertiti.*
- ○ **They** had a nice time. **They** enjoyed **themselves**. *… Si sono divertiti.*

Confronta i riflessivi con gli altri pronomi personali:

me/him/them *ecc.*
- ○ You never talk to **me**.
  Non parli mai con me.
- ○ I didn't pay for **them**.
  Non ho pagato per loro.
- ○ I'm sorry. Did I hurt **you**?
  Scusa. Ti ho fatto male?

myself/himself/themselves *ecc.*
- ○ Sometimes I talk to **myself**.
  … parlo con me stesso.
- ○ They paid for **themselves**.
  Hanno pagato per sè.
- ○ Be careful. Don't hurt **yourself**.
  Attento. Non farti male.

B

by myself / **by yourself** *ecc.* (= *da solo / da soli / da sè*)
- ○ I went on holiday **by myself**. *Andai in vacanza da solo.*
- ○ A: Was she with friends?
  B: No, she was **by herself**. *No, era sola / da sola.*

C

each other (= *l'un l'altro / reciprocamente / a vicenda*)
- ○ Kate and Helen are good friends. They know **each other** well. *… Si conoscono bene.*
- ○ Paul and I live near **each other**. *Paul e io abitiamo vicini (l'uno all'altro).*

Sia **each other**, *sia* **-selves** *possono corrispondere alle particelle italiane 'ci/vi/si':*

each other (= *l'un l'altro*)   ci/vi/si   **-selves** (= *se stessi*)

- ○ James and Sue looked at **each other**.   si guardarono   ○ James and Sue looked at **themselves**.

D

Parecchi verbi, non riflessivi in inglese, corrispondono a forme italiane con 'mi/ti/si' ecc. :
- ○ **Are you feeling** all right? *Ti senti bene?*
- ○ Where **shall we meet**? *Dove ci vediamo?*
- ○ I have to **wash my hands**. *Devo lavarmi le mani.*

A volte, anche **get** + *aggettivo* (→ *Unità 59*) *corrisponde a forme con 'mi/ti/si' ecc. :*
- ○ Please don't **get angry**. *Per favore, non arrabbiarti.*
- ○ We **got married** ten years ago. *Ci siamo sposati dieci anni fa.*

Alcuni phrasal verbs (→ *Unità 117–118*) *corrispondono a verbi riflessivi italiani:*
- ○ What time did Anna **get up**? *A che ora si è alzata Anna?*

me/him/them *ecc.* ➜ **Unità 62**

Esercizi

66.1 Completa le frasi con i pronomi reflessivi (**myself**/**yourself** ecc.).

1 He looked at ......*himself*...... in the mirror.
2 I'm not angry with you. I'm angry with ....
3 Karen had a good time in Australia. She enjoyed ....
4 My friends had a good time in Australia. They enjoyed ....
5 I picked up a very hot plate and burnt ....
6 He never thinks about other people. He only thinks about ....
7 I want to know more about you. Tell me about .... *(una persona)*
8 Goodbye! Have a good trip and take care of ....! *(due persone)*

66.2 Riscrivi le frasi con **by myself** / **by yourself** ecc. al posto di **alone** (= da solo / da soli).

1 I went on holiday alone.   .....*I went on holiday by myself.*.....
2 When I saw him, he was alone.   When I saw him, he ....
3 Don't go out alone.   Don't ....
4 I went to the cinema alone.   I ....
5 My sister lives alone.   My sister ....
6 Many people live alone.   Many people ....

66.3 Osserva le vignette e i fumetti. Scrivi delle frasi usando **each other**.

① I like her.   I like him.
They like each other.

② I can't see her.   I can't see him.
They can't ....

③ I call her a lot.   I call him a lot.
They ....

④ I don't know him.   I don't know him.
....

⑤ I'm sitting next to him.   I'm sitting next to her.
....

⑥ I gave her a present.   I gave her a present.
....

66.4 Completa le frasi. Usa **each other** oppure **ourselves**/**yourselves**/**themselves** oppure **us**/**you**/**them**.

1 Paul and I live near ......*each other*...... .
2 Who are those people? Do you know ......*them*......?
3 You can help Tom, and Tom can help you. So you and Tom can help ....
4 There's food in the kitchen. If you and Chris are hungry, you can help ....
5 We didn't go to Emily's party. She didn't invite ....
6 When we go on holiday, we always enjoy ....
7 Helen and Jane were at school together, but they never see .... now.
8 Karen and I are very good friends. We've known .... for a long time.
9 'Did you see Sam and Laura at the party?' 'Yes, but I didn't speak to ....'
10 Many people talk to .... when they're alone.

66.5 Traduci in inglese.

1 Se vuoi dello zucchero, serviti.
2 Vi siete divertiti ieri sera?
3 Tuo padre e io ci conosciamo molto bene.
4 Laura sta guardandosi allo specchio.
5 Quando si è fatto male Michael?

6 Rita e Dave si sposeranno in luglio.
7 Dovreste sempre aiutarvi a vicenda.
8 I miei genitori si amano e si capiscono.
9 James lavora molto, ma non si stanca mai.
10 'Non mi sento bene.' 'Perché non ti sdrai?'

–'s (**Kate's** coat / **my brother's** car *ecc.*)

My coat

KATE

My car

MY BROTHER

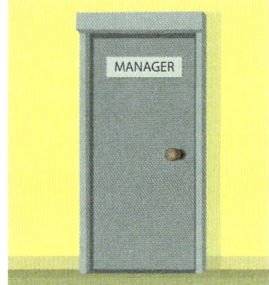
MANAGER

Kate**'s** coat
il cappotto di Ann

my brother**'s** car
l'auto di mio fratello

the manager**'s** office
l'ufficio del direttore

Di norma, si usa **–'s** *con le persone per indicare possesso o appartenenza:*

- I stayed at **my sister's** house. (*non* the house of my sister)
  ... a casa di mia sorella.
- Have you met **Mr Black's** wife? (*non* the wife of Mr Black)
  ... la moglie di Mr Black?
- Are you going to **James's** party? *... alla festa di James?*
- Paul is **a man's** name. Paula is **a woman's** name.
  (*letteralmente: ... il nome di un uomo   ... il nome di una donna.*)

Si dice:

  Kate's coat (*non* the Kate's coat)
  James's party (*non* the James's party)

Si può usare **–'s** *anche senza il nome a cui si riferisce:*

- Sophie's hair is longer than **Kate's**. (= Kate's hair) *... sono più lunghi di quelli di Kate.*
- A: Whose umbrella is this?
  B: It's **my mother's**. (= my mother's umbrella) *È (quello) di mia madre.*
- A: Where were you last night?
  B: I was at **Paul's**. (*sottinteso:* house) *Ero da Paul.*

friend's *e* **friends'**

Se il possessore è un nome singolare (friend),
si aggiunge **–'s**:

My house

my **friend's** house *la casa della mia amica*

my **mother's** car *l'auto di mia madre*

Se il possessore è un nome plurale in **–s** (friend**s**),
si aggiunge solo l'apostrofo:

Our house

my **friends'** house *la casa dei miei amici*

my **parents'** car *l'auto dei miei genitori*

In genere, si usa **of** ... (= *di* ...) *per parlare di cose, luoghi ecc. :*

- Look at the roof **of that building**. (*non* that building's roof) *... il tetto di quell'edificio.*
- We didn't see the beginning **of the film**. (*non* the film's beginning) *... l'inizio del film.*
- What's the name **of this village**? *... il nome di questo paese?*
- Do you know the cause **of the problem**? *... la causa del problema?*
- You can sit in the back **of the car**. *... sul sedile posteriore della macchina.*
- Madrid is the capital **of Spain**. *... la capitale della Spagna.*

mine/yours *ecc.* → Unità 64   whose ... ? → Unità 64   –'s (he's / Kate's *ecc.*) → Appendice 4.6

Esercizi

67.1 Osserva l'albero genealogico. Scrivi delle frasi sulla famiglia utilizzando le tracce.

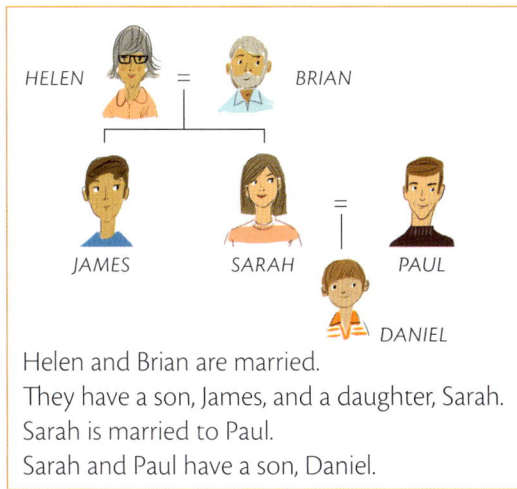

Helen and Brian are married.
They have a son, James, and a daughter, Sarah.
Sarah is married to Paul.
Sarah and Paul have a son, Daniel.

1 Brian is ___Helen's___ husband.
2 Sarah is Daniel's ___mother___ .
3 Helen is .... wife.
4 James is Sarah's ....
5 James is .... uncle.
6 Sarah is .... wife.
7 Helen is Daniel's ....
8 Sarah is James's ....
9 Paul is .... husband.
10 Paul is Daniel's ....
11 Daniel is .... nephew.

67.2 Osserva le figure e rispondi alle domande. Usa solo una parola come nell'esempio.

JANE   ANDY   ALICE   RACHEL   DAVE

1 Whose is this? ___Alice's___
2 Whose is this? ....
3 And this? ....
4 And these? ....
5 And this? ....
6 And these? ....

67.3 Controlla queste frasi e correggi quelle sbagliate. Altrimenti scrivi **OK**.

1 I stayed at <u>the house of my sister</u>.
2 What is <u>the name of this village</u>?
3 Do you like <u>the colour of this coat</u>?
4 Do you have <u>the phone number of Simon</u>?
5 <u>The job of my brother</u> is very interesting.
6 Write your name at <u>the top of the page</u>.
7 For me, the morning is <u>the best part of the day</u>.
8 <u>The favourite colour of Paula</u> is blue.
9 When is <u>the birthday of your mother</u>?
10 <u>The house of my parents</u> isn't very big.
11 <u>The walls of this house</u> are very thin.
12 The car stopped at <u>the end of the street</u>.
13 Are you going to <u>the party of Silvia</u> next week?
14 <u>The manager of the hotel</u> is not here at the moment.

___my sister's house___
___OK___

top = cima
thin = sottile

67.4 Traduci in inglese.

1 Il marito dell'insegnante viene da Toronto.
2 L'auto di Lisa è più veloce di quella di Tina.
3 'Di chi sono questi sci?'   'Sono di mia sorella.'
4 Non ricordo i nomi dei tuoi genitori.
5 Sai dirmi i giorni della settimana in francese?
6 Andiamo a casa di Daniel! C'è una grande festa.
7 Quali sono i colori della bandiera tedesca?
8 Ben era da sua madre domenica.

bandiera = flag

145

a/an 1

| A |

In generale, **a/an** *corrisponde a 'un/uno/una'.*

He's got **a** long beard.
Ha una lunga barba.

She's eating **an** ice cream.
Sta mangiando un gelato.

It's **a** beautiful day.
È una bella giornata.

Si usa **a** *davanti a consonante (***b/c/d/j/w/y*** ecc.):*
- ○ I'm going to buy **a j**umper. *Ho intenzione di comprare un maglione.*
- ○ There's **a w**oman at the bus stop. *C'è una donna alla fermata dell'autobus.*
- ○ Can I ask **a q**uestion? *Posso fare una domanda?*

Si usa **an** *davanti a vocale (***a/e/i/o/u***):*
- ○ Do you want **an a**pple or **a b**anana? *Vuoi una mela o una banana?*
- ○ I'm going to buy **a h**at and **an u**mbrella. *Comprerò un cappello e un ombrello.*
- ○ Naples is **an i**nteresting city. *Napoli è una città interessante.*

Si usa **an** *anche davanti a* **h** *muta:*   **an h**our (*qui la* **h** *non si pronuncia*)
Ma si usa **a** *davanti al suono 'yu':*   **a u**niversity (*pronuncia:* yuniversity)
                                          a European country (*pronuncia:* yuropean)

another (*composto da* **an** + **other**) *significa 'un altro / un'altra' ed è una parola sola:*
- ○ Can I have **another** cup of tea? *... un'altra tazza di tè?*

| B |

Si usa spesso **a/an** (= un/uno/una) *per definire cose, animali o persone. Per esempio:*
- ○ The sun is **a star**. *... è una stella.*
- ○ Football is **a game**. *... è un gioco.*
- ○ Dallas is **a city in Texas**. *... è una città ...*
- ○ A mouse is **an animal**. It's **a small animal**. *... è un animale. È un piccolo animale.*
- ○ Joe is **a very nice person**. *... è una persona molto simpatica.*

| C |

Si usa **a/an** *con i nomi che indicano mestieri e professioni. (In italiano, 'un/uno/una' è meno frequente in questi casi.)*
Confronta l'inglese e l'italiano:

I'm a dentist.

- ○ A: What's your job? *Che lavoro fai?*
  B: I'm **a dentist**. (*non* I'm dentist.)
     Sono dentista. / Faccio il dentista.
- ○ A: What does Mark do? *Che cosa fa Mark?*
  B: He's **an engineer**. *Fa l'ingegnere. / È ingegnere.*
- ○ Would you like to be **a teacher**?
  Ti piacerebbe fare l'insegnante?
- ○ Beethoven was **a composer**.
  Beethoven era un compositore.
- ○ Picasso was **a famous painter**.
  Picasso era un famoso pittore.
- ○ Are you **a student**? *Sei studente?*

a/an 2 → **Unità 69**   a car / some money (*nomi numerabili e non numerabili*) → **Unità 71–72**   the → **Unità 73**

Esercizi

68.1 Scrivi **a** o **an** davanti alle parole seguenti.

1 ...*an*... old book   4 .... airport   7 .... university
2 .... window   5 .... new airport   8 .... hour
3 .... horse   6 .... organisation   9 .... economic problem

68.2 Completa le definizioni usando i termini nel riquadro.

> ~~bird~~   fruit   mountain   river   musical instrument
> flower   game   planet   tool   vegetable

tool = attrezzo
duck = anatra
hammer = martello
trumpet = tromba

1 A duck is ...*a bird*............. .   6 Saturn is ....
2 A carrot is ....   7 A banana is ....
3 Tennis is ....   8 The Amazon is ....
4 A hammer is ....   9 A rose is ....
5 Everest is ....   10 A trumpet is ....

68.3 Che lavoro fanno? Osserva le vignette e completa le frasi utilizzando questo elenco:

> architect   ~~dentist~~   shop assistant   photographer
> electrician   nurse   taxi driver

Can I help you?

1 ...*She's a dentist.*..........   5 ....
2 He's ....   6 ....
3 She ....   7 ....
4 ....   8 And you? I'm ....

68.4 Costruisci delle frasi abbinando le espressioni elencate nei due riquadri. Aggiungi **a/an** dove è necessario.

> ~~I want to ask you~~   Rebecca works in
> Tom never wears   Jane wants to learn
> I can't ride   Mike lives in
> My brother is   This evening I'm going to

+

> old house   artist
> party   ~~question~~
> bookshop   foreign language
> hat   bike

1 ...*I want to ask you a question.*...........
2 ....
3 ....
4 ....
5 ....
6 ....
7 ....
8 ....

68.5 Traduci in inglese.

relazione = report
copia = copy
a (5) = in

1 'Quant'è?' 'Un euro.'
2 A: Ecco la relazione.
   B: Grazie. C'è un'altra copia per Paul?
3 Kate è insegnante. Ben fa l'attore.
4 Quanti secondi ci sono in un'ora?

5 C'è un'università a Liverpool?
6 A: Sei studente?
   B: No. Faccio il fotografo.
7 Mio padre fa il tassista. Io sono ingegnere.

A

*Non sempre **a/an** corrisponde a 'un/uno/una'.*

*A volte (con un nome numerabile singolare) si usa **a/an** in inglese, ma nessun articolo in italiano:*

*nelle esclamazioni con **What** … **!** (= Che … !):*
- ☐ **What a** noise! *Che rumore!*
- ☐ **What an** awful day! *Che brutta giornata!*

*dopo **without** (= senza):*
- ☐ Don't go out **without an** umbrella. *… senza ombrello.*
- ☐ They bought a house **without a** garage. *… senza garage.*

quando si dice 100 e 1000:
- ☐ There are **a hundred** (o **one hundred**) cents in a euro.
  Ci sono cento centesimi …
- ☐ What's the equivalent of **a thousand** (o **one thousand**) dollars in euros?
  … l'equivalente di mille dollari … ?

in altri casi:
- ☐ When he was **a child** … *Quando era bambino …*
- ☐ Are you **an only child**? *Sei figlio unico?*
- ☐ I work in **a bank** / in **a factory**. *… in banca / in fabbrica.*
- ☐ I'm in **a** good/bad **mood**. *Sono di buon/cattivo umore.*
- ☐ Are you in **a hurry**? *Hai/Avete fretta?*

What **a** big cat!
Che gatto grosso!

B

*Di solito si usa **a/an** in inglese, ma l'articolo 'il/lo/la' in italiano quando si parla di:*

parti del corpo, di edifici, di auto, ecc. :
- ☐ Pinocchio was a puppet with **a** long **nose**. *… con il naso lungo.*
- ☐ She has **an** oval **face**. *Ha il viso ovale.*
- ☐ My dog has **a** very long **tail**. *… ha la coda molto lunga.*
- ☐ Does your house have **a garden**? *Ha il giardino … ?*

proprietà o effetti personali:
- ☐ Do you have **a car** / **a laptop** / **a driving licence** / **a passport**?
  Hai la macchina / il portatile / la patente / il passaporto?
- ☐ He never wears **a watch** / **a tie** / **a hat**.
  Non porta mai l'orologio / la cravatta / il cappello.
- ☐ My grandmother doesn't have **a mobile phone**. *… non ha il telefonino.*

certi problemi di salute:
- ☐ I have **a cold** / **a cough** / **a temperature** / **a headache** / **a sore throat**.
  Ho il raffreddore / la tosse / la febbre / (il) mal di testa / (il) mal di gola.

Inoltre, si dice:

to have **a bath** / **a shower** e to go to **a restaurant** / **a club**
fare il bagno / la doccia   andare al ristorante / in discoteca

She has **a** cold.
Ha il raffreddore.

C

*Si usa **a/an** anche dopo le espressioni di quantità riferite a unità di misura o di tempo:*

€5.50 **a** kilo *€5.50 al chilo*
90 kilometres **an** hour *90 chilometri all'ora*
three lessons **a** week *tre lezioni la settimana*
€48,000 **a** year *48.000 euro l'anno / all'anno*

- ☐ I usually run three miles **a** day. *… tre miglia al giorno.*
- ☐ That train travels at 125 miles **an** hour. *… viaggia a 125 miglia all'ora.*

a/an 1 → **Unità 68**   a car / some money *(nomi numerabili e non numerabili)* → **Unità 71–72**

Esercizi

69.1 Completa le frasi usando **What a/an ... !** e scegliendo le altre parole dall'elenco:

> awful   beautiful   flower   goal   ~~horrible~~   present

1   *What a horrible day* ....!
4   .... fantastic ....!
2   .... pretty ....!
5   .... day!
3   .... noise!
6   .... lovely ....!

69.2 Osserve le figure e completa le frasi. Usa **a** o **an** con i seguenti nomi:

> bath   bank   face   headache   helmet
> hurry   neck   satnav   ~~scarf~~   umbrella

satnav = navigatore

1   He always wears ...*a scarf*........ .
6   I'm going to have ....
2   A giraffe has .... long ....
7   He's riding a motorbike without ....
3   She doesn't have ....
8   He works in ....
4   She has .... round ....
9   They're in ....
5   He has ....
10 He doesn't have ....

69.3 Completa le frasi usando le espressioni elencate nel riquadro. Aggiungi **a** o **an**.

> balcony   Indian restaurant   key   ~~library~~   month   spare tyre

spare tyre = ruota di scorta
get in = entrare

1   I work in ....*a library*.......................... .
2   We can't get in without ....
3   Every car should have ....
4   Tonight we're going to ....
5   Gary flies to Paris three times ....
6   My flat doesn't have ....

69.4 Traduci in inglese.

1   Jack è di cattivo umore oggi.
2   Tu porti mai la cravatta?
3   'Quant'è la stanza?'   '120 dollari a notte.'
4   Che giornata fredda! Non uscire senza cappotto.
5   Anna non può andare a scuola oggi. Ha la tosse.
6   'Posso parlare con Tom?'   'Sta facendo la doccia.'

7   Non posso lavorare senza computer.
8   La mia macchina ha il baule piccolo.
9   Mio padre lavora in fabbrica. Lavora 36 ore la settimana.
10 Ha la testa grossa, il naso lungo e la coda piccola. Che cos'è?

baule = boot

A

Di norma, il plurale di un nome si ricava dal singolare aggiungendo -s:

singolare			plurale	
a flower	*un fiore*	→	some **flowers**	*dei fiori*
a train	*un treno*	→	two **trains**	*due treni*
one week	*un settimana*	→	a few **weeks**	*alcune settimane*
a nice place	*un bel posto*	→	some nice **places**	*molti bei posti*
this student	*questo studente*	→	these **students**	*questi studenti*

a flower   some **flowers**

In certi casi la formazione del plurale comporta variazioni ortografiche:

-s / -sh / -ch / -x	→	-es	bus → bu**ses** di**sh** → di**shes**
			chur**ch** → chur**ches** bo**x** → bo**xes**
	anche		potato → potato**es** tomato → tomato**es**
-y	→	-ies	ba**by** → ba**bies** dictiona**ry** → dictiona**ries** par**ty** → par**ties**
ma -ay / -ey / -oy	→	-ys	da**y** → da**ys** monk**ey** → monk**eys** bo**y** → bo**ys**
-f / -fe	→	-ves	shel**f** → shel**ves** kni**fe** → kni**ves** wi**fe** → wi**ves**

B

I nomi di questi oggetti sono plurali in inglese:

    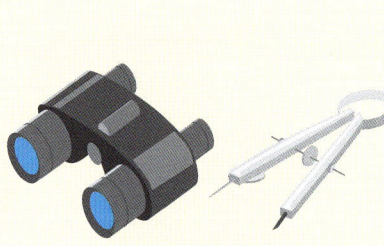

scissors	**glasses**	**trousers**	**pyjamas**	**binoculars**	**compasses**
forbici	*occhiali*	*pantaloni*	*pigiama*	*binocolo*	*compasso*

plurali anche in italiano   *singolari in italiano*

- ○ Do you wear **glasses**? *Porti gli occhiali?*
- ○ Where **are** the **scissors**? I need **them**. *Dove sono le forbici? Mi servono.*
- ○ I bought **some pyjamas**. (*non* a pyjama) *Ho comprato un pigiama.*

Si dice anche **a pair of scissors / a pair of trousers / a pair of pyjamas** *ecc.* (**a pair of** = *un paio di*):

- ○ I need **a** new **pair of jeans**. *oppure* I need **some** new **jeans**.
  Mi serve un paio di jeans nuovi.   *Mi servono dei jeans nuovi.*

C

Alcuni plurali sono irregolari, cioè, non seguono la regola generale (+ **-s**):

this **man** (*uomo*) → these **men**	one **foot** (*piede*) → two **feet**	that **sheep** (*pecora*) → those **sheep**
a **woman** (*donna*) → some **women**	a **tooth** (*dente*) → all my **teeth**	a **fish** (*pesce*) → a lot of **fish**
a **child** (*bambino*) → many **children**	a **mouse** (*topo*) → some **mice**	

Osserva anche: a **person** → two **people** / **some people** / **a lot of people** *ecc.*

- ○ **She**'s a nice **person**. *È una persona simpatica.*
- *ma* ○ **They** are nice **people**. (*non* nice persons)
  Sono persone simpatiche.

D

People (= *persone/gente*) *è plurale, perciò si dice* **people are / people have** *ecc. :*

- ○ **A lot of people speak** English. (*non* speaks)
  Molta gente parla inglese. / Molti parlano inglese.
- ○ I like **the people** here. **They are** very friendly.
  Mi piace la gente di qui. È molto cordiale.

Anche **police** (= *polizia*) *è plurale:*

- ○ **The police want** to talk to anybody who saw the accident. (*non* The police wants)
  La polizia vuole parlare con chiunque abbia visto l'incidente.

ortografia ➔ **Appendice 5**

Esercizi

70.1 Scrivi il plurale delle seguenti parole.

1	flower	*flowers*	5	umbrella	
2	boat		6	address	
3	woman		7	knife	
4	city		8	sandwich	

9	family	
10	foot	
11	holiday	
12	potato	

70.2 Osserva le illustrazioni e completa le frasi corrispondenti.

foglia = leaf

1 There are a lot of .....*sheep*..... in the field.
2 Gary is cleaning his ....
3 There are three .... at the bus stop.
4 Lucy has two ....
5 There are a lot of .... in the river.
6 The .... are falling from the tree.

70.3 La maggior parte di queste frasi sono sbagliate. Correggile. Per le altre scrivi **OK**.

1 I'm going to buy some flowers.   *OK*
2 I need a new jeans.   *I need a new pair of jeans.*   o   *I need some new jeans.*
3 It's a lovely park with a lot of beautiful tree.
4 There was a woman in the car with two mens.
5 Sheep eat grass.
6 David is married and has three childs.
7 Most of my friend are student.
8 He put on his pyjama and went to bed.
9 We went fishing, but we didn't catch many fish.
10 Do you know many persons in this town?
11 I like your trouser. Where did you get it?
12 The town centre is usually full of tourist.
13 I don't like mice. I'm scared of them.
14 This scissor isn't very sharp.

70.4 Completa le frasi scegliendo la forma corretta del verbo.

injured = ferito

1 It's a nice place. Many people .....*go*..... there for a holiday.   **go** *o* **goes**?
2 Some people .... always late.   **is** *o* **are**?
3 The new city hall is not a beautiful building. Most people .... like it.   **don't** *o* **doesn't**?
4 A lot of people .... TV every day.   **watch** *o* **watches**?
5 Three people .... injured in the accident.   **was** *o* **were**?
6 How many people .... in that house?   **live** *o* **lives**?
7 .... the police know the cause of the explosion?   **Do** *o* **Does**?
8 The police .... looking for the stolen car.   **is** *o* **are**?
9 I need my glasses, but I can't find ....   **it** *o* **them**?
10 I'm going to buy .... new jeans today.   **a** *o* **some**?

70.5 Traduci in inglese.

puntina = drawing pin
canarino = canary

1 Mi servono due scatole di puntine.
2 I canarini mangiano pomodori?
3 Paul vuole comprare un pigiama e due paia di pantaloni.
4 Vedo due case, tre uomini, due donne e delle pecore.
5 Molta gente gioca a tennis.
6 A: Maria ha dei bambini?
   B: Sì, due bambine.
7 La polizia sta cercando Jim Harris.
8 C'era molta gente alla tua festa?

a bottle / some water
(nomi numerabili / non numerabili 1)

A

Un nome può essere numerabile o non numerabile.

Nomi numerabili

Sono numerabili, per esempio: (a) **car**   (a) **man**   (a) **bottle**   (a) **house**   (a) **key**   (an) **idea**   (an) **accident**

I nomi numerabili indicano cose che si possono contare (con **one**/**two**/**three** ecc.).
I nomi numerabili possono essere singolari o plurali:

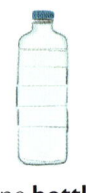          

one **bottle**   two **bottles**   three **men**   four **houses**

singolare	a car	the car	my car	*ecc.*		
plurale	cars	two cars	the cars	some cars	many cars	*ecc.*

○ I'm going to buy **a car**. *Ho intenzione di comprare una macchina.*
○ New **cars** are very expensive. *Le macchine nuove sono molto care.*
○ There aren't **many cars** in the car park. *Non ci sono molte macchine nel parcheggio.*

Un nome numerabile singolare (**car**/**bottle**/**key** ecc.) non si usa mai da solo (senza **the**/**this**/**my** ecc.).
Spesso è preceduto da **a**/**an** (→ Unità 68–69):
○ What **a** nice **car**! (*non* What nice car)
○ We can't get into the house without **a key**. (*non* without key)
○ My father works in **an office**. (*non* in office)

B

Nomi non numerabili

Non sono numerabili, per esempio: **water   air   rice   salt   plastic   money   music   tennis**

water   **salt**   **money**   **music**

I nomi non numerabili indicano qualcosa che non si può contare: ~~one water~~   ~~two musics~~   ~~three rains~~

Hanno una sola forma:
money   the **money**   my **money**   some **money**   much **money**   *ecc.*

○ I've got **some money**. *Ho del denaro / dei soldi.*
○ There isn't **much money** in the box. *Non c'è molto denaro …*
○ **Money** isn't everything. *Il denaro non è tutto.*

I nomi non numerabili possono essere usati da soli (senza **some**/**the** ecc.):
○ We can't live without **water**. *Non si può vivere senza acqua.*

Non possono essere accompagnati da **a**/**an**:   ✗ **money**   ✗ **music**   ✗ **water**

Per indicare una certa quantità, si può dire **a piece of** … / **a bottle of** … ecc.:

a bottle of water *una bottiglia d'acqua*	**a cup of** coffee *una tazza di caffè*
a piece of cheese *un pezzo di formaggio*	**a bar of** chocolate *una stecca di cioccolato*
a bowl of rice *una ciotola di riso*	**a piece of** music *una musica*
a carton of milk *un cartone di latte*	**a bottle of** perfume *una boccetta di profumo*
a game of tennis *una partita di tennis*	**a jar of** jam *un vasetto di marmellata*

a/an → Unità 68–69   nomi numerabili / non numerabili 2 → Unità 72

Esercizi

71.1 Che cosa sono queste cose? Alcune sono numerabili, altre no. Scrivi i nomi sotto le figure usando **a/an** dove è necessario. Ecco le parole che ti servono:

bucket	envelope	money	sand	toothbrush	wallet
egg	jug	~~salt~~	~~spoon~~	toothpaste	water

① It's _salt_ .

② It's _a spoon_ .

③ It's ....

④ It's ....

⑤ It's ....

⑥ It's ....

⑦ It's ....

⑧ It's ....

⑨ It's ....

⑩ It's ....

⑪ It's ....

⑫ It's ....

71.2 Correggi le frasi in cui manca **a/an**. Altrimenti scrivi **OK**.

meat = carne

1 I don't have watch. _a watch_
2 Do you like cheese? _OK_
3 I never wear hat. ....
4 Are you looking for job? ....
5 Kate doesn't eat meat. ....
6 Kate eats apple every day. ....
7 I'm going to party tonight. ....
8 Music is wonderful thing. ....
9 Jamaica is island. ....
10 I don't need key. ....
11 Everybody needs food. ....
12 I've got good idea. ....
13 Can you drive car? ....
14 Do you want cup of coffee? ....
15 I don't like coffee without milk. ....
16 Don't go out without umbrella. ....

71.3 Descrivi il contenuto delle figure. Usa **a ... of ...** e le parole elencate nei riquadri.

bar	cup	loaf		bread	~~milk~~	tea
bowl	glass	piece	+	chocolate	paper	water
~~carton~~	jar	piece		honey	soup	wood

1 _a carton of milk_
2 ....
3 ....
4 ....
5 ....
6 ....
7 ....
8 ....
9 ....

71.4 Traduci in inglese.

frase = sentence
proscuitto = ham

1 Che bel cavallo!
2 Mia sorella lavora in banca.
3 Non puoi andare a quella festa senza giacca.
4 A: Traducete queste frasi.
   B: Con o senza dizionario?
5 Per favore, compra due bottiglie di vino e del prosciutto.
6 Non abbiamo molta pasta, ma ci sono patate, riso e pane.
7 Quella è una bella musica. Che cos'è?

a cake / some cake / some cakes
(nomi numerabili / non numerabili 2)

A a/an e some

a/an (= un/uno/una) si usa solo con i nomi numerabili singolari (**car/apple/shoe** ecc.):
- ○ I need **a** new **car**. Ho bisogno di una macchina nuova.
- ○ Would you like **an apple**? Vuoi/Vuole una mela?

an apple

some (= del/della/dei ecc. / un po' di …) si usa con i nomi numerabili plurali (**cars/apples/shoes** ecc.):
- ○ I need **some** new **shoes**. Mi servono delle scarpe nuove.
- ○ Would you like **some apples**? Vuoi/Vuole delle mele?

some apples

e con i nomi non numerabili (**water/money/music** ecc.):
- ○ I need **some water**. Mi serve un po' d'acqua.
- ○ Would you like **some cheese**? Vuoi/Vuole del formaggio?
  (oppure Would you like **a piece of** cheese?)

some cheese o
a piece of cheese

Confronta **a** e **some**:
- ○ Nicola bought **a hat**, **some shoes** and **some perfume**.
- ○ I read **a newspaper**, made **some phone calls**, and listened to **some music**.

B Molti nomi sono a volte numerabili e a volte no. Per esempio:

a cake
una torta

some cakes
dei pasticcini

some cake   o   **a piece of cake**
della torta   o   un pezzo di torta

a chicken
un pollo

some chickens
dei polli

some chicken   o   **a piece of chicken**
del pollo   o   un pezzo di pollo

a paper, numerabile, significa 'un giornale':
- ○ I want something to read. I'm going to buy **a paper**.

ma **some paper**, non numerabile, significa 'carta':
- ○ I want to make a shopping list. I need **some paper** / **a piece of paper**. (non a paper)

C Fai attenzione alle seguenti parole – di solito non sono numerabili in inglese:

advice	furniture	hair	homework	information	luggage	news	weather	work
consigli	mobili	capelli	compiti	informazioni	bagagli	notizia	tempo (clima)	lavoro

- ○ Can I talk to you? I need **some advice**. (non an advice)
- ○ They've got **some** nice **furniture** in their house. (non furnitures)
- ○ Sylvia has very long **hair**. (non hairs)
- ○ Have you done your **homework**? (non homeworks)
- ○ Where can I get **some information** about hotels here? (non informations)
- ○ Where is your **luggage**? (non Where are your luggages?)
- ○ Listen! I've just had **some** good **news**. (non a good news)
- ○ The trip was nice, but we had terrible **weather**. (non a terrible weather)
- ○ 'Do you like your job?'   'Yes, but it's hard **work**.' (non a hard work)

Anche **spaghetti**, **macaroni** ecc. non sono numerabili in inglese. Perciò il verbo è singolare:
- ○ This **spaghetti** is good. Questi spaghetti sono buoni.

Si dice **a job** (= un lavoro / un posto di lavoro), non a work.
- ○ I've got **a** new **job**. (non a new work) Ho un nuovo lavoro.

nomi numerabili / non numerabili 1 ➜ **Unità 71**   some e any ➜ **Unit 79**

Esercizi

72.1 Che cosa si vede in queste vignette? Usa **a** o **some**.

1 *some perfume, a hat and some shoes*
2 ....
3 ....
4 ....

72.2 Offri queste cose. Usa **Would you like a ... ?** o **Would you like some ... ?**

1 *Would you like some cheese?*   4 .... ?
2 Would you like .... ?   5 .... ?
3 Would .... ?   6 .... ?

72.3 Completa le frasi con **a/an** oppure **some**.

1 I read ....*a*.... book and listened to ....*some*.... music.
2 I need .... money. I want to buy .... food.
3 We met .... interesting people at the party.
4 I'm going to open .... window to get .... fresh air.
5 Rachel didn't eat much for lunch – only .... apple and .... bread.
6 We live in .... big house. There's .... nice garden with .... beautiful trees.
7 I'm going to make a table. First I need .... wood.
8 Listen to me carefully. I'm going to give you .... advice.
9 I want to make a list of things to do. I need .... paper and .... pen.

fresh air = aria pura
First = Per prima
  cosa

72.4 Scegli la soluzione corretta.

1 I'm going to buy some new ~~shoe~~/shoes.   (shoes *è corretto*)
2 Mark has brown eye/eyes.
3 Paula has short black hair/hairs.
4 The tour guide gave us some information/informations about the city.
5 We're going to buy some new chair/chairs.
6 We're going to buy some new furniture/furnitures.
7 It's hard to find a work/job at the moment.
8 We had wonderful weather / a wonderful weather when we were on holiday.

wonderful =
  bellissimo

72.5 Traduci in inglese.

1 Ci sono notizie sulle elezioni?
2 Barbara fa sempre i compiti con sua madre.
3 Vorrei delle informazioni sul British Museum.
4 Abbiamo dei bagagli. Dove possiamo metterli?
5 Andy fa il designer. È un lavoro interessante.
6 Voglio comprare dei mobili nuovi. Dammi dei consigli.

su (1, 3) = about

A

Generalmente, **the** *corrisponde a 'il/lo/la/i/gli/le':*
- What is **the cause of the problem**? ... *la causa del problema?*
- Can you tell me **the time**, please? *Sa dirmi l'ora ... ?*
- Excuse me, where is **the nearest supermarket**? ... *il supermarket più vicino?*
- We didn't see **the beginning of the film**. ... *l'inizio del film.*
- My office is **on the first floor**. ... *al primo piano.*
- We live in **the same street**. ... *nella stessa strada.*

B

A volte si usa **the** *in inglese, ma nessun articolo in italiano:*
- It is in **the garden** / **the kitchen** / **the bathroom** / **the living room** *ecc.*
  È in giardino/cucina/bagno/soggiorno ecc.
- They live in **the centre** / **the city** / **the country** / **the mountains**.
  Abitano/Vivono in centro/città/campagna/montagna.

Si usa **the** *nelle espressioni:*
the top ... / **the bottom** ... / **the middle** ... / **the right** ... / **the left** ... / **the end** ... :
- It takes three hours to get **to the top** of the mountain.
  ... *in cima alla montagna.*
- The table is in **the middle** of the room.
  ... *in mezzo alla stanza.*
- Do you drive on **the right** or on **the left** in your country?
  Si guida a destra o a sinistra ... ?
- My house is at **the end** of this street. ... *in fondo a questa via.*

the top

the left | the middle | the right

the bottom

C

Non si usa **the** *nei seguenti casi:*

anni:
- He was born **in 1994**. (*non* in the 1994) ... *nel 1994.*

colori:
- I don't like **red** or **black**. *Il rosso e il nero non mi piacciono.*

pasti:
- What did you have for **breakfast**? *Che cosa hai mangiato a colazione?*
- **Lunch** is ready. (*non* The lunch) *Il pranzo è pronto.*

titoli (**Mr/Mrs/Miss/Ms/Aunt/Uncle/Doctor/Captain** *ecc.*):
- Do you know **Mr Smith**? ... *il Signor Smith?*
- Who was **Captain Cook**? ... *il Capitano Cook?*

next/last (+ **week/month/year/summer/Monday/Tuesday** *ecc.*):
- I'm not working **next week**. (*non* the next week) ... *la prossima settimana.*
- Did you have a holiday **last summer**? (*non* the last summer) ... *l'estate scorsa.*

television/TV (*ma* **the** *radio,* **the** *internet*):
- I watch **TV** a lot. *Guardo molto la televisione.*
- What's on **television** tonight? *Cosa c'è alla televisione ... ?*

ma - I listen to **the radio** a lot. *Ascolto molto la radio.*
- What do you use **the internet** for? *Per cosa usi Internet?*

Quando ci si riferisce all'apparecchio televisivo, si dice **the** *television /* **the** *TV:*
- Can you turn off **the TV**? *Puoi spegnere la TV?*

A volte, si usa **a/an** *in inglese, ma 'il/lo/la' in italiano* (→ Unità 69):
- My dog has got **a** very long tail. ... *ha la coda molto lunga.*

altri usi e omissioni di **the** ➜ **Unità 74–76**   **the oldest** / **the most expensive** *ecc.* ➜ **Unità 93**

Esercizi

73.1 Inserisci **the** dove è necessario. Scrivi **OK** se la frase è corretta.

1 What are you going to have for dinner?   *OK*
2 Who is man on left in this photo?   *the man on the left*
3 Let's go and sit in living room.
4 What time is lunch?
5 First World War began in 1914.
6 My dictionary is on top shelf on right.
7 My sister got married last month.
8 We live in country, about ten miles from nearest town.
9 We're going to spend weekend in mountains.
10 Did you see anything good on TV last night?
11 My house is third on left.
12 What are you doing next Monday?
13 Prime Minister is leader of largest party.
14 I'm going out after dinner.
15 My favourite colours are blue and yellow.
16 When we came here in 1995, there was a statue in middle of square.

shelf = ripiano

73.2 Completa ogni frase osservando la figura a cui si riferisce. Usa **the** se necessario.

1 *The sun* is shining.
2 She's working in ....
3 They're having ....
4 He's listening to ....
5 They're watching ....
6 Tom's name is at .... of the list.

73.3 Completa le frasi utilizzando le parole elencate. Usa **the** quando è necessario.

middle	breakfast	country	~~dinner~~	end	next weekend	right	TV

1 We had *dinner* at a restaurant last night.
2 We're going to stay at a hotel in .... this weekend.
3 I'd like to watch the football match, but .... isn't working.
4 .... is served at 8 o'clock every morning.
5 George is leaving at .... of May.
6 I woke up in .... of the night.
7 What are you doing .... ?
8 'Excuse me, where's the bathroom?'   'Over there on ....'

work = (qui) funzionare

73.4 Traduci in inglese.

1 Le sedie nuove sono in soggiorno.
2 L'ufficio postale è in fondo alla strada a sinistra.
3 Non guardo mai la TV al mattino.
4 Mario aspetta in giardino, ma Cosette è ancora in bagno.
5 Vuoi venire in montagna con noi la prossima settimana?
6 Nel 2013 siamo andati in cima alla Sears Tower a Chicago.
7 Abbiamo visto la zia Amy in centro sabato scorso.
8 Vivo in città, ma passo il fine settimana in campagna.
9 Dan ascolta la radio quando fa colazione.
10 L'azzurro è un colore romantico.

ancora = still
passare = spend

go to work   go home   go to the cinema

A

She's **at work**.

They're going **to school**.

He's **in bed**.

Di norma non si usa **the** *nelle seguenti espressioni. In certi casi l'italiano usa 'il/lo/la', in altri nessun articolo:*

(go) **to work**, (be) **at work**, start **work**, finish **work** *ecc.*
- Bye! I'm **going to work** now. (*non* to the work) … *Vado al lavoro / a lavorare* …
- I **finish work** at 5 o'clock every day. (*non* finish the work) *Finisco il lavoro / di lavorare* …
- Why wasn't Sue **at work** yesterday? *Perché non era al lavoro* … ?

(go) **to school**, (be) **at school**, start **school**, leave **school** *ecc.*
- What did you learn **at school** today? *Che cosa hai imparato a scuola* … ?
- Some children don't like **school**. (*non* the school)
  A certi bambini non piace la scuola.
- Nick **left school** in 2007. … *ha lasciato/finito la scuola* …

(go) **to university/college**, (be) **at university/college**
- Helen wants to **go to university**. … *vuole andare all'università.*
- What did you study **at college**? *Che cosa hai studiato all'università?*

(go) **to hospital**, (be) **in hospital**
- Jack had an accident. He had to go **to hospital**. … *andare all'ospedale.*

(go) **to prison**, (be) **in prison**
- Why is he **in prison**? What did he do? *Perché è in prigione?* …

(go) **to church**, (be) **in/at church**
- David usually goes **to church** on Sundays. … *va in chiesa* …

(go) **to bed**, (be) **in bed**
- I'm tired. I'm **going to bed**. … *Vado a letto.*
- 'Where's Alice?' 'She's **in bed**.' … *'È a letto.'*

(go) **home**, (be) **at home** *ecc.*
- I'm tired. I'm **going home**. (*non* to home) … *Vado a casa.*
- Are you going out tonight, or are you **staying at home**? … *o resti a/in casa?*

B

Per altri luoghi, di solito, si usa **the**. *Per esempio:*

(go to) **the theatre / the bank / the swimming pool / the gym / the library / the city centre**
a teatro, in banca/piscina/palestra/biblioteca/centro (senza articolo in italiano)
- I never go to **the theatre**. (*non* to theatre)
- 'Where's your hotel?' 'In **the city centre**.'

(go to) **the cinema / the airport / the station / the post office**
- We don't often go to **the cinema**. … *al cinema.*

(go to) **the doctor / the dentist**
- You're not well. Why don't you go to **the doctor**? … *dal medico?*

the → Unità 73, 75–76   in/at → Unità 110–111   to/in/at → Unità 112   (at) home → Unità 112

Esercizi

74.1 Dove sono queste persone? Osserva le vignette e completa le frasi. Usa **the** quando è necessario.

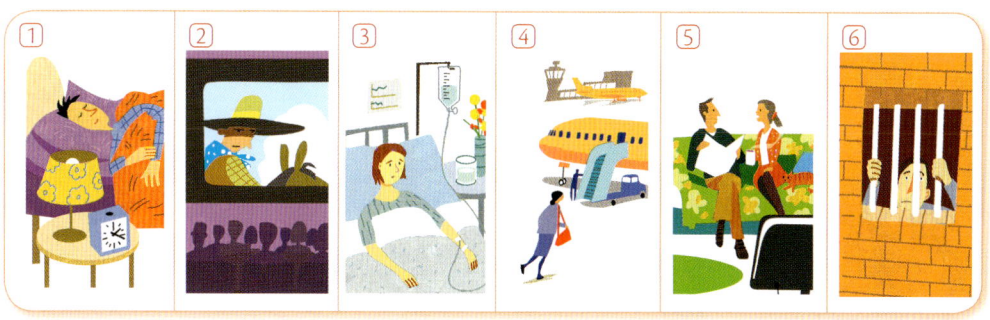

1 He's in ......*bed*...... . 　　3 She's in .... 　　5 They're at ....
2 They're at .... 　　4 She's at .... 　　6 He's in ....

74.2 Completa le frasi con le parole elencate. Usa **the** se necessario.

> ~~bank~~   bed   ~~church~~   home   post office   school   station

age = età
stamp = francobollo

1 I need to change some money. I have to go to ......*the bank*...... .
2 David usually goes to ......*church*...... on Sundays.
3 In Britain, children go to .... from the age of five.
4 There were a lot of people at .... waiting for the train.
5 We went to their house, but they weren't at ....
6 I'm going to .... now. Goodnight!
7 I'm going to .... to get some stamps.

74.3 Dove si va in questi casi? Dillo completando le frasi. Usa **the** se necessario.

rob = rapinare
injure = ferire

1 If you want to catch a plane, you ......*go to the airport*...... .
2 If you want to see a film, you go to ....
3 If you are tired and you want to sleep, you ....
4 If you rob a bank and the police catch you, you ....
5 If you have a problem with your teeth, you ....
6 If you want to study after you leave school, you ....
7 If you are badly injured in an accident, you ....

74.4 Correggi le frasi. Scrivi **the** dove manca e **OK** se la frase è corretta.

1 We went to cinema last night. 　　　　　　　　*to the cinema*
2 I finish work at 5 o'clock every day. 　　　　　*OK*
3 Lisa wasn't feeling well yesterday, so she went to doctor. ....
4 I wasn't feeling well this morning, so I stayed in bed. ....
5 Why is Angela always late for work? ....
6 'Where are your children?' 'They're at school.' ....
7 We have no money in bank. ....
8 When I was younger, I went to church every Sunday. ....
9 What time do you usually get home from work? ....
10 Do you live far from city centre? ....
11 'Where shall we meet?' 'At station.' ....
12 James is ill. He's in hospital. ....
13 Kate takes her children to school every day. ....
14 Would you like to go to university? ....
15 Would you like to go to theatre this evening? ....

74.5 Traduci in inglese.

finire = (qui) leave

1 'È ancora a letto Veronica?' 'No. È al lavoro.'
2 Sei all'università? Quando hai finito la scuola?
3 Siamo andati a teatro ieri sera. Oggi andiamo al cinema.
4 Non dimenticare di andare in banca domani.
5 Jack non era a scuola stamattina. Era malato.
6 'Andiamo in piscina!' 'Non posso. Devo andare in biblioteca.'

I like **music**   I hate **exams**

A

Non si usa **the** con i nomi che indicano categorie generali.
(In italiano, normalmente, si usa 'il/lo/la/i/gli/le'.)

- ○ I like **music**, especially **classical music**.
  (*non* the music ... the classical music)
  Mi piace la musica, specialmente la musica classica.
- ○ We don't eat **meat** very often.   (*non* the meat)
  ... (la) carne ...
- ○ **Life** is not possible without **water**.
  La vita non è possibile senza (l')acqua.
- ○ I hate **exams**.   (*non* the exams)
  Detesto gli esami.
- ○ Is there a shop near here that sells **newspapers**?   *... (i) giornali?*

Non si usa **the** con i nomi di attività sportive ('il/lo/la' in italiano):

- ○ My favourite sports are **football** and **skiing**.   *... il calcio e lo sci.*

Non si usa **the** per le lingue e le materie scolastiche (**history/geography/physics/biology** ecc.):

- ○ Do you think **English** is difficult?   (*non* the English)
  Pensi che l'inglese sia difficile?
- ○ **Physics** and **chemistry** are not my favourite subjects.
  La fisica e la chimica ...

B

flowers o **the flowers**?

Confronta:

categorie generali: ~~the~~

- ○ **Flowers** are beautiful.
  I fiori sono belli.
  (i fiori in generale)

- ○ I don't like **cold** weather.
  Non mi piace quando fa freddo.
  (il 'tempo freddo' in generale)

- ○ We don't eat **fish** very often.
  Non mangiamo spesso il pesce.
  (il pesce in generale)

- ○ Are you interested in **history**?
  (la storia in genere)

categorie specifiche: **the**

- ○ I love this garden.
  The flowers are beautiful.
  (qui si tratta dei fiori del giardino di cui si parla)

- ○ **The weather** isn't very good today.
  Il tempo non è molto bello oggi. (il tempo di oggi)

- ○ We had a great meal last night.
  The fish was excellent.
  (il pesce di ieri sera)

- ○ Do you know much about **the history** of your country?
  (quella del tuo paese)

In italiano si usa comunque 'il/lo/la/i/gli/le'.

the ➜ Unità 73–74, 76

Esercizi

75.1 Ti piacciono queste cose?

big cities	computer games	exams	jazz	parties
chocolate	dogs	housework	museums	tennis

Scegli sette delle cose elencate sopra. Per ciascuna scrivi una frase iniziando con:

I like ...   I don't like ...   I love ...   o   I hate ...

1   I hate exams.   o   I like exams. (ecc.)
2   ....
3   ....
4   ....
5   ....
6   ....
7   ....
8   ....

75.2 Ti interessano queste cose? Scrivi delle frasi utilizzando le seguenti espressioni.

I'm (very) interested in ...	**I know a lot about ...**	**I don't know much about ...**
I'm not interested in ...	**I know a little about ...**	**I don't know anything about ...**

1   (history)   I'm very interested in history.
2   (politics)   I ....
3   (sport)   ....
4   (art)   ....
5   (astronomy)   ....
6   (economics)   ....

75.3 Scegli la soluzione corretta.

1   My favourite sport is football / ~~the football~~. (football è corretto)
2   I like this hotel. ~~Rooms~~ / The rooms are very nice. (The rooms è corretto)
3   Everybody needs friends / the friends.
4   Jane doesn't go to parties / the parties very often.
5   I went shopping this morning. Shops / The shops were very busy.
6   'Where's milk / the milk?' 'It's in the fridge.'
7   I don't like milk / the milk. I never drink it.
8   'Do you do any sports?' 'Yes, I play basketball / the basketball.'
9   An architect is a person who designs buildings / the buildings.
10 We went for a swim in the river. Water / The water was very cold.
11 I don't like swimming in cold water / the cold water.
12 Excuse me, can you pass salt / the salt, please?
13 I like this town. I like people / the people here.
14 Vegetables / The vegetables are good for you.
15 Houses / The houses in this street are all the same.
16 I can't sing this song. I don't know words / the words.
17 I enjoy taking pictures / the pictures. It's my hobby.
18 Do you want to see pictures / the pictures that I took when I was on holiday?
19 English / The English is used a lot in international business / the international business.
20 Money / The money doesn't always bring happiness / the happiness.

be good for you
= far bene (alla
salute)

75.4 Traduci in inglese.

1   Gli uccelli bevono il latte?
2   Tom ama la musica rock e i cavalli.
3   'Dove sono le mele?' 'Sono in cucina.'
4   Ti piace questa città? Che ne pensi della gente?
5   Il cricket e il calcio sono molto popolari in Inghilterra.
6   Mi piace la storia. La storia d'Italia è molto interessante.
7   'Hai visto la partita ieri sera?' 'Sì. I goal sono stati fantastici.'
8   Mi piace questa scuola. Gli insegnanti sono simpatici.

simpatico = nice

the ... (con nomi di luoghi)

A | Luoghi geografici (continenti, territori, stati, isole, città ecc.)

Di solito, non si usa **the** con i nomi di luoghi geografici:
- ☐ **France** is a very large country. (*non* the France) *La Francia ...*
- ☐ **Cairo** is the capital of **Egypt**. *Il Cairo ... dell'Egitto.*
- ☐ **Corsica** is an island in the Mediterranean. *La Corsica ...*
- ☐ **Peru** is in **South America**. *Il Perù è nell'America del Sud.*

Ma si usa **the** se il nome contiene le parole **republic/states/kingdom**:

    the Czech **Republic**
    the United **States** of America (**the** USA)
    the United **Kingdom** (**the** UK)

B | Nomi plurali

Si usa **the** con i nomi plurali di nazioni, isole, montagne:

    the Netherlands   **the** Canary Islands
    the Philippines   **the** Alps

C | Mari, fiumi, monti e laghi

I nomi di oceani, mari, fiumi e canali sono preceduti da **the**:

    the Atlantic (Ocean)   **the** Mediterranean (Sea)   **the** Amazon
    the (River) Nile   **the** Suez Canal   **the** Black Sea

Di solito, però, non si usa **the** con il nome di un monte o di un lago:

    (Mount) Everest   (Mount) Etna   Lake Michigan   Lake Como

D | Luoghi topografici (vie, piazze, edifici ecc.)

Generalmente, non si usa **the** con i nomi di vie, strade, viali, piazze ecc. :
- ☐ Kevin lives in **Newton Street**.
- ☐ Where is **Highfield Road**, please?
- ☐ **Times Square** is in New York.

Con le parole **airport/station/castle** ecc. non si usa **the** se sono precedute dal nome.
(In italiano è necessario 'il/lo/la'.)

    Milan Airport   **Victoria Station**   **London Zoo**
    Westminster Abbey   **Edinburgh Castle**

Si dice anche:

    Cambridge University, **Harvard University** *ecc.*

Inoltre, non si usa **the** davanti ai nomi propri seguiti da **'s**:

    St Mark's Cathedral   **Marino's restaurant**

Ma di solito **the** è necessario con i nomi di alberghi, ristoranti, pub, cinema, teatri, musei:

    the Hilton (Hotel)   **the** National Theatre
    the Science Museum   **the** Odeon (cinema)

E | the ... of ...

Le espressioni geografiche che contengono ... **of** ... sono precedute da **the**:

    the Museum **of** Modern Art   **the** University **of** California
    the Great Wall **of** China   **the** Tower **of** London

Si dice **the north** / **the south** / **the east** / **the west** / **the middle** (of ...):
- ☐ I've been to **the north of** France, but not to **the south**.
    Sono stato nel nord della Francia, ma non nel sud.

the ➜ **Unità 73–75**

Esercizi

76.1 Si parla di geografia. Scrivi le soluzioni scegliendole dall'elenco. Usa **The** dove è necessario.

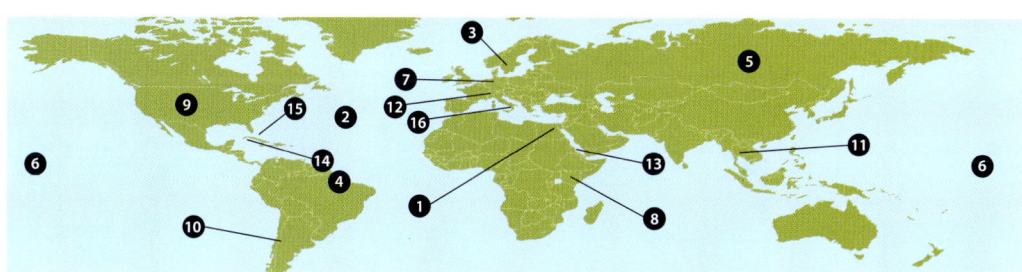

1	~~Cairo~~ *Cairo*	is the capital of Egypt.
2	*The Atlantic*	is between Africa and America.
3	....	is a country in northern Europe.
4	....	is a river in South America.
5	....	is the largest continent in the world.
6	....	is the largest ocean.
7	....	is a river in Europe.
8	....	is a country in East Africa.
9	....	is between Canada and Mexico.
10	....	are mountains in South America.
11	....	is the capital of Thailand.
12	....	are mountains in central Europe.
13	....	is between Saudi Arabia and Africa.
14	....	is an island in the Caribbean.
15	....	are a group of islands near Florida.
16	....	is a famous volcano near Naples.

Alps
Amazon
Andes
Asia
~~Atlantic~~
Bahamas
Bangkok
~~Cairo~~
Jamaica
Kenya
Pacific
Red Sea
Rhine
Sweden
United States
Vesuvius

76.2 Leggi le frasi. Scrivi **the** dove manca e **OK** per le frasi già complete.

oil = petrolio
join = collegare/congiungere

1 Kevin lives in Newton Street.
2 We went to see a play at National Theatre.   *OK* / *at the National Theatre*
3 Have you ever been to China?
4 Have you ever been to Philippines?
5 Have you ever been to south of France?
6 Can you tell me where Regal Cinema is?
7 Can you tell me where Merrion Street is?
8 Can you tell me where Museum of Art is?
9 Europe is bigger than Australia.
10 Belgium is smaller than Netherlands.
11 Which river is longer – Mississippi or Nile?
12 Did you go to National Gallery when you were in London?
13 We stayed at Park Hotel in Hudson Road.
14 How far is it from Trafalgar Square to Victoria Station (in London)?
15 Rocky Mountains are in North America.
16 Texas is famous for oil and cowboys.
17 I hope to go to United States next year.
18 Mary comes from west of Ireland.
19 Alan is a student at Manchester University.
20 Lake Garda is in north of Italy.
21 Panama Canal joins Atlantic Ocean and Pacific Ocean.

76.3 Traduci in inglese.

1 L'America è un grande continente.
2 Parigi è la capitale della Francia.
3 Manchester è nel nord dell'Inghilterra.
4 Dove sono il lago Ontario e il Mississippi?
5 Daniel ha studiato all'Università di Oxford.

6 Ho incontrato Jackie alla Torre di Londra ieri pomeriggio.
7 C'è un treno dalla stazione Vittoria all'aeroporto di Gatwick?
8 Hai visitato la chiesa di San Pietro?

➜ **Esercizi supplementari 37–38** (pag. 279–80)

this/that/these/those

Do you like **this** picture?

These flowers are for you.

Do you like **that** picture?

Who are **those** people?

| this these | questo/questa questi/queste | that those | quel/quello/quella quei/quelli/quegli/quelle |

B

This/that/these/those *possono essere usati con un nome* (**this picture** / **those girls** *ecc.*) *oppure da soli:*

- **This hotel** is expensive, but it's very nice. *Questo albergo …*
- 'Who's **that girl**?' 'I don't know.' *'Chi è quella ragazza?' …*
- Do you like **these shoes**? I bought them last week. *… queste scarpe?*
- **Those apples** look nice. Can I have one? *Quelle mele …*

⎫ *con un nome*

- **This** is a nice hotel, but it's very expensive. *Questo è un bell'albergo …*
- Excuse me, is **this** your bag? *… è questa la Sua borsa? / è Sua questa borsa?*
- Who's **that**? (*letteralmente: 'Chi è quello/a?'*) *Chi è?*
- Which shoes do you prefer – **these** or **those**? *… queste o quelle?*

⎫ *senza nome*

C

Tieni presente che **that** *non sempre corrisponde a 'quello'.*
Spesso **that** *si riferisce a qualcosa che è successo o è appena stato detto.*

that = *una cosa che è successa:*

- 'I'm sorry I forgot to phone you.' '**That**'s all right.' *… 'Non importa.'*
- **That** was a really nice meal. Thank you very much. *È stato un ottimo pranzo. …*

that = *ciò che qualcuno ha appena detto:*

- 'You're a teacher, aren't you?' 'Yes, **that**'s right.' *… 'Sì, esatto.'*
- 'Martin has a new job.' 'Really? I didn't know **that**.' *… 'Davvero? Non lo sapevo.'*
- 'I'm going on holiday next week.' 'Oh, **that**'s nice.' *… 'Oh, che bello.'*
- We must leave now.' 'Oh, **that's** a shame.' *… 'Oh, peccato.'*

D

like this / **like that** = *così*

- Don't do it **like that**. Do it **like this**. (*non* Do like this)
  Non fare così. Fai così. (= Non … in quel modo. … in questo modo.)
- Why are you looking at me **like that**?
  Perché mi guardi così? (= in quel modo)

E

Al telefono **this is** … *si riferisce a chi parla e* **is that** … **?** *all'interlocutore:*

- Hi Sarah, **this** is David.
  Ciao Sarah, sono David.
- Is **that** Sarah?
  Sei Sarah?

DAVID

Hi Sarah, this is David.

Si usa **this is** … *anche per presentare qualcuno:*

- A: Ben, **this is** Chris.
  … questo è Chris / ti presento Chris.
- B: Hello, Chris – nice to meet you.
  Ciao Chris. Piacere.
- C: Hi.

Ben, this is Chris.

AMANDA   BEN   CHRIS

---

this one / that one ➔ Unità 78

Esercizi

77.1 Completa i fumetti con **this**/**that**/**these**/**those** e le parole seguenti:

> birds   house   plates   postcards   seat   ~~shoes~~

1. Do you like _these shoes_ ?
2. Who lives in .... ?
3. How much are .... ?
4. Look at ....
5. Excuse me, is .... free?
6. .... are dirty.

77.2 Scrivi domande appropriate nei fumetti. Usa **Is this**/**that your ... ?** o **Are these**/**those your ... ?**

1. Is this your bag?
2. ....
3. ....
4. ....
5. ....
6. ....
7. ....
8. ....
9. ....
10. ....

77.3 Completa le frasi con **this is** o **that's** oppure **that**.

1 A: I'm sorry I'm late.
  B: ....._That's_..... all right.

2 A: I can't come to the party tomorrow.
  B: Oh, ... a shame. Why not?

3 (al telefono)
  SUE: Hello, Jane. .... Sue.
  JANE: Oh, hello Sue. How are you?

4 A: You're lazy.
  B: .... not true!

5 A: Beth plays the piano very well.
  B: Does she? I didn't know ....

6 *Paul presenta sua sorella (Helen) a Mark:*
  PAUL: Mark, ... my sister, Helen.
  MARK: Hi, Helen.

7 A: I'm sorry I was angry yesterday.
  B: .... OK. Forget it!

8 A: You're a friend of Tom's, aren't you?
  B: Yes, ... right.

lazy = pigro
Forget it! = Non
  pensarci!

77.4 Come si dice in inglese?

1 questo esempio ....
2 quel cavallo ....
3 quei bambini ....
4 questi cappotti ....
5 queste ragazze ....
6 quella gente ....
7 questa stanza ....
8 quell'auto ....

77.5 Traduci in inglese. Usa **this**/**that**.

1 'Oh, ho rotto il bicchiere.' 'Non importa.'
2 'Chi è quello?' 'Il fratello di Sarah.'
3 'Tu abiti a Roma, vero?' 'Esatto.'
4 (al telefono) Ciao, Joe. Sono Mark.
5 Kelly, ti presento Francis.
6 Non parlare così.

A

one (= **a** …)

one = è un numero (1), ma si usa anche come pronome (per evitare di ripetere un nome numerabile).

These chocolates are good.
Would you like **one**?

one può sostituire **a/an** + nome (**a chocolate / an apple** ecc.):

- These chocolates are good.

  Would you like **one** ? *Ne vuoi uno?*

  = Would you like **a chocolate** ?

one (= **a/an** …) *corrisponde di solito a 'uno/una':*
- I need **a pen**. Do you have **one**? … *Ne hai una?*
- A: Is there **a bank** near here?
  B: Yes, there's **one** over there. … *ce n'è una laggiù.*

B

one e **ones**

one *sostituisce un nome singolare, e* **ones** *sostituisce un nome plurale.*

one (singolare)

Which **one**
do you want?

This **one**.

Which **one**? = Which **hat**?
Quale? = Quale cappello?

this one / that one = *questo/quello*
- Which **car** is yours? **This one** or **that one**?

the one … = *quello/quella*
- A: Which **hotel** did you stay at?
  B: **The one** opposite the station.
     Quello di fronte alla stazione.
- I found this **key**. Is it **the one** you lost?
  Ho trovato questa chiave. È quella che hai perso?

the + *aggettivo* + **one**
- I don't like the black **coat**, but I like **the brown one**. … *quello marrone.*
- Don't buy that **camera**. Buy **the other one**.
  … *Compra l'altra.*

a/an + *aggettivo* + **one**
- This **cup** is dirty. Can I have **a clean one**?
  … *Posso averne una pulita?*
- That **biscuit** was nice. I'm going to have **another one**. … *Ne prendo un altro.*

ones (plurale)

Which **ones**
do you want?

The white **ones**.

Which **ones**? = Which **flowers**?
Quali? = Quali fiori?

Di solito, **these/those** *si usano senza* **ones**:
- Which **flowers** do you want? **These** or **those**? *o* **These ones** or **those ones**?

the ones … = *quelli/quelle*
- A: Which **books** are yours?
  B: **The ones** on the table.
     Quelli sul tavolo.
- I found these **keys**. Are they **the ones** you lost? … *queste chiavi. Sono quelle che hai perso?*

the + *aggettivo* + **ones**
- I don't like the red **shoes**, but I like **the green ones**. … *ma mi piacciono quelle verdi.*
- Don't buy those **apples**. Buy **the other ones**. … *Compra le altre.*

(**some**) + *aggettivo* + **ones**
- These **cups** are dirty. Can we have **some clean ones**? … *Possiamo averne di pulite?*
- My **shoes** are very old. I'm going to buy **some new ones**. … *Me le comprerò nuove.*

Osserva gli errori segnalati accanto ai seguenti esempi:
- I'm going to sell my car and buy **a new one**. (*non* a new, *non* one new)
- This bag is too small. Please pass me **the big one**. (*non* the big)

which … ? ➜ Unità 49   another ➜ Unità 68   a/an 2 ➜ Unità 69   this/that *ecc.* ➜ Unità 77

Esercizi

78.1 Utilizza le informazioni nel riquadro per completare le risposte di B. Usa **one** al posto di **a/an** + nome.

chemist = farmacista

B doesn't need a car	B has just had a cup of coffee
there's a chemist in Mill Road	B is going to get a bike
~~B doesn't have a pen~~	B doesn't have an umbrella

1 A: Can you lend me a pen?   B: I'm sorry, *I don't have one*   .
2 A: Would you like to have a car?   B: No, I don't _____ .
3 A: Do you have a bike?   B: No, but _____ .
4 A: Can you lend me an umbrella?   B: I'm sorry, but _____ .
5 A: Would you like a cup of coffee? B: No, thank you. _____ .
6 A: Is there a chemist near here? B: Yes, _____ .

78.2 Completa le frasi con **a/an ... one** e le parole elencate.

better   big   ~~clean~~   different   new   old

1 This cup is dirty. Can I have ____ *a clean one* _____ ?
2 I'm going to sell my car and buy _____ .
3 That's not a very good photo, but this is _____ .
4 I want today's newspaper. This is _____ .
5 This box is too small. I need _____ .
6 Why do we always go to the same restaurant? Let's go to _____ .

78.3 Completa i mini dialoghi usando **one/ones**. Osserva l'esempio.

top shelf = ripiano
  in alto
moustache = baffi

1 *A stayed at a hotel. It was opposite the station.* A: We stayed at a hotel. B: *Which one* ? A: *The one opposite the station.*	6 *A is looking at a picture. It's on the wall.* A: That's an interesting picture. B: _____ ? A: _____
2 *A sees some shoes in a shop window. They're green.* A: I like those shoes. B: Which _____ ? A: The _____	7 *A sees a girl in a group of people. She's tall with long hair.* A: Do you know that girl? B: _____ ? A: _____
3 *A is looking at a house. It has a red door.* A: That's a nice house. B. _____ ? A: _____ with _____	8 *A is looking at some flowers in the garden. They're yellow.* A: Those flowers are beautiful. B: _____ ? A: _____
4 *A is looking at some CDs. They're on the top shelf.* A: Are those your CDs? B: _____ ? A: _____	9 *A is looking at a man in a restaurant. He has a moustache and glasses.* A: Who's that man? B: _____ ? A: _____
5 *A is looking at a jacket in a shop. It's black.* A: Do you like that jacket? B: _____ ? A: _____	10 *A took some photos at the party last week.* A: Did I show you my photos? B: _____ ? A: _____

78.4 Traduci in inglese.

1 Mi piacciono queste rose. Posso averne una?
2 'Ti piacerebbe avere lo scooter?' 'Ce l'ho.'
3 'Va bene questa borsa?' 'Ce n'è una più grande?'
4 'È quella la tua casa?' 'No, è quella bianca.'
5 Che jeans vuoi? Questi, o quelli sul letto?
6 Non mi piace il nuovo modello. Preferisco il vecchio.
7 Questi poster sono belli, ma preferisco quelli piccoli in soggiorno.
8 'Prendi quelle bottiglie.' 'Quali?'

some *e* any

A

Some e **any** indicano quantità non precisate. **Some/any** + nome corrisponde all'italiano 'del/dello/della/dei/degli' (= *un po' di / qualche / alcuni*).

some

> I have **some** money.

Nelle frasi affermative si usa **some**:
- ○ I'm going to buy **some** clothes.
  Comprerò dei vestiti.
- ○ There's **some** milk in the fridge.
  C'è del latte in frigo.
- ○ We made **some** mistakes.
  Abbiamo fatto degli errori.

any

> I **don't** have **any** money.

Nelle frasi negative si usa **any**:
- ○ I'm **not** going to buy **any** clothes.
  Non comprerò dei vestiti.
- ○ There **isn't any** milk in the fridge.
  Non c'è latte in frigo.
- ○ We **didn't** make **any** mistakes.
  Non abbiamo fatto (degli) errori.

B

Nelle forme interrogative si usano **any** *e* **some**.

Nella maggior parte delle domande (ma non in tutte) si usa **any**:
- ○ Is there **any** milk in the fridge? *... del latte ... ?*
- ○ Does he have **any** friends? *... degli amici?*
- ○ Do you need **any** help? *Hai/Avete bisogno di aiuto?*

> **Do** you have **any** money?

Normalmente, quando si offre qualcosa si usa **some** (*non* any):
- ○ A: Would you like **some** coffee? *Vuoi del caffè?*
  B: Yes, please.

e anche quando si richiede qualcosa:
- ○ A: Can I have **some** soup, please? *... della minestra ... ?*
  B: Yes. Help yourself. *... Serviti.*
- ○ A: Can you lend me **some** money? *Puoi prestarmi dei soldi?*
  B: Sure. How much do you need? *Certo. Quanto ti serve?*

> Would you like **some** coffee?

C

Some e **any** sono anche pronomi, cioè, si possono usare da soli. In tal caso, corrispondono a 'ne' (= *un po'/alcuni*).
- ○ I didn't take any pictures, but Jessica took **some**. *... ma Jessica ne ha fatte.*
- ○ You can have some coffee, but I don't want **any**. *... ma io non ne voglio.*
- ○ I've just made some coffee. Would you like **some**? *... Ne vuoi (un po')?*
- ○ 'Where's your luggage?' 'I don't have **any**.' *... 'Non ne ho.'*
- ○ 'Are there any biscuits?' 'Yes, there are **some** in the kitchen.' *... 'Sì, ce ne sono (un po') ...'*

D

Something/anything (= *qualcosa*) e **somebody/anybody** o **someone/anyone** (= *qualcuno*) sono composti di **some** e **any**. Perciò si comportano in modo analogo:

frasi affermative, offerte, ecc.

something / somebody (*o* **someone**)
- ○ She said **something**. *Disse qualcosa.*
- ○ I saw **somebody** (*o* **someone**).
  Vidi qualcuno.
- ○ Would you like **something** to eat?
  Vuoi qualcosa da mangiare?
- ○ **Somebody**'s at the door.
  C'è qualcuno alla porta.

frasi negative e interrogative

anything / anybody (*o* **anyone**)
- ○ She **didn't** say **anything**. *Non disse nulla.*
- ○ I **didn't** see **anybody** (*o* **anyone**).
  Non vidi nessuno.
- ○ Are you doing **anything** tonight?
  Fai qualcosa stasera?
- ○ Where's Sue? Has **anybody** seen her?
  Dov'è Sue? Qualcuno l'ha vista?

a è some ➜ Unità 71–72   somebody/anything *ecc.* ➜ Unità 82

Esercizi

79.1 Completa le frasi con **some** o **any**.

rice = riso

1 I bought ....*some*.... cheese, but I didn't buy ....*any*.... bread.
2 In the middle of the room there was a table and .... chairs.
3 There aren't .... shops in this part of town.
4 Gary and Alice don't have .... children.
5 Do you have .... brothers or sisters?
6 There are .... beautiful flowers in the garden.
7 Do you know .... good hotels in London?
8 'Would you like .... tea?' 'Yes, please.'
9 When we were on holiday, we visited .... interesting places.
10 Don't buy .... rice. We don't need ....
11 I went out to buy .... bananas, but they didn't have .... in the shop.
12 I'm thirsty. Can I have .... water, please?

79.2 Completa ogni frase con **some** o **any** e una delle parole seguenti.

foreign = straniero

air	cheese	help	milk	questions
batteries	friends	languages	pictures	~~shampoo~~

1 I want to wash my hair. Is there ...*any shampoo*... ?
2 The police want to talk to you. They want to ask you ....
3 I had my camera, but I didn't take ....
4 Do you speak .... foreign .... ?
5 Yesterday evening I went to a restaurant with .... of mine.
6 Can I have .... in my coffee, please?
7 The radio isn't working. There aren't .... in it.
8 It's hot in this office. I'm going out for .... fresh ....
9 A: Would you like .... ?
   B: No, thank you. I've had enough to eat.
10 I can do this job alone. I don't need ....

79.3 Completa le frasi con le forme adatte dei verbi indicati e con **some** o **any**.

look good = avere
   un bell'aspetto

1 Kate didn't take any pictures, but ...*I took some*... . (I/take)
2 'Where's your luggage?' '...*I don't have any*...' (I/not/have)
3 'Do you need any money?' 'No, thank you. ....: (I/have)
4 'Can you lend me some money?' 'I'm sorry, but ....: (I/not/have)
5 The tomatoes in the shop didn't look very good, so .... (I/not/buy)
6 There were some nice oranges in the shop, so .... (I/buy)
7 'How much coffee did you drink yesterday?' '...: (I/not/drink)

79.4 Completa le frasi con **something/somebody/anything/anybody**.

1 A woman stopped me and said ...*something*..., but I didn't understand.
2 'What's wrong?' 'There's .... in my eye.'
3 Do you know .... about politics?
4 I went to the shop, but I didn't buy ....
5 .... has broken the window. I don't know who.
6 There isn't .... in the bag. It's empty.
7 I'm looking for my keys. Has .... seen them?
8 Would you like .... to drink?
9 I didn't eat .... because I wasn't hungry.
10 This is a secret. Please don't tell ....

79.5 Traduci in inglese.

pila = battery
telecomando =
   remote control

1 C'è del formaggio nel frigorifero.
2 Ho degli amici a Roma.
3 Steve non ha problemi.
4 Non voglio zucchero, grazie.
5 Vuoi delle patatine fritte?
6 Abbiamo delle pile per il telecomando?

7 Puoi passarmi del pane, per favore?
8 'Non ho latte.' 'Io ne ho. Ne vuoi?'
9 'Vorrei del tè.' 'Non ce n'è.'
10 'Di' qualcosa.' 'Non ho niente da dire.'
11 Conosci qualcuno che parla russo?
12 Non conosciamo nessuno qui.

not + any   no   none

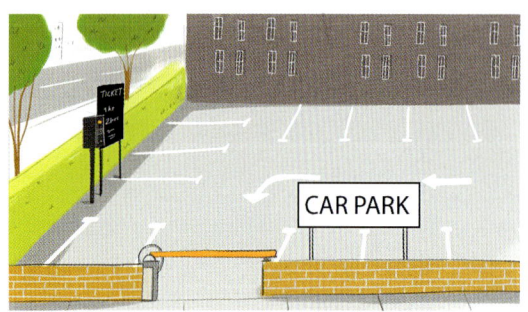

The car park is empty.   *Il parcheggio è vuoto.*

There are**n't any** cars. }
There are **no** cars. } *Non ci sono macchine.*

How many cars are there in the car park?
None.   *Neanche una.*

not (n't) + any

Nelle frasi negative si usa **any**:
- There are**n't any** cars in the car park.   *Non ci sono macchine ...*
- Tracey and Jack do**n't** have **any** children.   *... non hanno bambini/figli.*
- You can have some coffee, but I do**n't** want **any**.   *... ma io non ne voglio.*

no + *nome* (**no cars** / **no garden** *ecc.*) = **not any** ... *oppure* **not a** ... :
- There are **no cars** in the car park.   (= there are**n't any** cars)
- We have **no coffee**.   (= we do**n't** have **any** coffee)
- It's a nice house, but there's **no garden**.   (= there is**n't a** garden)

L'uso di **no** *... è particolarmente frequente dopo* **have** *e* **there is/are**.

Confronta: verbo negativo + **any** *= verbo affermativo +* **no**:
- They **don't** have **any** children. }
  They **have no** children. } *Non hanno figli/bambini.*
  (*non* They don't have no children)
- There **isn't any** sugar in your coffee. } *Non c'è zucchero nel tuo caffè.*
  There**'s no** sugar in your coffee. }

no *e* **none**

No *deve essere seguito da un nome* (**no money** / **no children** *ecc.*):
- We have **no money**.   *Non abbiamo soldi.*
- Everything was OK. There were **no problems**.   *... Non ci sono stati problemi.*

None *si usa da solo* (*al posto di* **no** + *nome*):
- A: How much money do you have?   *Quanti soldi hai?*
  B: **None**.   (= no money)   *Neanche un po'.*
- A: Were there any problems?   *Ci sono stati (dei) problemi?*
  B: No, **none**.   (= no problems)   *No, neanche uno / nessuno.*

none *e* **no-one**

none	= 0 (zero) *neanche un po' / neanche uno / nessuno*
no-one	= nobody *nessuno*

None *risponde alle domande* **How much?** (*Quanto/Quanta?*) *e* **How many?** (*Quanti/Quante?*) *e può riferirsi sia a cose, sia a persone:*
- A: **How much** money do you have?
  B: **None**.   (= no money)
- A: **How many** people did you meet?'
  B: **None**.   (= no people)

No-one *risponde alla domanda* **Who?** (*Chi?*):
- A: **Who** did you meet?   *Chi hai/avete incontrato?*
  B: **No-one**.   (*o* **Nobody**).   *Nessuno.*

forme negative → Unità 45   *some* e *any* → Unità 79   *anybody/nobody/nothing ecc.* → Unità 81–82

Esercizi

80.1 Riscrivi le seguenti frasi usando **no**.

1 We don't have any money.   *We have no money.*
2 There aren't any shops near here.   There are ....
3 Carla doesn't have any free time.   ....
4 There isn't a light in this room.   ....

Ora riscrivi queste frasi usando **any**.

5 We have no money.   *We don't have any money.*
6 There's no milk in the fridge.   ....
7 There are no buses today.   ....
8 Tom has no brothers or sisters.   ....

80.2 Completa le frasi con **no** oppure **any**.

1 There's ....*no*.... sugar in your coffee.
2 My brother is married, but he doesn't have .... children.
3 Sue doesn't speak .... foreign languages.
4 I'm afraid there's .... coffee. Would you like some tea?
5 'Look at those birds!' 'Birds? Where? I can't see .... birds.'
6 'Do you know where Jessica is?' 'No, I have .... idea.'

foreign = straniero

Ora inserisci **no**, **any** o **none**.

7 There aren't .... pictures on the wall.
8 The weather was cold, but there was .... wind.
9 I wanted to buy some oranges, but they didn't have .... in the shop.
10 Everything was correct. There were .... mistakes.
11 'How much luggage do you have?' '....................'
12 'How much luggage do you have?' 'I don't have ....'

80.3 Completa ogni frase con **any** o **no** + una delle parole seguenti:

difference	friends	furniture	heating	idea
money	~~problems~~	questions	queue	

furniture = mobili
heating =
   riscaldamento

1 Everything was OK. There were ....*no problems*.... .
2 Jack and Emily would like to go on holiday, but they have ....
3 I'm not going to answer ....
4 He's always alone. He has ....
5 There is .... between these two machines. They're exactly the same.
6 There wasn't .... in the room. It was completely empty.
7 'Do you know how the accident happened?' 'No, I have ....'
8 The house is cold because there isn't ....
9 We didn't have to wait to get our train tickets. There was ....

80.4 Rispondi in breve (una o due parole) usando **none** dove è necessario.

1 How many letters did you write yesterday?   *Two.* o *A lot.* o *None.*
2 How many sisters do you have?   ....
3 How much coffee did you drink yesterday?   ....
4 How many photos have you taken today?   ....
5 How many legs does a snake have?   ....

80.5 Traduci in inglese.

1 Tom non ha amici.
2 Non ci sono animali in questo parco.
3 Il bagno è grande, ma non ci sono finestre.
4 Luca non ha passatempi. Non ha tempo libero.
5 'Quanto pane abbiamo?' 'Nemmeno un po'.'
6 Questo programma non piace a nessuno.
7 'Quanti figli ebbe Elizabetta I?' 'Neanche uno.'
8 Non ci conosce nessuno. (= Nessuno ci conosce.)
9 'Quanti errori hai fatto nel test?' 'Neanche uno.'
10 'Aspetta. Non ho il biglietto.' 'Non c'è fretta.'

passatempo =
   hobby
fretta = hurry

171

not + anybody/anyone/anything
nobody/no-one/nothing

not + anybody/**anyone**
nobody/no-one } *nessuno*

not + **anything**
nothing } *niente/nulla*

- There **isn't** { **anybody** / **anyone** } in the room.
  Non c'è nessuno ...

- There **is** { **nobody** / **no-one** } in the room.
  Non c'è nessuno ...

- A: **Who** is in the room?
  B: **Nobody**. / **No-one**. *Nessuno.*

-body *e* -one *hanno lo stesso significato:*
any**body** = any**one**   no**body** = no-**one**

- There **isn't anything** in the bag.
  Non c'è niente ...

- There **is nothing** in the bag.
  Non c'è niente ...

- A: **What**'s in the bag?
  B: **Nothing**. *Niente.*

not + anybody/anyone
- I do**n't** know **anybody** (*o* **anyone**) here.
  Non conosco nessuno qui.

nobody = not + anybody
no-one = not + anyone
- I'm lonely. I have **nobody** to talk to.
  (= I do**n't** have **anybody**)
  Non ho nessuno con cui parlare.
- The house is empty. There is **no-one** in it.
  (= There is**n't anyone** in it.)
  La casa è vuota. Non c'è nessuno dentro.

not + anything
- I ca**n't** remember **anything**.
  Non ricordo niente.

nothing = not + anything
- She said **nothing**.
  (= She did**n't** say **anything**.)
  Non disse nulla.
- There's **nothing** to eat.
  (= There is**n't anything** to eat.)
  Non c'è niente da mangiare.

Nobody/no-one/nothing *si possono usare all'inizio della frase, o da soli in risposta a una domanda:*

- The house is empty. **Nobody** lives there.
  La casa è vuota. Non ci abita nessuno.
- A: Who did you speak to? *Con chi hai parlato?*
  B: **No-one**. *Con nessuno.*

- **Nothing** happened.
  Non è successo niente.
- A: What did you say? *Che cosa hai detto?*
  B: **Nothing**. *Niente.*

Anybody/anyone/anything *si comportano come* **any**. **Nobody/no-one/nothing** *si comportano come* **no**.

verbo negativo + **anybody/anyone/anything**
verbo affermativo + **nobody/no-one/nothing**

- He does**n't** know **anything**. (*non* He doesn't know nothing) *Non sa niente.*
- Do**n't** tell **anybody**. (*non* Don't tell nobody) *Non dirlo a nessuno.*
- There **is nothing** to do in this town. (*non* There isn't nothing) *Non c'è niente da fare ...*

some *e* any → Unità 79   any *e* no → Unità 80   somebody/anything/nowhere → Unità 82

81.1 Riscrivi le seguenti frasi usando **nobody**/**no-one** o **nothing**.

1 There isn't anything in the bag.   *There's nothing in the bag.*
2 There isn't anybody in the office.   There's ....
3 I don't have anything to do.   I ....
4 There isn't anything on TV.   ....
5 There wasn't anyone at home.   ....
6 We didn't find anything.   ....

81.2 Riscrivi queste frasi usando **anybody**/**anyone** o **anything**.

1 There's nothing in the bag.   *There isn't anything in the bag.*
2 There was nobody on the bus.   There wasn't ....
3 I have nothing to read.   ....
4 I have no-one to help me.   ....
5 She heard nothing.   ....
6 We have nothing for dinner.   ....

81.3 Rispondi alle domande con **nobody**/**no-one** o **nothing**.

1a What did you say?   *Nothing.*   5a Who knows the answer? ....
2a Who saw you?   *Nobody.*   6a What did you buy? ....
3a What do you want? ....   7a What happened? ....
4a Who did you meet? ....   8a Who was late? ....

Ora scrivi delle risposte complete alle stesse domande.
Usa **nobody**/**no-one**/**nothing** o **anybody**/**anyone**/**anything**.

1b *I didn't say anything.*
2b *Nobody saw me.*
3b I don't ....
4b I ....
5b .... the answer.
6b ....
7b ....
8b ....

81.4 Completa le frasi con **nobody**/**no-one**/**nothing**/**anybody**/**anyone**/**anything**.

1 That house is empty.   *Nobody* lives there.
2 Jack has a bad memory. He can't remember *anything*.
3 Be quiet! Don't say ....
4 I didn't know about the meeting. .... told me.
5 'What did you have to eat?'   '............................... . I wasn't hungry.'
6 I didn't eat .... I wasn't hungry.
7 Helen was sitting alone. She wasn't with ....
8 I'm afraid I can't help you. There's .... I can do.
9 I don't know .... about car engines.
10 The museum is free. It doesn't cost .... to go in.
11 I heard a knock on the door, but when I opened it, there was .... there.
12 The hotel receptionist spoke very fast. I didn't understand ....
13 'What are you doing tonight?'   '............................... . Why?'
14 Sophie has gone away. .... knows where she is. She didn't tell
   .... where she was going.

engine = motore

81.5 Traduci in inglese.

1 Non so niente del cricket.
2 Non possiamo fare niente per te.
3 Non c'era nessuno sull'autobus.
4 'Che cosa avete fatto venerdì sera?'   'Niente. Siamo andati a letto presto.'
5 'Conosci qualcuno qui?'   'No, nessuno.'
6 Niente può fermare il cattivo tempo.
7 Nessuno conosce l'indirizzo di Laura.
8 Ho messo dentro i soldi e ho premuto il bottone, ma non è successo niente.

del (1) = about
premere = press

somebody/anything/nowhere *ecc.*

A

Somebody (*o* **Someone**)
has broken the window.

somebody/someone
= *qualcuno*

She has **something** in
her mouth.

something = *qualcosa*

Tom lives **somewhere** near
London.

somewhere = *in qualche posto*

B

Somebody/**anything**/**nowhere** *ecc. si usano nelle frasi affermative, interrogative e negative in modo analogo a* **some**/**any**/**no** (→ *Unità 79–80*):

persone (-**body** *o* -**one**)

somebody *o* someone
anybody *o* anyone
nobody *o* no-one

- ○ There is **somebody** (*o* **someone**) at the door. *Cè qualcuno …*
- ○ Is there **anybody** (*o* **anyone**) at the door? *Cè qualcuno … ?*
- ○ There isn't **anybody** (*o* **anyone**) at the door. *Non cè nessuno …*
- ○ There is **nobody** (*o* **no-one**) at the door. *Non cè nessuno …*

-**body** *e* -**one** *si equivalgono:* **somebody** = **someone**, **nobody** = **no-one** *ecc.*

cose (-**thing**)

something
anything
nothing

- ○ Lucy said **something**, but I didn't understand her. *… disse qualcosa …*
- ○ Are you doing **anything** at the weekend? *Fai/Fate qualcosa … ?*
- ○ I was angry, but I did**n't** say **anything**. *… ma non dissi niente/nulla.*
- ○ 'What did you say?' '**Nothing**.' *… 'Niente/Nulla.'*

luoghi (-**where**)

somewhere
anywhere
nowhere

- ○ Ruth's parents live **somewhere** in the south of England. *… abitano da qualche parte …*
- ○ Did you go **anywhere** last weekend? *Sei andato in qualche posto … ?*
- ○ I'm staying here. I'm **not** going **anywhere**. *… Non vado in nessun posto.*
- ○ I don't like this town. There is **nowhere** to go. *… nessun posto dove andare.*

C

Something/**anybody** *ecc. possono essere seguiti da un aggettivo* (**big**/**cheap**/**interesting** *ecc.*).
- ○ Did you meet **anybody interesting** at the party? *… qualche persona interessante … ?*
- ○ We always go to the same place. Let's go **somewhere different**. *… in qualche altro posto.*
- ○ 'What's that letter?' 'It's **nothing important**.' *… 'Non è niente d'importante.'*

Osserva la differenza rispetto all'italiano:
   something different *qualcosa di diverso*
   nothing better *niente di meglio*

Si dice anche **something else** / **anybody else** *ecc.* (= *qualcos'altro / qualcun altro ecc.*):
- ○ I don't know Anna's number. Ask **somebody else**. *… Chiedi a qualcun altro.*
- ○ Ben spends all his time on the internet. He does**n't** do **anything else**. *… Non fa nient'altro.*

D

Something/**anybody** *ecc. possono essere seguiti dall'infinito* (**to** …):
- ○ I'm hungry. I want **something to eat**. *… qualcosa da mangiare.*
- ○ Tony doesn't have **anybody to talk** to. *… nessuno con cui parlare.*
- ○ There is **nowhere to go** in this town. *… nessun posto dove andare.*

---

some *e* any ➜ **Unità 79**   any *e* no ➜ **Unità 80**   anybody/nothing *ecc.* ➜ **Unità 81**
everything/-body/-where ➜ **Unità 83**

Esercizi

82.1 Completa le affermazioni con **somebody** (o **someone**) / **something** / **somewhere**.

1 Lucy said ....*something*.... .	What did she say?
2 I've lost	What have you lost?
3 Sue and Tom went	Where did they go?
4 I'm going to phone	Who are you going to phone?

82.2 Rispondi con **nobody** (o **no-one**) / **nothing** / **nowhere**.

1a What did you say?	*Nothing.*
2a Where are you going?	
3a What do you want?	
4a Who are you looking for?	

Ora rispondi con frasi complete. Usa **not** + **anybody**/**anything**/**anywhere**.

1b ...*I didn't say anything.*.............. 3b ....

2b I'm not .... 4b ....

82.3 Completa le frasi con **somebody**/**anything**/**nowhere** ecc.

1 It's dark. I can't see ....*anything*.... .
2 Tom lives ....*somewhere*.... near London.
3 Do you know .... about computers?
4 'Listen!' 'What? I can't hear ....'
5 'What are you doing here?' 'I'm waiting for ....'
6 We need to talk. There's .... I want to tell you.
7 'Did .... see the accident?' 'No, ...'
8 We weren't hungry, so we didn't eat ....
9 'What's going to happen?' 'I don't know. .... knows.'
10 'Do you know .... in Paris?' 'Yes, a few people.'
11 'What's in that cupboard?' '........................ . It's empty.'
12 I'm looking for my glasses. I can't find them ....
13 I don't like cold weather. I want to live .... warm.
14 Is there .... interesting on TV tonight?
15 Have you ever met .... famous?

82.4 Completa le frasi scegliendo dai riquadri.

magazine = rivista

something	anything	nothing
something	anywhere	~~nowhere~~
somewhere		nowhere

do	eat	park	sit
drink	~~go~~	read	stay

1 We don't go out very much because there's ...*nowhere to go*.... .
2 There isn't any food in the house. We don't have ....
3 I'm bored. I've got ....
4 'Why are you standing?' 'Because there isn't ....'
5 'Would you like .... ?' 'Yes, please – a glass of water.'
6 If you're going to the city centre, take the bus. Don't drive because there's
   ....
7 I want .... I'm going to buy a magazine.
8 I need .... in London. Can you recommend a hotel?

82.5 Traduci in inglese.

su (10) = in

1 Ascolta. C'è qualcuno in garage.
2 C'è qualcosa di bello alla radio?
3 Hai visto qualcuno al parco?
4 Solo Tom e io abbiamo la chiave.
   Nessun altro.
5 Fa caldo oggi. Vorresti qualcosa
   da bere?

6 Ho lasciato il mio ombrello da qualche parte.
7 A: Ti piace il tuo lavoro?
   B: Parliamo di qualcos'altro.
8 Non ho niente da fare. C'è qualcosa da leggere?
9 Non c'è nessun posto dove giocare a calcio qui.
10 Non c'è niente di nuovo sul giornale.

every e all

A | every

Every house in the street is the same.

every house in the street =
all the houses in the street
ogni casa della via =
tutte le case della via

Every *è seguito da un nome singolare* (**every house** / **every country** *ecc.*):
- Sarah has been to **every country** in Europe. (*non* every countries) *... in ogni paese / in tutti i paesi ...*
- **Every summer** we have a holiday by the sea. *Ogni estate / Tutte le estati ...*
- She looks different **every time** I see her. *... ogni volta / tutte le volte che ...*

Dopo **every** ... *il verbo è al singolare:*
- **Every house** in the street **is** the same. (*non* are the same)
- **Every country has** a national flag. (*non* have)

Confronta **every** *e* **all**:

Every student in the class passed the exam. *Ogni studente della classe ...*	**All the students** in the class passed the exam. *Tutti gli studenti della classe ...*
Every country has a national flag. *Ogni paese ha una bandiera ...*	**All countries have** a national flag. *Tutti i paesi hanno una bandiera ...*

B | every day e all day

every day = *ogni giorno / tutti i giorni*

how often?

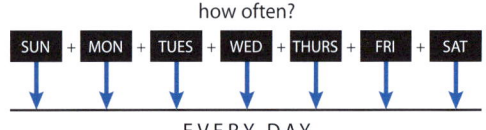

EVERY DAY

all day = *tutto il giorno*

how long?

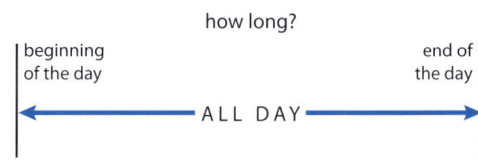

It rained **every day** last week. *È piovuto tutti i giorni / ogni giorno ...*	It rained **all day** yesterday. *... è piovuto tutto il giorno ieri.*
Ben watches TV for about two hours **every evening**. *... ogni sera / tutte le sere.*	On Monday, I watched TV **all evening**. *... tutta la sera.*

Si dice **every morning/night/summer** *ecc.*

Si dice **all morning/night/summer** *ecc.*

C | everybody (o everyone) / everything / everywhere

everybody *o* **everyone** *tutti (ognuno)* **everything** *tutto (ogni cosa)* **everywhere** *dappertutto*	**Everybody** (*o* **Everyone**) needs friends. *Tutti hanno bisogno di amici.* Do you have **everything** you need? *Hai tutto ciò che ti serve?* I lost my watch. I've looked **everywhere** for it. *Ho perso l'orologio. L'ho cercato dappertutto.*

Dopo **everybody/everyone/everything** *il verbo è al singolare:*
- **Everybody has** problems. (*non* Everybody have)
  Tutti hanno dei problemi.

Si usa **all** + *nome* (**all the students** / **all the news** *ecc.*), *ma di solito non si usa* **all** *da solo. In tal caso si usa* **everybody/everything**:
- **All the students** passed the exam. *Tutti gli studenti hanno superato ...*

ma   **Everybody** passed the exam. *Tutti hanno superato ...*
- I'm going to tell you **all the news**. *... tutte le notizie.*

ma   I'm going to tell you **everything**. *... tutto.*

all ➜ **Unità 84**   all (*construzione*) ➜ **Unità 97**

Esercizi

83.1 Completa ogni frase con **every** e una delle parole seguenti:

> day   room   ~~student~~   time   word

1 __Every student__ in the class passed the exam.
2 My job is very boring. _____ is the same.
3 Kate is a very good tennis player. When we play, she wins _____ .
4 _____ in the hotel has free wi-fi and a minibar.
5 'Did you understand what she said?'   'Most of it, but not _____ .'

83.2 Completa le frasi con **every day** o **all day**.

1 Yesterday it rained __all day__ .
2 I buy a newspaper _____ , but sometimes I don't read it.
3 I'm not going out tomorrow. I'll be at home _____ .
4 I usually drink about four cups of coffee _____ .
5 Paula was ill yesterday, so she stayed in bed _____ .
6 I'm tired now because I've been working hard _____ .
7 Last year we went to the seaside for a week, and it rained _____ .

83.3 Completa le frasi con **every** oppure **all**.

1 Bill watches TV for about two hours __every__ evening.
2 Julia gets up at 6.30 _____ morning.
3 The weather was nice yesterday, so we sat outside _____ afternoon.
4 I'm going away on Monday. I'll be away _____ week.
5 A: How often do you go skiing?
   B: _____ year. Usually in March.
6 A: Were you at home at 10 o'clock yesterday?
   B: Yes, I was at home _____ morning. I went out after lunch.
7 My sister loves new cars. She buys one _____ year.
8 I saw Sam at the party, but he didn't speak to me _____ evening.
9 We go away on holiday for two or three weeks _____ summer.

83.4 Completa le frasi con **everybody/everything/everywhere**.

1 __Everybody__ needs friends.
2 Chris knows _____ about computers.
3 I like the people here. _____ is very friendly.
4 This is a nice hotel. It's comfortable and _____ is very clean.
5 Kevin never uses his car. He goes _____ by motorcycle.
6 Let's get something to eat. _____ is hungry.
7 Sue's house is full of books. There are books _____ .
8 You are right. _____ you say is true.

83.5 Completa ogni frase con un verbo adatto (una parola sola).

1 Everybody __has__ problems.
2 Are you ready yet? Everybody _____ waiting for you.
3 The house is empty. Everyone _____ gone out.
4 Gary is very popular. Everybody _____ him.
5 This town is completely different now. Everything _____ changed.
6 I got home very late last night. I came in quietly because everyone _____ asleep.
7 Everybody _____ mistakes!
8 A: _____ everything clear? _____ everybody know what to do?
   B: Yes, we all understand.

83.6 Traduci in inglese.

1 Tutte le vie hanno un nome.
2 Guardi il telegiornale tutti i giorni?
3 Ieri non ho fatto niente tutto il giorno.
4 Barbara si alza alle 6.30 ogni mattina.
5 Sabato ho lavorato tutto il pomeriggio.
6 Tutti conoscono Firenze e Venezia.
7 Mio fratello sa tutto sui computer.
8 Il treno parte. Arrivederci a tutti.
9 Tutti dicono: 'Il denaro non è tutto.'
10 L'inglese si parla dappertutto?

all most some any no/none

A I nomi che indicano persone o cose generiche non sono preceduti da **the/this/my** ecc. Confronta:

uso generico	uso specifico
children/money/books ecc. (senza **the/this/my** ecc.)	**the** children / **the** money / **these** books ecc.
○ **Children** like playing. *Ai bambini piace giocare.* (si parla di bambini in generale)	○ Where are **the children**? *Dove sono i bambini?* (qui, children = our children)
○ **Money** isn't everything. *Il denaro non è tutto.* (il denaro in generale)	○ I want to buy a car, but I don't have **the money**. *... ma non ho i soldi.* (quelli per comprare la macchina)
○ I enjoy reading **books**. *Mi piace leggere (i) libri.*	○ Have you read **these books**? *... questi libri?*
○ Everybody needs **friends**. *Tutti hanno bisogno di/degli amici.*	○ I often go out with **my friends**. *Esco spesso con i miei amici.*

B most / most of ... , some / some of ... ecc.

    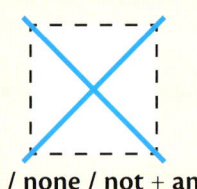

| **all** | **most** | **some** | **any** | **no / none / not + any** |

Quando ci si esprime in modo generico, si usa **most/some** ecc. + nome (senza **of**):

all most some any no	~~of~~	cities children books money

○ **Most children** like playing.
Alla maggior parte dei bambini (in generale) ...
○ I don't want **any money**.
Non voglio soldi.
○ **Some books** are better than others.
Certi libri sono migliori di altri.
○ He has **no friends**. *Non ha amici.*
○ **All cities** have the same problems.
Tutte le città (in generale) ...

Non usare **of** in questo tipo di frasi:
○ **Most people** drive too fast.
(*non* Most of people)
○ **Some birds** can't fly. (*non* Some of birds)

Quando ci si riferisce a casi specifici, si usa **most of / some of** ecc. + **the/this/my** ... ecc.:

all	(of)	the ...
most some any none	of	this/that ... these/those ... my/your... ecc.

○ **Most of the children at this school** are under eleven.
La maggior parte dei bambini di questa scuola ...
○ I don't want **any of this money**.
Non ne voglio di questi soldi.
○ **Some of these books** are very old.
Alcuni di questi libri ...
○ **None of my friends** live near me.
Nessuno dei miei amici ...

Si dice **all the ... / all my ...** ecc. (di solito senza **of**):
○ **All (of) the students in our class** passed the exam.
○ Amy has lived in London **all (of) her life**.

C all of it / most of them / none of us ecc.

Davanti ai pronomi personali, **all/most** ecc. sono seguiti da **of**:

all most some any none	of	it them us you

○ You can have **some of this cake**, but not **all of it**. *... un po' di ... ma non tutta.*
○ A: Do you know these people?
  B: **Most of them**, but not **all of them**. *La maggior parte di loro, ma non tutti.*
○ **Some of us** are going out tonight. Why don't you come with us? *Alcuni di noi ...*
○ I have a lot of books, but I haven't read **any of them**. *... neanche uno.*
○ 'How many of these books have you read?' '**None of them**.' *... 'Neanche uno.'*

the ... ➜ Unit 75   some *e* any ➜ Unit 79   no/none/any ➜ Unit 80   every *e* all ➜ Unit 83

Esercizi

84.1 Completa le frasi. Usa le parole tra parentesi. A volte dovrai aggiungere **of** (**some of** / **most of** ecc.).

full = pieno

1   ...Most... children like playing. (**most**)
2   ...Some of... this money is yours. (**some**)
3   .... people never stop talking. (**some**)
4   .... the shops in the city centre close at 6.30. (**most**)
5   .... people have mobile phones these days. (**most**)
6   I don't like .... the pictures in the living room. (**any**)
7   He's lost .... his money. (**all**)
8   .... my friends are married. (**none**)
9   Do you know .... the people in this picture? (**any**)
10 .... birds can fly. (**most**)
11 I enjoyed .... the film, but I didn't like the ending. (**most**)
12 .... sports are very dangerous. (**some**)
13 We can't find anywhere to stay. .... the hotels are full. (**all**)
14 You must have .... this cheese. It's delicious. (**some**)
15 The weather was bad when we were on holiday. It rained .... the time. (**most**)

84.2 Osserva le vignette e rispondi alle domande. Usa:

all/**most**/**some**/**none**   +   **of them** / **of it**

1   How many of the people are women?   Most of them.
2   How many of the boxes are on the table? ....
3   How many of the men are wearing hats? ....
4   How many of the windows are open?   ....
5   How many of the people are standing?   ....
6   How much of the money is Ben's?   ....

84.3 Correggi le frasi sbagliate. Scrivi **OK** se la frase è corretta.

fail = non superare
awake = sveglio

1   Most of children like playing.   Most children
2   All the students failed the exam.   OK
3   Some of people work too hard.   ....
4   Some of questions in the exam were very easy. ....
5   I haven't seen any of those people before. ....
6   All of insects have six legs.   ....
7   Have you read all these books?   ....
8   Most of students in our class are very nice. ....
9   Most of my friends are going to the party. ....
10 I'm very tired this morning – I was awake most of night. ....

84.4 Traduci in inglese.

frase = sentence

1   Tutti i bambini amano gli animali.
2   Nessuno dei miei amici abita in campagna.
3   La maggior parte di queste frasi è facile.
4   Mi piacciono certi western, ma non tutti.
5   La maggior parte della gente non lavora il sabato.
6   'Conosci qualcuna di queste persone?'   'Ne conosco alcune.'
7   'Hai invitato tutti i tuoi amici?'   'La maggior parte, ma non tutti.'

A

Both/**either**/**neither** *si riferiscono a due cose o persone:*

both
entrambi / tutti e due

 o
either
uno dei due / l'uno o l'altro

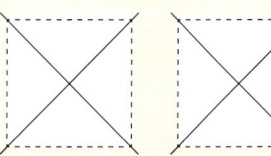
neither (**not** + **either**)
nessuno dei due / né l'uno, né l'altro

- Rebecca has two children. **Both** are married. ... *Sono sposati entrambi.*
- Would you like tea or coffee? You can have **either**. ... *Puoi prendere quello che vuoi.* (*tè o caffè*)
- A: Do you want to go to the cinema or the theatre?
  B: **Neither**. I want to stay at home. *Né l'uno, né l'altro. Voglio stare a casa.*

(*Dopo una forma negativa si usa* **either**, *non* neither.) *Di solito* **neither** *si usa da solo o all'inizio di una frase.*
Confronta **either** *e* **neither**:

- 'Would you like **tea** or **coffee**?'
  - '**Either**. I don't mind.' *'L'uno o l'altro. Non importa.'*
  - 'I **don't** want **either**.' (*non* I don't want neither)
    ... *nessuno dei due.*
  - '**Neither**.' *'Nessuno dei due.'*

B

Dopo **both**/**either**/**neither** *si può usare un nome:*

both + *plurale*	**both**	**windows**/**books**/**children** *ecc.*
either } + *singolare* **neither** }	**either** **neither**	**window**/**book**/**child** *ecc.*

- Last year I went to Paris and Rome. I liked **both cities** very much. ... *tutt'e due le città.*
- First I worked in an office, then in a shop. **Neither job** was interesting. ... *Nessuno dei due lavori ...*
- There are two ways from here to the station. You can go **either way**. ... *da una parte o dall'altra.*

C

both of ... / **either of** ... / **neither of** ...

Se il nome è preceduto da **the**/**these**/**my** *ecc., si dice* **both of** ... / **either of** ... / **neither of** ... :

both	(**of**)	**the** ...
either **neither**	**of**	**these**/**those** ... **my**/**your**/**Paul's** ... *ecc.*

- **Neither of my parents** is English.
  Nessuno dei miei genitori è inglese.
- I **haven't** read **either of these books**.
  Non ho letto nessuno di questi due libri.

I like both of those pictures.

Si può dire **both** (**of**) **the** ... / **both** (**of**) **those** ... / **both** (**of**) **my** ... (*con o senza* **of**):

- I like **both of** those pictures. *oppure* I like **both** those pictures.
  Mi piacciono entrambi quei quadri.
- **Both of** Paul's sisters are married. *oppure* **Both** Paul's sisters are married.
  Entrambe le sorelle di Paul sono sposate.

ma - **Neither of** Paul's sisters is married. (*non* Neither Paul's sisters)

D

both of them / **neither of us**

Con i pronomi personali si usa **of** (**both of them** / **neither of us** *ecc.*):

both **either** **neither**	**of**	**them** **us** **you**

- Paul has two sisters. **Both of them** are married. ... *Entrambe sono sposate.*
- Sue and I didn't eat anything. **Neither of us** was hungry. ... *Nessuno dei due aveva fame.*
- Who are those two people? I **don't** know **either of them**. ... *Non conosco nessuno dei due.*

I can't either / neither can I ➜ **Unità 44**

Esercizi

go away = andare via
It doesn't matter =
  Non importa

85.1 Completa le frasi con **both**/**either**/**neither**. Usa **of** dove è necessario.

1 Last year I went to Paris and Rome. I liked ....._both_..... cities very much.
2 There were two pictures on the wall. I didn't like ....._either of_..... them.
3 It was a good football match. .... teams played well.
4 It wasn't a good football match. .... team played well.
5 'Is your friend English or American?'   '......................... She's Australian.'
6 We went away for two days, but the weather wasn't good. It rained on .... days.
7 A: I bought two newspapers. Which one do you want?
   B: .... It doesn't matter which one.
8 I invited Sam and Chris to the party, but .... them came.
9 'Do you go to work by car or by bus?'   '......................... I always walk.'
10 'Which jacket do you prefer, this one or that one?'   'I don't like .... them.'
11 'Do you work or are you a student?'   '......................... I work and I'm a student too.'
12 My friend and I went to the cinema, but .... us liked the film. It was really bad.
13 Helen has two sisters and a brother. .... sisters are married.
14 Helen has two sisters and a brother. I've met her brother, but I haven't met
   .... her sisters.

85.2 Descrivi i significati delle vignette usando **Both ...** e **Neither ...** .

1 ....._Both cups are_..... empty.   4 .... beards.
2 .... are open.   5 .... to the airport.
3 .... wearing a hat.   6 .... correct.

85.3 Intervistati, un uomo e una donna hanno fornito le stesse risposte. Descrivi i risultati
dell'intervista usando **Both**/**Neither of them ...** .

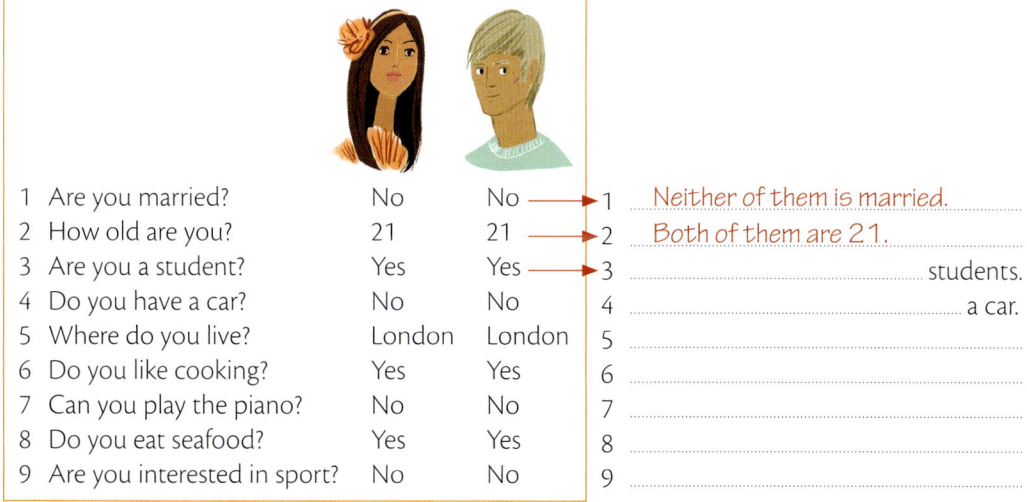

1 Are you married?	No	No	→ 1	_Neither of them is married._
2 How old are you?	21	21	→ 2	_Both of them are 21._
3 Are you a student?	Yes	Yes	→ 3	.... students.
4 Do you have a car?	No	No	4	.... a car.
5 Where do you live?	London	London	5	....
6 Do you like cooking?	Yes	Yes	6	....
7 Can you play the piano?	No	No	7	....
8 Do you eat seafood?	Yes	Yes	8	....
9 Are you interested in sport?	No	No	9	....

85.4 Traduci in inglese.

1 Entrambe queste giacche sono belle. Puoi comprare l'una o l'altra.
2 Ai miei genitori piace viaggiare, ma nessuno dei due parla inglese.
3 Non conosco nessuno dei tuoi due fratelli.
4 Giochiamo entrambi a tennis, ma nessuno dei due sa giocare molto bene.
5 Entrambi i libri di Carol sono bestseller, ma non mi piace nessuno dei due.
6 'Vuoi guardare Canale 4 o Canale 5?'   'Né l'uno, né l'altro.'

a lot   much   many

a lot of money	**not much money**	**a lot of books**	**not many books**
molto denaro	*non molto denaro*	*molti libri*	*non molti libri*

much (= *molto/molta*) + *nome non numerabile*:
much food / **much time** / **much money** *ecc.*

- ☐ Did you buy **much food**?
- ☐ We don't have **much luggage**.
- ☐ A: Do you have any **money**?
     B: I have some, but **not much**.

How much ... ? = *Quanto/Quanta ... ?*
- ☐ **How much money** do you want?

many (= *molti/molte*) + *nome plurale*:
many books / **many friends** / **many people** *ecc.*

- ☐ Did you buy **many books**?
- ☐ We don't know **many people**.
- ☐ A: Did you take any **photos**?
     B: I took some, but **not many**.

How many ... ? = *Quanti/Quante ... ?*
- ☐ **How many photos** did you take?

a lot of (= *molto/molta/molti/molte*) + *nomi di qualsiasi tipo*:
- ☐ We bought **a lot of food**.
- ☐ Paula doesn't have **a lot of** free **time**.
- ☐ We bought **a lot of books**.
- ☐ Did they ask **a lot of questions**?

Poiché **a lot of** *può essere singolare o plurale, fai attenzione al verbo*:
- ☐ There **is** a lot of **food/money/water** *ecc.*
     C'è molto cibo / molto denaro / molta acqua ecc.
- ☐ There **are** a lot of **trees/people** *ecc.*
     Ci sono molti alberi / molte persone ecc.
- ☐ A lot of **people speak** English.   (*non* speaks)

Much *viene usato nelle frasi interrogative e negative*:
- ☐ Do you drink **much coffee**?   ... *molto caffè?*
- ☐ I don't drink **much coffee**.

Ma di solito non si usa **much** *nelle frasi affermative*:
- ☐ I drink **a lot of coffee**.   (*non* I drink much coffee)
- ☐ A: Do you drink much coffee?
     B: Yes, **a lot**.   (*non* Yes, much)

Many *e* **a lot of** *si usano in frasi di qualsiasi tipo*:
- ☐ We have **many** friends / **a lot of** friends.   ... *molti amici.*
- ☐ We don't have **many** friends / **a lot of** friends.
- ☐ Do you have **many** friends / **a lot of** friends?

Much *e* **a lot** *si usano spesso da soli (senza nome)*:
- ☐ Amy spoke to me, but she didn't say **much**.   ... *ma non ha detto molto.*
- ☐ A: Do you watch TV **much**?   *Guardi molto la TV?*
     B: No, **not much**.   *No, non molto.*
- ☐ We like films, so we go to the cinema **a lot**.   (*non* go to the cinema much)
     Ci piacciono i film, quindi andiamo molto al cinema.
- ☐ I don't like him very **much**.   *Non mi piace molto.*

Confronta **a lot** *e* **a lot of** ... :
- ☐ He eats **a lot**.   (*non* a lot of)
     Mangia molto.
ma ☐ He eats **a lot of fruit**.   (**a lot of** + *nome*)
     Mangia molta frutta.

nomi numerabili e non numerabili → **Unità 71–72**   *very/much/many ecc.* → **Appendice 9**

Esercizi

86.1 Completa le frasi con **much** o **many**.

petrol = benzina
fail = non superare

1 Did you buy ......*much*...... food?
2 There aren't .... hotels in this town.
3 We don't have .... petrol. We need to stop and get some.
4 Were there .... people on the train?
5 Did .... students fail the exam?
6 Paula doesn't have .... money.
7 I wasn't hungry, so I didn't eat ....
8 I don't know where Gary lives these days. I haven't seen him for .... years.

Ora inserisci **How much** o **How many**.

9 .... people are coming to the party?
10 .... milk do you want in your coffee?
11 .... bread did you buy?
12 .... players are there in a football team?

86.2 Completa le frasi. Usa **much** o **many** con una delle parole elencate.

time = tempo
times = volte
Quick! = Presto!
hurry = sbrigarsi

| ~~books~~ countries luggage people time times |

1 I don't read very much. I don't have ....*many books*.... .
2 Quick! We must hurry. We don't have ....
3 Do you travel a lot? Have you been to .... ?
4 Tina hasn't lived here very long, so she doesn't know ....
5 'Do you have .... ?' 'No, only this bag.'
6 I know Tokyo well. I've been there ....

86.3 Completa ogni frase con **a lot of** + una delle parole elencate.

| accidents ~~books~~ fun interesting things traffic |

1 I like reading. I have ....*a lot of books*.. .
2 We enjoyed our visit to the museum. We saw ....
3 This road is very dangerous. There are ....
4 We enjoyed our holiday. We had ....
5 It took me a long time to drive here. There was ....

86.4 In alcune di queste frasi l'uso di **much** non è appropriato. Cambia le frasi o scrivi **OK**.

1 Do you drink <u>much coffee</u>?   *OK*
2 I drink <u>much</u> tea.   *a lot of tea*
3 It was a cold winter. We had <u>much snow</u>.   ....
4 There wasn't <u>much snow</u> last winter.   ....
5 It costs <u>much money</u> to travel around the world.   ....
6 We had a cheap holiday. It didn't cost <u>much</u>.   ....
7 Do you know <u>much</u> about computers?   ....
8 'Do you have any luggage?' 'Yes, <u>much</u>.'   ....

86.5 Scrivi una frase per ogni persona. Usa le parole tra parentesi con **much** e **a lot**.

1 James loves films. (go to the cinema)   *He goes to the cinema a lot.*
2 Nicola thinks TV is boring. (watch TV)   *She doesn't watch TV much.*
3 Tina is a good tennis player. (play tennis)   She ....
4 Mark doesn't like driving. (use his car)   He ....
5 Paul spends most of the time at home. (go out)   ....
6 Sue has been all over the world. (travel)   ....

86.6 Traduci in inglese.

1 C'è molto rumore in questo ristorante.
2 'Hai molto lavoro da fare?' 'Sì, molto.'
3 Ci sono molti posti interessanti a Londra.
4 'Quanto latte abbiamo nel frigorifero?' 'Due litri.'
5 Sono andato al cinema ieri, e il film mi è piaciuto molto.

6 Jessica conosce molta gente dappertutto. Viaggia molto?
7 Quante camere ci sono in questo albergo?
8 I gatti dormono molto.

(a) little   (a) few

A

(**a**) **little** + *nome non numerabile*:

(**a**) **little water**
(**a**) **little time**
(**a**) **little money**
(**a**) **little soup**

a little water
un po' d'acqua

(**a**) **few** + *nome plurale*:

(**a**) **few books**
(**a**) **few questions**
(**a**) **few people**
(**a**) **few days**

a few books
un po' di libri / alcuni libri

B

a little = *un po' (di)*

- She didn't eat anything, but she drank **a little water**. ... *ma bevve un po' d'acqua.*
- I speak **a little Spanish**. *Parlo un po' di spagnolo.*
- A: Can you speak Spanish?
  B: **A little**. *Un po'.*

Si dice:

- I'd like **a little** water. (*non* a little of water)

a few = *un po' (di) / alcuni / alcune*

- Excuse me, I have to make **a few phone calls**. ... *devo fare alcune telefonate.*
- We're going away for **a few days**. *Andiamo via per alcuni giorni.*
- I speak **a few words** of Spanish. *So dire alcune parole / un po' di parole ...*
- A: Are there any shops near here?
  B: Yes, **a few**. *Sì, alcuni.*

C

~~a~~ **little** (*senza* **a**) = *poco/poca*

- There was **little food** in the fridge. It was nearly empty. *C'era poco cibo ...*

very little = *pochissimo/pochissima*

- Dan is very thin because he eats **very little**. ... *perché mangia pochissimo.*

~~a~~ **few** (*senza* **a**) = *pochi/poche*

- There were **few people** in the theatre. It was nearly empty. *C'erano poche persone / C'era poca gente ...*

very few = *pochissimi/pochissime*

- Your English is very good. You make **very few mistakes**. ... *pochissimi errori.*

D

Confronta **little** *e* **a little**:

- They have **a little** money, so they're not poor. *Hanno un po' di denaro/soldi ...*

- They have **little** money. They are very poor. *Hanno poco denaro / pochi soldi ...*

I have a little money.

I have little money.

Con **only** *si usa* **a little** (*non* only little):

- There's **only a little** time left. *È rimasto solo poco tempo.*

Confronta **few** *e* **a few**:

- I have **a few** friends, so I'm not lonely. *Ho alcuni amici, quindi non sono solo.*

- I'm sad and I'm lonely. I have **few** friends. *Sono triste e solo. Ho pochi amici.*

I have a few friends.

I have few friends.

Con **only** *si usa* **a few** (*non* only few):

- The station is **only a few** kilometres away. ... *è solo a pochi chilometri di distanza.*

nomi numerabili e non numerabili → **Unità 71–72**

Esercizi

87.1 Rispondi alle domande con **a little** o **a few**.

1 'Do you have any money?'   'Yes, _a little_ .'
2 'Do you have any envelopes?'   'Yes, ...'
3 'Do you want sugar in your coffee?'   'Yes, ..., please.'
4 'Did you take any photos when you were on holiday?'   'Yes, ...'
5 'Does your friend speak English?'   'Yes, ...'
6 'Are there any good restaurants in this town?'   'Yes, ...'

envelope = busta

87.2 Completa ogni frase con **a little** o **a few** + una delle parole elencate.

chairs	days	fresh air	friends	milk	Russian	times	~~years~~

1 Mark speaks Spanish well. He lived in Spain for .....a few years..... .
2 Can I have .... in my coffee, please?
3 'When did Amy go away?'   '.. ago.'
4 'Do you speak any foreign languages?'   'I can speak ....'
5 'Are you going out alone?'   'No, I'm going with ....'
6 'Have you ever been to Mexico?'   'Yes, ...'
7 There wasn't much furniture in the room – just a table and ....
8 I'm going out for a walk. I need ....

times = volte

87.3 Completa le frasi con **very little** o **very few** + una delle parole elencate.

coffee	hotels	~~mistakes~~	people	rain	time	work

1 Your English is very good. You make .....very few mistakes..... .
2 I drink .... I prefer tea.
3 The weather here is very dry in summer. There is ....
4 It's difficult to find a place to stay in this town. There are ....
5 Hurry up. We have ....
6 The town is very quiet at night. .... go out.
7 Some people in the office are very lazy. They do ....

a place to stay
= alloggio/
sistemazione

87.4 Completa con **little** / **a little** / **few** / **a few**.

1 There was .....little..... food in the fridge. It was nearly empty.
2 'When did Sarah go out?'   '.. minutes ago.'
3 I can't decide now. I need .... time to think about it.
4 There was .... traffic, so we arrived earlier than we expected.
5 The bus service isn't very good at night – there are .... buses after 9 o'clock.
6 'Would you like some soup?'   'Yes, ..., please.'
7 I'd like to practise my English more, but I have .... opportunity.

nearly = quasi

87.5 Correggi le frasi sbagliate. Scrivi **OK** se la frase è corretta.

1 We're going away <u>for few days</u> next week.   _for a few days_
2 Everybody needs little luck.   ....
3 I can't talk to you now – I have few things to do.   ....
4 I eat very little meat – I don't like it very much.   ....
5 Excuse me, can I ask you few questions?   ....
6 There were little people on the bus – it was nearly empty.   ....
7 Mark is a very private person. Few people know him well.   ....

luck = fortuna

87.6 Traduci in inglese.

1 Lunedì c'era poca gente alla riunione.
2 'Quando si è sposato?'   'Alcuni giorni fa.'
3 'Chi hai intenzione di invitare?'   'Alcuni amici.'
4 Mia madre parla un po' di francese e un po' di inglese.
5 Nel 2009 ho lavorato a Liverpool per alcuni mesi.
6 Vorrei fare un po' di jogging, ma ho pochissimo tempo.
7 Mi piacerebbe scrivere un libro, ma ho pochissime idee.
8 Ben e sua moglie parlano molto, ma fanno pochissimo.
9 'Quanto tempo siete rimasti a Dublino?'   'Solo pochi giorni. Avevamo pochissimi soldi.'
10 'Abbiamo abbastanza da bere?'   'Ci sono alcune bottiglie d'acqua e un po' di succo.'

succo = juice

old/nice/interesting *ecc.* (*aggettivi*)

A

In inglese gli aggettivi sono invariabili. Per esempio, **different** = *diverso/diversa/diversi/diverse:*

    a **different** place   two **different** places (*non* differents)
    un posto diverso   *due posti diversi*

Gli aggettivi si usano insieme a un nome (a **different place**) *oppure da soli dopo certi verbi (this place* **is different**, *it* **looks different**).

B

aggettivo + nome (**nice day** / **blue eyes** *ecc.*)

	aggettivo + nome		
It's a **nice**	**day** today.	… *una bella giornata* …
Laura has **brown**	**eyes**.	… *gli occhi castani.*
There's a very **old**	**bridge** in this village.	… *un ponte molto vecchio* …
Do you like **Italian**	**food**?	… *la cucina italiana?*
I don't speak any **foreign**	**languages**.	… *lingue straniere.*
There are some **beautiful yellow**	**flowers** in the garden.	… *dei bei fiori gialli* …

L'aggettivo precede il nome:

- ○ They live in a **modern house**. (*non* a house modern) … *in una casa moderna.*
- ○ Have you met any **famous people**? (*non* people famous) … *persone famose?*

C

be (**am**/**is**/**was** *ecc.*) + *aggettivo:*

- ○ The weather **is nice** today. *Il tempo è bello oggi.*
- ○ These flowers **are** very **beautiful**. *Questi fiori sono molto belli.*
- ○ The film **wasn't** very **good**. It **was boring**.
  Il film non è stato molto bello. Era noioso.
- ○ Please **be quiet**. I'm reading. *Sta' zitto per favore. Sto leggendo.*

be + *aggettivo corrisponde talvolta ad 'avere' + nome* (→ *Unità 3*):

- ○ **Are** you **cold**? *Hai freddo?*
- ○ I**'m hungry**. *Ho fame.*
- ○ He**'s scared** of dogs. *Ha paura dei cani.*

D

look/**feel**/**sound**/**smell**/**taste** + *aggettivo*

I verbi **look**/**feel**/**sound**/**smell**/**taste** (+ *aggettivo*) *si riferiscono ai cinque sensi.*
In italiano, corrispondono spesso a diversi significati del verbo 'sembrare':

- ○ A: You **look tired**. *Hai l'aria stanca. (sembri stanco)*
  B: Yes, I **feel tired**. *Sì, mi sento stanco.*
- ○ Joe told me about his new job. It **sounds** very **interesting**. … *Sembra molto interessante.*
- ○ I'm not going to eat this fish. It doesn't **smell good**. … *Non ha un buon odore.*

Confronta:

He	is **feels** **looks**	**tired**.

They	are **look** **sound**	**happy**.

It	is **smells** **tastes**	**good**.

get + *aggettivo* (**get hungry**/**tired** *ecc.*) → **Unità 59**   **something**/**anybody** + *aggettivo* → **Unità 82**

Esercizi

88.1 Scrivi frasi di senso compiuto riordinando le parole.

1 (new / live in / house / they / a)   They live in a new house.
2 (like / jacket / I / that / green)   I ....
3 (music / like / do / classical / you?)   Do ....
4 (had / wonderful / a / I / holiday)   ....
5 (went to / restaurant / a / Japanese / we)   ....

88.2 Completa ogni frase con un aggettivo (**black**/**foreign** ecc.) e un nome (**air**/**job** ecc.).
Scegli dal riquadro.

air	clouds	~~foreign~~	holiday	job	~~languages~~	sharp
black	dangerous	fresh	hot	knife	long	water

sharp = affilato
onion = cipolla
fire-fighting = spegnere
  incendi

1 Do you speak any ....foreign languages.... ?
2 Look at those .... It's going to rain.
3 Sue works very hard, and she's very tired. She needs a ....
4 I would like to have a shower, but there's no ....
5 Can you open the window? We need some ....
6 I need a .... to cut these onions.
7 Fire-fighting is a ....

88.3 Completa i fumetti. Per ciascuno scegli un verbo dal primo riquadro e un aggettivo dal
secondo.

feel(s)	look(s)	~~sound(s)~~
look(s)	smell(s)	taste(s)

+

~~happy~~	ill	nice
horrible	new	surprised

1 You ....sound happy....
2 It ....
3 I ....
4 You ....
5 They ....
6 It ....

88.4 B non condivide le affermazioni di A. Completa le battute di B usando i verbi tra parentesi.

	A	B	
1	You look tired.	Do I? I ....don't feel tired..............	(feel)
2	This is a new coat.	Is it? It doesn't	(look)
3	I'm American.	Are you? You	(sound)
4	You look cold.	Do I? I	(feel)
5	These bags are heavy.	Are they? They	(look)
6	That soup looks good.	Maybe, but it	(taste)

88.5 Traduci in inglese.

1 Era una serata molto fredda.
2 Molte città italiane sono interessanti.
3 Dove sono le mie scarpe nere?
4 Ero stanco e avevo molta sete.
5 Quell'automobile sembra nuova.
6 Chi è quel ragazzo alto coi capelli lunghi?
7 Questa carne ha un sapore strano e non ha un
  buon odore.

quickly/badly/suddenly *ecc. (avverbi)*

A

He ate his dinner very **quickly**. ... *rapidamente*.

Suddenly the shelf fell down. *Improvvisamente* ...

Quickly e **suddenly** *sono avverbi. Gli avverbi si ricavano dall'aggettivo (***quick***/***sudden*** *ecc.) aggiungendo* **-ly**:

aggettivo	**quick**	**bad**	**sudden**	**careful**	**heavy**
	rapido/svelto	*cattivo/brutto*	*improvviso*	*attento*	*pesante*
avverbio	**quickly**	**badly**	**suddenly**	**carefully**	**heavily**
	rapidamente	*male*	*improvvisamente*	*attentamente*	*pesantemente* ecc.

Ortografia (→ *Appendice 5*): eas**y** → eas**ily**   heav**y** → heav**ily**

B

Gli avverbi precisano come avvengono i fatti o le azioni:

- ☐ The train **stopped suddenly**. ... *si fermò improvvisamente*.
- ☐ I **opened** the door **slowly**. ... *lentamente/piano*.
- ☐ Please **listen carefully**. ... *ascoltate attentamente*.
- ☐ I **understand** you **perfectly**. *Ti/Vi capisco perfettamente*.

It's **raining heavily**. *Piove forte*.

Confronta:

aggettivo	*avverbio*
☐ Sue is very **quiet**. ... *molto silenziosa/calma*	☐ Sue **speaks** very **quietly**. (*non* speaks very quiet) ... *molto piano / in modo sommesso*.
☐ **Be careful**! *State attenti! / Stai attento!*	☐ **Listen carefully**! (*non* listen careful) *Ascoltate/Ascolta attentamente!*
☐ It was **a bad game**. *È stata una brutta partita*.	☐ Our team **played badly**. (*non* played bad) *La nostra squadra ha giocato male*.
☐ I **felt nervous**. *Mi sentivo inquieto*.	☐ I **waited nervously**. *Aspettai con ansia/agitazione*.

C

Le parole **hard/fast/late/early** *sono sia aggettivi che avverbi:*
(**hard** = *duro/duramente*; **fast** = *veloce/velocemente*; **late** = *in ritardo / tardi*; **early** = *in anticipo / presto*)

☐ Sue's job **is** very **hard**. (*lett.: ... è molto duro.*)	☐ Sue **works** very **hard**. (*non* hardly) ... *lavora moltissimo*.
☐ Ben is **a fast runner**. (*lett.: ... un corridore veloce.*)	☐ Ben can **run fast**. (*non* fastly) ... *correre velocemente*.
☐ The bus **was late/early**. ... *era in ritardo / in anticipo*.	☐ I **went** to bed **late/early**. ... *tardi / presto*.

L'avverbio **hardly** *significa 'quasi non / a stento / a malapena':*
- ☐ She **hardly** knows him. *Lo conosce a malapena*.

D

All'aggettivo **good** (= *buono*) *corrisponde l'avverbio* **well** (= *bene*):

☐ You English **is** very **good**. *Il tuo inglese è ottimo*.	☐ You **speak** English very **well**. (*non* very good) *Parli molto bene l'inglese*.
☐ It was **a good game**. *È stata una bella partita*.	☐ Our team **played well**. *La nostra squadra ha giocato bene*.

well *significa anche 'in buona salute':*
- ☐ A: How are you? *Come stai/sta?*
- B: **I'm** very **well**, thank you. And you? *Sto bene, grazie*. ...

aggettivi → **Unità 88**

Esercizi

89.1 Osserva le vignette e completa ogni frase con uno degli avverbi elencati.

angrily	badly	dangerously	fast	~~heavily~~	quietly

1 It's raining *heavily* .
2 He sings very ....
3 They came in ....
4 She shouted at me ....
5 She can run very ....
6 He was driving ....

89.2 Completa le frasi. Scegli le parole adatte dai riquadri.

come	know	sleep	win			~~carefully~~	clearly	hard	well
explain	~~listen~~	think	work		+	carefully	easily	quickly	well

much better =
molto meglio
times = volte

1 I'm going to tell you something very important, so please *listen carefully* .
2 They .... At the end of the day they're always tired.
3 I'm tired this morning. I didn't .... last night.
4 You play tennis much better than me. When we play, you always ....
5 .... before you answer the question.
6 I've met Alice a few times, but I don't .... her very ....
7 Our teacher doesn't .... things very .... We never understand him.
8 Helen! I need your help. ....!

89.3 Scegli la soluzione corretta.

1 Don't eat so ~~quick~~/quickly. It's not good for you. (quickly *è corretto*)
2 Why are you angry/angrily? I haven't done anything.
3 Can you speak slow/slowly, please?
4 Come on, Dave! Why are you always so slow/slowly?
5 Sam is a very careful/carefully driver.
6 Amy is studying hard/hardly for her examinations.
7 'Where's Anna?' 'She was here, but she left sudden/suddenly.'
8 Please be quiet/quietly. I'm studying.
9 Some companies pay their workers very bad/badly.
10 Those oranges look nice/nicely. Can I have one?
11 I don't remember much about the accident. Everything happened quick/quickly.

89.4 Completa le frasi con **good** o **well**.

1 Your English is very *good* . You speak it very *well* .
2 Jackie did very .... in her exams.
3 The party was very .... I enjoyed it very much.
4 Mark has a difficult job, but he does it ....
5 How are your parents? Are they .... ?
6 Did you have a .... holiday? Was the weather .... ?

89.5 Traduci in inglese.

1 Nadia è una brava cantante e suona molto bene il piano.
2 Anna non va forte in macchina, ma non è mai in ritardo.
3 'La porta è bloccata.' 'Tira forte.'
4 Davis è un buon giocatore, ma ieri ha giocato male.
5 Il tempo era molto brutto, ma cambiò rapidamente.
6 Improvvisamente incominciò a nevicare forte.
7 Non mi piace camminare piano.
8 Quasi non ho dormito la notte scorsa.

andare in macchina
= drive
bloccata = stuck

old/older   expensive / more expensive

A

I'm 92.

I'm 93.

£105   £120

old	**older**	heavy	**heavier**	expensive	**more expensive**
vecchio	*più vecchia*	*pesante*	*più pesante*	*costose*	*più costose*

Older / **heavier** / **more expensive** *sono aggettivi di grado comparativo.*
Le forme comparative sono **-er** (**older**) *oppure* **more** ... (**more expensive**).

B

Comparativo in **-er** (**older/heavier** *ecc.*)

Comparativo degli aggettivi 'brevi' (una sillaba) → **-er**:
old → **older** (*più vecchio*)   slow → **slower** (*più lento*)   cheap → **cheaper** (*più economico*)
nice → **nicer** (*più bello*)   late → **later** (*più tardi*)   big → **bigger** (*più grande*)

Ortografia (→ *Appendice 5*):   bi**g** → bi**gg**er   ho**t** → ho**tt**er   thi**n** → thi**nn**er

Comparativo degli aggettivi in **-y** (*di solito, due sillabe*) → **-ier**:
easy → **easier** (*più facile*)   heavy → **heavier** (*più pesante*)   lucky → **luckier** (*più fortunato*)

- Rome is **old**, but Athens is **older**. (*non* more old)
- Is it **cheaper** to go by car or by train? (*non* more cheap)
- Helen wants a **bigger** car.
- This coat is OK, but I think the other one is **nicer**.
- Don't take the bus. It's **easier** to take a taxi. (*non* more easy)

Il comparativo di **far** (= *lontano*) *è* **further** (= *più lontano*):
- A: How far is it to the station? A kilometre?
  B: No, it's **further**. About two kilometres.

C

Comparativo con **more** ...

Comparativo degli aggettivi 'lunghi' (due/tre/quattro sillabe) → **more** ... :
careful → **more careful** (*più attento*)
polite → **more polite** (*più cortese*)
expensive → **more expensive** (*più costoso*)
interesting → **more interesting** (*più interessante*)

- You must be **more careful**.
- I don't like my job. I want to do something **more interesting**.
- Is it **more expensive** to go by car or by train?

D

Comparativi irregolari

good (*buono*) **well** (*bene*)	→ **better**	(*migliore*) (*meglio*)	**bad** (*cattivo/brutto*) **badly** (*male*)	→ **worse**	(*peggiore*) (*peggio*)

- The weather wasn't very **good** yesterday, but it's **better** today.
- 'Do you feel **better** today?'   'No, I feel **worse**.'
- Which is **worse** – a headache or a toothache?

older than ... / more expensive than ... → **Unità 91**   the oldest / the most expensive → **Unità 93**

Esercizi

90.1 Osserva, confronta e scrivi il comparativo (**older / more interesting** ecc.).

① heavy	② big	③ slow
40g / 50g		tortoise / snail
heavier		
④ expensive	⑤ high	⑥ dangerous
£400 / £600	4000 m / 5000 m	SLOW

90.2 Scrivi il comparativo.

1 old ......older......
2 strong ....
3 happy ....
4 modern ....
5 important ....

6 good ....
7 large ....
8 serious ....
9 pretty ....
10 crowded ....

90.3 Scrivi i contrari.

1 younger ......older......
2 colder ....
3 cheaper ....

4 better ....
5 nearer ....
6 easier ....

90.4 Completa ogni frase con un comparativo.

1 Helen's car isn't very big. She wants a ......bigger...... one.
2 My job isn't very interesting. I want to do something ......more interesting...... .
3 You're not very tall. Your brother is ....
4 David doesn't work very hard. I work ....
5 My chair isn't very comfortable. Yours is ....
6 Your idea isn't very good. My idea is ....
7 These flowers aren't very nice. The blue ones are ....
8 My bag isn't very heavy. Your bag is ....
9 I'm not very interested in art. I'm .... in history.
10 It isn't very warm today. It was .... yesterday.
11 These tomatoes don't taste very good. The other ones tasted ....
12 Britain isn't very big. France is ....
13 London isn't very beautiful. Paris is ....
14 This knife isn't very sharp. Do you have a .... one?
15 People today aren't very polite. In the past they were ....
16 The weather isn't too bad today. Often it is much ....

90.5 Traduci in inglese.

1 'È più caro in aereo.'   'Sì, ma è più veloce e più comodo.'
2 Ho un lavoro più facile adesso. È anche più interessante.
3 Questi sci sono più belli, ma gli altri sono più economici.
4 L'albergo Concorde è più lontano da qui, ma è migliore.
5 Pensi che il mio inglese sia migliore o peggiore adesso?

older than ...   more expensive than ...

A

I'm taller than you.

She's **taller than** him.
È più alta di lui.

Hotel Prices
(per room per night)

Europa Hotel £150
Grand Hotel £130
Royal Hotel £120
Hotel £115

The Europa Hotel is **more expensive than** the Grand.
L'albergo Europa è più caro del Grand.

Si usa **than** ... (= *di ... / che ...*) *dopo i comparativi* (**older than** ... / **more expensive than** ... *ecc.*):

- ○ Athens is **older than** Rome. (*non* older that)
  Atene è piu antica di Roma.
- ○ Are oranges **more expensive than** bananas? (*non* more expensive that)
  Le arance sono più care delle banane?
- ○ It's **easier** to take a taxi **than** to take the bus.
  È più facile prendere un taxi che prendere ...
- ○ 'How are you today?' 'Not bad. **Better than** yesterday.' ... 'Non c'è male. Meglio di ieri.'
- ○ The restaurant is **more crowded than** usual.
  ... è più affollato del solito.

B

Si dice: than **me** / than **him** / than **her** / than **us** / than **them**.
Si può dire:

- ○ I can run faster **than him**. *oppure* I can run faster **than he can**.
- ○ You are a better singer **than me**. *oppure* You are a better singer **than I am**.
- ○ I got up earlier **than her**. *oppure* I got up earlier **than she did**.

C

more than ... (= *più di/che ...*) / **less than** ... (= *meno di/che ...*)

- ○ A: How much did your shoes cost? €85?
  B: No, **more than** that. *No, di più.*
- ○ The film was very short – **less than** an hour.
  ... meno di un'ora.
- ○ They have **more money than** they need.
  ... più soldi del necessario.
- ○ You go out **more than** me.
  Tu esci più di me / più spesso di me.

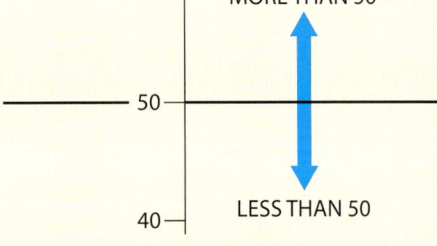

60 —
50 —
40 —

MORE THAN 50

LESS THAN 50

D

a bit older (= *un po' più vecchio*) / **much older** (= *molto più vecchio*) *ecc.*

Box A is **a bit bigger** than Box B.
... un po' più grande ...

Box C is **much bigger** than Box D.
... molto più grande ...

a bit much	bigger older better more difficult more expensive	than ...

- ○ Canada is **much bigger** than France. ... *molto più grande* ...
- ○ Sue is **a bit older** than Joe – she's 25 and he's 24.
  ... *un po' più vecchia* ...
- ○ The hotel was **much more expensive** than I expected.
  ... *molto più caro* ...
- ○ You go out **much more** than me. ... *molto di più (molto più spesso)* ...

old → older, expensive → more expensive ➜ Unità 90   not as ... as ➜ Unità 92

Esercizi

91.1 Leggi le affermazioni di Kate e Ben. Poi confronta i due personaggi usando **than**.

Kate

Ben

Kate	Ben
1 I'm 26.	1 I'm 24.
2 I'm not a very good swimmer.	2 I'm a very good swimmer.
3 I'm 1 metre 68 tall.	3 I'm 1 metre 63 tall.
4 I start work at 8 o'clock.	4 I start work at 8.30.
5 I don't work very hard.	5 I work very hard.
6 I don't have much money.	6 I have a lot of money.
7 I'm a very good driver.	7 I'm not a very good driver.
8 I'm not very patient.	8 I'm very patient.
9 I'm not a very good dancer.	9 I'm a good dancer.
10 I'm very intelligent.	10 I'm not very intelligent.
11 I speak French very well.	11 I don't speak French very well.
12 I don't go to the cinema very much.	12 I go to the cinema a lot.

1 Kate ___is older than Ben___ .   7 Kate is a _____ .
2 Ben ___is a better swimmer than Kate___ . 8 Ben _____ .
3 Kate is _____ .   9 Ben _____ .
4 Kate starts _____ Ben.   10 Kate _____ .
5 Ben _____ .   11 Kate _____ .
6 Ben has _____ .   12 Ben _____ .

91.2 Finisci le frasi scrivendo delle forme comparative con **than**.

cook = cuoco

1 He isn't very tall. You're ___taller than him___ o ___taller than he is___ .
2 She isn't very old. You're _____ .
3 I don't work very hard. You work _____ .
4 He doesn't watch TV very much. You _____ .
5 I'm not a very good cook. You _____ .
6 We don't know many people. You _____ .
7 They don't have much money. You _____ .
8 I can't run very fast. You can _____ .
9 She hasn't been here very long. You _____ .
10 They didn't get up very early. You _____ .
11 He wasn't very surprised. You _____ .

91.3 Completa ogni frase con **a bit** o **much** + un comparativo (**older/better** ecc.).

degrees = gradi

1 Emma is 25. Joe is $24\frac{1}{2}$.
  Emma ___is a bit older than Joe___ _____
2 Jack's mother is 52. His father is 69.
  Jack's mother _____ .
3 My camera cost €180. Yours cost €175.
  My camera _____ .
4 Yesterday I felt terrible. Today I feel OK.
  I feel _____ .
5 Today the temperature is 12 degrees. Yesterday it was 10 degrees.
  It's _____ .
6 Sarah is an excellent tennis player. I'm not a very good player.
  Sarah _____ .

91.4 Traduci in inglese.

1 L'acqua è più pesante dell'olio.
2 Oggi mi sento più stanco di ieri.
3 È più difficile scrivere che leggere.
4 Questa domanda è più facile dell'altra.
5 Noi lavoriamo più di 40 ore la settimana.
6 Tutti i miei amici sanno sciare molto meglio di me.

7 A: Quanto dista l'albergo da qui?
  B: Meno di due chilometri.
8 Mark ha più soldi di Francesca, ma lei è più intelligente.
9 La mia nuova auto è un po' più piccola, ma è molto più economica.

not as ... as

A

not as ... as (= *non tanto ... quanto*)

She's old, but she's **not as old as** he is.
È vecchia, ma non è vecchia come lui.

Box A is**n't as big as** Box B.
... non è tanto grande quanto ...

- Rome **is not as old as** Athens.
  Roma non è antica quanto Atene.
- The Grand Hotel **isn't as expensive as** the Europa. (*non* isn't expensive like the Europa)
  Il Grand Hotel non è caro come l'Europa.
- I **don't** play tennis **as often as** you.
  Non gioco a tennis così spesso come te.
- The weather is better than it was yesterday. It **isn't as cold**. (= as cold **as it was yesterday**)
  Il tempo è migliore di ieri. Non è così freddo / altrettanto freddo.

B

not as much as ... (= *non tanto quanto ...*) / **not as many as** ... (= *non tanti ... quanto/i ...*)

- I don't have **as much money as** you. (**much** + *nome non numerabile*)
  Non ho tanti soldi come te.
- I don't know **as many people as** you. (**many** + *nome plurale*)
  Non conosco tante persone / tanta gente come te.
- I don't go out **as much as** you. (*verbo* + **much**)
  Non esco tanto (spesso) quanto te.

C

Confronta **not as ... as** *e* **than**:

- Rome is **not as old as** Athens. *Roma non è antica quanto Atene.*
  Athens is **older than** Rome. *Atene è più antica di Roma.*

- Tennis **isn't as popular as** football.
  Football is **more popular than** tennis.

- I **don't** go out **as much as** you.
  You go out **more than** me.

D

Si dice: as **me** / as **him** / as **her** *ecc.*
Si può dire:

- She's not as old **as him**. *oppure*
  She's not as old **as he is**. (*ma non* as he)
- You don't work as hard **as me**. *oppure*
  You don't work as hard **as I do**.

E

Si dice **the same as** ... (= *lo stesso di/che ...*):

- The weather today is **the same as** yesterday. *... uguale a ieri.*
- Your hair is **the same colour** as mine. (*non* the same colour of mine)
  ... dello stesso colore dei miei.
- I arrived at **the same time as** Tom. *... alla stessa ora di Tom.*

much/many ➜ **Unità 86, Appendice 9**   older than ... / more expensive than ... ➜ **Unità 91**

Esercizi

92.1 Osserva le vignette. Scrivi delle frasi per confrontare A, B e C.

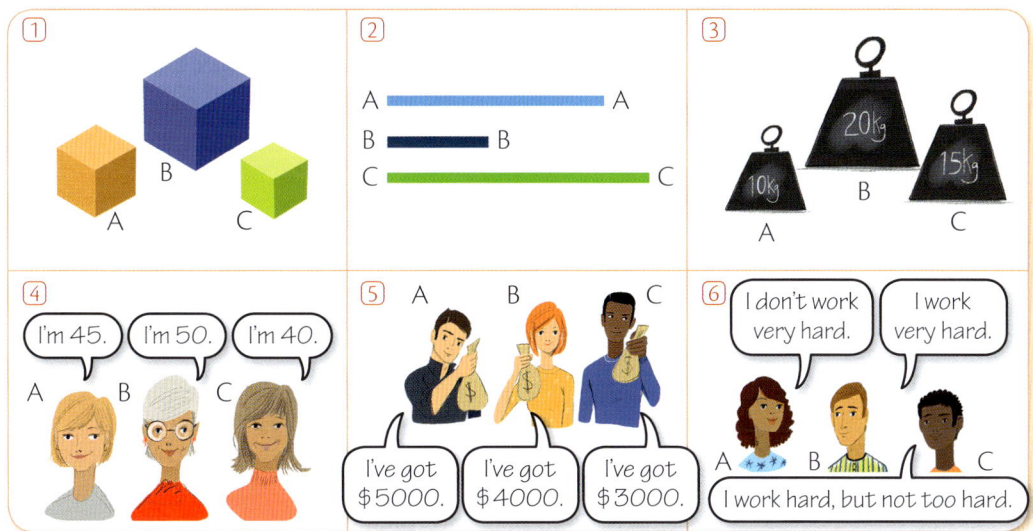

1 A is _bigger than C, but not as big as B_ .
2 A is _____ B, but not _____ C.
3 C is _____ A, but _____ .
4 A is _____ , but _____ .
5 B has got _____ .
6 C works _____ .

92.2 Riformula le frasi usando **as … as …** .

1 Athens is older than Rome.   Rome _isn't as old as Athens_ .
2 My room is bigger than yours.   Your room isn't _____ .
3 You got up earlier than me.   I didn't _____ .
4 We played better than them.   They _____ .
5 I've been here longer than you.   You _____ .
6 She's more nervous than him.   He _____ .

92.3 Completa le frasi con **as** o **than**.

1 Athens is older _than_ Rome.
2 I don't watch TV as much _____ you.
3 You eat more _____ me.
4 I'm more tired today _____ I was yesterday.

5 Joe isn't as clever _____ he thinks.
6 Belgium is smaller _____ Switzerland.
7 Brazil isn't as big _____ Canada.
8 I can't wait longer _____ an hour.

clever = bravo/
intelligente

92.4 Confronta le affermazioni di Julia, Andy e Laura. Poi finisci le frasi usando **the same age** /
the same street ecc.

1 (age)   _Andy is the same age as Laura_ .
2 (street) Julia lives _____ .
3 (time)   Julia got up _____ .
4 (colour) Andy's _____ .

92.5 Traduci in italiano.

1 Il Brasile non è grande come il Canada.
2 La mia auto non è comoda come la tua.
3 Tu mangi più di me, ma non quanto lei.
4 Sam non guadagna quanto Anna.
5 Prendo sempre lo stesso autobus di tuo fratello.
6 Voi non conoscete tanta gente quanta (ne conosciamo) noi.
7 La mia bicicletta è la stessa marca della tua, ma non è così cara.

guadagnare = earn
marca = make

A

HOTEL PRICES IN KINTON
(Per room per night)

Europa Hotel	£150	Grosvenor	£110
Grand Hotel	£130	Bennets	£100
Royal	£120	Carlton	£98
Astoria	£115	Star	£85
Palace	£115	Station	£75

Box A is **bigger than** Box B.

Box A is **bigger than** all the other boxes.

Box A is **the biggest** box.
... la scatola più grande.

The Europa Hotel is **more expensive than** the Grand.

The Europa Hotel is **more expensive than** all the other hotels in the city.

The Europa Hotel is **the most expensive** hotel in the city.
... l'albergo più caro ...

Bigger e **more expensive** ecc. sono forme del comparativo (→ Unità 90).
Biggest e **most expensive** ecc. sono forme del superlativo.

B

Le forme del superlativo sono **-est** (**oldest**) *oppure* **most** ... (**most expensive**).

Superlativo degli aggettivi 'brevi' (una sillaba: **old/cheap/nice** *ecc.)* → **the -est**:
    old → **the oldest**   cheap → **the cheapest**   nice → **the nicest**

Superlativi irregolari:
    good → **the best**   bad → **the worst**

Ortografia (→ Appendice 5):   big → the bi**gg**est   hot → the ho**tt**est

Superlativo degli aggettivi in **-y** (**easy/heavy** *ecc.)* → **the -iest**:
    easy → **the easiest**   heavy → **the heaviest**   pretty → **the prettiest**

Superlativo degli aggettivi 'lunghi' (due o più sillabe: **careful/expensive/interesting** *ecc.)* → **the most** ... :
    careful → **the most careful**   interesting → **the most interesting**

C

Il superlativo è preceduto da **the** (**the** oldest ... / **the** most expensive ... ecc.):
- The church is very old. It's **the oldest** building in the town. *... È l'edificio più vecchio della città.*
- What is **the longest** river in the world? *Qual è il fiume più lungo del mondo?*
- Money isn't **the most important** thing in life. *Il denaro non è la cosa più importante della vita.*
- Excuse me, where is **the nearest** bank? *Scusi, dov'è la banca più vicina?*

L'aggettivo precede il nome:
    the oldest building *l'edificio più vecchio*
    the most important thing *la cosa più importante*

I superlativi **the oldest / the best / the most expensive** *ecc. si usano anche senza il nome:*
- Luke is a good player, but he isn't **the best** in the team. *... il migliore della squadra.*

D

Dopo il superlativo si dice spesso **I've ever** ... / **you've ever** ... ecc. :
- The film was very bad. I think it's **the worst** film **I've ever seen**. *... il peggior film che abbia mai visto.*
- What is **the most unusual** thing **you've ever done**? *... la cosa più insolita che tu abbia mai fatto?*

E

Confronta:

comparativo
- Tom is **older than** me.
  ... più vecchio di me.
- Is Rome **more beautiful than** Paris?
  ... più bella di Parigi?
- This camera is **better than** that one.
  ... migliore di quella.

superlativo
- James is **the oldest in** the class.
  ... il più vecchio della classe.
- Venice is **the most beautiful** city **in** the world.
  ... la città più bella del mondo.
- This is **the best** camera **in** the shop.
  ... la migliore ... del negozio.

Esercizi

93.1 Esprimi dei paragoni. Usa il comparativo (**older** ecc.) e il superlativo (**the oldest** ecc.).

1

big/small
(A/D)   A is bigger than D.
(A)   A is the biggest.
(B)   B is the smallest.

2

long/short
(C/A) C is .... A.
(D)   D is ....
(B)   B ....

3 I'm 23. I'm 19. I'm 24. I'm 21.

young/old
(D/C) D ....
(B)   ....
(C)   ....

A   B   C   D

4

£8   £10   £15   £12

A   B   C   D

expensive/cheap
(D/A) ....
(C)   ....
(A)   ....

5

Restaurant A, Excellent
Restaurant B, Not bad
Restaurant C, Good but not wonderful
Restaurant D, Awful

good/bad
(A/C) ....
(A)   ....
(D)   ....

93.2 Completa ogni frase con il superlativo (**the oldest** ecc.).

pretty = grazioso
boring = noioso

1 This building is very old. It's ....the oldest building.... in the town.
2 It was a very happy day. It was .... of my life.
3 It's a very good film. It's .... I've ever seen.
4 She's a very popular singer. She's .... in the country.
5 It was a very bad mistake. It was .... I've ever made.
6 It's a very pretty village. It's .... I've ever seen.
7 It was a very cold day. It was .... of the year.
8 He's a very boring person. He's .... I've ever met.

93.3 Scegli parole adatte dai riquadri per costruire delle frasi con il superlativo (**the largest** ecc.).

~~Sydney~~	Alaska	high	country	river	Africa	South America
Everest	the Nile	large	~~city~~	state	~~Australia~~	the world
Brazil	Jupiter	long	mountain	planet	the USA	the solar system

1 Sydney is the largest city in Australia.
2 Everest ....
3 ....
4 ....
5 ....
6 ....

93.4 Traduci in inglese.

leggero = light
simpatico = nice
cucina = (qui) food

1 'Avete una taglia più piccola?'   'Questa è la più piccola che abbiamo.'
2 Lucy è la ragazza più giovane della classe ed è anche la più interessante.
3 Questo è il peggior errore che tu abbia mai fatto.
4 X è più pesante di Y, ma X è più leggero di Z. Qual è il più pesante?
5 Tuo marito è la persona più simpatica che io abbia mai incontrato.
6 Pensi che la cucina francese sia migliore della cucina italiana?
7 Qual è la miglior squadra di calcio d'Italia?

➜ Esercizi supplementari 35–36 (pag. 278)

enough

A

I've only got five pounds – not enough for a taxi.

She isn't going to take a taxi.
She doesn't have **enough money**.
Non ha abbastanza soldi.

He can't reach the shelf.
He isn't **tall enough**.
Non è abbastanza alto.

B

Enough *precede il nome* (**enough money** / **enough people** *ecc.*):

- ○ A: Is there **enough milk** in your coffee? *C'è abbastanza latte … ?*
  - B: Yes, thank you.
- ○ We wanted to play football, but we didn't have **enough players**. *… abbastanza giocatori.*
- ○ Why don't you buy a car? You've got **enough money**. *… Hai abbastanza soldi.*

Si usa **enough** *anche senza nome:*

- ○ I've got some money, but not **enough** to buy a car. *… non abbastanza per comprare un'auto.*
- ○ A: Would you like some more to eat?
  - B: No, thanks. I've had **enough**. *… Ne ho mangiato abbastanza.*
- ○ You're always at home. You don't go out **enough**. *… Non esci abbastanza.*

C

L'aggettivo precede **enough** (**good enough** / **tall enough** *ecc.*). *La costruzione italiana è al contrario.*

- ○ A: Shall we sit outside? *Ci sediamo fuori?*
  - B: No, it isn't **warm enough**. (*non* enough warm)
    No, non fa abbastanza caldo.
- ○ Can you hear the radio? Is it **loud enough** for you?
  La senti la radio? È abbastanza alta per te?
- ○ Don't buy the coat. It's nice, but it isn't **long enough**.
  Non comprare quel cappotto. È bello, ma non è abbastanza lungo.

Ricorda:

enough + *nome*   *ma*   *aggettivo* + **enough**

enough money	tall **enough**
enough time	good **enough**
enough people	old **enough**

D

Osserva le seguenti costruzioni con **enough**:

enough for somebody/something	○ This pullover isn't **big enough for me**. *… non è abbastanza grande per me.* ○ I don't have **enough money for a new car**. *… abbastanza soldi per una macchina nuova.*
enough to do something	○ I don't have **enough money to buy** a new car. (*non* for buy) *… abbastanza soldi per comprare una macchina.* ○ Is your English **good enough to have** a conversation? *… abbastanza buono per sostenere una conversazione?*
enough for somebody/something **to do** something	○ There aren't **enough chairs for everybody to sit** down. *… abbastanza sedie per far sedere tutti.*

to … *e* for … ➜ Unità 57   too ➜ Unità 95

Esercizi

94.1 Osserva le vignette. Completa ogni frase con **enough** e una di queste parole:

chairs   ~~money~~   paint   wind

1 She doesn't have ___enough money___ .   3 She doesn't have _____ .
2 There aren't _____ .   4 There isn't _____ .

94.2 Osserva le vignette. Completa ogni frase con uno dei seguenti aggettivi + **enough**:

big   long   strong   ~~tall~~

1 He ___isn't tall enough___ .   3 His legs aren't _____ .
2 The car _____ .   4 He _____ .

94.3 Completa ogni frase con **enough** e una delle parole elencate.

big   eat   ~~loud~~   ~~milk~~   old   practise   space   time   tired

> practise = esercitarsi/
> allenarsi

1 'Is there ___enough milk___ in your coffee?'   'Yes, thank you.'
2 Can you hear the radio? Is it ___loud enough___ for you?
3 He can leave school if he wants – he's _____ .
4 When I visited New York last year, I didn't have _____ to see all the things
   I wanted to see.
5 This house isn't _____ for a large family.
6 Tina is very thin. She doesn't _____ .
7 My office is very small. There isn't _____ .
8 It's late, but I don't want to go to bed now. I'm not _____ .
9 Lisa isn't a very good tennis player because she doesn't _____ .

94.4 Completa le frasi. Combina **enough** con le parole suggerite tra parentesi.

> sharp = affilato

1 We don't have ___enough money to buy___ a new car.   (money/buy)
2 This knife isn't _____ tomatoes.   (sharp/cut)
3 The water wasn't _____ swimming.   (warm/go)
4 Do we have _____ sandwiches?   (bread/make)
5 We played well, but not _____ the game.   (well/win)
6 I don't have _____ newspapers.   (time/read)

94.5 Traduci in inglese.

> guadagnare = earn
> principiante =
>   beginner

1 Tu non mangi abbastanza frutta.
2 Avete abbastanza tempo per il pranzo?
3 Peter lavora molto, ma non guadagna abbastanza.
4 Penso che il tempo sia abbastanza bello per una passeggiata.
5 Queste scatole sono abbastanza grandi per sei bottiglie?
6 James è abbastanza intelligente per capire la situazione.
7 Pensi che questo libro sia abbastanza facile per esser capito da un principiante?

too

A

His shoes are **too big** for him.
... *troppo grandi* ...

Ugggghhh!

There is **too much** sugar in it.
... *troppo zucchero* ...

B

Si usa **too** (= *troppo*) *con gli aggettivi e gli avverbi* (**too big** / **too hard** *ecc.*):

It's too loud.

- ○ Can you turn the radio down? It's **too loud**.
  (*non* too much loud)
  Puoi abbassare la radio? È troppo alta.
- ○ I can't work. I'm **too tired**. ... *Sono troppo stanco.*
- ○ I think you work **too hard**. *Penso che lavori troppo.*

C

too much (= *troppo/troppa*) / **too many** (= *troppi/troppe*)

- ○ I don't like the weather here. There is **too much rain.** ... *troppa pioggia.*
- ○ Emily studies all the time. I think she **studies too much**. ... *Penso che studi troppo.*
- ○ Let's go to another restaurant. There are **too many people** here. ... *troppe persone* ...
- ○ Traffic is a problem in this town. There are **too many cars**. ... *Ci sono troppe auto.*

D

Confronta **too** *e* **not enough**:

- ○ The hat is **too big** for him.
- ○ The music is **too loud**. Can you turn it down, please?
- ○ There's **too much sugar** in my coffee.
- ○ I don't feel very well. I ate **too much**.
- ○ There are **too many cars**.

too big *troppo grande*

- ○ The hat is**n't big enough** for him.
- ○ The music is**n't loud enough**. Can you turn it up, please?
- ○ There's **not enough sugar** in my coffee.
- ○ You're very thin. You do**n't** eat **enough**.
- ○ There are**n't enough car parks**.

not big enough
non abbastanza grande

E

Osserva le seguenti costruzioni con **too** ... :

too ... **for** somebody/something	○ These shoes are **too big for me**. ... *troppo grandi per me.* ○ It's a small house – **too small for a large family**. ... *troppo piccola per una famiglia numerosa.*
too ... **to do** something	○ I'm **too tired to go** out. (*non* for go out) ... *troppo stanco per uscire.* ○ It's **too cold to sit** outside. ... *troppo freddo per sederci fuori.*
too ... **for** somebody **to do** something	○ She speaks **too fast for me to understand**. ... *troppo veloce perché io possa capire.*

to *e* for ➜ **Unità 57**   much/many ➜ **Unità 86**   enough ➜ **Unità 94**

Esercizi

95.1 Osserva le vignette. Completa ogni frase con **too** + uno degli aggettivi elencati.

> big   crowded   fast   heavy   ~~loud~~   low

1 The music is ..._too loud_............................ .
2 The box is ....
3 The net is ....
4 She's driving ....
5 His jacket is ....
6 The museum is ....

95.2 Completa le frasi con **too** / **too much** / **too many** / **enough**.

1 You're always at home. You don't go out .._enough_...... .
2 I don't like the weather here. There's .._too much_..... rain.
3 I can't wait for them. I don't have .... time.
4 There was nowhere to sit on the beach. There were .... people.
5 You're always tired. I think you work .... hard.
6 'Did you have .... to eat?' 'Yes, thank you.'
7 You drink .... coffee. It's not good for you.
8 You don't eat .... vegetables. You should eat more.
9 I don't like the weather here. It's .... cold.
10 Our team didn't play well. We made .... mistakes.
11 'Would you like some milk in your tea?' 'Yes, but not ....'

95.3 Completa le frasi. Usa **too** o **enough** con la parola tra parentesi.

1 I couldn't work. I ...._was too tired_...................... . (tired)
2 Can you turn the radio up, please? It ...._isn't loud enough_.............. . (loud)
3 I don't want to walk home. It's .... (far)
4 Don't buy anything in that shop. It .... (expensive)
5 You can't put all your things in this bag. It .... (big)
6 I couldn't do the exercise. It .... (difficult)
7 Your work needs to be better. It .... (good)
8 I can't talk to you now. I .... (busy)
9 I thought the film was boring. It .... (long)

> needs to be better =
>   deve migliorare
> busy = occupato

95.4 Completa le frasi utilizzando le informazioni tra parentesi. Usa **too** (+ aggettivo) + **to** (**do something**).

1 (I'm not going out / cold)   It's ...._too cold to go out_.................. .
2 (I'm not going to bed / early)   It's ....
3 (they're not getting married / young) They're ....
4 (nobody goes out at night / dangerous) It's ....
5 (don't phone Sue now / late)   It's ....
6 (I didn't say anything / surprised)   I was ....

95.5 Traduci in inglese.

1 Vai a letto troppo tardi. Non dormi abbastanza.
2 Questa auto non è abbastanza grande per noi, ed è troppo cara.
3 'Tom non studia abbastanza.' 'Ha troppi soldi e troppi hobby.'
4 Ci sono troppe finestre in questo appartamento.
5 Sono troppo vecchio per giocare a calcio.
6 Nevica troppo forte perché possiamo sciare.
7 C'era troppa gente nel negozio.

> forte = heavily/hard

He **speaks English** very well.
(costruzione della frase 1)

A Posizioni del verbo e del complemento oggetto:

Sue	**bought**	**some new shoes** yesterday.
soggetto	verbo	oggetto

SUE
(soggetto)

SOME NEW SHOES
(complemento oggetto)

Di norma l'oggetto è subito dopo il verbo:

- ☐ Sue **bought some new shoes** yesterday.
  (*non* Sue bought yesterday some new shoes)

verbo + complemento oggetto

He **speaks**	**English** very well.	(*non* He speaks very well English.)
I **like**	**Italian food** very much.	(*non* I like very much …)
Did you **watch**	**TV** all evening?	(*non* Did you watch all evening … ?)
Paul often **wears**	**a black hat**.	(*non* Paul wears often …)
We **invited**	**a lot of people** to the party.	
I **opened**	**the door** quietly.	
Why do you always **make**	**the same mistake**?	
I'm going to **borrow**	**some money** from a friend.	

La costruzione italiana è più libera. Tra il verbo e il complemento oggetto si trovano spesso altri complementi:
- ☐ He **speaks English** very well. *Parla molto bene l'inglese.*
- ☐ Paul often **wears a black hat**. *Paul porta spesso un cappello nero.*
- ☐ I **opened the door** quietly. *Ho aperto piano la porta.*

B Posizioni dei complementi di luogo e di tempo:

Lisa goes	**to the gym**	**every day** . (*non* Lisa goes every day to the gym.)
	luogo	tempo

Di solito il complemento di luogo (**to the gym**) precede il complemento di tempo (**every day**).

	luogo	tempo	
We went	**to a party**	**last night**.	*Ieri sera siamo andati a una festa.*
Will you be	**at home**	**this evening**?	*Sarai/Sarete a casa stasera?*
I usually go	**to bed**	**early**.	*Di solito vado a letto presto.*
We arrived	**at the airport**	**at 7 o'clock**.	*Siamo arrivati all'aeroporto alle 7.00.*
They've lived	**in the same house**	**for 20 years**.	*Abitano nella stessa casa da 20 anni.*
Joe's father has been	**in hospital**	**since June**.	*Il padre di Joe è all'ospedale da giugno.*

Molto spesso le espressioni di tempo (**yesterday** / **tomorrow** / **on Thursday** ecc.) si trovano in posizione finale.
In italiano è molto frequente il contrario:
- ☐ I went to the cinema **yesterday**. *Ieri sono andato al cinema.*
- ☐ She doesn't work **on Fridays**. *Il venerdì non lavora.*
- ☐ I met Ben **last week**. *La settimana scorsa ho incontrato Ben.*

costruzione delle domande ➜ **Unità 46–48**   always/usually/often *ecc.* ➜ **Unità 6, 97**

Esercizi

96.1 Correggi le frasi sbagliate. Per le altre scrivi **OK**.

1	Did you watch <u>all evening TV</u>?	*Did you watch TV all evening?*
2	Sue bought some new shoes yesterday.	*OK*

fluently =
  correntemente
present = regalo
borrow = prendere
  in prestito

1 Did you watch all evening TV?   *Did you watch TV all evening?*
2 Sue bought some new shoes yesterday.   *OK*
3 I like very much this picture.
4 Tom started last week his new job.
5 I want to speak English fluently.
6 Jessica bought for her friend a present.
7 I drink every day three cups of coffee.
8 Don't eat your dinner too quickly!
9 I borrowed from my brother fifty euros.

96.2 Scrivi frasi di senso compiuto riordinando le parole date.

1 (the door / opened / I / quietly)   *I opened the door quietly.*
2 (a new phone / last week / I / got)   I
3 (finished / Paul / quickly / his work)
4 (Emily / very well / French / doesn't speak)
5 (a lot of shopping / did / I / yesterday)
6 (London / do you know / well?)
7 (we / enjoyed / very much / the party)
8 (the problem / carefully / I / explained)
9 (we / at the airport / some friends / met)
10 (did you / in England / buy / that jacket?)
11 (every day / do / the same thing / we)
12 (football / don't like / very much / I)

96.3 Scrivi frasi di senso compiuto riordinando le parole date.

1 (to the gym / every day / goes / Lisa)   *Lisa goes to the gym every day.*
2 (at the hotel / I / early / arrived)   I
3 (goes / every year / to Italy / Julia)   Julia
4 (we / since 1998 / here / have lived)   We
5 (in London / Sue / in 1990 / was born)   Sue
6 (didn't go / yesterday / Paul / to work)   Paul
7 (to a wedding / last weekend / went / Helen)
   Helen
8 (I / in bed / this morning / my breakfast / had)
   I
9 (in September / Amy / to university / is going)
   Amy
10 (I / a beautiful bird / this morning / in the garden / saw)
   I
11 (many times / have been / my parents / to the United States)
   My
12 (my umbrella / I / last night / left / in the restaurant)
   I
13 (to the cinema / tomorrow evening / are you going?)
   Are
14 (the children / I / took / this morning / to school)
   I

96.4 Traduci in inglese.

1 Domenica scorsa siete andati allo zoo?
2 Hai incontrato tua moglie prima o dopo il 2003?
3 A mia madre non piace molto il formaggio.
4 I giornali dicono tutti i giorni le stesse cose.
5 I miei genitori vanno tutte le domeniche in campagna.
6 Due giorni fa Marco ha visto tuo fratello a Venezia.
7 Di sabato vado sempre con i miei amici allo Sports Club.
8 Il mese prossimo a Milano ci sarà un grande concerto.
9 Lucia parla tre lingue, ma non parla molto bene l'inglese.

always/usually/often ecc.
(costruzione della frase 2)

A

Le parole elencate nel riquadro si trovano spesso accanto al verbo all'interno di una frase:

always *sempre*	**ever** *mai ... ?*	**just** *appena/soltanto*	**also** *anche*
usually *di solito*	**never** *non ... mai*	**already** *già*	**all** *tutti*
often *spesso*	**rarely** *raramente*	**still** *ancora/tuttora*	**both** *entrambi*
sometimes *a volte*	**seldom** *raramente*		

- My brother **never speaks** to me. *Mio fratello non parla mai con me.*
- She**'s always** late. *È sempre in ritardo.*
- Do you **often go** to restaurants? *Vai/Andate spesso al ristorante?*
- I **sometimes eat** too much. (*oppure* **Sometimes** I eat too much.) *A volte mangio troppo.*
- A: Don't forget to call Laura.
  B: I**'ve already phoned** her. *Le ho già telefonato.*
- I have three sisters. They**'re all** married. ... *Sono tutte sposate.*

B

Always/never/also/already ecc. precedono il verbo principale (cioè diverso da **am/is/are/was/were**):

	verbo
always	go
often	play
never	have
ecc.	ecc.

- I **always drink** coffee in the morning. (*non* I drink always)
- Helen **often goes** to London. (*non* Helen goes often)
- They **usually have** dinner at 7 o'clock.
- We **rarely watch** TV. *o* We **seldom watch** TV.
- You **sometimes look** unhappy.
- Richard is a good footballer. He **also plays** tennis and volleyball.
  (*non* He plays also tennis)
- I have three sisters. They **all live** in London. (*non* They live all)

Per lo più, gli equivalenti italiani (sempre/mai/anche/già ecc.) si pongono dopo il verbo principale.
Fai attenzione:

- I **always drink** coffee in the morning. *Bevo sempre ...*
- Helen **often goes** to London. *... va spesso ...*
- He **also plays** tennis and volleyball. *... gioca anche ...*
- They **all live** in London. *Abitano tutte ...*

C

Always/never/also/already ecc. seguono **am/is/are/was/were** (l'italiano ha una costruzione analoga):

am	always
is	often
are	never
was	ecc.
were	

- I **am always** tired. (*non* I always am tired)
- They **are never** at home during the day. (*non* They never are)
- It **is usually** very cold here in winter. *Di solito fa molto freddo ...*
- When I was a child, I **was often** late for school. *... ero spesso ...*
- A: Where's Laura?
  B: She**'s still** in bed. *È ancora ...*
- I have two brothers. They**'re both** doctors. ... *Sono entrambi ...*

D

Con i verbi composti (**have ... been / can ... find** ecc.) **always/never/also** ecc. sono nella posizione intermedia:

will		go
can	always	find
do	often	remember
ecc.	never	ecc.
have	ecc.	gone
has		been
		ecc.

- I **will always remember** you.
- It **doesn't often rain** here. (*non* It doesn't rain often here)
- **Do** you **usually go** to work by car? (*non* Do you go usually)
- I **can never find** my keys.
- **Have** you **ever been** to Egypt?
- A: Where's Laura?
  B: She**'s just gone** out. (She's = She has)
- My friends **have all gone** to the cinema. (*non* have gone all)

always/never + present simple → **Unità 6**   just/already + present perfect → **Unità 18**   all → **Unità 83–84**
both → **Unità 85**   hardly → **Unità 89**   still → **Unità 98**

Esercizi

97.1 Leggi le risposte di Paul e scrivi delle frasi su di lui con **often**/**never** ecc.

Paul

1	Do you ever play tennis?	Yes, often.	*Paul often plays tennis.*
2	Do you get up early?	Yes, always.	He ....
3	Are you ever late for work?	No, never.	He ....
4	Do you ever get angry?	Sometimes.	....
5	Do you ever go swimming?	Rarely.	....
6	Are you at home in the evenings?	Yes, usually.	....

97.2 Riscrivi le frasi inserendo la parola indicata tra parentesi.

1 My brother speaks to me. (never) ____*My brother never speaks to me.*____
2 Susan is polite. (always) Susan ....
3 I finish work at 5 o'clock. (usually) I ....
4 Sarah has started a new job. (just) Sarah ....
5 I go to bed before midnight. (rarely) ....
6 The bus isn't late. (usually) ....
7 I don't eat fish. (often) ....
8 I will forget what you said. (never) ....
9 Have you lost your passport? (ever) ....
10 Do you work in the same place? (still) ....
11 They stay in the same hotel. (always) ....
12 Jane doesn't work on Saturdays. (usually) ....
13 Is Tina here? (already) ....
14 What do you have for breakfast? (usually) ....
15 I can remember his name. (never) ....

> polite = cortese
> what (8) = ciò che
> the same = lo stesso

97.3 Aggiungi quanto indicato tra parentesi. Usa **also**.

1 Do you play football? (tennis) ____*Yes, and I also play tennis.*____
2 Do you speak Italian? (French) Yes, and I ....
3 Are you tired? (hungry) Yes, and ....
4 Have you been to England? (Ireland) Yes, ...
5 Did you buy any clothes? (some books) ....

97.4 Che cos'hanno in comune questi personaggi? Dillo con **both** e **all**.

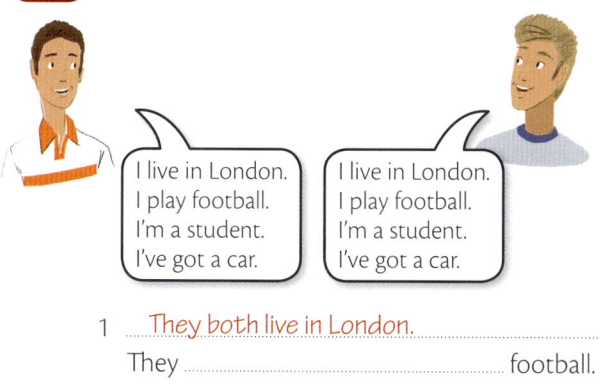

I live in London.
I play football.
I'm a student.
I've got a car.

I live in London.
I play football.
I'm a student.
I've got a car.

I'm married. I was born in England.
I live in New York.

1 ____*They both live in London.*____
   They .... football.
   .... students.
   .... cars.

2 They .... married.
   They .... England.

97.5 Traduci in inglese.

1 Raramente ci alziamo prima delle 8.00.
2 I miei genitori hanno entrambi 42 anni.
3 'È ancora qui Sarah?' 'No, è già partita.'
4 Daniel è sempre in ritardo e perde spesso il treno.
5 Ho tre o quattro amici inglesi. Vivono tutti a Londra.
6 'Helen sa suonare il piano.' 'Suona anche la chitarra.'
7 'Sei mai stato a Torino?' 'Sì, ci vado qualche volta per un concerto.'

still   yet   already

A

still = ancora (tuttora)

an hour ago  now

The rain hasn't stopped

An hour ago it was raining.
Un'ora fa pioveva.

It is **still** raining now.
Piove ancora. / Sta ancora piovendo.

*Si usa **still** per parlare di qualcosa che non è cambiato rispetto a prima:*
- ☐ I had a lot to eat, but I'm **still** hungry. ... *ma ho ancora fame.*
- ☐ 'Did you sell your car? 'No, I've **still** got it.' ... 'No, ce l'ho ancora.'
- ☐ 'Do you **still** live in Barcelona?' 'No, I live in Madrid now.' 'Abiti ancora a Barcellona?' ...

B

yet

20 minutes ago
Ben will be here soon.

now
Where's Ben? He's very late.

Twenty minutes ago they were waiting for Ben.

They are **still** waiting for Ben.
Ben **hasn't come yet**. ... *non è ancora arrivato.*

Yet *viene usato nelle frasi negative* (He **hasn't** come yet.) *e nelle interrogative* (**Has he** come yet?). *Di solito,* **yet** *è in posizione finale.*

not yet = non ancora
- ☐ 'Where's Emma?' 'She **isn't** here **yet**.' ... 'Non è ancora qui.'
- ☐ 'What are you doing this evening?' 'I **don't** know **yet**.' ... 'Non lo so ancora.'

yet? = già? (mi aspetto che sia così)
- ☐ A: Are you ready to go **yet**? *Sei già pronto a partire? (Mi aspetto che tu lo sia.)*
  B: **Not yet**. In a minute. *Non ancora. Tra un minuto.*
- ☐ A: Have you finished with the newspaper **yet**? *Hai già finito il giornale? (Ormai dovresti aver finito)*
  B: No, I'm still reading it. *No, lo sto ancora leggendo.*

Confronta **yet** *e* **still**:
- ☐ She hasn't gone **yet**. = She's **still** here. (*non* She is yet here)
- ☐ I haven't finished eating **yet**. = I'm **still** eating.

C

already = già (prima del previsto)

Already *si usa di solito nelle frasi affermative. Indica che qualcosa è o avviene prima del previsto:*
- ☐ 'What time is Joe coming?' 'He's **already** here.' ... 'È già qui.'
- ☐ 'I'm going to tell you what happened.' 'That's not necessary. I **already** know.' ... *Lo so già.*
- ☐ Sarah isn't coming to the cinema with us. She has **already** seen the film. ... *Ha già visto quel film.*

Anche nelle interrogative, a volte, si usa **already**. *Non confonderlo con* **yet**. *Nelle domande sia* **already** *che* **yet** *corrispondono a 'già' in italiano:*
- ☐ Has Clare **already** left? I wanted to go with her. *È già partita Clare? Volevo andare con lei.*
  (*chi parla si sorprende che Claire sia partita prima del previsto*)
- ☐ (al cellulare) Hi, Tom. Have you left **yet**? I'm waiting outside the cinema. ... *Sei già partito?* ...
  (*chi parla è in attesa di Tom e pensa che ormai dovrebbe esser partito*)

already/yet + present perfect → **Unità 18**   posizione di still/already → **Unità 97**

Esercizi

98.1 Incontri Tina. Sono passati due anni dal vostro ultimo incontro. Rivolgile delle domande usando **still**.

Tina – two years ago

1 I play the piano.
2 I live in Clare Street.
3 I'm a student.
4 I've got a motorbike.
5 I go to the cinema a lot.
6 I want to be a teacher.

1 *Do you still play the piano?*
2 Do you ....
3 Are ....
4 ....
5 ....
6 ....

98.2 Scrivi tre frasi per ogni situazione. (Che cosa facevano queste persone? Che fanno tuttora? Che cosa non è ancora successo?)

prima   adesso

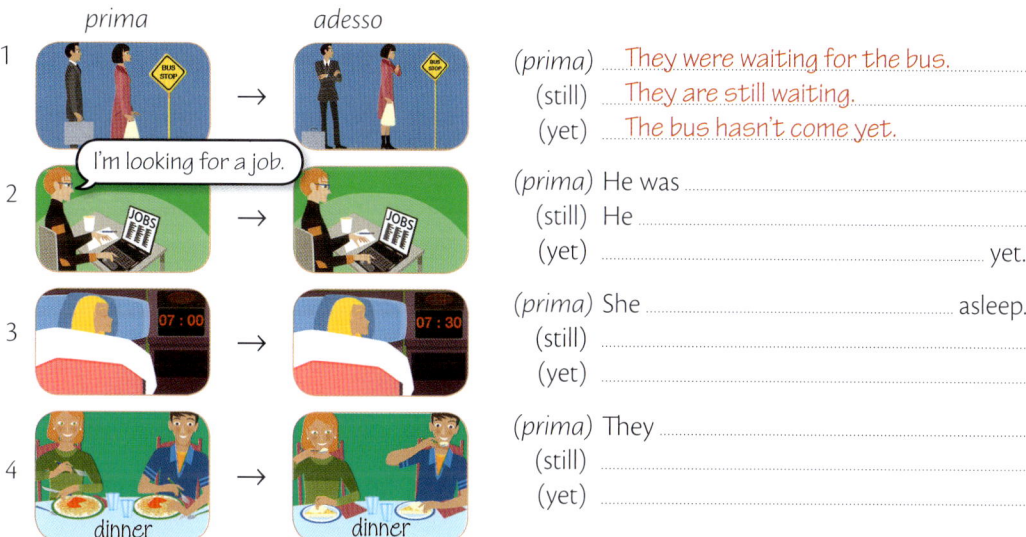

I'm looking for a job.

dinner   dinner

1 (*prima*) *They were waiting for the bus.*
   (still) *They are still waiting.*
   (yet) *The bus hasn't come yet.*

2 (*prima*) He was ....
   (still) He ....
   (yet) .... yet.

3 (*prima*) She .... asleep.
   (still) ....
   (yet) ....

4 (*prima*) They ....
   (still) ....
   (yet) ....

98.3 Completa le frasi usando **already**.

bill = conto
meeting = riunione

1 What time is Joe coming?
2 Do they want to see the film?
3 I have to see Julia before she goes.
4 Do you need a pen?
5 Shall I pay the bill?
6 Shall I tell Paul about the meeting?

1 *He's already* here.
2 No, *they've already seen* it.
3 It's too late. She ....
4 No, thanks. I .... one.
5 No, it's OK. I ....
6 No, he .... I told him.

98.4 Costruisci delle domande usando **yet** o **already**.

1 Un'ora fa pioveva. Ormai dovrebbe aver smesso.
   Tu chiedi: _Has it stopped raining yet_ ?

2 Stai dormendo saporitamente quando suona la sveglia.
   Ti svegli e chiedi: _Is it already_ 7 o'clock?

3 Jane dice che le è piaciuto molto il romanzo che le hai prestato ieri.
   Ti sorprende che lo abbia letto in così breve tempo.
   Le chiedi: .... ?

4 Stiamo uscendo. Io non sono ancora pronto. Tu stai aspettando.
   Mi chiedi: .... ?

5 Hai invitato degli amici a cena. Sei in giardino quando tua moglie ti avverte che sono arrivati.
   Tu non li aspettavi così presto.
   Le chiedi: .... ?

98.5 Traduci in inglese.

1 I nostri amici sono già arrivati.
2 I bambini non si sono ancora alzati. Dormono ancora.
3 Non ho ancora cominciato, ma sono già stanco.
4 Il nostro treno è al binario 6. Hai già comprato il biglietto?
5 'Il caffè è ancora caldo. Ne vuoi?' 'No grazie. Ne ho già preso una tazza.'
6 'Si sono già sposati Kate e Steve?' 'Non ancora. Stanno ancora cercando un appartamento.'

Give me that book! Give it to me!

A

| give | dare/regalare | lend | prestare | pass | passare/porgere |
| send | mandare | show | mostrare / far vedere |

SARAH

*Dopo verbi di questo tipo (**give**/**lend** ecc.) sono possibili due costruzioni:*

give something to somebody
- ☐ I gave **the keys to Sarah**. *Ho dato le chiavi a Sarah.*

oppure

give somebody something
- ☐ I gave **Sarah the keys**. *Ho dato a Sarah le chiavi.*

B

give something to somebody = *dare qualcosa a qualcuno*

		something	**to** somebody	
That's my book.	**Give**	it	**to** me.	... *Dammelo.*
These are Sue's keys. Can you	**give**	them	**to** her?	... *Puoi dargliele?*
Can you	**give**	these flowers	**to** your mother?	... *questi fiori a tua madre?*
I	**lent**	my car	**to** a friend of mine.	*Ho prestato la mia auto a ...*
Did you	**send**	the money	**to** Kate?	*Hai mandato ... a Kate?*
We've seen these photos. You	**showed**	them	**to** us.	... *Ce le hai fatte vedere.*

C

give somebody something = *dare a qualcuno qualcosa*

		somebody	something	
	Give	me	that book. It's mine.	*Dammi quel libro.* ...
I	**lent**	Joe	some money.	*Ho prestato a Joe dei soldi.*
How much money did you	**lend**	him?		*Quanti soldi gli hai prestato?*
I	**sent**	you	an email. Did you get it?	*Ti ho mandato un'email.* ...
Nicola	**showed**	us	her holiday photos.	*Nicola ci ha fatto vedere ...*
Can you	**pass**	me	the salt, please?	*Puoi passarmi il sale ... ?*
Tom	**gave**	his mother	some flowers.	*Tom ha regalato a sua madre dei fiori.*

*Questa costruzione è possibile anche con verbi come **buy** (= comprare) e **get** (= prendere / andare a prendere).*
- ☐ I **bought my mother** some flowers. (= I bought some flowers **for** my mother.)
  Ho comprato a mia madre dei fiori. (= Ho comprato dei fiori a/per mia madre.)
- ☐ I'm going to the shop. Can I **get you** anything? (= get anything **for** you)
  Vado al negozio. Ti prendo qualcosa? (= prendo qualcosa per te)

D

Confronta:
- ☐ I **gave** the keys **to Sarah**.
- *e* I **gave Sarah** the keys.
  (*ma non* I gave to Sarah the keys)

- ☐ That's my book. Can you **give** it **to me**?
- *e* Can you **give me** that book?
  (*ma non* Can you give to me that book?)

*Quando il complemento oggetto è **it** o **them** è preferibile la prima costruzione (**give** something **to** somebody):*
- ☐ I gave **it to her**. (*di solito non si dice* I gave her it)
- ☐ Here are the keys. Give **them to your father**. (*di solito non si dice* Give your father them)

it/him/them *ecc.* ➜ **Unità 62**

Esercizi

99.1 Mark aveva delle cose che non gli servivano più e le ha regalate a persone diverse.

SARAH   ROBERT   A NEIGHBOUR

HIS BROTHER   HIS SISTER   GARY

Osserva le figure e rispondi alle domande. Inizia con **He gave ...** .

1 What did Mark do with the armchair?   *He gave it to his brother.*
2 What did he do with the tennis racket?   He gave ....
3 What happened to the books?   He ....
4 What about the lamp?   ....
5 What did he do with the pictures?   ....
6 And the ladder?   ....

99.2 Tu hai regalato ai tuoi amici le cose che vedi nelle figure. Scrivi che cosa hai dato a ciascuno.

1 PAUL   2 JOANNA   3 RICHARD   4 EMMA   5 RACHEL   6 KEVIN

chocolates

1   *I gave Paul a book.*   4 ....
2 I gave ....   5 ....
3 I ....   6 ....

99.3 Formula delle richieste. (**Can you give me ... ?** / **Can you pass me ... ?** ecc.)

1 (you want the salt)   (pass)   *Can you pass me the salt?*
2 (you need an umbrella)   (lend)   Can you ....
3 (you want my address)   (give)   Can .... your ....
4 (you need twenty euros)   (lend)   ....
5 (you want more information)   (send)   ....
6 (you want to see the letter)   (show)   ....

99.4 Scegli la soluzione corretta.

1 ~~I gave to Sarah the keys~~. / I gave Sarah the keys.   (I gave Sarah the keys *è corretto*)
2 I'll <u>lend to you some money</u> if you want. / I'll <u>lend you some money</u> if you want.
3 Did you <u>send the bill me</u>? / Did you <u>send the bill to me</u>?
4 I want to <u>buy for you a present</u>. / I want to <u>buy you a present</u>.
5 Can you <u>pass to me the sugar</u>, please? / Can you <u>pass me the sugar</u>, please?
6 This is Lisa's bag. Can you <u>give it to her</u>? / Can you <u>give her it</u>?
7 I <u>showed to the policeman my identity card</u>. / I <u>showed the policeman my identity card</u>.

present = regalo

99.5 Traduci in inglese.

1 Per favore, mandate il conto a Mr Burns.
2 Potresti prendermi un litro di latte?
3 Voglio far vedere a Becky la mia auto nuova.
4 Jimmy sta cercando la sua palla. Dagliela.
5 Possiamo prestare a mia sorella la nostra valigia grande?
6 'Vi ha dato i biglietti Ann ieri mattina?'   'No, ce li ha dati Sarah.'
7 Paul vuole comprare un cane a suo figlio.

conto = bill

and but or so because

A

| **and** *e/ed* | **but** *ma/però* | **or** *o/oppure* | **so** *così/quindi/perciò* | **because** *perché* |

Queste parole si chiamano 'congiunzioni' e si usano per congiungere due o più frasi in una più lunga:

frase A | The car stopped. ——— The driver got out. | frase B

frase più lunga | The car stopped **and** the driver got out.

B

and/but/or

	frase A		frase B	
	We stayed at home	**and**	(we)* watched television.	* Qui, le frasi A e B hanno gli stessi soggetti, perciò
	My sister is married	**and**	(she)* lives in London.	non è necessario ripetere **we** e **she** dopo **and**
	He doesn't like her,	**and**	she doesn't like him.	nella frase B.
	I bought a sandwich,	**but**	I didn't eat it.	
	It's a nice house,	**but**	it doesn't have a garden.	
	Do you want to go out,	**or**	are you too tired?	

Nelle frasi che elencano una serie di fatti o di azioni, i primi elementi sono separati dalla virgola e gli ultimi due sono congiunti da **and** (come in italiano):

○ I got home**,** had something to eat**,** sat down in an armchair **and** fell asleep.

○ Karen is at work, Sue has gone shopping **and** Chris is playing football.
Karen è al lavoro, Sue è andata a far la spesa e Chris sta giocando a calcio.

C

so

	frase A		frase B
	It was very hot,	**so**	I opened the window.
	Joe does a lot of sport,	**so**	he's very fit.
	They don't like travelling,	**so**	they haven't been to many places.

D

because

	frase A		frase B
	I opened the window	**because**	it was very hot.
	Joe can't come to the party	**because**	he's going away.
	Lisa is hungry	**because**	she didn't have breakfast.

È possibile usare **because** anche all'inizio di una frase (in tal caso, **Because** … = Poiché/Siccome …):

○ **Because it was very hot**, I opened the window.
Poiché/Siccome faceva molto caldo, ho aperto la finestra.

Ricorda: la parola italiana 'perché' può corrispondere a **Why** … ? (= Perché … ?) oppure **because** … (= perché …):

○ A: **Why** weren't you at work yesterday? *Perché non eri al lavoro ieri?*
  B: **Because** I was ill. *Perché ero malato / stavo male.*

E

Usando più di una congiunzione si possono costruire frasi più lunghe:

○ It was late **and** I was tired, **so** I went to bed.
Era tardi ed ero stanco, così sono andato a letto.

○ I always enjoy visiting London, **but** I wouldn't like to live there **because** it's too big.
Visito sempre volentieri Londra, ma non mi piacerebbe abitarci, perché è troppo grande.

when/while/before *ecc.* → Unità 101

Esercizi

100.1 Congiungi le frasi elencate nei riquadri usando **and**/**but**/**or**.

~~I stayed at home.~~	I didn't have your number.
~~I bought a sandwich.~~	Shall I wait here?
I went to the window.	~~I didn't eat it.~~
I wanted to phone you.	I went by bus this morning.
I jumped into the river.	~~I watched TV.~~
I usually drive to work.	I swam to the other side.
Do you want me to come with you?	I looked out.

1   *I stayed at home and watched TV.*
2   *I bought a sandwich, but I didn't eat it.*
3   I ....
4   ....
5   ....
6   ....
7   ....

100.2 Osserva le figure e finisci le frasi a cui si riferiscono. Usa **and**/**but**/**so**/**because**.

1   It was very hot, ... *so he opened the window.*
2   They couldn't play tennis ....
3   They went to the museum, ...
4   Ben wasn't hungry, ...
5   Helen was late ....
6   Sue said ....

100.3 Descrivi che cosa hai fatto ieri. Per ogni frase, usa la congiunzione indicata.

1   (and)   *In the evening I stayed at home and studied.*
2   (because)   *I went to bed very early because I was tired.*
3   (but)   ....
4   (and)   ....
5   (so)   ....
6   (because)   ....

100.4 Traduci in inglese.

1   Laura parla molto bene l'inglese e il tedesco, però non sa parlare il francese.
2   Il test era facile e non molto lungo, perciò l'abbiamo finito prima delle 11.00.
3   Siccome non sono sposato e non ho fratelli o sorelle, passo spesso le vacanze con i miei genitori.
4   Volevo fare una torta, ma non avevo uova, così ho fatto una pizza.
5   'Perché mi guardi?'   'Perché mi piace la tua giacca.'

passare = spend

211

When ...

A

When I went out, it was raining.
Quando sono uscito, pioveva / stava piovendo.

Questa frase si compone di due parti:

parte A	parte B
when I went out	+	it was raining

Si può dire:
- When I went out, it was raining. *o*
  It was raining when I went out.

Se la parte A (When ...) precede la parte B si usa la virgola:
- { When you're tired, don't drive.
  { Don't drive when you're tired.

- { Helen was 25 when she got married.
  { When Helen got married, she was 25.

Le frasi con **before** *(prima) /* **while** *(mentre) /* **after** *(dopo) si comportano come le frasi con* **when**:

- { Always look both ways **before** you cross the road.
  { **Before** you cross the road, always look both ways.
    Prima di attraversare la strada, guardate sempre da entrambe le parti.

- { **While** I was waiting for the bus, it began to rain.
  { It began to rain **while** I was waiting for the bus.
    Cominciò a piovere mentre aspettavo / stavo aspettando l'autobus.

- { He never played football again **after** he broke his leg.
  { **After** he broke his leg, he never played football again.
    Dopo che si è rotto / Dopo essersi rotto la gamba, non ha mai più giocato a calcio.

B

When I am ... / **When I go** ... *ecc.* (**when** + present simple *con valore futuro*):

La prossima settimana Sarah andrà a New York, dove abita la sua amica Lisa.
Anche Lisa, però, sarà via – andrà in Messico. Così non si incontreranno a New York.

Lisa **will be** in Mexico **when** Sarah **is** in New York.
Lisa sarà in Messico quando Sarah sarà a New York.

La frase si riferisce al futuro, ma si dice:
... **when** Sarah **is** in New York. (*non* when Sarah will be)
(*letteralmente:* ... quando Sarah è a New York)

> I'll be in Mexico when you're here.

SARAH   LISA

Dunque, nelle frasi temporali riferite al futuro si usa il present simple (**I am** / **I go** *ecc.*) *dopo* **when**:
- **When** I **get** home this evening, I'm going to have a shower. (*non* When I will get home)
  Stasera quando arriverò a casa, farò la doccia.
- I can't talk to you now. I'll talk to you later **when** I **have** more time.
  Non posso parlarti ora. Parlerò con te più tardi quando avrò più tempo.

Nelle frasi riferite al futuro si usa il present simple *anche dopo* **before/while/after** *e* **until** *(finché):*
- Please close the window **before** you **go** out. ... *prima di uscire.*
- Rachel is going to stay in our flat **while** we **are** away. ... *mentre noi saremo via.*
- I'll wait here **until** you **come** back. (*non* until you will come back)
  Aspetterò qui finché ritornerai / sarai tornato.

if + present simple ➜ **Unità 102**   until ➜ **Unit 108**   before/while/after ➜ **Unit 109**

Esercizi

101.1 Costruisci delle frasi con **when** + le due parti elencate nei riquadri.

When +

I went out	I turned off the TV
I'm tired	I always go to the same place
I knocked on the door	there were no rooms
I go on holiday	it was raining
the programme ended	there was no answer
I got to the hotel	I like to watch TV

+

1   *When I went out, it was raining.*
2   ....
3   ....
4   ....
5   ....
6   ....

101.2 Finisci ogni frase scegliendo dal riquadro la parte mancante.

> somebody broke into the house   before they came here   when they heard the news
> before they crossed the road   while they were away   they didn't believe me
> they went to live in New Zealand

break into = introdursi in (forzando la serratura)

1   They looked both ways   *before they crossed the road.* .
2   They were very surprised ....
3   After they got married, ...
4   Their house was damaged in a storm ....
5   Where did they live .... ?
6   While we were asleep, ...
7   When I told them what happened, ...

101.3 Scegli la forma corretta.

soon = presto / tra poco
sad = triste

1   I stay / I'll stay here until you come / you'll come back.   (I'll stay e you come sono corretti)
2   I'm going to bed when I finish / I'll finish my work.
3   We must do something before it's / it will be too late.
4   Helen is going away soon. I'm / I'll be very sad when she leaves / she'll leave.
5   Don't go out yet. Wait until the rain stops / will stop.
6   We come / We'll come and visit you when we're / we'll be in England again.
7   When I come to see you tomorrow, I bring / I'll bring our holiday photos.
8   I'm going to Paris next week. I hope to see some friends of mine while I'm / I'll be there.
9   Let's go out for a walk before it gets / it will get dark.
10   I'm not ready yet. I tell / I'll tell you when I'm / I'll be ready.

101.4 Completa le frasi a piacere.

1   Can you close the window before   *you go out* .... ?
2   What are you going to do when .... ?
3   When I have enough money, ...
4   I'll wait for you while ....
5   When I start my new job, ...
6   Will you be here when .... ?

101.5 Traduci in inglese.

girarsi = turn round
spettacolo = show

1   Tom arrivò mentre mi stavo facendo la doccia.
2   Prima di andar via, Emily portò il gatto da Laura.
3   Ti dirò tutto quando saremo a casa.
4   Quando ci hanno visto, si sono girati e sono usciti.
5   Compreremo una macchina nuova quando avremo i soldi.
6   Kate vi chiamerà quando arriverà alla stazione.
7   Quando finirà lo spettacolo, chiameremo un taxi.
8   Per favore, non telefonarmi mentre sto lavorando.
9   Mentre sarai a Londra noi andremo in montagna.
10   Cercherò un lavoro finché ne troverò uno.

A

If = *se*

> Shall we go by bus or taxi?

> **If we go by bus**, it will be cheaper.

> We'll get there more quickly **if we go by taxi**.

If *può essere in posizione iniziale o intermedia:*

Posizione iniziale (**If** ... , ...):

If we go by bus,	it will be cheaper.	*Se andremo in autobus, spenderemo meno.*
If you don't hurry,	you'll miss the train.	*Se non ti spicci, perderai il treno.*
If you're hungry,	have something to eat.	*Se hai fame, mangia qualcosa.*
If the phone rings,	can you answer it, please?	*Se suona il telefono, puoi rispondere, per favore?*

Posizione intermedia (... **if** ...):

It will be cheaper	**if** we go by bus.	*Spenderemo meno se andremo in autobus.*
You'll miss the train	**if** you don't hurry.	*Perderai il treno se non ti spicci.*
I'm going to the concert	**if** I can get a ticket.	*Vado al concerto se riesco a trovare un biglietto.*
Is it OK	**if** I use your phone?	*Ti/Le spiace se uso il tuo/Suo telefono?*

B

If you see Ann tomorrow ... *ecc.*

Normalmente, nelle frasi riferite al futuro non si usa will *dopo* **if**. *Si usa il* present simple.
Per esempio:

- ○ **If** you **are** here next week ... (*non* If you will be here next week)
- ○ **If** I **have** time tomorrow ... (*non* If I will have)

Confronta l'inglese e l'italiano (in italiano si usa spesso il futuro dopo 'se'):

- ○ **If** you **see** Ann tomorrow, can you ask her to call me?
  Se vedi Ann domani, puoi chiederle di chiamarmi?

- ○ **If** I**'m** late this evening, don't wait for me.   (*non* If I will be)
  Se farò tardi stasera, non aspettarmi / non aspettatemi.

- ○ What shall we do **if** it **rains**? (*non* if it will rain)
  Che facciamo se piove? / Che faremo se pioverà?

- ○ **If** I **don't feel** well tomorrow, I'll stay at home.
  Se domani non mi sentirò bene, resterò a casa.

- ○ I'll close the window **if** I **go** out. (*non* if I will go out)
  Chiuderò la finestra se uscirò.

when → Unità 101   If I had / If we went ... *ecc.* → Unità 103   If I had known / If we had gone ... → Unità 104

Esercizi

102.1 Costruisci delle frasi abbinando le due parti elencate nei riquadri. Inizia con **If ...** .

fail = non superare
throw away =
    gettare via

If +	~~you don't hurry~~ you pass the exam you fail the exam you don't want this magazine you want those pictures you're busy now you're hungry you need money	+	we can have lunch now you can have them I can lend you some you'll get a certificate ~~you'll be late~~ I'll throw it away we can talk later you can do it again

1 *If you don't hurry, you'll be late.*
2 If you pass ....
3 If ....
4 ....
5 ....
6 ....
7 ....
8 ....

102.2 Scegli la forma corretta.

1 If I'm / ~~I'll be~~ late this evening, don't wait for me.   (I'm è corretto)
2 Will you call me if I give / I'll give you my phone number?
3 If there is / will be a fire, the alarm will ring.
4 If I don't see you tomorrow morning, I call / I'll call you in the evening.
5 I'm / I'll be surprised if Michael and Jane get / will get married.
6 Do you go / Will you go to the party if they invite / they'll invite you?

102.3 Finisci le frasi a piacere.

1 I'm going to the concert if ....*I can get a ticket.*...
2 If you don't hurry, ...*you'll miss the train.*..
3 I don't want to disturb you if ....
4 If you go to bed early tonight, ...
5 Turn the TV off if ....
6 Tina won't pass her exams if ....
7 If I have time tomorrow, ...
8 We can go to the beach tomorrow if ....
9 I'll be surprised if ....

102.4 Completa le frasi con la forma corretta dei verbi indicati.

present = regalo

1 If I ....*am*.... late this evening, don't wait for me.   (be)
2 Clare ....*won't be*.... very happy if we don't wait for her.   (not/be)
3 Do you mind if I .... the window?   (close)
4 If Lisa passes her exam, her father .... her a present.   (give)
5 If Mary .... , can you tell her I'll be back at 7 o'clock?   (ask)
6 If you .... to go out tonight, we can stay at home.   (not/want)
7 Shall we have a picnic tomorrow if the weather .... good?   (be)
8 Be careful! If you aren't careful, you ....   (fall)

102.5 Traduci in inglese.

1 Che cosa penserà Lisa se non la inviterai alla tua festa?
2 Se non riesco a trovare un appartamento, starò in albergo.
3 Se hai tempo, chiamami prima di partire.
4 Scusi, Le spiace se mi siedo qui?
5 Se non pioverà, domenica andremo in campagna.
6 Farete tardi se non prenderete un taxi.

If I had ... If we went ... *ecc.*

A

A Dan piacciono le fuoriserie, ma non ne possiede una.
Non ha abbastanza soldi.

If he **had** the money, he **would buy** a fast car.
Se avesse i soldi, comprerebbe una fuoriserie.

If I had the money ...

DAN

Di solito **had** *è un passato, ma in questa frase non ha valore di passato:*
If he **had** the money = *Se avesse i soldi adesso (ma non li ha)*

Questo uso del past simple (**If** he **had** / **If** I **knew** / **If** they **lived** *ecc.*) *corrisponde al congiuntivo imperfetto italiano*
(= *Se avesse / Se sapessi / Se vivessero ecc.*):

○ **If** he **had** the money ... *Se avesse i soldi ...*

Normalmente **would** + *infinito corrisponde al condizionale presente:*

○ ... he **would buy** a fast car. *... comprerebbe una fuoriserie.*

If	I you ecc.	had / knew / lived (*ecc.*) ... , didn't have / didn't know (*ecc.*) ... , were ... , could ... ,	I you ecc.	would ... wouldn't ... could ... couldn't ...

Si può dire:

○ **If he had** the money, he would buy a car. (**If** ... *all'inizio*)

oppure He would buy a car **if he had** the money. (... **if** ... *nel mezzo*)

I'd / **she'd** / **they'd** *ecc.* = I **would** / she **would** / they **would** *ecc.* :

○ I don't know the answer. **If** I **knew** the answer, I**'d tell** you. ... *Se sapessi la risposta, te la direi.*
○ It's raining, so we're not going out. We**'d get** wet **if** we **went** out. ... *Ci bagneremmo se uscissimo.*
○ Jane lives in a city. She likes cities. She **wouldn't be** happy **if** she **lived** in the country.
   ... vive in una città. Le città le piacciono. Non sarebbe contenta se abitasse in campagna.
○ **If** you **didn't have** a job, what **would** you **do**? *Se non avessi un lavoro, che cosa faresti?*

A seconda dei casi, **could** *può avere valore congiuntivo o condizionale:*

○ (*congiuntivo*) I**'d help** you **if** I **could**. *Ti aiuterei se potessi.*
○ (*condizionale*) **If** we **had** a car, we **could travel** more.
   Se avessimo una macchina, potremmo viaggiare di più.

B

If (I) **was/were** ...

Si può dire: **if** I/he/she/it **was** *oppure*
       if I/he/she/it **were**

○ It's not a nice place. I wouldn't go there **if I were** you.
   (*o* ... **if I was** you) ... *Non ci andrei se fossi in te.*
○ It would be nice **if the weather was** better.
   (*o* **if the weather were** better)
   Sarebbe bello se il tempo fosse migliore.
○ What would Tom do **if he were** here? (*o* **if he was** here)
   Che farebbe Tom se fosse qui?

I wouldn't go out if I were you.

C

Confronta le frasi **if** + present simple *con le frasi* **if** + past simple:

if I have / if it is *ecc.*

○ I must go and see Helen.
   If I **have** time, I **will go** today.
   ... Se avrò tempo, ci andrò oggi.
○ I**'ll buy** that hat **if** it **isn't** too expensive.
   Comprerò quel cappello se non è troppo caro.
○ I**'ll help** you **if** I **can**.
   Ti aiuterò se potrò.

if I had / if it was *ecc.*

○ I must go and see Helen.
   If I **had** time, I **would go** today.
   ... Se avessi tempo, ci andrei oggi.
○ I**'d buy** it **if** it **wasn't** so expensive.
   Lo comprerei se non fosse così caro.
○ I**'d help** you **if** I **could**, but I can't.
   Ti aiuterei se potessi, ma non posso.

If we go ... If you see ... → Unità 102   If I had known ... If we had gone ... → Unità 104

Esercizi

103.1 Completa le frasi.

1 I don't know the answer. If I _____knew_____ the answer, I'd tell you.
2 I have a car. I couldn't travel very much if I _____didn't have_____ a car.
3 I don't want to go out. If I _____ to go out, I'd go.
4 We don't have a key. If we _____ a key, we could get into the house.
5 I'm not hungry. I would have something to eat if I _____ hungry.
6 Sue enjoys her work. She wouldn't do it if she _____ it.
7 He can't speak any foreign languages. If he _____ speak a foreign language, perhaps he would get a better job.
8 You don't try hard enough. If you _____ harder, you would have more success.
9 I have a lot to do today. If I _____ so much to do, we could go out.

103.2 Completa le frasi con le forme corrette dei verbi tra parentesi.

1 If _____he had_____ the money, he would buy a fast car. (he/have)
2 Jane likes living in a city. _____She wouldn't be_____ happy if she lived in the country. (she/not/be)
3 If I wanted to learn German, _____ to Germany. (I/go)
4 I haven't told Helen what happened. She'd be angry if _____ . (she/know)
5 If _____ a map, I could show you where I live. (we/have)
6 What would you do if _____ a lot of money? (you/win)
7 It's not a very good hotel. _____ there if I were you. (I/not/stay)
8 If _____ nearer London, we would go there more often. (we/live)
9 It's a shame you have to go now. _____ nice if you had more time. (it/be)
10 I'm not going to take the job. I'd take it if _____ better. (the salary/be)
11 I don't know anything about cars. If the car broke down, _____ what to do. (I/not/know)
12 If you could change one thing in the world, what _____ ? (you/change)

It's a shame =
   Peccato

103.3 Finisci le frasi con le espressioni elencate nel riquadro. Metti i verbi nelle forme corrette.

we (have) a bigger house	it (be) a bit cheaper
we (buy) a bigger house	the air (be) cleaner
we (have) some pictures on the wall	I (watch) it
every day (be) the same	I (be) bored

bored = annoiato
boring = noioso

1 I'd buy that jacket if _____it was a bit cheaper_____ .
2 If there was a good film on TV tonight, _____ .
3 This room would be nicer if _____ .
4 If there wasn't so much traffic, _____ .
5 Life would be boring if _____ .
6 If I had nothing to do, _____ .
7 We could invite all our friends to stay if _____ .
8 If we had more money, _____ .

103.4 Finisci le frasi a piacere.

1 I'd be happier if _____I could get a better job_____ .
2 If I could go anywhere in the world, _____ .
3 I wouldn't be very happy if _____ .
4 I'd buy _____ if _____ .
5 If I saw an accident in the street, _____ .
6 The world would be a better place if _____ .

anywhere = in un
   posto qualsiasi

103.5 Traduci in inglese.

1 Ad Alice piacerebbe James se lo conoscesse.
2 Se fossi in te, non andrei così forte in macchina.
3 Che cosa direbbe Jackie se tu non l'invitassi alla tua festa?
4 Che cosa dirà Jackie se non l'inviterai alla tua festa?
5 Nick non avrebbe tanti amici se non fosse così ricco.
6 Se mia madre abitasse qui, i bambini potrebbero stare con lei.
7 Se tutti imparassero l'inglese, tutto sarebbe più facile.
8 Se imparerai bene l'inglese, non avrai problemi.
9 Non farei questo lavoro se non mi piacesse.

If I had known ...   If we had gone ... *ecc.*

A

Giovedì scorso Natalie ha festeggiato il suo compleanno. Tom non sapeva che l'amica compiva gli anni quel giorno. Lo ha saputo solo questa mattina. Ora le telefona per scusarsi.

If I had known it was your birthday ...

TOM

If he **had known** it was her birthday, he **would have sent** her a card.
Se avesse saputo che era il suo compleanno, le avrebbe mandato un biglietto.

*In questa frase, il trapassato **had known** si riferisce a qualcosa che non era vero nel passato, o non è successo:*
If he **had known** = *Se l'avesse saputo prima (ma non lo sapeva)*

Questo uso del past perfect (**If I had finished** / **If** we **had gone** *ecc.) corrisponde al trapassato congiuntivo italiano* (= *Se avessi finito / Se fossimo andati ecc.*):
- ○ **If** he **had known** it was her birthday ...   *Se avesse saputo che era il suo compleanno ...*

La struttura **would** + **have** + *participio passato* (I **would have started** / you **would have lost** *ecc.*) *corrisponde al condizionale passato* (= *avrei cominciato / avresti perso, ecc.*):
- ○ ... he **would have sent** her a card.   *... le avrebbe mandato un biglietto.*

If	I you *ecc.*	had ('d) hadn't	cleaned finished done been gone	⟷	I you *ecc.*	would ('d) wouldn't	have	opened stayed seen known come

- ○ We went by bus, so we were late.
  If we **had taken** a taxi, we **would have arrived** in time.
  Se avessimo preso ... , saremmo arrivati ...
- ○ James had a bad dream last night because he had eaten too much.
  He **wouldn't have had** a bad dream **if** he **hadn't eaten** so much.
  Non avrebbe fatto ... se non avesse mangiato ...
- ○ A: Why didn't you tell me you're going to marry Mike?
  B: **Would** you **have believed** me **if** I **had told** you?
      Mi avresti creduto se te l'avessi detto?
- ○ I didn't buy that jacket. I had no money.
  If I**'d had** the money, I**'d have bought** the jacket.
  Se avessi avuto ... avrei comprato ...

Ricorda:
La forma contratta **'d** *può essere* **had** (*dopo* if) *oppure* **would** (*prima di* have):
- ○ **If** we**'d** (= **had**) **taken** a taxi, we**'d** (= **would**) **have arrived** in time.

L'ausiliare dei tempi composti è sempre **have** (*non* be):
- ○ If we **had** gone by taxi (*non* were gone), we **would have** arrived (*non* would be arrived) in time.

B   *Confronta le frasi* **if** + past simple *con le frasi* **if** + past perfect:

if I went / if it was *ecc.*	if I had gone / if it had been *ecc.*
○ I don't know Helen's number. **If** I **knew** her number, I **would call** her. *Se sapessi ... , la chiamerei.*	○ I didn't know Helen's number. I didn't phone her. **If** I**'d known** her number, I**'d have called** her. *Se avessi saputo ... , l'avrei chiamata.*
○ I**'d watch** the film **if** I **wasn't** so tired. *Guarderei ... se non fossi ...*	○ I**'d have watched** the film **if** I **hadn't been** so tired. *Avrei guardato ... se non fossi stato ...*

If we go ... If you see ... → **Unità 102**   If I had ... If we went ... → **Unità 103**

Esercizi

104.1 Scrivi le forme estese della contrazione **'d** (**had** o **would**).

1 If (you'**d**) _you had_ started writing at 10.30, (you'**d**) _you would_ have finished in time.
2 (They'**d**) .... have found the keys if (they'**d**) .... looked in every room.
3 If (I'**d**) .... known your phone number, (I'**d**) .... have called you.
4 If I were you, (I'**d**) .... do more exercise.
5 Would Sue have helped us if (we'**d**) .... asked her?

104.2 Ricava otto frasi di senso compiuto abbinando le parti numerate (1–8) a quelle elencate a destra (a–h).

| 1 _e_ | 2 .... | 3 .... | 4 .... | 5 .... | 6 .... | 7 .... | 8 .... |

1 If you'd taken an umbrella,
2 I wouldn't have gone to the party if
3 James would have won a million euros if
4 If Mark had studied harder,
5 Ben wouldn't have burnt the cake if
6 If you'd come with us,
7 If I'd known Lisa was in hospital,
8 We'd have won the championship if

a we hadn't lost the last match.
b he would have passed his exams.
c you'd have enjoyed the film.
d he hadn't lost his lottery ticket.
e you wouldn't have got wet.
f he hadn't left the kitchen to watch TV.
g I'd known it would be so boring.
h I'd have visited her.

104.3 Scrivi le forme corrette dei verbi tra parentesi. Osserva l'esempio.

get lost = perdersi

1 Yesterday James and Anna got up late and missed the bus.
   If they _had got_ (get) up earlier, they _wouldn't have missed_ (not/miss) the bus.
2 Why didn't you tell me your sister was using your car last night?
   If you .... (tell) me, I .... (lend) you mine.
3 When Tom first drove to Milan, he got lost.
   He .... (not/get) lost if he .... (be) there before.
4 Lisa saw the 'No Parking' sign.
   If she .... (not/see) it, we .... (park) our cars there.
5 There were a lot of people at the party.
   You .... (meet) them if you .... (go).
6 The robbers stole a lot of money from the bank.
   If they .... (not/steal) the money, they .... (not/go)
   to prison.

104.4 Scrivi una frase per ciascuna di queste situazioni. Osserva l'esempio.

sweet = caramella
ticket = multa

1 We didn't arrive in time because we didn't take a taxi.
   If we _had taken a taxi, we would have arrived in time._
2 I didn't go to the stadium because I wasn't interested in the match.
   I would ....
3 The children ate too many sweets yesterday, so they felt sick.
   The children ....
4 We left our umbrellas in the car. It started to rain. We got wet.
   If we ....
5 Paolo got a ticket because he had parked his car on a zebra crossing.
   Paolo wouldn't ....

104.5 Traduci in inglese. Fai attenzione ai diversi tipi di frase.

quelle cose = (qui)
   that
navigatore = satnav
corsa = race
al mio posto = in my
   place

1 Se avessi saputo che Ann voleva un biglietto, ne avrei preso uno anche per lei.
2 Se sapessi la taglia di Simon, prenderei un maglione per lui.
3 Non sei molto gentile. Diresti quelle cose se tu mi amassi?
4 Se Ben avesse detto la verità, tutti lo avrebbero capito.
5 Non ci saremmo persi se avessimo avuto un navigatore.
6 Sam avrebbe vinto se non fosse caduto durante la corsa.
7 Se mia madre non fosse andata in Grecia, non avrebbe incontrato mio padre.
8 Il gatto non sarebbe uscito se tu avessi chiuso la porta.
9 Che avresti fatto se fossi stato al mio posto?
10 Visiterei il castello se non avessi paura dei fantasmi.

A

Who ... / **that** ... / **which** ... (= *che*) sono pronomi relativi:

I can speak six languages.

| I met a woman. **She** can speak six languages. |
| *--------------------- due frasi ---------------------* |

she → who

| *--------------------- una frase ---------------------* |
| I met **a woman who** can speak six languages. |
| *... una donna che sa parlare ...* |

JACK

| Jack was wearing a hat. **It** was too big for him. |
| *--------------------- due frasi ---------------------* |

it → that *o* **which**

| *--------------------- una frase ---------------------* |
| Jack was wearing **a hat that** was too big for him. |
| *oppure* |
| Jack was wearing **a hat which** was too big for him. |
| *... un cappello che era troppo grande ...* |

B

Who *si usa per le persone (non per le cose):*

A thief is **a person**	**who** steals things.		... *una persona che ruba ...*
Do you know **anybody**	**who** can play the piano?		... *qualcuno che sappia suonare ... ?*
The man	**who** phoned	didn't give his name.	*L'uomo che ha telefonato ...*
The people	**who** work in the office	are very friendly.	*Le persone che lavorano ...*

C

That *si usa per le cose o per le persone:*

An airplane is **a machine**	**that** flies.		... *una macchina che vola.*
Emma lives in **a house**	**that** is 400 years old.		... *in una casa che ha 400 anni.*
The people	**that** work in the office	are very friendly.	*Le persone che lavorano ...*

Si può dire **that** *anche per le persone, ma l'uso di* **who** *è più frequente.*

D

Which *si usa soltanto per le cose:*

| An airplane is **a machine** | **which** flies. (*non* a machine who ...) | ... *una macchina che vola.* |
| Emma lives in **a house** | **which** is 400 years old. | ... *in una casa che ha 400 anni.* |

Non usare **which** *per le persone:*

☐ Do you remember **the woman who** was playing the piano at the party? (*non* the woman which)
   Ricordi la donna che suonava ... ?

who *e* which *interrogativi* ➔ **Units 47, 49**   the people we met *(frasi relative 2)* ➔ **Unit 106**

Esercizi

105.1 Definisci i personaggi elencati nel primo riquadro usando **A ... is a person who ...** .
Scegli dall'altro riquadro le descrizioni appropriate.

butcher = macellaio
liar = bugiardo

a thief	a dentist	doesn't tell the truth	is ill in hospital
a butcher	a fool	takes care of your teeth	steals things
a musician	a genius	is very intelligent	does stupid things
a patient	a liar	plays a musical instrument	sells meat

1   A thief is a person who steals things.
2   A butcher is a person ....
3   A musician ....
4   ....
5   ....
6   ....
7   ....
8   ....

105.2 Da ciascuna coppia di frasi ricava una frase unica.

1   (A man phoned. He didn't give his name.)
      The man who phoned didn't give his name.

2   (A woman opened the door. She was wearing a yellow dress.)
      The woman .... a yellow dress.

3   (Some students took the exam. Most of them passed.)
      Most of the students ....

4   (A policeman stopped our car. He wasn't very friendly.)
      The ....

105.3 Completa con **who** o **which**.

flow = scorrere
hanging = appeso

1   I met a woman ......who...... can speak six languages.
2   What's the name of the man .... has just started work in your office?
3   What's the name of the river .... flows through the town?
4   Where is the picture .... was hanging on the wall?
5   Do you know anybody .... wants to buy a car?
6   You always ask questions .... are difficult to answer.
7   I have a friend .... is very good at repairing cars.
8   I think everybody .... went to the party enjoyed it very much.
9   Why does he always wear clothes .... are too small for him?

105.4 Correggi le frasi sbagliate. Altrimenti scrivi **OK**.

1   A thief is a person which steals things.   a person who steals
2   An airplane is a machine that flies.   OK
3   A coffee maker is a machine who makes coffee.   ....
4   What's happened to the money that was on the table?   ....
5   I don't like people which never stop talking.   ....
6   I know somebody that can help you.   ....
7   I know somebody who works in that shop.   ....
8   Correct the sentences who are wrong.   ....
9   My neighbour bought a car who cost £40,000.   ....

105.5 Traduci in inglese.

1   Chi era l'uomo che ci guardava?
2   È questa la mano che ti fa male?
3   Qualcuno ha visto l'ombrello che era in camera mia?
4   Mia sorella lavora in un negozio che vende computer.
5   Il kiwi è uno strano uccello che vive in Nuova Zelanda.
6   Come si chiamava la donna che ha telefonato ieri?
7   Vorrei parlare con il meccanico che ha riparato la mia macchina due giorni fa.
8   *Great Expectations* è la storia di un ragazzo che diventa ricco, ma non felice.

A

| The man is carrying a bag. | } *due frasi* |
| It's very heavy. | |

una frase
The bag (**that**) **he is carrying** is very heavy.
La borsa che sta portando …

CONGRATULATIONS! You have won £50,000!

KATE

| Kate won some money. | } *due frasi* |
| What is she going to do with it? | |

una frase
What is Kate going to do with **the money** (**that**) **she won**?
… i soldi che ha vinto?

Si può dire:
- The bag **that** he is carrying …   *oppure*   The bag he is carrying … (*con o senza* **that**)
- … the money **that** Kate won?   *oppure*   … the money Kate won?

Quando sono complemento, **that**/**who**/**which** *non sono necessari, si possono omettere:*

soggetto	verbo	complemento	
The man	was carrying	a bag	→ **the bag** (that) **the man was carrying**
Kate	won	some money	→ **the money** (that) **Kate won**
You	wanted	some books	→ **the books** (that) **you wanted**
We	met	some people	→ **the people** (who) **we met**

- Did you find **the books you wanted**?   (*o* … the books **that** you wanted?)
  … i libri che volevi?
- **The people we met** were very friendly.   (*o* The people **who** we met …)
  Le persone che abbiamo conosciuto …
- **Everything I said** was true.   (*o* Everything **that** I said …)
  Tutto quel che ho detto …

Fai attenzione. Si dice:
- The film **we saw** was very good.   (*non* The film we saw it was …)
  Il film che abbiamo visto era molto bello.

B

*A volte il verbo è seguito da una preposizione (*to/in/at *ecc.):*

Eve **is talking to** a man.	→	Do you know **the man Eve is talking to**?
		Conosci l'uomo con cui Eve sta parlando?
We **stayed at** a hotel.	→	**The hotel we stayed at** was near the station.
		L'albergo in cui abbiamo alloggiato era vicino alla stazione.
I **told** you **about** some books.	→	These are **the books I told you about**.
		Questi sono i libri di cui ti ho detto/parlato.

Attenzione. Si dice:
- These are the books **I told you about**.   (*non* … the books I told you about them)

Riferendoci a un luogo, si può usare anche **where** … (*= dove / in cui / nel quale …*):
- **The hotel where** we stayed was near the station.   (= The hotel we stayed at …)
  L'albergo dove … / L'albergo in cui …

C

Ricorda: i relativi **who**/**that**/**which** *non possono essere omessi quando sono soggetto (→ Unità 105):*
- I met a woman **who can speak** six languages.   (*qui,* **who** *è il soggetto di* **can speak**)
- Jack was wearing a hat **that was** too big for him.   (**that** *è il soggetto di* **was**)

a person who … , a thing that/which … *(frasi relative 1)* → Unit 105

Esercizi

106.1 Ricava una frase unica da ciascuna coppia di frasi.

1 (Helen took some pictures. Have you seen them?)
   Have you seen the pictures Helen took?
2 (You gave me a pen. I've lost it.)
   I've lost the ....
3 (Sue is wearing a jacket. I like it.)
   I like the ....
4 (I gave you some flowers. Where are they?)
   Where are the .... ?
5 (He told us a story. I didn't believe it.)
   I ....
6 (You bought some oranges. How much were they?)
   How .... ?

106.2 Ricava una frase unica da ciascuna coppia di frasi.

1 (I was carrying a bag. It was very heavy.)
   The bag I was carrying was very heavy.
2 (You cooked a meal. It was excellent.)
   The ....
3 (I'm wearing shoes. They aren't very comfortable.)
   The shoes ....
4 (We invited some people to dinner. They didn't come.)
   The ....

106.3 Fai delle domande al tuo amico nelle seguenti situazioni. Usa le tracce.

1 Your friend stayed at a hotel. You ask:
   What's the name of *the hotel you stayed at* ?
2 Your friend was talking to some people. You ask:
   Who are the people .... ?
3 Your friend was looking for some keys. You ask:
   Did you find the .... ?
4 Your friend is going to a party. You ask:
   Where is the .... ?
5 Your friend was talking about a film. You ask:
   What's the name of .... ?
6 Your friend is listening to some music. You ask:
   What's that .... ?
7 Your friend applied for a job. You ask:
   Did you get .... ?

106.4 Tieni conto delle situazioni per completare le domande. Usa **where**.

1 John stayed at a hotel. You ask him:
   Did you like *the hotel where you stayed* ?
2 Sue had dinner in a restaurant. You ask her:
   What's the name of the restaurant .... ?
3 Sarah lives in a village. You ask her:
   How big is the .... ?
4 Richard works in a factory. You ask him:
   Where exactly is .... ?

106.5 Traduci in inglese (non usare **who**/**which**/**that** se non sono indispensabili).

1 Hai trovato la giacca che cercavi?
2 Il museo che visiteremo è molto grande.
3 Chi era il ragazzo che abbiamo incontrato ieri?
4 Cerco qualcuno che sappia parlare lo spagnolo.
5 Dove hai comprato i pantaloni che portavi ieri mattina?
6 L'insegnante che avevamo l'anno scorso era molto brava.
7 Non mi piacciono le persone che sono sempre in ritardo.
8 David lavora in una grande fabbrica che produce biciclette.
9 Conosci le persone che abitano al terzo piano?
10 Hai visto il gatto che è entrato nel nostro giardino ieri mattina?

produrre = produce/ make

at 8 o'clock   on Monday   in April

A

Si usa **at** *con le ore:*

at	8 o'clock 10.30 midnight *ecc.*

- ☐ I start work **at 8 o'clock**.
- ☐ The shops close **at 5.30**.

on *con i giorni e le date:*

on	Sunday(s) / Monday(s) *ecc.* 25 April / 6 June *ecc.* New Year's Day *ecc.*

- ☐ Bye! I'll see you **on Friday**.
  Ciao! Ci vediamo venerdì.
- ☐ What do you usually do **on Sundays**?
  Che fai/fate di solito la domenica?
- ☐ The concert is **on 22 November**.
  Il concerto è il 22 novembre.

in *con i mesi, gli anni e le stagioni:*

in	April/June *ecc.* 2013/1988 *ecc.* summer/spring *ecc.*

- ☐ I'm going on holiday **in October**.
- ☐ Emma was born **in 1995**.
- ☐ The park is beautiful **in spring**.

B

Si dice:

at the weekend = *nel fine settimana* **at night** = *di notte / la notte* **at the end of** … = *alla fine di …* **at the moment** = *al momento / adesso* **at Christmas** = *a Natale*

- ☐ Are you going away **at the weekend**?
- ☐ I can't sleep **at night**. *Non riesco a dormire …*
- ☐ I'm going on holiday **at the end of** October.
- ☐ Are you busy **at the moment**? *Sei occupato … ?*
- ☐ Where will you be **at Christmas**?
  (*ma* **on** Christmas **Day** = *il giorno di Natale*)

C

in the morning / in the afternoon / in the evening
- ☐ I always feel good **in the morning**. *… la mattina / di mattina.*
- ☐ Do you often go out **in the evening**? *… la sera / di sera?*

ma

on Monday morning / on Tuesday afternoon / on Friday evening / on Saturday night *ecc.*
- ☐ I'm meeting Jackie **on Monday morning**. *… lunedì mattina.*
- ☐ Are you doing anything **on Saturday night**? *… sabato sera?*

e

on Monday **mornings** / **on** Tuesday **afternoons** *ecc.*
- ☐ I'm always late for work **on Monday mornings**. *… il lunedì mattina. (tutti i lunedì)*

D

Non si usa **at/on/in** *davanti a:*

this … (**this morning** / **this week** *ecc.*) **last** … (**last August** / **last week** *ecc.*) **next** … (**next Monday** / **next week** *ecc.*) **every** … (**every day** / **every week** *ecc.*)

- ☐ Are you going out **this evening**? *… questa sera.*
- ☐ The park was beautiful **last summer**. *… l'estate scorsa.*
- ☐ I'm leaving **next Monday**. *… lunedì prossimo.*
- ☐ Ben goes shopping **every day**. *… ogni giorno / tutti i giorni.*

E

in five minutes / in a few days / in six weeks / in two years *ecc.*
fra cinque minuti / fra pochi giorni / fra sei settimane / fra due anni ecc.

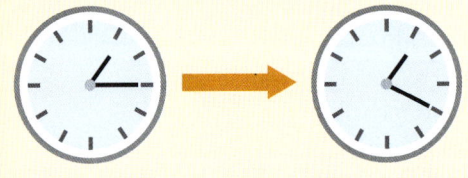

now   in five minutes

- ☐ Hurry! The train leaves **in five minutes**.
  Spicciati! Il treno parte fra cinque minuti.
- ☐ Bye! I'll see you **in a few days**.
  Ciao! Ci vediamo fra pochi giorni.

in/at/on *(luogo)* ➜ **Units 110–111**

Esercizi

107.1 Scrivi **at**/**on**/**in** davanti alle seguenti espressioni di tempo.

1 *on* 6 June
2 *in* the evening
3 .... half past two
4 .... Wednesday
5 2007
6 .... September

7 .... 24 September
8 .... Thursday
9 .... 11.45
10 .... Christmas Day
11 .... Christmas
12 .... the morning

13 .... Friday morning
14 .... Saturday night
15 .... night
16 .... the end of the day
17 .... the weekend
18 .... winter

107.2 Completa le frasi con **at**/**on**/**in**.

1 Bye! See you ..*on*.. Friday.
2 Where were you .... 28 February?
3 I got up .... 8 o'clock this morning.
4 I like getting up early .... the morning.
5 My sister got married .... May.
6 Jessica and I first met .... 2006.
7 Did you go out .... Tuesday?
8 Did you go out .... Tuesday evening?
9 Do you often go out .... the evening?
10 Let's meet .... 7.30 tomorrow evening.

11 I often go away .... the weekend.
12 I'm starting my new job .... 3 July.
13 We often go to the beach .... summer.
14 George isn't here .... the moment.
15 Jane's birthday is .... December.
16 Do you work .... Saturdays?
17 The company started .... 1999.
18 I like to look at the stars .... night.
19 I'll send you the money .... the end of the month.

company = ditta/ società

107.3 Osserva il diario di Lisa per la prossima settimana e completa le frasi.

1 Lisa is going to the cinema *on Wednesday evening* .
2 She has to phone Chris ....
3 She isn't doing anything special ....
4 She's got a driving lesson ....
5 She's going to a party ....
6 She's meeting Sam ....

107.4 Calcola i tempi e scrivi delle frasi con **in ...** (= fra).

1 It's 8.25 now. The train leaves at 8.30.   *The train leaves in five minutes.*
2 It's Monday today. I'll call you on Thursday.   I'll .... days.
3 Today is 14 June. My exam is on 28 June.   My ....
4 It's 3 o'clock now. Tom will be here at 3.30.   Tom ....

107.5 Completa le frasi con **at**/**on**/**in**, se necessario.

1 I'm going ..*on*.. Friday.
2 I'm going ..*–*.. next Friday.
  (senza preposizione)
3 I always feel tired .... the evening.
4 Will you be at home .... this evening?
5 We went to France .... last summer.
6 Laura was born .... 1997.

7 What are you doing .... the weekend?
8 I phone Robert .... every Sunday.
9 Shall we play tennis .... next Sunday?
10 I can't go to the party .... Sunday.
11 I'm going out. I'll be back .... an hour.
12 I don't often go out .... night.

be back = tornare

107.6 Traduci in inglese.

1 Sono nato il 6 luglio 1998.
2 Di notte non ci sono molte auto nelle vie.
3 Lavori meglio di mattina o di pomeriggio?
4 Penso che andrò a Venezia nel fine settimana.
5 Volete giocare a carte con noi giovedì sera?
6 A Natale e a Pasqua di solito restiamo a casa, ma non d'estate.

7 A: Parti la prossima settimana?
  B: No. Alla fine del mese.
8 Lisa era al lavoro lunedì scorso, ma martedì non l'ho vista.
9 A: Quando arrivano i tuoi amici?
  B: Fra due ore.
10 La domenica ci alziamo sempre tardi.

carte = cards
Pasqua = Easter

from ... to   until   since   for

A

from ... to ... = *da ... a ...*

- ○ We lived in Japan **from** 2003 **to** 2010.
- ○ I work **from** Monday **to** Friday.

Si dice anche **from** ... **until** ... *(da ... fino a ...):*
- ○ We lived in Japan **from** 2003 **until** 2010.

	from Monday to Friday
Monday	Friday

B

until ... = *fino a ... / finché non ...*

until	Friday
	fino a venerdì
	December
	fino a dicembre
	3 o'clock
	fino alle tre
	I come back
	finché non torno

- ○ They're going away tomorrow.
  They'll be away **until Friday**.
- ○ I went to bed early, but I wasn't tired.
  I read a book **until 3 o'clock**.
- ○ Wait here **until I come back**.

until Friday
Friday

Si può dire anche **till** (= **until**):
- ○ Wait here **till** I come back.

C

since + *punto d'inizio, nel passato, di un periodo non ancora finito* (= *da ... / da quando ...*)

Si usa **since** *dopo il* present perfect (**have been** / **have done** *ecc.*). *In italiano si usa il presente + 'da'.*
Fai attenzione:

since	Monday
	1998
	2.30
	I arrived

- ○ Joe is in hospital. He has been in hospital **since Monday**.
  ... *È all'ospedale da lunedì.*
- ○ Sue and Dave have been married **since 1998**.
  ... *sono sposati dal 1998.*
- ○ It has been raining **since I arrived**.
  Piove da quando sono arrivato.

since Monday
Monday   now

Confronta:
- ○ We lived in Japan **from** 2003 **to** 2010. *Abbiamo vissuto ... dal ... al ...*
  We lived in Japan **until** 2010. *Abbiamo vissuto ... fino al ...*
- ○ Now we live in Canada. We came to Canada **in** 2010. ... *Siamo arrivati ... nel ...*
  We have lived in Canada **since** 2010. *Viviamo ... dal ...*

Con un periodo di tempo (**three days** / **ten years** *ecc.*) *si usa* **for** (*non* **since**):
- ○ Joe has been in hospital **for three days**. (*non* since three days)

D

for ... + *periodo di tempo* (= *per/da ...*)

for	three days
	ten years
	five minutes
	a long time

- ○ Gary stayed with us **for three days**.
  Gary è stato/rimasto da noi per tre giorni.
- ○ I'm going away **for a few weeks**.
  Vado via per alcune settimane.
- ○ I'm going away **for the weekend**.
  Vado via per il fine settimana.
- ○ They've been married **for ten years**.
  Sono sposati da dieci anni.

for three days
Sunday   Monday   Tuesday

Il present perfect + **for** *corrisponde al presente italiano + 'da ...' :*
- ○ **They have lived** in France **for a long time**.
  Vivono in Francia da molto tempo.

present perfect + **for/since** ➜ **Unità 20–21**   present perfect (**I have lived**) *e* past simple (**I lived**) ➜ **Unità 22**

Esercizi

108.1 Utilizza i dati tra parentesi per completare le frasi. Usa **from ... to** / **until** / **since**.

ALEX    KAREN    CLARE    ADAM

> I live in England now.
> I lived in Canada before.
> I came to England in 2009.

> I live in Switzerland now.
> I lived in France before.
> I came to Switzerland in 2011.

> I work in a hotel now.
> I worked in a restaurant before.
> I started work in the hotel in 2012.

> I'm a journalist now.
> I was a teacher before.
> I started work as a journalist in 2008.

1 (Alex / Canada / 2001 → 2009)   Alex lived _in Canada from 2001 to 2009_ .
2 (Alex / Canada / → 2009)   Alex lived in Canada _____ 2009.
3 (Alex / England / 2009 →)   Alex has lived in England _____ .
4 (Karen / France / → 2011)   Karen lived in _____ .
5 (Karen / Switzerland / 2011 →)   Karen has lived in _____ .
6 (Clare / a restaurant / 2010 → 2012)   Clare worked _____ 2010 _____ .
7 (Clare / a hotel / 2012 →)   Clare has worked _____ .
8 (Adam / a teacher / 2002 → 2008)   Adam was a _____ .
9 (Adam / a journalist / 2008 →)   Adam has been _____ .

Ora costruisci delle frasi con **for**:

10 (Alex / Canada)   _Alex lived in Canada for eight years_
11 (Alex / England)   Alex has lived in England _____ .
12 (Karen / Switzerland)   Karen has _____ .
13 (Clare / a restaurant)   Clare worked _____ .
14 (Clare / a hotel)   Clare _____ .
15 (Adam / a teacher)   Adam _____ .
16 (Adam / a journalist)   Adam _____ .

108.2 Completa le frasi con **until/since/for**.

1 Sue and Dave have been married _since_ 1998.
2 I was tired this morning. I stayed in bed _____ 10 o'clock.
3 We waited for Sue _____ half an hour, but she didn't come.
4 'Have you just arrived?' 'No, I've been here _____ half past seven.'
5 'How long did you stay at the party last night?' '_____ midnight.'
6 Dan and I are good friends. We have known each other _____ ten years.
7 I'm tired. I'm going to lie down _____ a few minutes.
8 Don't open the door of the train _____ the train stops.
9 This is my house. I've lived here _____ I was seven years old.
10 Jack has gone away. He'll be away _____ Wednesday.
11 Next week I'm going to Paris _____ three days.
12 I usually finish work at 5.30, but sometimes I work _____ six.
13 'How long have you known Anna?' '_____ we were at school together.'
14 Where have you been? I've been waiting for you _____ twenty minutes.

> each other = l'un l'altro / ci
> lie down = sdraiarsi

108.3 Traduci in inglese.

1 Il parco è aperto da aprile a ottobre.
2 Non ci sono treni fino alle 12.00.
3 Vicky è all'ospedale da quando ha avuto l'incidente.
4 Puoi prestarmi la tua bicicletta per alcuni giorni?
5 Abbiamo questo libro da tre mesi, da settembre.
6 Paul vive in Italia da due anni.

before   after   during   while

A   before, during e after

before the film
prima del film

during the film
durante il film

after the film
dopo il film

- ○ Everybody feels nervous **before exams**.   *Tutti si sentono tesi prima degli esami.*
- ○ I fell asleep **during the film**.   *Mi sono addormentato durante il film.*
- ○ We were tired **after our visit** to the museum.   *Eravamo stanchi dopo la visita al museo.*

B   before, while e after

before we played
prima di giocare

while we were playing
mentre giocavamo

after we played
dopo aver giocato

- ○ Don't forget to close the window **before you go out**.   ... *prima di uscire.*
- ○ I often fall asleep **while I'm watching TV**.   ... *mentre guardo la TV.*
- ○ They went home **after they did the shopping**.   ... *dopo aver fatto la spesa.*

C   during, while e for

During (= *durante*) *è seguito da un nome;* **while** (= *mentre*) *è seguito da un verbo:*
- ○ We didn't speak **during the meal**.   ... *durante il pasto.*
- *ma*   We didn't speak **while we were eating**.   ... *mentre stavamo mangiando.*

Con le espressioni che indicano un periodo di tempo (**three days** / **two hours** / **a year** *ecc.*) *si usa* **for** (*non* during):
- ○ We played tennis **for two hours**.   (*non* during two hours)
  Abbiamo giocato a tennis per due ore.

D

Quando sono seguiti da un verbo, **before** *e* **after** *possono avere due costruzioni:*
- ○ I always have breakfast ⎰ **before I go** to work.   *Faccio sempre colazione prima di andare al lavoro.*
             ⎱ **before going** to work.

- ○ **Before she ate** the apple, ⎰ she washed it carefully.   *Prima di mangiare la mela, l'ha lavata con cura.*
  Before eating the apple. ⎱

- ○ I started work ⎰ **after I read** the newspaper.   *Ho iniziato a lavorare dopo aver letto il giornale.*
          ⎱ **after reading** the newspaper.

- ○ **After they did** the shopping, ⎰ they went home.   *Dopo aver fatto la spesa, sono andati a casa.*
  After doing the shopping, ⎱

Non usare l'infinito dopo **before** *e* **after**. *Si dice:*
    before go**ing**   (*non* before to go)   **after** read**ing**   (*non* after to have read)

---

past continuous (**I was -ing**) ➜ Unità 14–15   preposizioni + **-ing** ➜ Unità 55
before/after/while/when ➜ Unità 101   for ➜ Unità 108

Esercizi

109.1 Completa ogni frase scegliendo dai riquadri la combinazione più appropriata.

boring = noioso

after	during		lunch	the end	they went to Australia
before	while	+	the concert	~~the exam~~	you're waiting
			the course	the night	

1 Everybody was nervous _before the exam_ .
2 I usually work four hours in the morning, and another three hours ....
3 The film was really boring. We left ....
4 Anna went to evening classes to learn German. She learnt a lot ....
5 My aunt and uncle lived in London ....
6 A: Somebody broke a window .... Did you hear anything?
   B: No, I was asleep all the time.
7 Would you like to sit down .... ?
8 A: Are you going home .... ?
   B: Yes, I have to get up early tomorrow.

109.2 Completa con **during**/**while**/**for**.

bored = annoiato

1 We didn't speak ....._while_.... we were eating.
2 We didn't speak ....._during_.... the meal.
3 Gary called .... you were out.
4 Amy went to Italy and stayed in Rome .... five days.
5 I didn't check my email .... I was away.
6 The students looked very bored .... the lesson.
7 I fell out of bed .... I was asleep.
8 Last night I watched TV .... three hours.
9 I don't usually watch TV .... the day.
10 Do you ever watch TV .... you are having dinner?

109.3 Completa ogni frase con un verbo in **-ing** (**doing**, **having** ecc.).

feel sick = sentirsi male
feel awful = stare malissimo

1 After ....._doing_.... the shopping, they went home.
2 I felt sick after .... too much chocolate.
3 I'm going to ask you a question. Think carefully before .... it.
4 I felt awful when I got up this morning. I felt better after .... a shower.
5 After .... my work, I left the office and went home.
6 Before .... to a foreign country, it's good to try and learn a little of the language.

109.4 Scrivi delle frasi con **before** + **-ing** e **after** + **-ing**.

1 They did the shopping. Then they went home.
   After _doing the shopping, they went home._
2 John left school. Then he worked in a bookshop for two years.
   John worked ....
3 I read for a few minutes. Then I went to sleep.
   Before ....
4 We walked for three hours. We were very tired.
   After ....
5 Let's have a cup of coffee. Then we'll go out.
   Let's ....

109.5 Traduci in inglese.

ordinare = order

1 Ho ballato con Tom e Joe durante la festa.
2 Ricordati di prendere la tua medicina dopo pranzo.
3 Ben e Lucy sono arrivati mentre facevo il bagno.
4 Aspettiamo i nostri amici prima di ordinare.
5 Mentre pulivo la macchina, ho trovato queste chiavi.
6 Dopo aver chiamato un taxi, Laura si mise il cappotto e uscì.
7 Prima di servire il vino bianco, lascialo nel frigo per mezz'ora.

in   at   on   (preposizioni di luogo 1)

A   in

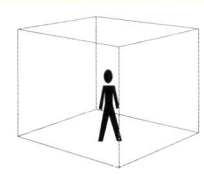

in a room
in a box
in a car
in the water

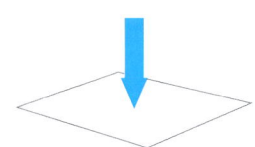

in a garden
in a town
in the city centre
in Brazil

in *corrisponde spesso alla preposizione italiana 'in':*

- ☐ 'Where's David?'   '**In the kitchen**. / **In the garden**.'   ...   'In cucina. / In giardino.'
- ☐ Rachel works **in a shop** / **in a bank** / **in a factory**.   ... in un negozio / in banca / in fabbrica.
- ☐ I went for a swim **in the river** / **in the pool** / **in the sea**.   ... nel fiume / in piscina / nel mare.
- ☐ My uncle lives **in a small town in the north of Italy**.   ... in una cittadina nell'/dell'Italia settentrionale.
- ☐ You look sad **in this picture**.   Hai l'aria triste in questa fotografia.

B   at

at the bus stop	**at** the door	**at** the traffic lights	**at** her desk
alla fermata ...	*alla porta*	*al semaforo*	*alla sua scrivania*

at *corrisponde spesso alla preposizione italiana 'a':*

- ☐ There's somebody **at the bus stop** / **at the door**.   ... alla fermata dell'autobus / alla porta.
- ☐ The car is waiting **at the traffic lights**.   ... al semaforo.
- ☐ Vicky is working **at her desk**.   ... alla sua scrivania.
- ☐ 'Where's Kate?'   'She's **at work** / **at school** / **at home**.'   ...   '... al lavoro / a scuola / a casa.'
- ☐ I'll meet you **at the station**, OK?   ... alla stazione ...
- ☐ There weren't many people **at the party** / **at the concert**.   ... alla festa / al concerto.

Spesso, parlando di edifici (alberghi, ristoranti ecc.) si può usare sia **in**, *sia* **at**:

- ☐ We stayed **at** a nice hotel.   *oppure*   We stayed **in** a nice hotel.

C   on

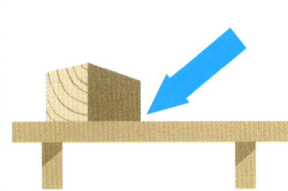

on a shelf
on a plate
on a balcony
on the floor
    ecc.

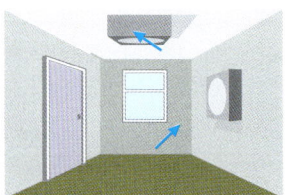

on a wall
on a door
on the ceiling
    ecc.

on *corrisponde spesso alla preposizione italiana 'su':*

- ☐ There are some books **on the shelf** and some pictures **on the wall**.   ... sulla mensola ... sulla parete.
- ☐ There are a lot of apples **on those trees**.   ... su quegli alberi.
- ☐ Don't sit **on the grass**. It's wet.   ... sull'erba. È bagnata.
- ☐ There is a stamp **on the envelope**.   ... sulla busta.

← stamp

← envelope

Si dice anche:

on a bus / **on a train** / **on a plane** / **on a ship**:

- ☐ Did you come here **on the bus**?   ... in autobus?
- ☐ I met a friend of mine **on the train**.   ... in treno / sul treno.

on a horse / **on a bike** / **on a motorbike**:

- ☐ Who is that man **on the motorbike**?   ... sulla moto / in moto?

at/on/in (tempo) → Unità 107   at/on/in (luogo 2) → Unità 111

Esercizi

110.1 Osserva le illustrazioni e rispondi alle domande. Usa **in**/**at**/**on** con le parole indicate nelle figure.

1. (the kitchen) 2. (the box) 3. (the box) 4. (the wall)
5. (the airport) 6. (the field) 7. (a ship) 8. (the pool)
9. (a wedding) 10. (the ceiling) 11. (the table) 12. (the table)

1 Where is he? _In the kitchen._	7 Where are these people?	
2 Where are the shoes?	8 Where is she swimming?	
3 Where is the pen?	9 Where are these people?	
4 Where is the clock?	10 Where the spider?	
5 Where are these people?	11 Where is he sitting?	
6 Where are the horses?	12 Where is she sitting?	

110.2 Completa le frasi con **in**/**at**/**on**.

1. Don't sit _on_ the grass. It's wet.
2. What do you have .... your bag?
3. Look! There's a man .... the roof. What's he doing?
4. There are a lot of fish .... this river.
5. Our house is number 45 – the number is .... the door.
6. A: Is the hospital near here?
   B: Yes, turn left .... the traffic lights.
7. It's difficult to park .... the centre of town. It's better to take the bus.
8. Were there many people .... the concert last night?
9. It's difficult to carry a lot of things .... a bike.
10. I think I heard the doorbell. There's somebody .... the door.
11. Munich is a large city .... the south of Germany.
12. Who is that man .... this photo? Do you know him?
13. A: Are you hungry after your journey?
    B: No, I had something to eat .... the train.
14. Where are your children? Are they .... school?
15. There is a mirror .... the wall .... the living room.

roof = tetto
doorbell = campanello
journey = viaggio
mirror = specchio

110.3 Traduci in inglese.

1. Bari è nell'Italia meridionale.
2. Ascolta! C'è qualcuno alla porta.
3. Non saremo a casa prima delle 7.00.
4. Che cos'è quell'insetto sul soffitto?
5. Starete in albergo o in un appartamento?
6. Ci sono dei bei poster sulla parete.
7. Di solito facciamo colazione in cucina.
8. Ho incontrato Maria al supermarket.
9. C'erano molti bambini sull'aereo.

insetto = insect

in at on (*preposizioni di luogo 2*)

A **In** *non corrisponde sempre alla preposizione italiana 'in':*

in bed
- ○ A: Where's Kate?
  - B: She's **in bed**. *È a letto.*

in hospital
- ○ David's father is ill. He's **in hospital**. ... *È all'ospedale.*

in a newspaper / **in** a magazine
- ○ I read about the accident **in the newspaper**.
  ... *sul giornale.*

in a car / **in** a taxi
- ○ I left my umbrella **in the taxi**. ... *nel taxi.*
- ○ Did you come here **in your car**? ... *in la tua macchina?*

in London / **in** New York / **in** Bologna *ecc.*
- ○ David lives **in London**. I live **in Bologna**.
  ... *a Londra.* ... *a Bologna.*

She's **in** bed.

There's a dog **in** the car.

Si dice: the largest city **in the world** (*non* of the world) *la più grande città del mondo*
the tallest building **in New York** (*non* of New York) *il palazzo più alto di New York*

B **At** *non corrisponde sempre alla preposizione italiana 'a':*

at Lisa's (house) / **at** my sister's (house) (= *da ...*)
- ○ A: Where were you yesterday?
  - B: **At Lisa's**. / **At my sister's**.
    Da Lisa. / Da mia sorella.

at the doctor's / **at** the hairdresser's *ecc.* (= *da ...*)
- ○ I saw Tom **at the doctor's**.
  Ho visto Tom dal dottore.

at the top / **at** the bottom (= *in ...*)
- ○ Write your name **at the top** of the page.
  ... *in cima alla pagina.*

at the end
- ○ My house is **at the end** of the street.
  ... *in fondo alla via / alla fine della strada.*

at the hairdresser's

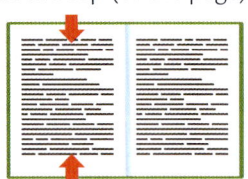
at the top (of the page)

at the bottom (of the page)

C **On** *non corrisponde sempre alla preposizione italiana 'su':*

on the ground floor / **on** the first floor *ecc.* (= *a ...*)
- ○ The office is **on the first floor**. (*non* at the first floor)
  L'ufficio è al primo piano.

on the left / **on** the right (= *a ...*)
- ○ My house is at the end of the street **on the left**.
  La mia casa è in fondo alla strada a sinistra / sulla sinistra.

on the way (to ...) / **on** the way home
- ○ I met Anna **on the way** to work.
  Ho incontrato Anna andando al lavoro.
- ○ I did some shopping **on my way** home from work.
  Ho fatto un po' di spesa tornando a casa dal lavoro.

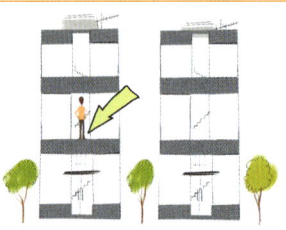
on the first floor

on the way from A to B

the top / **the bottom** *ecc.* ➜ **Unità 73**   **in/at/on** (*luogo 1*) ➜ **Unità 110**   **to/in/at** (*luogo 3*) ➜ **Unità 112**
on the left/right ➜ **Unità 113**

Esercizi

111.1 Osserva le illustrazioni e rispondi alle domande. Usa **in**/**at**/**on** con le parole indicate nelle figure.

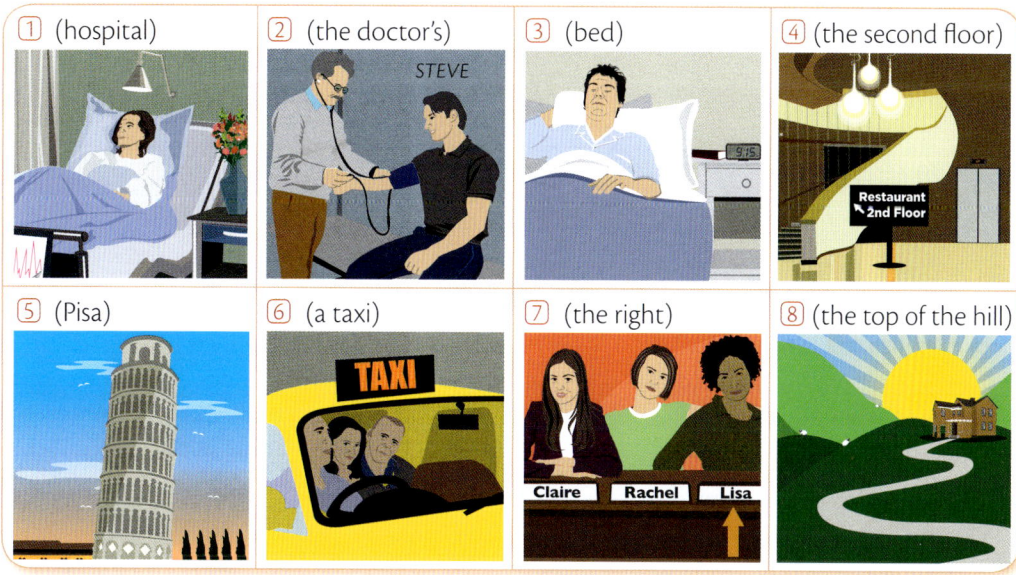

① (hospital) ② (the doctor's) STEVE ③ (bed) ④ (the second floor) Restaurant 2nd Floor

⑤ (Pisa) ⑥ (a taxi) TAXI ⑦ (the right) Claire Rachel Lisa ⑧ (the top of the hill)

1 Where is she? _In hospital._
2 Where is Steve? ....
3 Where is he? ....
4 Where is the restaurant? ....
5 Where is this tower? ....
6 Where are they? ....
7 Where is Lisa? ....
8 Where is the house? ....

111.2 Completa le frasi con **in**/**at**/**on**.

1 I met Anna ...._on_.... the way to work.
2 There are a lot of interesting places to visit .... Paris.
3 'Is Tom here?' 'No, he's .... his friend's house.'
4 What is the longest river .... the world?
5 I'm sorry I'm late. My car broke down .... the way here.
6 Charlie is .... hospital. He had an operation yesterday.
7 Don't believe everything you see .... the newspaper!
8 Shall we go .... my car or yours?
9 My sister lives .... Brussels.
10 My name was .... the bottom of the list.
11 I was .... bed when my phone rang, but I wasn't asleep.
12 Is there anything interesting .... that magazine?
13 My office is .... the top floor of the building.
14 We stayed at one of the biggest hotels .... the town.
15 We had a very nice meal .... Silvia's last night. She's a very good cook.
16 There is a postbox .... the end of the street .... the left.

break down = avere
  un guasto
believe = credere

111.3 Traduci in inglese.

1 È tardi. Perché non sei a letto?
2 James e Anna lavorano a Glasgow.
3 C'è qualcosa di interessante sul *Times* oggi?
4 Lisa va sempre a far la spesa con l'auto di suo marito.
5 Mia sorella non è qui. È dalla parrucchiera.
6 Questo esercizio è in fondo alla pagina.
7 Prendiamo l'ascensore! Abitano al quinto piano.
8 Abbiamo visto un incidente andando a scuola stamattina.
9 C'era molta gente da Paul sabato scorso?
10 Qual è il fiume più lungo d'Italia?
11 Il bagno è in cima alle scale a destra.

ascensore = lift
incidente = accident

to   in   at (*preposizioni di luogo 3*)

A

Si usa **to** *... (= in/a) dopo i verbi che indicano spostamento:*
go/come/return/walk (*ecc.*) **to** *...*

Si usa **in/at** *... (= in/a) per indicare dove si trova o avviene qualcosa:*
be/stay/do something (*ecc.*) **in/at** *...*

TO
LONDON → LONDON

IN
LONDON

(*In italiano, di solito, si dice 'a' o 'in' in entrambi i casi – con verbi di moto o di stato.*)

- ☐ We're **going to London** on Sunday. ← *a Londra* → ☐ Piccadilly Circus **is in London**.
- ☐ I want to **go to France** next year. ← *in Francia* → ☐ My brother **lives in France**.
- ☐ We **walked** from my house **to the centre of town**. ← *in centro* → ☐ The main shops **are in the centre of town**.
- ☐ What time do you **go to bed**? ← *a letto* → ☐ I like **reading in bed**.

Si dice **go to France** / **go to Germany** *ecc.*
(*non* go in France / go in Germany).

AIRPORT
→ 4 km
AIRPORT
AIRPORT

AIRPORT
TERMINAL A
AIRPO

The bus is **going to the airport**.
L'autobus va all'aeroporto.

The bus **is at the airport**.
L'autobus è all'aeroporto.

- ☐ Karen didn't **go to work** yesterday. ← *al lavoro* → ☐ Sarah **wasn't at work** yesterday.
- ☐ I **went to a party** last night. ← *a una festa* → ☐ I **met a lot of people at the party**.
- ☐ You must **come to our house**. ← *a casa di ...* → ☐ Helen **stayed at her brother's house**.
  ... a casa nostra / da noi.   *... a casa di suo fratello / da suo fratello.*

B

home / **at home** = *a casa*

Si dice **go/come/walk** (*ecc.*) **home** (*senza* **to**):
- ☐ I'm tired. I'm **going home**.
  (*non* to home)
- ☐ Did you **walk home**?

Si dice **be/stay/do something** (*ecc.*) **at home**:
- ☐ I'm **staying at home** tonight.
- ☐ Dan doesn't work in an office.
  He works **at home**.

C

arrive in/at *e* **get to** = *arrivare a/in* (*entrambi i verbi*)

Dopo **arrive** *non si usa* **to**. *Si dice* **arrive in** *... oppure* **arrive at** *... :*

arrive in + *nazione o città* (**arrive in Italy** / **arrive in Paris** *ecc.*):
- ☐ They **arrived in this country** last week. (*non* arrived to this country)

arrive at + *altri luoghi* (**arrive at the station** / **arrive at work** *ecc.*):
- ☐ What time did you **arrive at the hotel**? (*non* arrive to the hotel)

Anche **get to** *traduce il verbo 'arrivare a/in':*
- ☐ What time did you **get to the hotel**? *... siete arrivati in albergo / all'albergo?*
- ☐ What time did you **get to Paris**? *... siete arrivati a Parigi?*

Si dice **get home** / **arrive home** (*senza preposizione*):
- ☐ I was tired when I **got home**. *oppure*
  I was tired when I **arrived home**.
  Ero stanco quando sono arrivato a casa. (*entrambe le frasi*)

been to → **Unità 19**   get (to ...) → **Unità 59**   in/at → **Unità 110–111**

Esercizi

112.1 Completa le frasi con **to** o **in**.

1 I like reading ___in___ bed.
2 We're going _____ Germany next month.
3 Sue is on holiday _____ Germany at the moment.
4 I have to go _____ the hospital tomorrow.
5 I was tired, so I stayed _____ bed late.
6 What time do you usually go _____ bed?
7 Does this bus go _____ the centre?
8 Would you like to live _____ another country?

112.2 Completa le frasi con **to** o **at** se necessario. Alcuni casi non richiedono la preposizione.

1 Paula didn't go ___to___ work yesterday.
2 I'm tired. I'm going ___–___ home. *(senza preposizione)*
3 Tina is not very well. She has gone _____ the doctor.
4 Would you like to come _____ a party on Saturday?
5 'Is Lisa _____ home?' 'No, she's gone _____ work.'
6 There were 20,000 people _____ the football match.
7 Why did you go _____ home early last night?
8 A boy jumped into the river and swam _____ the other side.
9 There were a lot of people waiting _____ the bus stop.
10 We had a good meal _____ a restaurant, and then we went back _____ the hotel.

jump = saltare/ tuffarsi

112.3 Completa le frasi con **to**, **at** o **in** se necessario. Alcuni casi non richiedono la preposizione.

1 I'm not going out this afternoon. I'm staying ___at___ home.
2 We're going _____ a concert tomorrow evening.
3 I went _____ New York last year.
4 How long did you stay _____ New York?
5 Next year we hope to go _____ Canada to visit some friends.
6 Do you want to go _____ the cinema this evening?
7 Did you park your car _____ the station?
8 After the accident three people were taken _____ hospital.
9 How often do you go _____ the dentist?
10 'Is Sarah here?' 'No, she's _____ Helen's.'
11 My house is _____ the end of the street on the left.
12 I went _____ Maria's house, but she wasn't _____ home.
13 There were no taxis, so we had to walk _____ home.
14 'Who did you meet _____ the party?' 'I didn't go _____ the party.'

hope = sperare

112.4 Completa le frasi con **to**, **at** o **in** se necessario. Alcuni casi non richiedono la preposizione.

1 What time do you usually get _____ work?
2 What time do you usually get _____ home?
3 What time did you arrive _____ the party?
4 When did you arrive _____ London?
5 What time does the train get _____ Paris?
6 We arrived _____ home very late.

112.5 Completa queste frasi parlando di te. Usa **to/in/at**.

1 At 3 o'clock this morning I was ___in bed___ .
2 Yesterday I went _____ .
3 At 11 o'clock yesterday morning I was _____ .
4 One day I'd like to go _____ .
5 I don't like going _____ .
6 At 9 o'clock yesterday evening I was _____ .

112.6 Traduci in inglese.

1 Ben lavora in Perù, a Lima.
2 Sono le 11. È ora di andare a letto.
3 Ieri mattina ti ho visto alla stazione.
4 Mi piacerebbe andare in Giappone.
5 Sarah non è a casa. È andata al cinema.
6 'Andiamo a casa tua?' 'No. Andiamo da Peter.'
7 Quando siete arrivati a York?
8 Di solito arriviamo a casa alle 5.30.
9 Io di solito arrivo a scuola alle 7.50.

Unità 113

under, behind, opposite ecc.

A — next to / beside / between / in front of / behind

A is **next to** B. *o* A is **beside** B. *... accanto / di fianco a B.*
B is **between** A and C. *... tra A e C.*
D is **in front of** B. *... davanti a B.*
E is **behind** B. *... dietro a B.*

inoltre:
A is **on the left**. *... a sinistra / sulla sinistra.*
C is **on the right**. *... a destra / sulla destra.*
B is **in the middle** (of the group). *... in mezzo (al gruppo).*

B — opposite / in front of

La preposizione **opposite** *significa 'di fronte a', e* **in front of** *significa 'davanti a'. Non confonderle:*

A is sitting **in front of** B. *... davanti a B.*
A is sitting **opposite** C. *... di fronte a C.*
C is sitting **opposite** A. *... di fronte ad A.*

C — by (= next to / beside)

La preposizione **by** *ha diverse traduzioni.*

by the window

○ If you feel cold, why don't you sit **by the fire**?
... accanto/vicino al caminetto / alla stufa?
○ Who is that man standing **by the window**?
... accanto alla finestra?
○ Our house is **by the sea**.
La nostra casa è sul mare.

D — under

Di solito, **under** *corrisponde a 'sotto' (sotto a qualcosa di più grande che copre):*

under the table

under the newspaper

○ The cat is **under the table**.
... sotto il tavolo.
○ There's a pen **under the newspaper**.
... sotto il giornale.
○ I'm wearing a jacket **under my coat**.
... sotto il cappotto.

E — above / below

Si usa **above** *(= sopra / al disopra) per indicare un livello superiore.*
Si usa **below** *(= sotto / al disotto) per indicare un livello inferiore.*

A is **above the line**.

B is **below the line**.

The pictures are **above the shelves**.
I quadri sono sopra la libreria.

The shelves are **below the pictures**.
La libreria è sotto i quadri.

up/over/through *ecc.* → Unità 114   by → Unità 115

Esercizi

113.1 Osserva le posizioni delle persone nella figura e completa le frasi.

ALAN   BECKY   CARL

DANIELA   EMMA   FRANK

1 Carl is standing ......*behind*...... Frank.
2 Frank is sitting .... Emma.
3 Emma is sitting .... Becky.
4 Emma is sitting .... Daniela and Frank.
5 Daniela is sitting .... Emma.
6 Frank is sitting .... Carl.
7 Alan is standing .... Daniela.
8 Alan is standing .... left.
9 Becky is standing .... middle.

113.2 Osserva le vignette. Completa ogni frase con una preposizione adatta.

switch = interruttore
cupboard =
  mobiletto
sink = lavandino

FIONA   PAUL   LEFT

1 The cat is ....*under*.... the table.
2 There is a big tree .... the house.
3 The plane is flying .... the clouds.
4 She is standing .... the piano.
5 The cinema is .... the right.
6 She's standing .... the fridge.

7 The switch is .... the window.
8 The cupboard is .... the sink.
9 There are some shoes .... the bed.
10 The plant is .... the piano.
11 Paul is sitting .... Fiona.
12 In Britain people drive .... the left.

113.3 Descrivi le posizioni dei luoghi illustrati nella figura. Usa le preposizioni indicate.

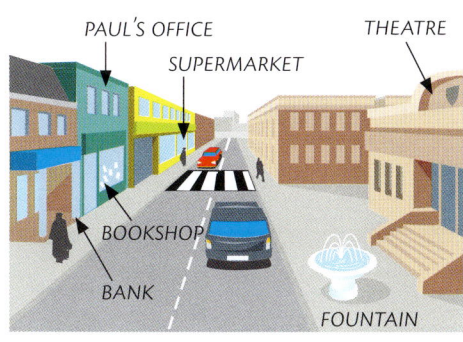

PAUL'S OFFICE   THEATRE
SUPERMARKET
BOOKSHOP
BANK
FOUNTAIN

1 (next to)   *The bank is next to the bookshop.*
2 (in front of) The .... in front of
  ....
3 (opposite) ....
  ....
4 (next to) ....
  ....
5 (above) ....
  ....
6 (between) ....
  ....

113.4 Traduci in inglese.

1 Il bancomat è dietro il supermercato accanto alla farmacia.
2 'Dov'è l'ufficio postale?'   'Sulla sinistra di fronte al cinema.'
3 Non possiamo parcheggiare l'auto davanti alla stazione.
4 Il nostro camper è tra due alberi in mezzo al parco.
5 C'è un messaggio sotto la porta.
6 Gli esercizi sono sotto o di fianco alle figure.
7 Mi piace quel quadro sopra il sofà.

bancomat = cash
  machine
farmacia = chemist's

Le seguenti preposizioni di moto sono illustrate da figure che indicano la direzione del movimento.
Fai attenzione: a seconda dei casi la stessa preposizione può avere traduzioni diverse.

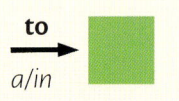
to
a/in

- ○ Jane is going **to** France next week.
- ○ We walked **from** the hotel **to** the station.
- ○ A lot of English words come **from** Latin.

from
da

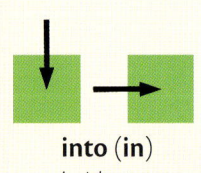
into (in)
in/dentro

- ○ We jumped **into** the water.
- ○ A man came **out of** the house and got **into** a car.
- ○ Why are you looking **out of** the window?
- ○ I took the old batteries **out of** the radio.
  Ho tolto le pile vecchie dalla radio.

Di solito, si dice **put** *something* **in** … (*non* into):
- ○ I **put** new batteries **in** the radio.
  Ho messo le pile nuove nella radio.

out of
(fuori) da

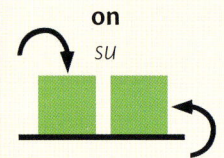
on
su

- ○ Don't put your feet **on** the table.
- ○ Please take your feet **off** the table.
- ○ I'm going to hang some pictures **on** the wall.
- ○ Be careful! Don't fall **off** your bike.
- ○ We got **on** the bus in Princes Street.

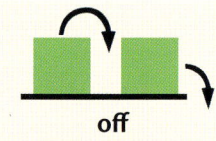
off
(via/giù) da

up
in su

- ○ We walked **up** the hill to the house.
- ○ Be careful! Don't fall **down** the stairs.

down
in giù

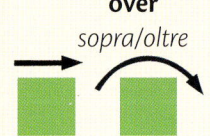
over
sopra/oltre

- ○ The plane flew **over** the mountains.
- ○ I jumped **over** the wall into the garden.
- ○ Some people say it is unlucky to walk **under** a ladder.

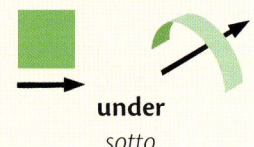
under
sotto

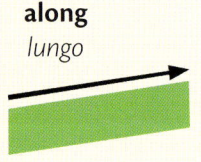
along
lungo

- ○ I was walking **along** the road with my dog.
- ○ Let's go for a walk **along** the river.
- ○ The new road goes **round** the village.
- ○ The bus stop is just **round** the corner.
  La fermata … è appena dietro l'angolo.
- ○ I walked **round** the town and took some photos.
  Sono andato in giro per la città …

Si dice anche **around** (= round):
- ○ We walked **around** the town.

round
intorno a

round the town

Di solito **through** (= attraverso) implica l'attraversamento di un piano verticale (una finestra / un bosco / un tunnel ecc.), mentre **across** (= attraverso) si riferisce a un piano orizzontale (un prato / la strada / un fiume ecc.):

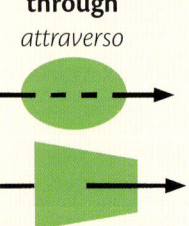
through
attraverso

- ○ A bird flew into the room **through** a window.
- ○ The old road goes **through** the village.
  La vecchia strada attraversa il villaggio.
- ○ The dog swam **across** the river.
  Il cane ha attraversato il fiume a nuoto.
- ○ We ran **across** the street.

across
attraverso

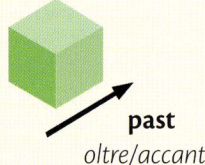
past
oltre/accanto

- ○ They walked **past** me without speaking.
  Mi sono passati accanto / Sono passati oltre senza parlare.
- ○ A: Excuse me, how do I get to the hospital?
  B: Go along this road, **past** the cinema, under the
  bridge and the hospital is on the left.

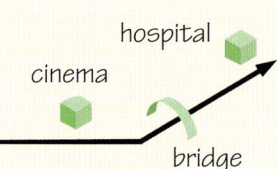
hospital
cinema
bridge

---

get in/on *ecc.* ➔ **Unità 59**   in/on ➔ **Unità 110–111**   to ➔ **Unità 112**   under/below ➔ **Unità 113**
fall off / run away *ecc.* ➔ **Unità 117**

Esercizi

114.1 Qualcuno ti chiede come si arriva in un certo posto. Osserva le figure e fornisci le indicazioni. Inizia con **Go ...** .

Excuse me, where is ...?

Go ...

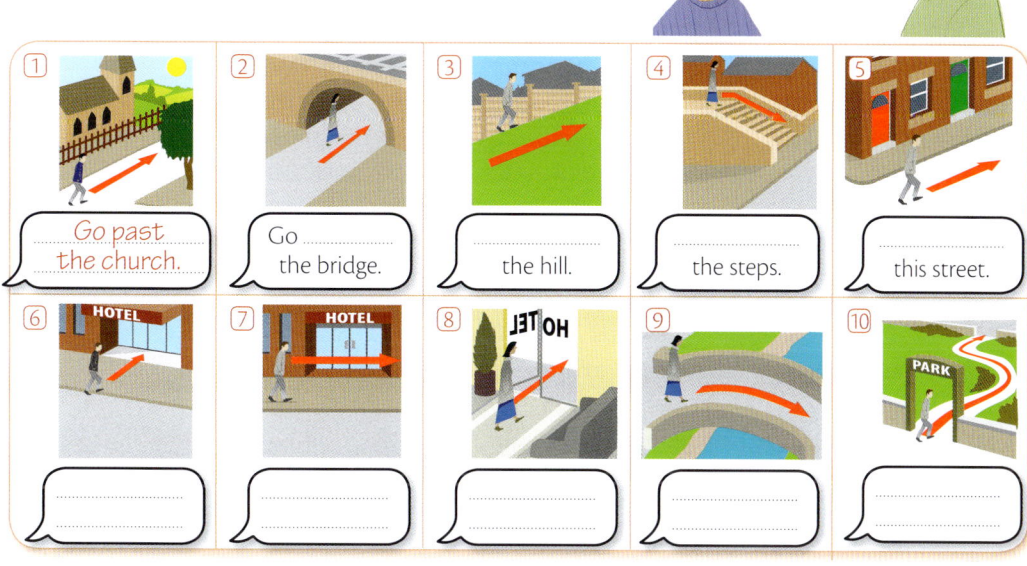

1 *Go past the church.*

2 Go .... the bridge.

3 .... the hill.

4 .... the steps.

5 .... this street.

6 ....

7 ....

8 ....

9 ....

10 ....

114.2 Osserva le vignette e completa le frasi con le preposizioni adatte.

shelf = mensola
suddenly = improvvisamente

1 The dog swam ...*across*... the river.
2 A book fell .... the shelf.
3 A plane flew .... the village.
4 A woman got .... the car.
5 A girl ran .... the road.
6 Suddenly a car came .... the corner.
7 They drove .... the village.
8 They got .... the train.
9 The moon travels .... the earth.
10 They got .... the house .... a window.

114.3 Completa le frasi con le preposizioni appropriate.

1 I looked .... the window and watched the people in the street.
2 My house is very near here. It's just .... the corner.
3 'Where's my phone?' 'You put it .... your bag.'
4 How far is it .... here .... the airport?
5 We walked .... the museum for an hour and saw a lot of interesting things.
6 You can put your coat .... the back of the chair.
7 In tennis, you have to hit the ball .... the net.
8 Silvia took a key .... her bag and opened the door.

back (of the chair) = schienale
hit = colpire

114.4 Traduci in inglese. Per ogni frase, usa il verbo indicato + una preposizione adatta.

1 Mark attraversò il bosco a piedi. (**walk**)
2 La luna gira intorno al sole? (**go**)
3 Abbiamo sorvolato Parigi un'ora fa. (**fly**)
4 Metti le uova nel frigo. (**put**)
5 Ieri un cane è caduto nella piscina. (**fall**)
6 Sarah si arrabbiò ed uscì dalla stanza. (**go**)
7 È pericoloso attraversare un'autostrada. (**walk**)
8 Che succede? Tutti corrono lungo la via. (**run**)
9 Usa l'ascensore. Non fare le scale. (**go**)
10 Ed è caduto dalla moto sabato. (**fall**)

on   at   by   with   about

Le preposizioni elencate in questa pagina hanno usi diversi. Gli usi qui considerati si riferiscono a casi o difficoltà particolari.

A

Spesso, **on** *corrisponde a 'su/sopra' (→ Unità 110), ma non sempre:*

on television / on TV = *alla televisione*	○ We watched the news **on TV**.
on the radio = *alla radio*	○ We listened to the news **on the radio**.
on the phone = *al telefono*	○ I spoke to Rachel **on the phone** last night.
on holiday = *in vacanza*	○ Jane isn't at work this week. She's **on holiday**.
on fire = *in fiamme*	○ The house is **on fire**! Call the fire brigade.
on time = *in orario / puntuale*	○ 'Was the train late?' 'No, it was **on time**.'

B

In molti casi, **at** *corrisponde ad 'a' (vedi anche Unità 107, 110, 111 e 112):*

at (the age of) 21 / at 50 kilometres an hour / at 100 degrees *ecc.* :
- ○ Lisa got married **at 21**. (*o* ... **at the age of 21**.) ... *a 21 anni.*
- ○ A car uses more petrol **at 120 kilometres an hour** than **at 90**. ... *a 120 km all'ora che a 90.*
- ○ Water boils at **100 degrees Celsius**. ... *a 100 gradi.*

C

Nei seguenti casi **by** *ha diverse traduzioni (per altri usi vedi le Unità 66 e 113):*

by bus

by car / by bus / by plane (*o* **by air**) **/ by bike** *ecc.* :
- ○ Do you like travelling **by train**? *Ti piace viaggiare in treno?*
- ○ Jane usually goes to work **by bike**.
  ... *va al lavoro in bicicletta.*

ma **on foot** (= *a piedi*):
- ○ You can't get there **by car**. You have to go **on foot**.
  (= you have to walk)

on foot

a book **by** ... / a painting **by** ... / a piece of music **by** ... *ecc.* :
- ○ Have you read any books **by Charles Dickens**?
  ... *di Charles Dickens?*
- ○ **Who** is that painting **by**? Picasso? *Di chi è quel dipinto?* ...

titolo

by

autore

Si usa **by** *anche nella forma passiva (→ Unità 24):*
- ○ I was bitten **by a dog**. *Fui morso da un cane.*

D

Generalmente, **with** *corrisponde a 'con', e* **without** *a 'senza':*

with/without:
- ○ Do you like your coffee **with** or **without milk**?
- ○ I cut the paper **with a pair of scissors**. ... *con un paio di forbici.*
- ○ Wait for me. Please don't go **without me**.

Si dice a man **with** a beard / a woman **with** glasses *ecc.* :
- ○ Do you know that man **with the beard**?
- ○ I'd like to have a house **with a big garden**.

a man
with a beard

a woman
with glasses

A volte, **with** *significa 'presso/da':*
- ○ Did you stay at a hotel or **with friends**? *Sei stato in albergo o a casa di amici / da amici?*

E

La preposizione **about** *indica l'argomento e ha diverse traduzioni in italiano:*

talk/speak/think/hear/know about ... :
- ○ Robert **talks about his work** all the time. ... *parla continuamente del suo lavoro.*
- ○ I don't **know** much **about cars**. *Non so molto di automobili / sulle automobili.*
- ○ **What** are you thinking **about**? *A che cosa stai pensando?*

a book / a question / a programme / information (*ecc.*) **about** ... :
- ○ There was **a programme about** volcanoes on TV last night. Did you see it?
  ... *un programma sui vulcani ...*

by → Unità 24, 66, 113   *preposizioni + -ing* → Unità 55   *at/on* → Unità 107, 110–111

Esercizi

115.1 Completa ogni frase con **on** + una delle espressioni elencate:

> **holiday** **the phone** ~~the radio~~ **TV** **time**

try to = cercare di

1 We listened to the news ..... *on the radio* .
2 Please don't be late. Try to be here ....
3 I won't be here next week. I'm going ....
4 'Did you see Linda?' 'No, but I talked to her ....'
5 'What's .... this evening?' 'Nothing that I want to watch.'

115.2 Osserva le vignette e completa le frasi con **at**/**by**/**with** ecc.

sunglasses = occhiali da sole

1 I cut the paper ..*with*.. a pair of scissors.
2 She usually goes to work .... car.
3 Who is the woman .... short hair?
4 They are talking .... the weather.
5 The car is .... fire.
6 She's listening to some music .... Mozart.
7 The plane is flying .... 600 miles an hour.
8 They're .... holiday.
9 Do you know the man .... sunglasses?
10 He's reading a book .... grammar .... Vera P. Bull.

115.3 Completa le frasi con preposizioni appropriate (**at**/**by**/**with** ecc.).

hit = colpire
speed = velocità
nearly = quasi

1 In tennis, you hit the ball .... a racket.
2 It's cold today. Don't go out .... a coat.
3 *Hamlet*, *Othello* and *Macbeth* are plays .... William Shakespeare.
4 Do you know anything .... computers?
5 My grandmother died .... the age of 98.
6 How long does it take from New York to Los Angeles .... plane?
7 I didn't go to the football match, but I watched it .... TV.
8 My house is the one .... the red door on the right.
9 These trains are very fast. They can travel .... very high speeds.
10 I don't use my car very often. I prefer to go .... bike.
11 Can you give me some information .... hotels in this town?
12 I was arrested .... two policemen and taken to the police station.
13 The buses here are very good. They're nearly always .... time.
14 What would you like to drink .... your meal?
15 We travelled from Paris to Moscow .... train.
16 The museum has some paintings .... Rembrandt.

115.4 Traduci in inglese.

1 I miei genitori sono in vacanza. Sono andati a Vienna in treno.
2 Il mio insegnante va spesso a scuola a piedi ed è sempre in orario.
3 Questa sera c'è un programma sugli animali alla TV.
4 Ieri ho parlato con Ben al telefono. Abbiamo parlato di musica.
5 'Di chi è questa poesia?' 'Di Robert Burns.'
6 Kate ha imparato a leggere a quattro anni.
7 Potete cominciare con o senza di noi.

→ **Esercizi supplementari 39** (pag. 280)

listen to ... , good at ... *ecc.*
(verbi e aggettivi seguiti da preposizione)

A *Studia le seguenti combinazioni di verbi + preposizione:*

ask (somebody) **for** ...	○ Don't **ask** me **for** money. I don't have any. *Non chiedermi / Non chiedetemi / Non mi chieda soldi. ...*
listen to ...	○ **Listen to** this music. It's great. *Ascolta questa musica. ...*
speak to somebody (**about** ...)	○ I'd like to **speak to** the manager, please. *... parlare con il direttore, ...*
talk to somebody (**about** ...)	○ Did you **talk to** Paul **about** the problem? *Hai parlato con Paul del problema?*
think about ... *o* **think of** ...	○ He never **thinks about** (*o* **of**) other people. *Non pensa mai agli altri.*
	○ Mark is **thinking of** (*o* **about**) buying a car. *... sta pensando di comprare ...*
wait for ...	○ **Wait for** me. I'm nearly ready. *Aspettami. ...*

Si dice **call/phone/text/email** somebody (*senza preposizione*):
- ○ I have to **phone my parents** today. *Devo telefonare ai miei genitori oggi.*
- ○ Shall I **text you** or **email you**? *Ti mando un messaggino o un'email?*

B **look** + *preposizione:*

look at ... *guardare*	○ He's **looking at** his watch. *Sta guardando l'orologio.*
	○ **Look at** these flowers! They're beautiful. *Guarda questi fiori! ...*
look for ... *cercare*	○ She's lost her key. She's **looking for** it. *... La sta cercando.*
	○ I'm **looking for** Sarah. Have you seen her? *Sto cercando Sarah. ...*
look after ... *badare a, aver cura di*	○ When Emily is at work, a friend of hers **looks after** her children. *... un'amica bada ai suoi bambini / le tiene i bambini.*
	○ Don't lose this book. **Look after** it. *... Abbine cura.*

C *Il verbo* **depend** *può avere due costruzioni:*

it depends on ... = *dipende da ...*
- ○ A: Do you like eating in restaurants?
  B: Sometimes. It **depends on** the restaurant. (*non* it depends from)

it depends (on) what/where/how *ecc.* = *dipende da che cosa / dove / come ecc.*
- ○ A: Do you want to come out with us?
  B: It **depends where** you're going. *oppure* It **depends on where** you're going.

D *Studia le seguenti combinazioni di aggettivi + preposizione:*

angry with somebody **angry about** something	○ Why are you **angry with** me? *Perché sei arrabbiato con me?*
	○ Are you **angry about** last night? *Sei arrabbiato per ieri sera?*
fed up with ...	○ I'm **fed up with** my job. *Sono stufo del mio lavoro.*
good at ... / **bad at** ... (*non* good in)	○ Are you **good at** maths? *Sei bravo in matematica?*
happy with ... (*non* happy of)	○ I'm **happy with** my new car. *Sono contento della mia nuova auto.*
interested in ...	○ I'm not **interested in** sport. *Non mi interesso di sport.*
married to ... (*non* married with)	○ Sue is **married to** a dentist. *Sue è sposata con un dentista.*
nice/kind of somebody to ... be **nice/kind to** somebody	○ It was **kind of** you to help us. *È stato carino da parte tua ...*
	○ David is always very **nice to** me. *... molto gentile/carino con me.*
sorry about a situation **sorry for/about** doing something	○ I'm afraid I can't help you. I'm **sorry about** that. *... Scusa/Scusate.*
	○ I'm **sorry for/about** not phoning you yesterday. *Mi spiace di non averti telefonato ... / Scusa se ...*
be/feel **sorry for** someone	○ I feel **sorry for** them. *Mi dispiace / Mi rincresce per loro.*

*preposizioni + **-ing*** ➜ **Unità 55**   **wait** ➜ **Unità 57**

Esercizi

116.1 Osserva le vignette e completa le frasi con le preposizioni adatte.

1 She's looking ....*at*.... her watch.
2 He's listening .... the radio.
3 They're waiting .... a taxi.

4 Paul is talking .... Jane.
5 They're looking .... a picture.
6 Sue is looking .... Tom.

116.2 Completa ogni frase con una preposizione quando è necessaria.

1 I saw Steve, but I didn't speak ...*to*.... him.
2 Julia's brother is thinking .... going to Australia next year.
3 We asked the waiter .... coffee, but he brought us tea.
4 Don't forget to phone .... your mother this evening.
5 'Are you playing tennis this afternoon?'   'It depends .... the weather.'
6 John was talking, but nobody was listening .... what he was saying.
7 We waited .... Karen until 2 o'clock, but she didn't come.
8 I texted .... Lisa to tell her I would be late.
9 He's alone all day. He never talks .... anybody.
10 'Can you do something for me?'   'It depends .... what it is.'
11 Catherine is thinking .... changing her job.

alone = da solo

116.3 Completa le frasi con **at**/**for**/**after**.

1 I looked .... the letter, but I didn't read it carefully.
2 When you are ill, you need somebody to look .... you.
3 Excuse me, I'm looking .... Hill Street. Is it near here?
4 Bye! Have a great holiday and look .... yourself.
5 I want to take a picture of you. Please look .... the camera and smile.
6 Ben is looking .... a job. He wants to work in a hotel.

smile= sorridere

116.4 Completa le frasi con le preposizioni appropriate.

1 Sue is very interested ...*in*.... science.
2 Amanda is married .... a footballer.
3 'Can I help you?'   'Oh, thank you. That's very nice .... you.'
4 I'm fed up .... the weather.
5 Are you interested .... literature?
6 I like Sarah. She's always very kind .... me.
7 I feel sorry .... her, but I can't help her.
8 Chris was angry .... what happened.
9 I'm sorry .... your broken window. It was an accident.
10 It was very nice .... Julia to let us stay in her flat.
11 I'm sorry .... getting angry .... you yesterday.
12 Jenny isn't very happy .... her new job.

116.5 Traduci in inglese.

1 'Puoi prestarmi dei soldi?'   'Dipende da quanto vuoi.'
2 Per piacere, bada a tuo fratello e sii carino con lui.
3 'Telefoniamo a Sue. È il suo compleanno.'   'Le ho mandato un'email ieri sera.'
4 'Sei contento della tua nuova casa?'   'Sì, mi piace moltissimo.'
5 Sto pensando di fare un corso di inglese a Londra. Chiederò informazioni al British Council.
6 Ascoltiamo Mr Larson. Sta per parlarci della sua nuova invenzione.
7 Marina si interessa molto di musica. È sposata con un musicista.
8 'Frank aspetta Lisa.'   'Non verrà. È arrabbiata con lui per sabato scorso.'
9 Mi spiace di averti svegliato. Non sapevo che fossi già a letto.
10 Mi interesso di politica, ma non sono molto bravo in storia.

invenzione =
  invention
politica = politics

➜ **Esercizi supplementari 33** (pag. 277)

go in, fall off, run away *ecc.*
(phrasal verbs 1)

*I phrasal verbs sono locuzioni verbali composte da verbi (**go/look/be** ecc.) + **in/out/up/down** ecc.*

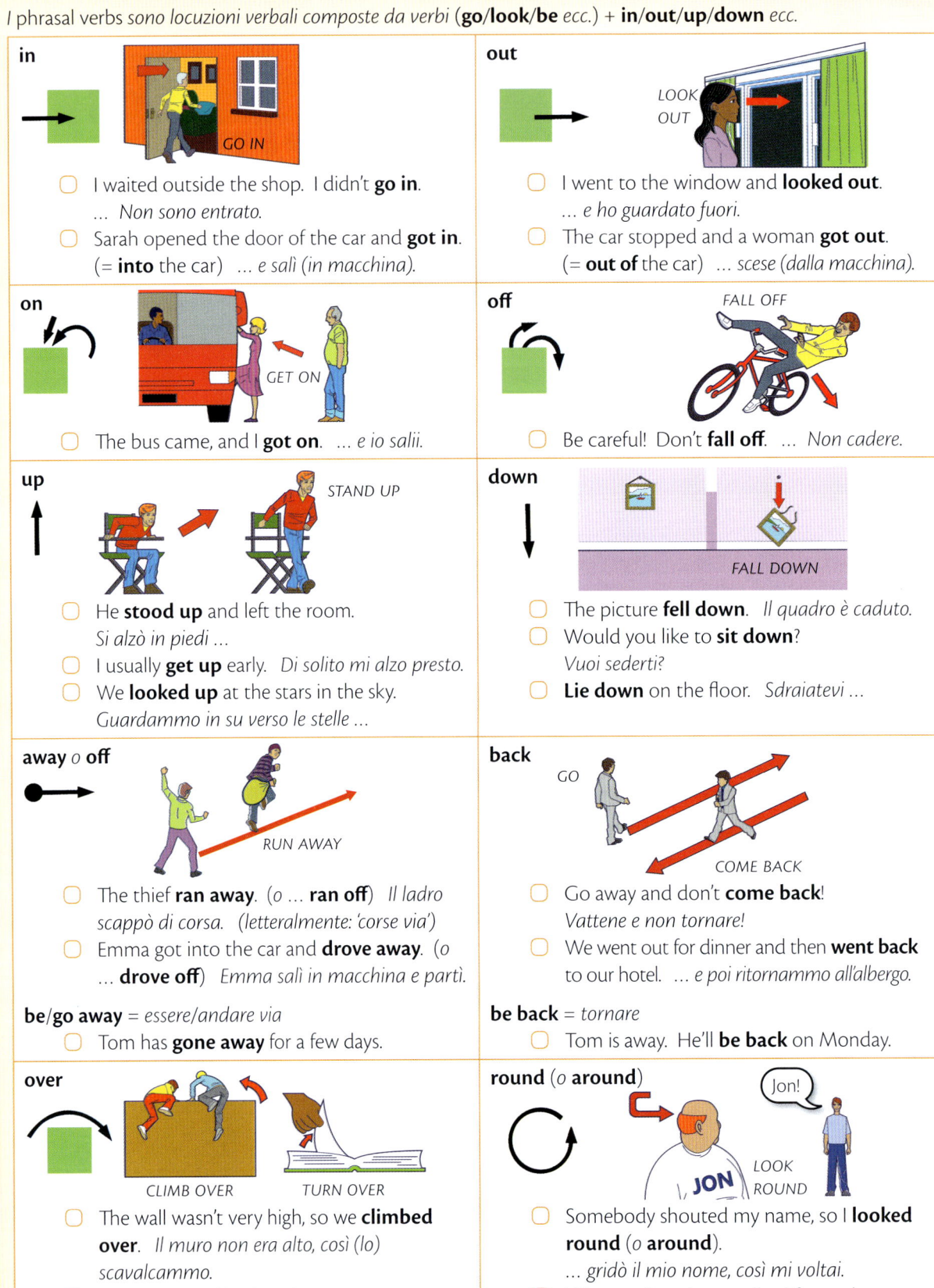

in

- I waited outside the shop. I didn't **go in**.
  ... *Non sono entrato.*
- Sarah opened the door of the car and **got in**.
  (= **into** the car) ... *e salì (in macchina).*

out

LOOK OUT

- I went to the window and **looked out**.
  ... *e ho guardato fuori.*
- The car stopped and a woman **got out**.
  (= **out of** the car) ... *scese (dalla macchina).*

on

GET ON

- The bus came, and I **got on**. ... *e io salii.*

off

FALL OFF

- Be careful! Don't **fall off**. ... *Non cadere.*

up

STAND UP

- He **stood up** and left the room.
  Si alzò in piedi ...
- I usually **get up** early. *Di solito mi alzo presto.*
- We **looked up** at the stars in the sky.
  Guardammo in su verso le stelle ...

down

FALL DOWN

- The picture **fell down**. *Il quadro è caduto.*
- Would you like to **sit down**?
  Vuoi sederti?
- **Lie down** on the floor. *Sdraiatevi ...*

away *o* **off**

RUN AWAY

- The thief **ran away**. (*o* ... **ran off**) *Il ladro scappò di corsa.* (letteralmente: 'corse via')
- Emma got into the car and **drove away**. (*o* ... **drove off**) *Emma salì in macchina e partì.*

be/go away = *essere/andare via*
- Tom has **gone away** for a few days.

back

GO   COME BACK

- Go away and don't **come back**!
  Vattene e non tornare!
- We went out for dinner and then **went back** to our hotel. ... *e poi ritornammo all'albergo.*

be back = *tornare*
- Tom is away. He'll **be back** on Monday.

over

CLIMB OVER   TURN OVER

- The wall wasn't very high, so we **climbed over**. *Il muro non era alto, così (lo) scavalcammo.*
- **Turn over** and look at the next page.
  Voltate pagina e guardate la successiva.

round (*o* **around**)

Jon!   JON   LOOK ROUND

- Somebody shouted my name, so I **looked round** (*o* **around**).
  ... *gridò il mio nome, così mi voltai.*
- We went for a long walk. After an hour we **turned round** (*o* **around**) and went back.
  ... *ci siamo girati e siamo tornati indietro.*

Di solito, un phrasal verb si rende in italiano con una parola sola:

    go in / **come in** (*andare dentro* / *venire dentro*) = *entrare*
    go out / **come out** (*andare fuori* / *venire fuori*) = *uscire*

Certi phrasal verbs corrispondono a forme riflessive in italiano:

    get up / **stand up** = *alzarsi (dal letto / in piedi)*   **sit down** = *sedersi*   **lie down** = *sdraiarsi*

get ➜ **Unità 57**   *pronomi riflessivi* ➜ **Unità 66**   **put on** / **take off** *ecc.* (phrasal verbs 2) ➜ **Unità 118**
altri phrasal verbs ➜ **Appendice 7**

Esercizi

117.1 Osserva le figure e finisci le frasi. Usa ogni volta uno dei verbi elencati + **in**/**out**/**up** ecc.

got	got	~~looked~~	looked	rode	sat	turned	went

1 I went to the window and ...*looked out*.... .
2 The door was open, so we ....
3 He heard a plane, so he ....
4 She got on her bike and ....

5 I said hello, and he ....
6 The bus stopped, and she ....
7 There was a free seat, so she ....
8 A car stopped, and two men ....

117.2 Completa le frasi con **out**/**away**/**back** ecc.

noise = rumore

1 'What happened to the picture on the wall?'   'It fell ...*down*...'
2 Wait a minute. Don't go .... I want to ask you something.
3 Lisa heard a noise behind her, so she looked .... to see what it was.
4 I'm going .... now to do some shopping. I'll be .... at 5 o'clock.
5 I'm feeling very tired. I'm going to lie .... on the sofa.
6 When you have read this page, turn .... and read the other side.
7 Mark is from Canada. He lives in London now, but he wants to go .... to Canada.
8 We don't have a key to the house, so we can't get ....
9 I was very tired this morning. I couldn't get ....
10 A: When are you going .... ?
    B: On the 5th. And I'm coming .... on the 24th.

117.3 Completa le frasi con i verbi del riquadro + **on**/**off**/**up** ecc. Si tratta di verbi elencati all'Appendice 7. Se necessario, metti il verbo nella forma appropriata (presente/passato ecc.).

go to sleep = addormentarsi

break	fall	give	hold	speak	~~wake~~	
carry	get	go	slow	take		**+ on/off/up/down/over**

1 I went to sleep at 10 o'clock and ...*woke up*... at 8 o'clock the next morning.
2 'It's time to go.'   '........................ a minute. I'm not ready yet.'
3 The train .... and finally stopped.
4 I like flying, but I'm always nervous when the plane ....
5 How are your children? How are they .... at school?
6 It's difficult to hear you. Can you .... a little?
7 This car isn't very good. It has .... many times.
8 When babies try to walk, they sometimes ....
9 The hotel isn't far from here. If you .... along this road, you'll see it on the left.
10 I tried to find a job, but I .... It was impossible.
11 The fire alarm .... and everyone had to leave the building.

117.4 Traduci in inglese.

scorpione = scorpion

1 'Taxi! ... Forest Hill, per favore.'   'OK. Salga.'
2 Ferma la macchina. Voglio scendere.
3 Ecco l'autobus! Saliamo o aspettiamo Jessica?
4 Questa è la mia fermata. Devo scendere.
5 Alzai lo sguardo al soffitto e vidi uno scorpione.
6 Non sederti. Quella sedia è rotta.

7 A: Mi sento stanca.
   B: Perché non ti sdrai?
8 Tom non è a casa. È via in vacanza.
9 Amy è molto graziosa. Tutti si voltano a guardarla.
10 Adesso voltate pagina.

put on your shoes   put your shoes on
(phrasal verbs 2)

A

Alcuni phrasal verbs (**put on** / **take off** ecc.) possono avere il complemento oggetto. Per esempio:

verbo	complemento oggetto
put on	your coat
mettiti	*il cappotto*

verbo	complemento oggetto
take off	your shoes
togliti	*le scarpe*

PUT ON

TAKE OFF

Si puo dire:

        put on your coat

oppure   **put** your coat **on**

Si puo dire:

        take off your shoes

oppure   **take** your shoes **off**

ma i pronomi (**it**/**them** *ecc.*) *precedono sempre* **on**/**off** *ecc.* :

    put **it on** (*non* put on it)

    take **them off** (*non* take off them)

○ It was cold, so I **put on** my coat.
   oppure ... I **put** my coat **on**.
○ Here's your coat. **Put it on**.
   Ecco il tuo cappotto. Mettitelo.

○ I'm going to **take off** my shoes.
   oppure ... **take** my shoes **off**.
○ Your shoes are dirty. **Take them off**.
   Hai le scarpe sporche. Toglitele.

B

Ecco altri phrasal verbs *seguiti da complemento oggetto*:

turn on / **turn off** = *accendere/spegnere* (*luci, apparecchi ecc.*):

○ It was dark, so I **turned on** the light.
   o ... I **turned** the light **on**. ... *accesi la luce.*
○ I don't want to watch this programme.
   You can **turn it off**. ... *Puoi spegnerlo.*

Per 'accendere/spegnere' (*luci ecc.*) *si dice anche* **switch on** / **switch off**:

○ I **switched on** the light and **switched off** the television.

Parlando di rubinetti, **turn on** / **turn off** = *aprire/chiudere*:

○ The bath is full. **Turn off** the tap.

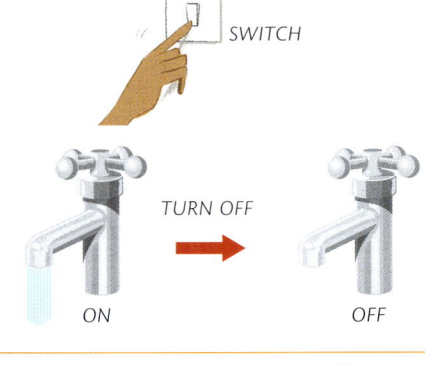

SWITCH

TURN OFF

ON   OFF

pick up = *raccogliere* / **put down** = *posare*

○ Those are my keys on the floor.
   Can you **pick them up** for me?
   ... *Puoi raccogliermele?*
○ I stopped reading and **put** my book **down**.
   o ... **put down** my book. ... *e posai il libro.*

PICK UP

PUT DOWN

bring back = *riportare* (*verso chi parla*):

○ You can take my umbrella, but please **bring it back**.
   ... *ma per favore riportamelo.*

take back = *riportare* (*lontano da chi parla*):

○ I **took** my new sweater **back** to the shop. It was too
   small for me. *Ho riportato il mio maglione nuovo ...*

give back = *restituire*:

○ I've got Rachel's keys. I have to **give them back**
   to her. ... *Devo restituirgliele.*

put back = *riporre*:

○ I read the letter and then **put it back** in the envelope.
   ... *e poi l'ho rimessa nella busta.*

TAKE

BRING BACK

go in / **fall off** ecc. (phrasal verbs 1) ➜ **Unità 117**   *altri* phrasal verbs + *complemento oggetto* ➜ **Appendice 8**

Esercizi

118.1 Osserva le vignette e descrivi le azioni al passato.

1 He _turned on the light_ .   4 She _____ .
2 She _____ .   5 He _____ .
3 He _____ .   6 She _____ .

118.2 Ciascuna frase si può scrivere in tre modi diversi. Completa la tabella.

1	I turned on the radio.	I turned the radio on.	I turned it on.
2	He put on his jacket.	He _____	He _____
3	She _____	She took her glasses off.	_____
4	I picked up the phone.	_____	_____
5	They gave back the key.	_____	_____
6	_____	We turned the lights off.	_____

118.3 Completa ogni frase scegliendo un verbo dal riquadro insieme a **it** o **them**.

work (2) = funzionare

> **bring back**   **pick up**   **switch off**   **take back**   ~~**turn on**~~

1 I wanted to watch something on TV, so I _turned it on_ .
2 My new lamp doesn't work. I'm going to _____ to the shop.
3 There were some gloves on the floor, so I _____ and put them on the table.
4 The heating was on but it was too warm, so I _____ .
5 Thank you for lending me these books. I won't forget to _____ .

118.4 Completa le frasi. Scegli dai riquadri i verbi che ti servono. (I verbi con le loro traduzioni sono elencati nell'Appendice 8.) A volta dovrai usare **it/them/me**.

be allowed = essere permesso

> **fill in**   ~~**knock down**~~   **look up**   **show round**   ~~**turn down**~~
> **give up**   **knock over**   **put out**   **throw away**   **try on**

1 They _knocked_ a lot of houses _down_ when they built the new road.
2 That music is very loud. Can you _turn it down_ ?
3 I _____ a glass and broke it.
4 'What does this word mean?'   'Why don't you _____ ?'
5 I want to keep these magazines. Please don't _____ .
6 I _____ a pair of shoes in the shop, but I didn't buy them.
7 I visited a school last week. One of the teachers _____ .
8 'Do you play the piano?'   'No, I started to learn, but I _____ after a month.'
9 Somebody gave me a form and told me to _____ .
10 Smoking isn't allowed here. Please _____ your cigarette _____ .

118.5 Traduci in inglese.

aspirapolvere = vacuum cleaner

1 Non toglierti le calze, Dan. Il pavimento è freddo.
2 Accendiamo la radio. C'è un concerto alle 11.30.
3 Non riesco a lavorare. Spegni la TV, per favore.
4 (*In giardino*) Sono pronto. Apri il rubinetto!
5 Ci sono delle chiavi sotto il tavolo. Le raccolgo?
6 Vado in biblioteca domani. Devo riportare un libro.
7 A: Ho bisogno del mio aspirapolvere.
   B: Te lo restituirò domani.
8 A: Dove metto il ketchup?
   B: Riponilo nel frigo.

Appendice 1
La forma attiva e la voce passiva

1.1 *Presente e passato*

	forma attiva	*forma passiva*
present simple	○ We **make** butter from milk.	○ Butter **is made** from milk.
	○ Somebody **cleans** these rooms every day.	○ These rooms **are cleaned** every day.
	○ People never **invite** me to parties.	○ I **am** never **invited** to parties.
	○ How **do** they **make** butter?	○ How **is** butter **made**?
past simple	○ Somebody **stole** my car last week.	○ My car **was stolen** last week.
	○ Somebody **stole** my keys yesterday.	○ My keys **were stolen** yesterday.
	○ They **didn't invite** me to the party.	○ I **wasn't invited** to the party.
	○ When **did** they **build** these houses?	○ When **were** these houses **built**?
present continuous	○ They **are building** a new airport at the moment. *Stanno costruendo …*	○ A new airport **is being built** at the moment. *… è in costruzione …*
	○ They **are building** some new houses near the river. *Stanno costruendo …*	○ Some new houses **are being built** near the river. *… sono in costruzione …*
past continuous	○ When I was here a few years ago, they **were building** a new airport. *… stavano costruendo …*	○ When I was here a few years ago, a new airport **was being built**. *… era in costruzione.*
present perfect	○ Look! They **have painted** the door. *… Hanno verniciato …*	○ Look! The door **has been painted**. *… è stata verniciata.*
	○ These shirts are clean. Somebody **has washed** them. *… Qualcuno le ha lavate.*	○ These shirts are clean. They **have been washed**. *… Sono state lavate.*
	○ Somebody **has stolen** my car. *Qualcuno ha rubato …*	○ My car **has been stolen**. *… è stata rubata.*
past perfect	○ Tina said that somebody **had stolen** her car. *… qualcuno aveva rubato …*	○ Tina said that her car **had been stolen**. *… era stata rubata.*

1.2 **will** / **can** / **must** / **have to** *ecc.*

Nella forma passiva, **will** / **can** / **must** / **have to** *ecc. sono seguiti da* **be** + *participio passato:*

forma attiva	*forma passiva*
○ Somebody **will clean** the office tomorrow.	○ The office **will be cleaned** tomorrow.
○ Somebody **must clean** the office.	○ The office **must be cleaned**.
○ I think they**'ll invite** you to the party.	○ I think you**'ll be invited** to the party.
○ They **can't repair** my watch.	○ My watch **can't be repaired**.
○ You **should wash** this sweater by hand.	○ This sweater **should be washed** by hand.
○ They **are going to build** a new airport.	○ A new airport **is going to be built**.
○ Somebody **has to wash** these clothes.	○ These clothes **have to be washed**.
○ They **had to take** the injured man to hospital.	○ The injured man **had to be taken** to hospital.

infinito		past simple	participio passato
be	(essere)	**was/were**	**been**
beat	(battere)	**beat**	**beaten**
become	(diventare)	**became**	**become**
begin	(cominciare)	**began**	**begun**
bite	(mordere)	**bit**	**bitten**
blow	(soffiare)	**blew**	**blown**
break	(rompere)	**broke**	**broken**
bring	(portare)	**brought**	**brought**
build	(costruire)	**built**	**built**
buy	(comprare)	**bought**	**bought**
catch	(prendere)	**caught**	**caught**
choose	(scegliere)	**chose**	**chosen**
come	(venire)	**came**	**come**
cost	(costare)	**cost**	**cost**
cut	(tagliare)	**cut**	**cut**
do	(fare)	**did**	**done**
draw	(disegnare)	**drew**	**drawn**
drink	(bere)	**drank**	**drunk**
drive	(guidare)	**drove**	**driven**
eat	(mangiare)	**ate**	**eaten**
fall	(cadere)	**fell**	**fallen**
feel	(sentire/sentirsi)	**felt**	**felt**
fight	(combattere)	**fought**	**fought**
find	(trovare)	**found**	**found**
fly	(volare)	**flew**	**flown**
forget	(dimenticare)	**forgot**	**forgotten**
get		**got**	**got**
give	(dare)	**gave**	**given**
go	(andare)	**went**	**gone**
grow	(crescere)	**grew**	**grown**
hang	(appendere)	**hung**	**hung**
have	(avere)	**had**	**had**
hear	(sentire/udire)	**heard**	**heard**
hide	(nascondere)	**hid**	**hidden**
hit	(colpire)	**hit**	**hit**
hold	(tenere)	**held**	**held**
hurt	(ferire / far male)	**hurt**	**hurt**
keep	(tenere)	**kept**	**kept**
know	(conoscere/sapere)	**knew**	**known**
leave	(lasciare/partire)	**left**	**left**
lend	(prestare)	**lent**	**lent**

infinito		past simple	participio passato
let	(lasciare/permettere)	**let**	**let**
lie	(essere sdraiati)	**lay**	**lain**
light	(accendere/illuminare)	**lit**	**lit**
lose	(perdere)	**lost**	**lost**
make	(fare/fabbricare)	**made**	**made**
mean	(significare)	**meant**	**meant**
meet	(incontrare)	**met**	**met**
pay	(pagare)	**paid**	**paid**
put	(mettere)	**put**	**put**
read /riːd/*	(leggere)	**read** /red/*	**read** /red/*
ride	(cavalcare)	**rode**	**ridden**
ring	(squillare/telefonare)	**rang**	**rung**
rise	(alzarsi/sorgere)	**rose**	**risen**
run	(correre)	**ran**	**run**
say	(dire)	**said**	**said**
see	(vedere)	**saw**	**seen**
sell	(vendere)	**sold**	**sold**
send	(mandare)	**sent**	**sent**
shine	(splendere)	**shone**	**shone**
shoot	(sparare)	**shot**	**shot**
show	(mostrare)	**showed**	**shown**
shut	(chiudere)	**shut**	**shut**
sing	(cantare)	**sang**	**sung**
sit	(sedere)	**sat**	**sat**
sleep	(dormire)	**slept**	**slept**
speak	(parlare)	**spoke**	**spoken**
spend	(spendere/passare)	**spent**	**spent**
stand	(stare in piedi)	**stood**	**stood**
steal	(rubare)	**stole**	**stolen**
swim	(nuotare)	**swam**	**swum**
take	(prendere/portare)	**took**	**taken**
teach	(insegnare)	**taught**	**taught**
tear	(strappare)	**tore**	**torn**
tell	(dire/raccontare)	**told**	**told**
think	(pensare)	**thought**	**thought**
throw	(gettare)	**threw**	**thrown**
understand	(capire)	**understood**	**understood**
wake	(svegliare)	**woke**	**woken**
wear	(indossare)	**wore**	**worn**
win	(vincere)	**won**	**won**
write	(scrivere)	**wrote**	**written**

* pronuncia

I seguenti verbi possono essere regolari (**-ed**) o irregolari (**-t**):

infinito	past simple e participio passato
burn (bruciare)	**burned** oppure **burnt**
dream (sognare)	**dreamed** oppure **dreamt**

infinito	past simple e participio passato
learn (imparare)	**learned** oppure **learnt**
smell (odorare)	**smelled** oppure **smelt**

Appendice 3
Verbi irregolari a gruppi

Osserva bene le caratteristiche di ciascun gruppo: imparerai e ricorderai meglio i verbi.

past simple *e participio passato identici*

past simple *e participio passato diversi*

1

cost	→	**cost**	let	→	**let**
cut	→	**cut**	put	→	**put**
hit	→	**hit**	shut	→	**shut**
hurt	→	**hurt**			

2

lend	→	**lent**	lost	→	**lost**
send	→	**sent**	shoot	→	**shot**
spend	→	**spent**	get	→	**got**
build	→	**built**	light	→	**lit**
			sit	→	**sat**

burn	→	**burnt**	keep	→	**kept**
learn	→	**learnt**	sleep	→	**slept**
smell	→	**smelt**			

feel	→	**felt**
leave	→	**left**
meet	→	**met**
dream	→	**dreamt** /dremt/*
mean	→	**meant** /ment/*

3

bring	→	**brought** /brɔːt/*
buy	→	**bought** /bɔːt/*
fight	→	**fought** /fɔːt/*
think	→	**thought** /θɔːt/*
catch	→	**caught** /kɔːt/*
teach	→	**taught** /tɔːt/*

4

sell	→	**sold**
tell	→	**told**

find	→	**found**
have	→	**had**
hear	→	**heard**
hold	→	**held**
read	→	**read** /red/*
say	→	**said** /sed/*

pay	→	**paid**
make	→	**made**

stand	→	**stood**
understand	→	**understood**

1

break	→	**broke**	**broken**
choose	→	**chose**	**chosen**
speak	→	**spoke**	**spoken**
steal	→	**stole**	**stolen**
wake	→	**woke**	**woken**

2

drive	→	**drove**	**driven**
ride	→	**rode**	**ridden**
rise	→	**rose**	**risen**
write	→	**wrote**	**written**

beat	→	**beat**	**beaten**
bite	→	**bit**	**bitten**
hide	→	**hid**	**hidden**

3

eat	→	**ate**	**eaten**
fall	→	**fell**	**fallen**
forget	→	**forgot**	**forgotten**
give	→	**gave**	**given**
see	→	**saw**	**seen**
take	→	**took**	**taken**

4

blow	→	**blew**	**blown**
grow	→	**grew**	**grown**
know	→	**knew**	**known**
throw	→	**threw**	**thrown**
fly	→	**flew**	**flown**
draw	→	**drew**	**drawn**
show	→	**showed**	**shown**

5

begin	→	**began**	**begun**
drink	→	**drank**	**drunk**
swim	→	**swam**	**swum**
ring	→	**rang**	**rung**
sing	→	**sang**	**sung**
run	→	**ran**	**run**

6

come	→	**came**	**come**
become	→	**became**	**become**

* pronuncia

4.1 Nell'inglese parlato **I am** di solito si contrae, cioè, si pronuncia come una parola sola. La contrazione si esprime nella forma **I'm**.

I am	→	**I'm**
it is	→	**it's**
they have	→	**they've**
		ecc.

○ **I'm** feeling tired this morning.
○ 'Do you like this jacket?' 'Yes, **it's** nice.'
○ 'Where are your friends?' '**They've** gone home.'

Nelle forme contratte si scrive l'apostrofo al posto della parte non pronunciata:

I ~~a~~m → I**'m**   he~~i~~s → he**'s**   you ~~ha~~ve → you**'ve**   she ~~wi~~ll → she**'ll**

4.2 Con **I**/**he**/**she** ecc. si usano le seguenti forme contratte:

am	→	**'m**	**I'm**						
is	→	**'s**		**he's**	**she's**	**it's**			
are	→	**'re**					**we're**	**you're**	**they're**
have	→	**'ve**	**I've**				**we've**	**you've**	**they've**
has	→	**'s**		**he's**	**she's**	**it's**			
had	→	**'d**	**I'd**	**he'd**	**she'd**		**we'd**	**you'd**	**they'd**
will	→	**'ll**	**I'll**	**he'll**	**she'll**		**we'll**	**you'll**	**they'll**
would	→	**'d**	**I'd**	**he'd**	**she'd**		**we'd**	**you'd**	**they'd**

○ I**'ve** got some new shoes.
○ We**'ll** probably go out this evening.
○ It**'s** 10 o'clock. You**'re** late again.

La forma **'s** può essere la contrazione di **is** oppure di **has**:
○ She**'s** going out this evening. (she**'s** going = she **is** going)
○ She**'s** gone out. (she**'s** gone = she **has** gone)

La forma **'d** può essere la contrazione di **would** oppure di **had**:
○ A: What would you like to eat?
  B: I**'d** like a salad, please. (I**'d** like = I **would** like)
○ I told the police that I**'d** lost my passport. (I**'d** lost = I **had** lost)

Il verbo non si contrae quando è accentato. Per esempio, in posizione finale (→ Unit 42):
○ 'Are you tired?' 'Yes, I **am**.' (non Yes, I'm.)
○ She isn't tired, but he **is**. (non he's)

4.3 Le forme contratte si usano con **I**/**you**/**he**/**she** ecc., ma anche con altre parole (specialmente **'s**):
○ **Who's** your favourite singer? (= who **is**)
○ **What's** the time? (= what **is**)
○ **There's** a big tree in the garden. (= there **is**)
○ **My sister's** working in London. (= my sister **is** working)
○ **Paul's** gone out. (= Paul **has** gone out)
○ **What colour's** your car? (= What colour **is** your car?)

4.4 *Contrazione delle forme negative (→ Unit 45):*

isn't	(= is not)	**don't**	(= do not)	**can't**	(= cannot)
aren't	(= are not)	**doesn't**	(= does not)	**couldn't**	(= could not)
wasn't	(= was not)	**didn't**	(= did not)	**won't**	(= will not)
weren't	(= were not)			**wouldn't**	(= would not)
hasn't	(= has not)			**shouldn't**	(= should not)
haven't	(= have not)			**mustn't**	(= must not)
hadn't	(= had not)				

- ○ We went to her house, but she **wasn't** at home.
- ○ 'Where's David?' 'I **don't** know. I **haven't** seen him.'
- ○ You work all the time. You **shouldn't** work so hard.
- ○ I **won't** be here tomorrow. (= I will not)

4.5 *Nei testi scritti formali, di solito, non si usano le forme contratte. Per esempio, nelle lettere commerciali:*

- ○ **I am** interested in your cycling tours of Britain.
- ○ **We will** send you the tickets next week.
- ○ **I have not** received a reply to my letter of 1 February.

4.6 **'s** *(apostrofo +* **s***)*

La forma **'s** *può avere diversi significati:*

(1) **'s** = **is** *oppure* **has** *(vedi sezione 4.2 di questa Appendice)*

- ○ It**'s** raining. (= It **is** raining)
- ○ It**'s** stopped raining. (= It **has** stopped)

(2) **let's** = **let us** *(→ Unità 38)*
- ○ It's a lovely day. **Let's** go out. (= Let **us** go out.)

(3) Kate**'s** coat (Kate**'s** = *di Kate*)
my brother**'s** car (= *la macchina di mio fratello*)
the manager**'s** office (= *l'ufficio del direttore*) *ecc.*
(→ Unit 67)

Confronta:

- ○ **Kate's** camera was very expensive. (**Kate's** camera = *la macchina fotografica di Kate*)
- ○ **Kate's** a very good photographer. (**Kate's** = Kate **is**)
- ○ **Kate's** got a new camera. (**Kate's** got = Kate **has** got)

Appendice 5
Ortografia

5.1 *Nomi e verbi in* **-s** *e* **-es** (bird**s**/watch**es** *ecc.*)

nome + **s** *(plurale dei nomi)* (→ *Unità 70*)
    bird → bird**s**   mistake → mistake**s**   hotel → hotel**s**

verbo + **s** *(present simple, he/she/it* **-s***)* (→ *Unita 6*)
    think → think**s**   live → live**s**   remember → remember**s**

ma

si aggiunge **es** *ai nomi o verbi che terminano in* **-s** / **-sh** / **-ch** / **-x**:
    bu**s** → bus**es**   pas**s** → pass**es**   address → address**es**
    di**sh** → dish**es**   wa**sh** → wash**es**   finish → finish**es**
    wat**ch** → watch**es**   tea**ch** → teach**es**   sandwi**ch** → sandwich**es**
    bo**x** → box**es**   fi**x** → fix**es**

inoltre:
    potato → potato**es**   tomato → tomato**es**
    do → do**es**   go → go**es**

generalmente, i nomi in **-f** / **-fe** *formano il plurale in* **-ves**:
    shel**f** → shel**ves**   kni**fe** → kni**ves**   *ma* roo**f** → roo**fs**

5.2 *Parole terminanti in* **-y** (bab**y** → bab**ies** / stud**y** → stud**ied** *ecc.*)

al posto della **y** *finale si scrive* **i** *prima di aggiungere* **-es** / **-ed** / **-er** / **-est** / **-ly**:

-y → -ies
    stud**y** → stud**ies** (*non* studys)   family → famil**ies** (*non* familys)
    stor**y** → stor**ies**   cit**y** → cit**ies**   bab**y** → bab**ies**
    tr**y** → tr**ies**   marr**y** → marr**ies**   fl**y** → fl**ies**

-y → -ied (→ *Unità 12*)
    stud**y** → stud**ied** (*non* studyed)
    tr**y** → tr**ied**   marr**y** → marr**ied**   copy → cop**ied**

-y → -ier/-iest (→ *Unità 90 e 93*)
    eas**y** → eas**ier**/eas**iest** (*non* easyer/easyest)
    happ**y** → happ**ier**/happ**iest**   luck**y** → luck**ier**/luck**iest**
    heav**y** → heav**ier**/heav**iest**   funn**y** → funn**ier**/funn**iest**

-y → -ily (→ *Unità 89*)
    eas**y** → eas**ily** (*non* easyly)
    happ**y** → happ**ily**   heav**y** → heav**ily**   luck**y** → luck**ily**

la **y** *finale non cambia in* **i** *se la parola termina in* **-ay** / **-ey** / **-oy** / **-uy**:
    holid**ay** → holid**ays** (*non* holidaies)
    enj**oy** → enj**oys**/enj**oyed**   st**ay** → st**ays**/st**ayed**   bu**y** → bu**ys**   ke**y** → ke**ys**

ma
    say → said   **pay → paid**   (*verbi irregolari*)

5.3 Forma in **-ing**

La **e** finale (mak**e**/writ**e**/driv**e** ecc.) si elide quando si aggiunge **-ing** (**-e** → **-ing**):
  mak**e** → mak**ing**   writ**e** → writ**ing**   com**e** → com**ing**   danc**e** → danc**ing**

Con i verbi in **-ie**, la terminazione **-ing** è preceduta da **-y** (**-ying**):
  l**ie** → l**ying**   d**ie** → d**ying**   t**ie** → t**ying**

5.4 Raddoppiamento della consonante finale (sto**p** → sto**pp**ed, bi**g** → bi**gg**er ecc.)

  Queste lettere sono vocali: a   e   i   o   u
  Queste lettere sono consonanti: b   c   d   f   g   k   l   m   n   p   r   s   t   w   y

A volte, le ultime lettere di una parola sono una vocale + una consonante, come in st**op**, b**ig**, g**et**.
Prima di aggiungere **-ing**/**-ed**/**-er**/**-est**, la consonante finale (**p**/**g**/**t** ecc.) si raddoppia (**pp**/**gg**/**tt** ecc.).

Per esempio:

	V+C			
stop	ST **O** P	p → **pp**	sto**pp**ing	sto**pp**ed
run	R **U** N	n → **nn**	ru**nn**ing	
get	G **E** T	t → **tt**	ge**tt**ing	
swim	SW **I** M	m → **mm**	swi**mm**ing	
big	B **I** G	g → **gg**	bi**gg**er	bi**gg**est
hot	H **O** T	t → **tt**	ho**tt**er	ho**tt**est
thin	TH **I** N	n → **nn**	thi**nn**er	thi**nn**est

V = vocale
C = consonante

La consonante finale non si raddoppia:
(1) se le ultime lettere della parola sono due consonanti (C + C):

	C+C		
help	HE **L P**	hel**p**ing	hel**p**ed
work	WO **R K**	wor**k**ing	wor**k**ed
fast	FA **S T**	fas**t**er	fas**t**est

(2) se le ultime lettere sono due vocali + una consonante (V + V + C):

	V+V+C		
need	N **E E D**	nee**d**ing	nee**d**ed
wait	W **A I T**	wai**t**ing	wai**t**ed
cheap	CH **E A P**	chea**p**er	chea**p**est

(3) nelle parole più lunghe (due o più sillabe) se l'ultima sillaba non è accentata:

	accento		
happen	**HAP**-pen	→	happe**n**ing/happe**n**ed (non happe**nn**ed)
visit	**VIS**-it	→	visi**t**ing/visi**t**ed
remember	re-**MEM**-ber	→	remembe**r**ing/remembe**r**ed

ma
prefer	pre-**FER**	(accento sull'ultima)	→ prefe**rr**ing/prefe**rr**ed
begin	be-**GIN**	(accento sull'ultima)	→ begi**nn**ing

(4) se la parola termina in **-y** oppure **-w**. (In posizione finale, **y** e **w** non sono consonanti.)
  enjo**y** → enjo**y**ing/enjo**y**ed   sno**w** → sno**w**ing/sno**w**ed   fe**w** → fe**w**er/fe**w**est

Can/could, **might/may** (*in italiano: area del verbo 'potere'*)

I **can** (do) = *posso / so / riesco a (fare)*	→ *Unità 33*
☐ **Can** you **swim**? *Sai/Sapete nuotare?*	
☐ I'm too tired. I **can't sleep**. ... *Non riesco a dormire.*	
I **could** (do) = *sapevo / potevo / ho potuto (fare)*	→ *Unità 33*
☐ When I was young, I **could run** very fast. ... *sapevo correre / correvo molto veloce.*	
I **could** (do) = *potrei (fare)*	→ *Unità 33*
☐ **Could** you **open** the door, please? *Potresti aprire la porta, ... ?*	
I **might** / **may** (do) = *può darsi che (io faccia)*	→ *Unità 32*
☐ Barbara **might** (= **may**) **phone** this afternoon. *Può darsi che Barbara telefoni ...*	

Will/would (*in italiano: non ci sono equivalenti diretti*)

I **will** (do) = *farò*	
☐ Do you think it **will rain** this afternoon? *Pensi che pioverà ... ?*	→ *Unità 30, 31*
☐ If it rains, we **won't go** to the beach. *Se pioverà, non andremo in spiaggia.*	→ *Unità 102*
I **will** (do) = *faccio*	→ *Unità 31*
☐ **I'll phone** you tomorrow, OK? *Ti telefono domani, ... ?*	
☐ You look tired. **I'll drive**. *Hai l'aria stanca. Guido io.*	
I **would** (do) = *farei*	
☐ **Would** you **like** some coffee? *Gradiresti / Vorresti del caffè?*	→ *Unità 37*
☐ **I'd like** to see the film on TV this evening. *Vorrei vedere il film ...*	→ *Unità 37*
☐ If I had the money, I **would buy** a fast car. *Se avessi i soldi, comprerei una fuoriserie.*	→ *Unità 103*

Must, shall, should / **ought to** (*in italiano: area del verbo 'dovere'*)

I **must** (do)* = *devo (fare)*	→ *Unità 34*
☐ I **must remember** to phone Julia. *Devo ricordarmi di telefonare ...*	
shall I (do)? = *devo (fare)? / faccio?*	→ *Unità 31*
☐ What **shall I wear**? *Che cosa mi metto / Che cosa devo mettermi?*	
shall we (do)? = *facciamo?*	→ *Unità 31*
☐ **Shall we go** for a walk? *Andiamo a fare due passi?*	
I **should** (do) / I **ought to** (do) = *dovrei (fare)*	→ *Unità 36*
☐ It's a good film. You **should** (= **ought to**) **go** and see it. ... *Dovresti andare a vederlo.*	
☐ Do you think I **should** (= **ought to**) **buy** this hat? *Pensi che dovrei / debba comprare ... ?*	

* *Per esprimere un obbligo o un dovere l'uso di* **have to** *è più comune dell'uso di* **must** (→ *Unità 35*):

I **have to** (do) = *devo (fare)*
   ☐ I'll be late for work tomorrow. I **have to go** to the dentist. ... *Devo andare dal dentista.*
   ☐ What time do you **have to go** there? *A che ora ci devi andare?*

Fai attenzione alle forme negative:

I **mustn't** (do) = *non devo (fare) nel senso che è necessario* <u>*non farlo*</u>, *oppure è sbagliato o proibito* (→ *Unità 34*):
   ☐ I must hurry. I **mustn't be** late. ... *Non devo fare tardi.*
   ☐ (*in un museo*) You **mustn't touch** the pictures. *Non devi / Non si devono toccare i dipinti.*

I **don't have to** (do) = *non devo (fare) nel senso che non è necessario* (→ *Unità 34, 35*):
   ☐ Ian **doesn't have to work** very hard. He's got an easy job. *Ian non deve lavorare molto.* ...

Appendice 7
Phrasal verbs (take off / give up ecc.)

Sono elencati in questa pagina alcuni dei più frequenti phrasal verbs *(locuzioni verbali). Vedi anche l'Unità 117.*

on   **carry on** = *continuare/proseguire*
- ◯ Don't stop working. **Carry on**. ... *Continua.*
- ◯ A: Excuse me, where is the station?
  B: **Carry on** along this road and turn right at the lights.
  Prosegua per questa strada e svolti a destra al semaforo.

inoltre: **go on** (= *andare avanti*) / **walk on** (= *continuare a camminare*) / **drive on** (= *continuare a guidare*)
- ◯ Don't stop here. **Drive on**. ... *Prosegui (in macchina).*

come on = *muoversi/sbrigarsi*
- ◯ **Come on**! Everybody is waiting for you.
  Dai/Forza! Tutti ti stanno aspettando.

get on = *cavarsela (nel lavoro / a scuola / a un esame ecc.):*
- ◯ How are you **getting on** in your new job?
  Come te la cavi con il tuo nuovo lavoro?

hold on (*soprattutto al telefono*) = *aspettare*
- ◯ Can you **hold on** a minute?

> Hold on a minute.

off   **take off** = *decollare*
- ◯ The plane **took off** 20 minutes late.
  L'aereo è decollato/partito con 20 minuti di ritardo.

TAKE OFF

go off = *esplodere (di bomba ecc.) o suonare (di allarme, sveglia ecc.)*
- ◯ A bomb **went off** and caused a lot of damage.
  Scoppiò una bomba e fece un sacco di danni.
- ◯ A car alarm **goes off** if someone tries to break into the car.
  L'allarme di un'auto si innesca se qualcuno tenta di aprirla a forza.

GO OFF

up   **give up** = *rinunciare/desistere*
- ◯ I know it's difficult, but don't **give up**.
  So che è difficile, ma non desistere.

grow up = *diventare grandi/adulti*
- ◯ What does your son want to do when he **grows up**?
  Che cosa vuole fare tuo figlio da grande?

GROW UP

hurry up = *spicciarsi/sbrigarsi*
- ◯ **Hurry up**! We don't have much time.

speak up = *parlare più forte / alzare la voce*
- ◯ I can't hear you. Can you **speak up**, please?

wake up = *svegliarsi*
- ◯ I often **wake up** in the middle of the night.
  Spesso mi sveglio nel cuore della notte.

WAKE UP

wash up = *lavare i piatti*
- ◯ Do you want me to **wash up**?
  (*o ... to do the washing-up?*)
  Vuoi che li lavi io i piatti?

WASH UP

down   **slow down** = *rallentare*
- ◯ You're driving too fast. **Slow down**!

break down = *rompersi/guastarsi*
- ◯ Sue was very late because her car **broke down**.

BREAK DOWN

over   **fall over** = *cadere (incespicando, perdendo l'equilibrio)*
- ◯ I **fell over** because my shoes were too big for me.
  Ho incespicato e sono caduta perché le scarpe ...

FALL OVER

Appendice 8   Phrasal verbs + *complemento oggetto* (**put out** a fire / **give up** your job *ecc.*)

Sono elencati in questa pagina alcuni dei piu frequenti phrasal verbs *seguiti dal complemento oggetto (Unità 118).*
(Non tutti gli equivalenti italiani reggono il complemento oggetto.)

in/out	**fill in / fill out** (a form) = *compilare (un modulo):* ◯ Can you **fill in this form**, please? *oppure* Can you **fill out this form**, please?
out	**put out** = *spegnere (un incendio / una sigaretta):* ◯ The fire brigade arrived and **put the fire out**. **cross out** = *cancellare (con un rigo sopra):* ◯ If you make a mistake, **cross it out**.
on	**try on** clothes = *provarsi indumenti* ◯ *(in un negozio)* This is a nice jacket. Shall I **try it on**? … *Me la provo?*
up	**give up** something = *smettere* ◯ Sue **gave up her job** when her baby was born. *Sue ha smesso di lavorare …* ◯ 'Are you still learning Spanish?' 'No, I **gave it up**.' … 'No, ho smesso.' **look up** (a word in a dictionary *ecc.*) = *cercare (una parola sul dizionario ecc.):* ◯ I didn't know the meaning of the word, so I **looked it up** in a dictionary. **turn up** = *alzare (il volume)* ◯ Can you **turn the radio up**? I can't hear it. **wake up** somebody who is sleeping = *svegliare qualcuno che sta dormendo* ◯ I have to get up early tomorrow. Can you **wake me up** at 6.30? *Devo alzarmi presto domani. Puoi svegliarmi alle 6.30?*
down	**knock down** (a building) = *demolire (un edificio)* ◯ They are going to **knock down** the school and build a new one. **turn down** the TV, radio, music, heating *ecc.* = *abbassare (TV, radio, musica, riscaldamento ecc.)* ◯ The music is too loud. Can you **turn it down**?
over	**knock over** = *far cadere (oggetti o persone):* ◯ Be careful. Don't **knock your cup over**. ◯ There was an accident at the end of the road. A man was **knocked over** by a car. … *Un uomo è stato investito da un'auto.* *Si dice anche* **knock down**: ◯ A man was **knocked down** by a car.
away	**throw away** = *buttare via (rifiuti, cose vecchie ecc.):* ◯ These apples are bad. Shall I **throw them away**? ◯ Don't **throw away that picture**. I want it. **put** something **away** = *mettere via / riporre* ◯ After they finished playing, the children **put their toys away**. … *i bambini hanno messo via i loro giocattoli.*
back	**pay** somebody **back** = *ripagare/rimborsare (restituire soldi)* ◯ Thank you for lending me the money. I'll **pay you back** next week.
round/ around	**show** somebody **round/around** = *fare da cicerone (a qualcuno):* ◯ We visited a factory last week. The manager **showed us round**.

PUT OUT

CROSS OUT

KNOCK DOWN

KNOCK OVER

KNOCK OVER o KNOCK DOWN

THROW AWAY

RUBBISH

La tabella e gli esempi riassumono le diverse traduzioni di 'molto / troppo / non tanto ... quanto / Quanto ... ?' *ecc.*

	molto/molti	troppo/troppi	non tanto ... quanto	Quanto ... ? / Quanti ... ?
	VERY	**TOO**	**NOT AS ... AS**	**HOW ... ?**
con aggettivi (**big**/**tired**/**beautiful** *ecc.*)	I'm **very tired**. (*non* much tired) The books weren't **very expensive**.	I can't work. I'm **too tired**. (*non* too much tired) We didn't buy the books. They were **too expensive**.	I'm **not as tall as** you. Tennis is**n't as popular as** football.	**How tall** are you? **How far** is it to the station? **How old** is your father?
con avverbi (**quickly**/**badly**/**well**/**often** *ecc.*)	Sue learns things **very quickly**. Milan played **very badly** yesterday.	I can't understand him. He speaks **too quickly**.	I do**n't** play tennis **as often as** you. You ca**n't** run **as fast as** Lisa.	**How often** does it snow here? **How well** can you ski? **How fast** can you run?
	MUCH*	**TOO MUCH**	**NOT AS MUCH ... AS**	**HOW MUCH ... ?**
con nomi non numerabili (**food**/**snow**/**coffee**/**money** *ecc.*)	Do you drink **much coffee**? We don't have **much time**. I have some money, but **not much**.	I drink **too much** coffee. You spend **too much money**.	I do**n't** drink **as much coffee** as you. I do**n't** have **as much money as** you.	**How much coffee** do you drink? A: I need some **money**. B: **How much** do you need?
con verbi (**eat**/**drink**/**smoke** *ecc.*)	I don't travel **much**.	Some people talk **too much**.	I do**n't** travel **as much as** Sue.	**How much** does it cost?
con comparativi (**older** / **better** / **more expensive** *ecc.*)	This hotel is **much better** than the other one, but it's **much more expensive**.			
	MANY*	**TOO MANY**	**NOT AS MANY ... AS**	**HOW MANY ... ?**
con nomi plurali (**books**/**shops**/**men**/**people** *ecc.*)	Do you have **many books**? There aren't **many hotels** in this town. There were a few people in the restaurant, but **not many**.	I eat **too many sweets**. We didn't go into the restaurant. There were **too many people**.	I do**n't** know **as many people as** you. You have**n't** been to **as many places as** I have. I have a lot of books, but **not as many as** you.	**How many sweets** did you eat? **How many people** were there in the restaurant?

*Nelle frasi affermative, **a lot** (**of**) (= molto/molti) è più frequente di **much** e **many**. (→ Unità 86)
- ○ I drink **a lot of coffee**. (*non* I drink much coffee)
- ○ Sue travels **a lot**.
- ○ **A lot of people** speak English.

Si può dire anche **very much** e **very many** (letteralmente: 'moltissimo' e 'moltissimi'):
- ○ Lisa doesn't have **very much money**. *Lisa non ha molti soldi.*
- ○ Thank you **very much**. *Molte grazie.*
- ○ There weren't **very many people** in the restaurant. *Non c'era molta gente ...*

Il nome singolare **money** (= denaro) corrisponde al nome plurale 'soldi':
- ○ I have some **money**, but **not much**. (*non* not many) *Ho dei soldi, ma non molti.*

Il nome plurale **people** (= persone) corrisponde al nome singolare 'gente':
- ○ There were **too many people** in the restaurant. (*non* There was too much people) *C'era troppa gente nel ristorante.*

Esercizi supplementari

Elenco degli esercizi

---

am/is/are   Unità 1–3

1 Scrivi una frase per ogni figura. Usa le parole dei due riquadri insieme a **is/isn't/are/aren't**.

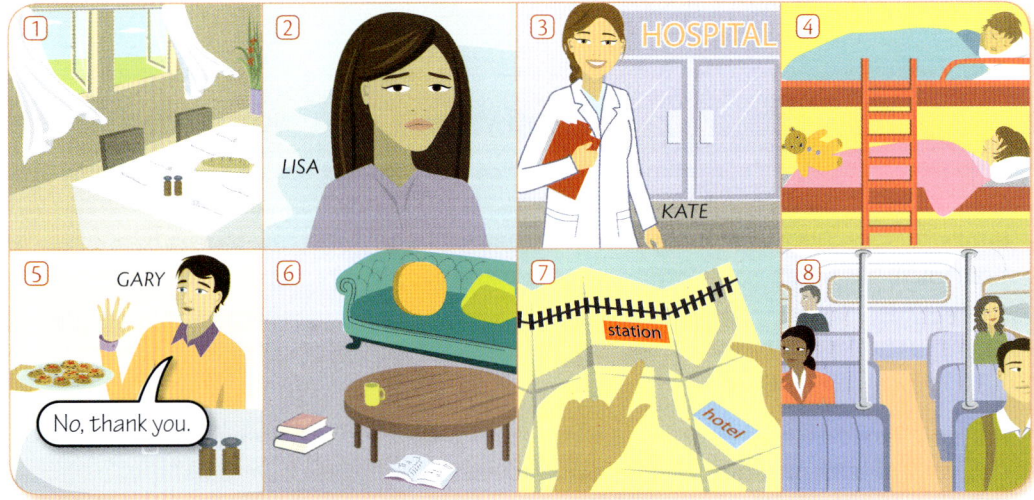

~~The windows~~	on the table
~~Lisa~~	hungry
Kate	asleep
The children	~~open~~
Gary	full
The books	near the station
The hotel	a doctor
The bus	~~happy~~

1 The windows are open.
2 Lisa isn't happy.
3 Kate ....
4 ....
5 ....
6 ....
7 ....
8 ....

2 Completa le frasi.

degree = grado

1 'Are you hungry?'   'No, but ___I'm___ thirsty.'
2 '___How are___ your parents?'   'They're fine.'
3 'Is Anna at home?'   'No, ... at work.'
4 '........................ my keys?'   'On your desk.'
5 Where is Paul from?   .... American or British?
6 .... very hot today. The temperature is 38 degrees.
7 'Are you a teacher?'   'No, ... a student.'
8 '........................ your umbrella?'   'Green.'
9 Where's your car?   .... in the car park?
10 '........................ tired?'   'No, I'm fine.'
11 'These shoes are nice. How ....?'   'Sixty pounds.'

---

present continuous (I'm working / are you working? *ecc.*)   Unità 4–5

3 Costruisci delle frasi usando le parole tra parentesi.

stand = stare in
   piedi

1 A: Where are your parents?
   B: ___They're watching TV.___ .... (they / watch / TV)
2 A: Paula is going out.
   B: ___Where's she going?___ .... (where / she / go?)
3 A: Where's David?
   B: .... (he / have / a shower)
4 A: ....? (the children / play?)
   B: No, they're asleep.
5 A: ....? (it / rain?)
   B: No, not at the moment.
6 A: Where are Sue and Steve?
   B: .... (they / come / now)
7 A: ....? (why / you / stand / here?)
   B: .... (I / wait / for somebody)

---

present simple (I work / she doesn't work / do you work? *ecc.*)   Unità 6–8

4 Completa le frasi utilizzando le parole tra parentesi. Usa il **present simple**.

1 ___Sue always gets___ to work early.   (Sue / always / get)
2 ___We don't watch___ TV very often.   (we / not / watch)
3 How often ___do you wash___ your hair?   (you / wash)
4 I want to go to the cinema, but .... to go.   (Sam / not / want)
5 .... to go out tonight?   (you / want)
6 .... near here?   (Helen / live)
7 .... a lot of people.   (Sarah / know)
8 I enjoy travelling, but .... very much.   (I / not / travel)
9 What time .... in the morning?   (you / usually / get up)
10 My parents are usually at home in the evening.
   .... very often.   (they / not / go out)
11 .... work at five o'clock.   (Tom / always / finish)
12 A: What ....?   (Jessica / do)
   B: .... in a hotel.   (she / work)

present simple, am/is/are e have (got)   **Unità 1–3, 6–8, 10**

5 Leggi le domande, e le risposte di Clare. Poi scrivi delle frasi su Clare.

1	Are you married?	No.
2	Do you live in London?	Yes.
3	Are you a student?	Yes.
4	Have you got a car?	No.
5	Do you go out a lot?	Yes.
6	Have you got a lot of friends?	Yes.
7	Do you like London?	No.
8	Do you like dancing?	Yes.
9	Are you interested in sport?	No.

Clare

1 *She isn't married.*
2 *She lives in London.*
3 ....
4 ....
5 ....
6 ....
7 ....
8 ....
9 ....

travel agent =
agente di viaggio

6 Completa le domande.

1 *What's your name* ?   Ben.
   .... married?   Yes, I am.
   Where .... ?   In Barton Road.
   .... any children?   Yes, a daughter.
   How .... ?   She's three.

2 .... ?   I'm 29.
   .... ?   I work in a supermarket.
   .... your job?   No, I hate it.
   .... a car?   Yes, I have.
   .... to work by car?   No, I usually go by bus.

3 *Who is this man* ?   That's my brother.
   .... ?   Michael.
   .... ?   He's a travel agent.
   .... in London?   No, in Manchester.

wheel = ruota

7 Scrivi delle frasi utilizzando queste parole. Tutte le frasi sono al presente.

1 Sarah often / tennis   *Sarah often plays tennis.*
2 my parents / a new car   *My parents have got a new car.*
3 my shoes / dirty   *My shoes are dirty.*
4 Sonia / 32 years old   Sonia ....
5 I / two sisters   ....
6 we often / TV in the evening ....
7 Amy never / a hat   ....
8 a bicycle / two wheels   ....
9 these flowers / beautiful   ....
10 Emma / German very well   ....

present continuous (I'm working) e present simple (I work) Unità 4–9

8 Completa le frasi utilizzando le parole tra parentesi.

1. Please be quiet. I'm working (I/work).
2. Do you often go (you/often/go) to the cinema?
3. What .... (you/cook)?
4. Jack .... (play) the piano very well.
5. .... (I/go) now. Goodbye!
6. .... (it/rain). Can I take this umbrella?
7. .... (I/not/watch) TV very much.
8. Excuse me, ... (we/look) for the museum.
9. What's this word? How .... (you/pronounce) it?

9 Scegli la soluzione corretta.

1. 'Are you speaking / Do you speak English?' 'Yes, a little.' (Do you speak è corretto)
2. Sometimes we're going / we go away at weekends.
3. It's a nice day today. The sun is shining / shines.
4. (Incontri Kate nella strada.) Hello, Kate. Where are you going / do you go?
5. How often are you going / do you go on holiday?
6. Emily is a writer. She's writing / She writes books for children.
7. I'm never reading / I never read newspapers.
8. 'Where are Mark and Laura?' 'They're watching / They watch TV in the living room.'
9. Helen is in her office. She's talking / She talks to somebody.
10. What time are you usually having / do you usually have dinner?
11. Joe isn't at home at the moment. He's visiting / He visits some friends.
12. 'Would you like some tea?' 'No, thank you. I'm not drinking / I don't drink tea.'

go away = andare via
writer = (qui) scrittrice

was/were e past simple (I worked / did you work? ecc.) — Unità 11–13

present = regalo

10 Completa ogni frase usando una parola sola.

1 I got up early and ......had...... a shower.
2 Tom was tired last night, so he .... to bed early.
3 I .... this key on the floor. Is it yours?
4 Kate got married when she .... 23.
5 Helen is learning to drive. She .... her first lesson yesterday.
6 'I've got a new job.' 'Yes, I know. David .... me.'
7 'Where did you buy that book?' 'It was a present. Amy .... it to me.'
8 We .... hungry, so we had something to eat.
9 'Did you enjoy the film?' 'Yes, I .... it was very good.'
10 'Did Andy come to your party?' 'No, we .... him, but he didn't come.'

work hard = (qui) studiare molto
quiet = tranquillo

11 Leggi le domande, e le risposte di Joe. Scrivi delle frasi per dire com'era Joe da bambino.

Joe

When you were a child …
Were you tall? — No. — 1 He wasn't tall.
Did you like school? — Yes. — 2 He liked school.
Were you good at sport? — Yes. — 3 He ....
Did you play football? — Yes. — 4 ....
Did you work hard at school? — No. — 5 ....
Did you have a lot of friends? — Yes. — 6 ....
Did you have a bike? — No. — 7 ....
Were you a quiet child? — No. — 8 ....

great = (qui) bellissimo

12 Completa le domande.

1 Did you have a nice holiday? — Yes, it was great, thanks.
2 Where did you go? — To Amsterdam.
3 .... there? — Five days.
4 .... Amsterdam? — Yes, very much.
5 ....? — I have friends in Amsterdam, so I stayed with them.
6 .... good? — Yes, it was warm and sunny.
7 .... back? — Yesterday.

I'm afraid = (qui) purtroppo
get = prendere/ comprare
meal = pasto/ pranzo

13 Metti i verbi nelle forme corrette (affermativa, negativa o interrogativa).

1 It was a good party. I enjoyed it. (I / enjoy)
2 ' Did you do the shopping?' (you / do) 'No, I didn't have time.' (I / have)
3 'Did you phone Adam?' 'No, I'm afraid ....' (I / forget)
4 I like your new watch. Where .... it? (you / get)
5 I saw Lucy at the party, but .... to her. (I / speak)
6 A: .... a nice weekend? (you / have)
   B: Yes, I went to stay with some friends of mine.
7 Paul wasn't well yesterday, so .... to work. (he / go)
8 'Is Mary here?' 'Yes, ... five minutes ago.' (she / arrive)
9 Where .... before he moved here? (Robert / live)
10 The restaurant wasn't expensive. .... very much. (the meal / cost)

past simple (I worked) *e* past continuous (I was working)   Unità 12–15

14 Osserva le figure e completa le frasi con i verbi indicati tra parentesi. Usa il **past simple** o il **past continuous.**

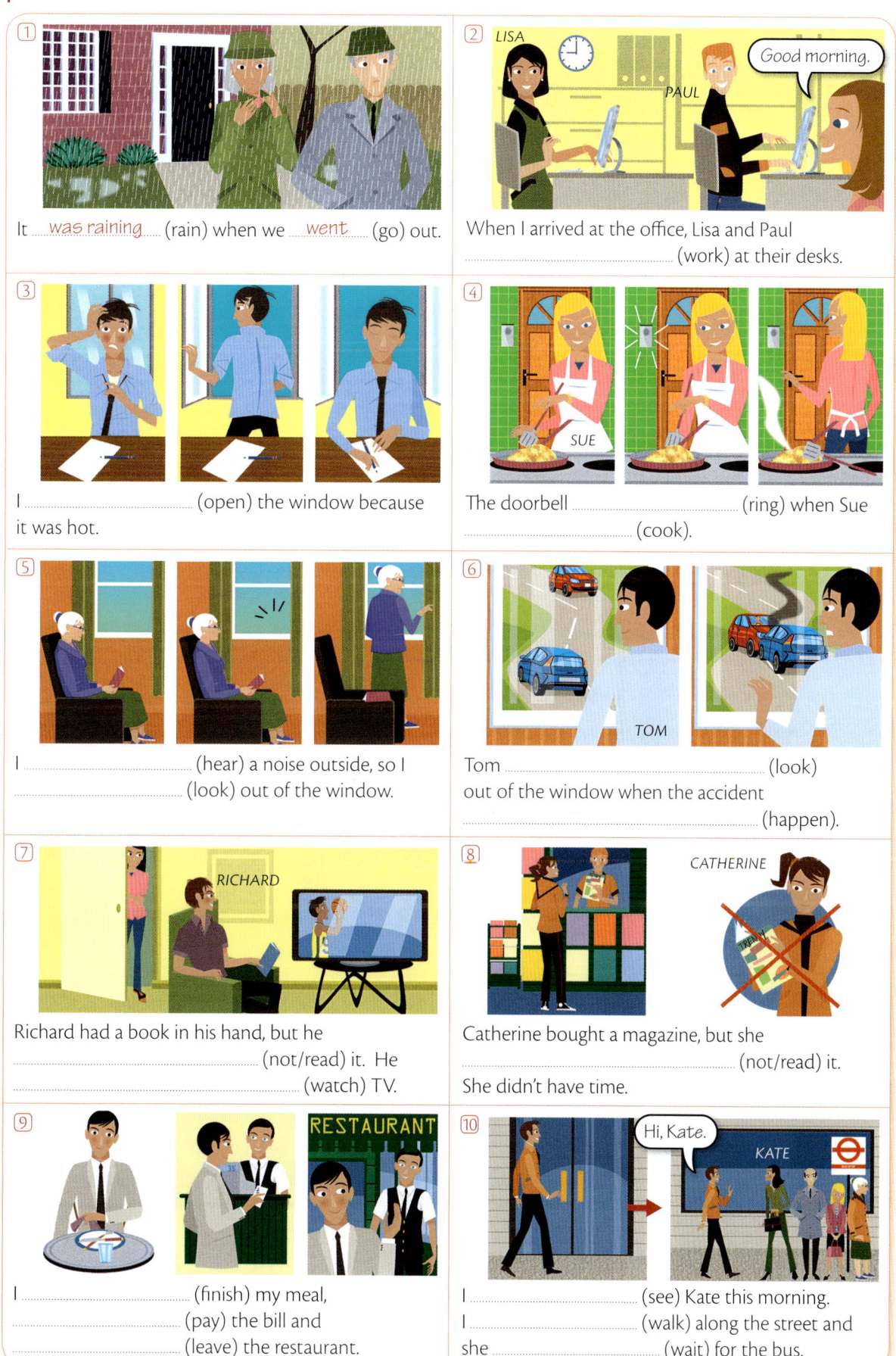

1 It ....was raining.... (rain) when we ....went.... (go) out.

2 When I arrived at the office, Lisa and Paul .... (work) at their desks.

3 I .... (open) the window because it was hot.

4 The doorbell .... (ring) when Sue .... (cook).

5 I .... (hear) a noise outside, so I .... (look) out of the window.

6 Tom .... (look) out of the window when the accident .... (happen).

7 Richard had a book in his hand, but he .... (not/read) it. He .... (watch) TV.

8 Catherine bought a magazine, but she .... (not/read) it. She didn't have time.

9 I .... (finish) my meal, ... (pay) the bill and .... (leave) the restaurant.

10 I .... (see) Kate this morning. I .... (walk) along the street and she .... (wait) for the bus.

265

presente e passato

Unità 4–15

15 Completa le frasi usando i verbi tra parentesi. Scegli fra queste forme:

il present simple (**I work** ecc.)   il present continuous (**I am working** ecc.)
il past simple (**I worked** ecc.)   il past continuous (**I was working** ecc.)

1 You can turn off the television. I _'m not watching_ (not/watch) it.
2 Last night Jenny _fell_ (fall) asleep while she _was reading_ (read).
3 Listen! Somebody _____ (play) the piano.
4 'Do you have my key?' 'No, I _____ (give) it back to you.'
5 David is very lazy. He _____ (not/like) hard work.
6 Where _____ (your parents / go) for their holidays last year?
7 I _____ (see) Laura yesterday. She _____
   (drive) her new car.
8 A: _____ (you/watch) TV very much?
   B: No, I haven't got a TV.
9 A: What _____ (you/do) at 6 o'clock last Sunday morning?
   B: I was in bed asleep.
10 Andy isn't at home very much. He _____ (go) away a lot.
11 I _____ (try) to find a job at the moment. It's not easy.
12 I'm tired this morning. I _____ (not/sleep) very well last night.

present perfect (I have done / she has been ecc.)

Unità 17–22

16 Osserva le figure e completa le frasi. Usa il **present perfect**.

⑤ **Bookshop**

Is this a good book?

I don't know.
I .... it.

⑥ I'm looking for Jessica.
.... her?

Yes, she was here
a few minutes ago.

⑦ More coffee?

No, thanks. I
.... enough.

⑧ .... to Sweden?

SWEDEN

Yes, I went there
a few years ago.

⑨ *più tardi*

Hi. We ....
to the cinema.

⑩ Enjoy the party!

Where are
Steve and Jane?

più tardi

JANE

....
to a party.

STEVE

⑪ Paul was asleep in the armchair.
He .... up.

PAUL

⑫ Since 2010.

How long
.... here?

⑬ ALAN

Do you know
Alan?

Yes, we ....
each other for a long time.

⑭ The weather is horrible here.
It ....
all day.

Esercizi supplementari

17 Completa le frasi (aggiungendo 1, 2 o 3 parole).

1 Mark and Sarah are married. They ..... *have been* ..... married for five years.
2 David has been watching TV ..... *since* ..... 5 o'clock.
3 Joe is at work. He .... at work since 8.30.
4 'Have you just arrived in London?'   'No, I've been here ....
   five days.'
5 I've known Helen .... we were at school together.
6 'My brother lives in Los Angeles.'   'Really? How long .... there?'
7 George has had the same job .... 20 years.
8 Some friends of ours are staying with us at the moment. They ....
   here since Monday.

18 Completa le frasi. Parla di te stesso.

1 I've never ..... *ridden a horse.* .....
2 I've ..... *been to London* ..... many times.
3 I've just ....
4 I've .... (once / twice / a few times / many times)
5 I haven't .... yet.
6 I've never ....
7 I've .... since ....
8 I've .... for ....

present perfect (I have done ecc.) e past simple (I did ecc.)   **Unità 20–22**

sweater = maglione
have (5) = prendere
hear of = sentire
parlare di

19 **Present perfect** o **past simple**? Completa le frasi (forma affermativa o negativa).

1 A: Do you like London?
   B: I don't know. I ..... *haven't been* ..... there.
2 A: Have you seen Kate?
   B: Yes, I ..... *saw* ..... her five minutes ago.
3 A: That's a nice sweater. Is it new?
   B: Yes, I .... it last week.
4 A: Are you tired this morning?
   B: Yes, I .... to bed late last night.
5 A: Do you want this newspaper, or can I have it?
   B: You can have it. I .... it.
6 A: Are you enjoying your new job?
   B: I .... yet. My first day is next Monday.
7 A: The weather isn't very nice today, is it?
   B: No, but it .... very nice yesterday.
8 A: Was Helen at the party on Saturday?
   B: I don't think so. I .... her there.
9 A: Is your son still at school?
   B: No, he .... school two years ago.
10 A: Is Silvia married?
   B: Yes, she .... married for five years.
11 A: Have you heard of George Washington?
   B: Of course. He .... the first President of the United States.
12 A: How long does it take to make a pizza?
   B: I don't know. I .... a pizza.

20 Scrivi delle frasi utilizzando le parole tra parentesi. Usa il **present perfect** o il **past simple**.

1 A: Have you been to Thailand?
  B: Yes, <u>I went there last year.</u> (I / go / there / last year)

2 A: Do you like London?
  B: I don't know. <u>I've never been there.</u> (I / never / there)

3 A: What time is Paul going out?
  B: .... (he / already / go)

4 A: Has Catherine gone home?
  B: Yes, ... (she / leave / at 4 o'clock)

5 A: New York is my favourite city.
  B: Is it? ....? (how many times / you / there?)

6 A: What are you doing this weekend?
  B: I don't know. .... (I / not / decide / yet)

7 A: I can't find my address book. Have you seen it?
  B: .... (it / on the table / last night)

8 A: Do you know the Japanese restaurant in Leeson Street?
  B: Yes, ... (I / eat / there a few times)

9 A: Paula and Sue are here.
  B: Are they? ....? (what time / they / arrive?)

21 **Present perfect** o **past simple**? Completa le frasi.

the last time =
  l'ultima volta
nearly = quasi

1 A: <u>Have you been</u> to France?
  B: Yes, many times.
  A: When .... the last time?
  B: Two years ago.

FRANCE

2 A: Is this your car?
  B: Yes, it is.
  A: How long .... it?
  B: It's new. I .... it yesterday.

Is this your car?

3 A: Where do you live?
  B: In Harold Street.
  A: How long .... there?
  B: Five years. Before that ....
    in Mill Road.
  A: How long .... in Mill Road?
  B: About three years.

Where do you live?

4 A: What do you do?
  B: I work in a shop.
  A: How long .... there?
  B: Nearly two years.
  A: What .... before that?
  B: I .... a taxi driver.

What do you do?

269

22 Scrivi delle frasi su di te. Riferiscile ai tempi indicati tra parentesi.

1 (yesterday morning)
I was late for work yesterday morning.

2 (last night)

3 (yesterday afternoon)

4 (… days ago)

5 (last week)

6 (last year)

---

presente, passato e present perfect   Unità 4–22

23 Scrivi la soluzione corretta.

1 '_Is Sue working?   (C)_ '   'No, she's on holiday.'
A Does Sue work?   **B** Is working Sue?   **C** Is Sue working?   **D** Does work Sue?

2 'Where ....?'   'In a village near London.'
A lives your uncle   **B** does your uncle live   **C** your uncle lives   **D** does live your uncle

3 I speak Italian, but .... French.
A I speak not   **B** I'm not speaking   **C** I doesn't speak   **D** I don't speak

4 'Where's Tom?'   '..................... a shower at the moment.'
A He's having   **B** He have   **C** He has   **D** He has had

5 Why .... angry with me yesterday?
A were you   **B** was you   **C** you were   **D** have you been

6 My favourite film is _Cleo's Dream_. .... it four times.
A I'm seeing   **B** I see   **C** I was seeing   **D** I've seen

7 I .... out last night. I was too tired.
A don't go   **B** didn't went   **C** didn't go   **D** haven't gone

8 Tina is from Chicago. She .... there all her life.
A is living   **B** has lived   **C** lives   **D** lived

9 My friend .... for me when I arrived.
A waited   **B** has waited   **C** was waiting   **D** has been waiting

10 'How long .... English?'   'Six months.'
A do you learn   **B** are you learning   **C** you are learning   **D** have you been learning

11 Paul is Canadian, but he lives in France. He has been there ....
A for three years   **B** since three years   **C** three years ago   **D** during three years

12 'What time .... ?'   'About an hour ago.'
A has Lisa phoned   **B** Lisa has phoned   **C** did Lisa phone   **D** is Lisa phoning

13 What .... when you saw her?
A did Sue wear   **B** was Sue wearing   **C** has Sue worn   **D** was wearing Sue

14 'Can you drive?'   'No, ... a car, but I want to learn.'
A I never drive   **B** I'm never driving   **C** I've never driven   **D** I was never driving

15 I saw Helen at the station when I was going to work this morning, but she .... me.
A didn't see   **B** don't see   **C** hasn't seen   **D** didn't saw

forma passiva

24 Completa le frasi con la forma corretta dei verbi tra parentesi.

damage =
  danneggiare
knock down =
  demolire
hundreds =
  centinaia

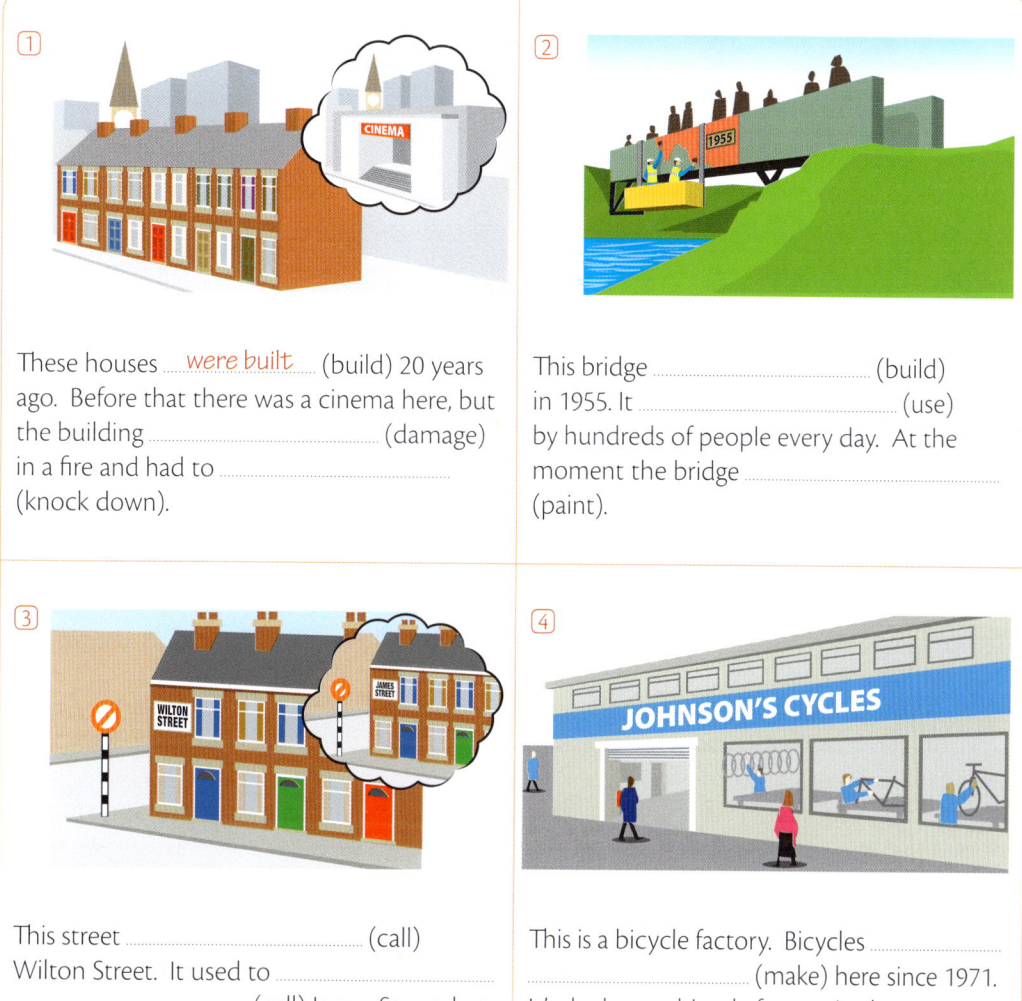

① These houses ....*were built*.... (build) 20 years ago. Before that there was a cinema here, but the building .... (damage) in a fire and had to .... (knock down).

② This bridge .... (build) in 1955. It .... (use) by hundreds of people every day. At the moment the bridge .... (paint).

③ This street .... (call) Wilton Street. It used to .... (call) James Street, but the name .... (change) a few years ago.

④ This is a bicycle factory. Bicycles .... (make) here since 1971. It's the largest bicycle factory in the country. Thousands of bicycles .... (produce) here every year.

25 Completa le frasi con la forma corretta dei verbi tra parentesi.

1 We ....*were invited*.... (invite) to the party, but we didn't go.
2 The museum is very popular. Every year it .... (visit) by thousands of people.
3 Many buildings .... (damage) in the storm last week.
4 A new road is going to .... (build) next year.
5 A: Where's your jacket?
   B: It .... (clean). It will be ready tomorrow.
6 She's famous now, but in a few years her name will .... (forget).
7 A: Shall I do the washing-up?
   B: No, it .... (already/do).
8 Milk should .... (keep) in a fridge.
9 .... (you/ever/bite) by a snake?
10 My bag .... (steal) from my car yesterday afternoon.

thousands = migliaia
storm = temporale

26 Per ogni frase, scrivine una alla forma passiva con lo stesso significato.

1 Somebody has stolen my keys.
  My keys have been stolen.
  ....

2 Somebody stole my car last week.
  My car ....

3 Somebody has eaten all the bananas.
  All the ....

4 Somebody will repair the machine.
  The ....

5 Somebody is watching us.
  We ....

6 Somebody has to do the housework.
  The ....

as soon as possible
= al più presto

27 Forma attiva o forma passiva? Completa le frasi con la forma corretta dei verbi indicati.

1 They .....*are building*..... (build) a new airport at the moment.

2 I can't find my bag. I think it .....*has been stolen*..... (steal).

3 I can't find my bag. Somebody .... (take) it!

4 A: How did you fall?
  B: Somebody .... (push) me.

5 A: How did you fall?
  B: I .... (push).

6 My watch is broken. It .... (repair) at the moment.

7 Who .... (invent) the camera?

8 When .... (the camera / invent)?

9 These shirts are clean now. They .... (wash).

10 These shirts are clean now. I .... (wash) them.

11 The letter was for me, so why .... (they/send) it to you?

12 The information will .... (send) to you as soon as possible.

---

futuro   **Unità 28–31**

hope = sperare
take away = portare
via

28 Completa le frasi scegliendo la soluzione corretta.

1 .....*We're having (B)*..... a party next Sunday. I hope you can come.
  A We have   **B** We're having   **C** We'll have

2 Do you know about Karen? .... her job. She told me last week.
  A She leaves   **B** She's going to leave   **C** She'll leave

3 There's a programme on TV that I want to watch. .... in
  five minutes.
  A It starts   **B** It's starting   **C** It will start

4 The weather is nice now, but I think .... later.
  A it rains   **B** it's raining   **C** it will rain

5 'What .... next weekend?'   'Nothing. I've got no plans.'
  A do you do   **B** are you doing   **C** will you do

6 'When you see Tina, can you ask her to phone me?'   'OK, ... her.'
  A I ask   **B** I'm going to ask   **C** I'll ask

7 'What would you like to drink, tea or coffee?' '... tea, please.'
   A I have   **B** I'm going to have   **C** I'll have

8 Don't take that magazine away. .... it.
   A I read   **B** I'm going to read   **C** I'll read

9 Rachel is ill, so .... to the party tomorrow night.
   A she doesn't come   **B** she isn't coming   **C** she won't come

10 I want to meet Sarah at the station. What time ....?
   A does her train arrive   **B** is her train going to arrive   **C** is her train arriving

11 'Will you be at home tomorrow evening?' 'No. ....,'
   A I go out   **B** I'm going out   **C** I'll go out

12 '... you tomorrow?' 'Yes, OK.'
   A Do I phone   **B** Am I going to phone   **C** Shall I phone

---

presente e futuro   **Unità 4–9, 28**

29   **Present simple** o **present continuous**? Completa le frasi con la forma corretta dei verbi indicati.

> skirt = gonna
> trousers = pantaloni
> shirt = camicia

1 Amy and Sue usually ...*run*... (run) in the park after work.
2 What time ...*does our plane arrive*... (our plane / arrive) ?
3 Tom is in the garden. He ...*is cutting*... (cut) the grass.
4 We ...*aren't playing*... (not/play) tomorrow. The match is on Saturday.
5 Jane and her sister .... (never/wear) skirts. They .... (prefer) trousers.
6 A: What's that noise? What .... (happen)?
   B: The children .... (play) football.
7 A: How .... (you/get) home after the concert tomorrow night?
   B: By taxi. The last bus .... (leave) at 11 o'clock.
8 Anna and Ben .... (get) married next month.
9 A: What .... ('seldom'/mean)?
   B: It .... (mean) 'not often'.
10 A: What .... (you and Pete / do) next Saturday?
   B: We .... (meet) some friends for a barbecue.
11 A: Can you print something for me at the office tomorrow?
   B: I .... (not/work) tomorrow. It's a holiday.
12 That man .... (wear) a nice shirt. I really like it.
13 I .... (do) a Spanish course next year. It .... (begin) in January.
14 A: Are you here on holiday?
   B: Yes, we .... (stay) at the Savoy Hotel.
15 A: Can I call Ms Donovan at 3 o'clock?
   B: Well, she .... (see) a client at 3 o'clock, but you can speak to her at 2.45.

passato, presente e futuro   **Unità 4–22, 28–31**

until = fino
have a wonderful
time = divertirsi
un mondo

30   Completa le frasi utilizzando le parole tra parentesi. Usa le forme verbali adatte.

1 A: ..._Did you go_... (you/go) out last night?
   B: No, ... (I/stay) at home.
   A: What .... (you/do)?
   B: .... (I/watch) TV.
   A: .... (you/go) out tomorrow night?
   B: Yes, ... (I/go) to the cinema.
   A: Which film .... (you/see)?
   B: .... (I/not/know). .... (I/not/decide) yet.

2 A: Are you on holiday here?
   B: Yes, we are.
   A: How long .... (you/be) here?
   B: .... (we/arrive) yesterday.
   A: And how long .... (you/stay)?
   B: Until the end of next week.
   A: And .... (you/like) it here?
   B: Yes, ... (we/have) a wonderful time.

Are you on
holiday here?

3 A: .... (I/go) out with Chris and Steve this evening.
       .... (you/want) to come with us?
   B: Yes, where .... (you/go)?
   A: To the Italian restaurant in North Street. .... (you/ever/eat) there?
   B: Yes, ... (I/be) there two or three times. In fact I
       .... (go) there last night, but I'd love to go again!

4 A: .... (I/lose) my glasses again.
       .... (you/see) them?
   B: .... (you/wear) them
       when .... (I/come) in.
   A: Well, ... (I/not/wear)
       them now, so where are they?
   B: .... (you/look) in the kitchen?
   A: No, ... (I/go) and look now.

passato, presente e futuro   **Unità 4–25, 28–31, 55, 57, 101, 109**

31   Rachel parla della sua migliore amica, Carolyn. Metti i verbi nelle forme corrette.

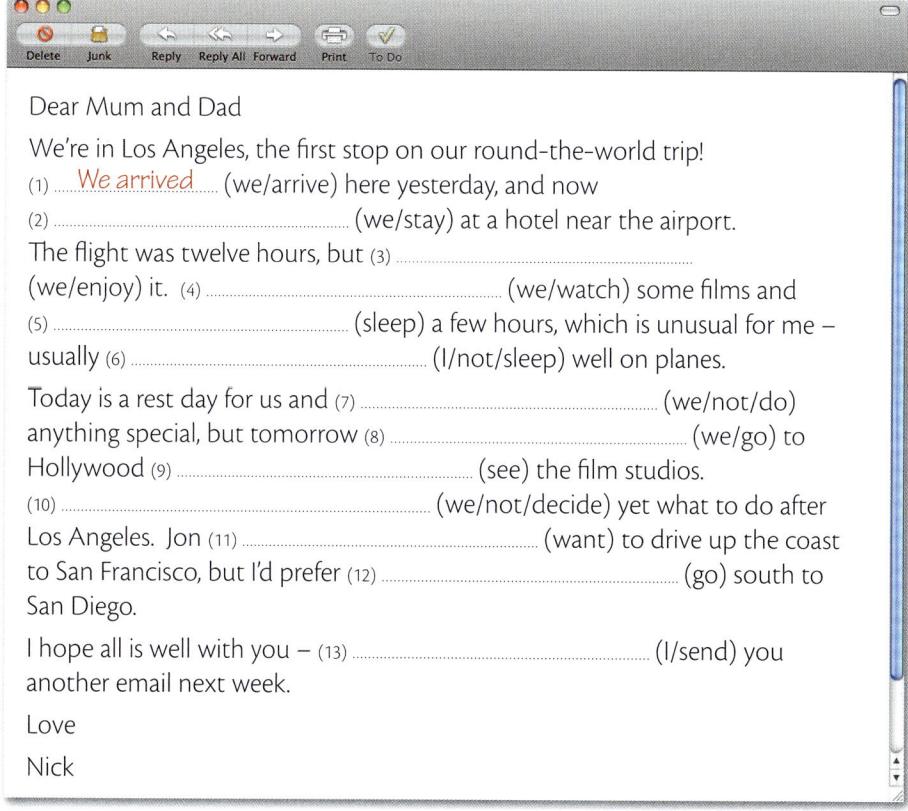

Carolyn

Rachel

Carolyn is my best friend. I remember very well the first time
(1) .... (we/meet). It was our first day at secondary
school, and (2) .... (we/sit) next to each other for
the first lesson. (3) .... (we/not/know) any other
students in our class, and so (4) .... (we/become)
friends. We found that (5) .... (we/like) the same
things, especially music and sport, and so (6) ....
(we/spend) a lot of time together.

(7) .... (we/leave) school five years ago, but
(8) .... (we/meet) as often as we can. For the last
six months Carolyn (9) .... (be) in Mexico – at
the moment (10) .... (she/work) in a school as a
teaching assistant. (11) .... (she/come) back to
England next month, and when (12) .... (she/come)
back, (13) .... (we/have) lots of things to talk about.
(14) .... (it/be) really nice to see her again.

32   Nick e il suo amico Jon sono in viaggio per il mondo. Leggi le email tra Nick e i suoi genitori e
metti i verbi nelle forme corrette.

Delete   Junk   Reply   Reply All   Forward   Print   To Do

Dear Mum and Dad

We're in Los Angeles, the first stop on our round-the-world trip!
(1) _We arrived_ (we/arrive) here yesterday, and now
(2) .... (we/stay) at a hotel near the airport.
The flight was twelve hours, but (3) ....
(we/enjoy) it. (4) .... (we/watch) some films and
(5) .... (sleep) a few hours, which is unusual for me –
usually (6) .... (I/not/sleep) well on planes.

Today is a rest day for us and (7) .... (we/not/do)
anything special, but tomorrow (8) .... (we/go) to
Hollywood (9) .... (see) the film studios.
(10) .... (we/not/decide) yet what to do after
Los Angeles. Jon (11) .... (want) to drive up the coast
to San Francisco, but I'd prefer (12) .... (go) south to
San Diego.

I hope all is well with you – (13) .... (I/send) you
another email next week.

Love

Nick

Nick

SAN FRANCISCO

USA

LOS ANGELES

PACIFIC
OCEAN

SAN DIEGO

MEXICO

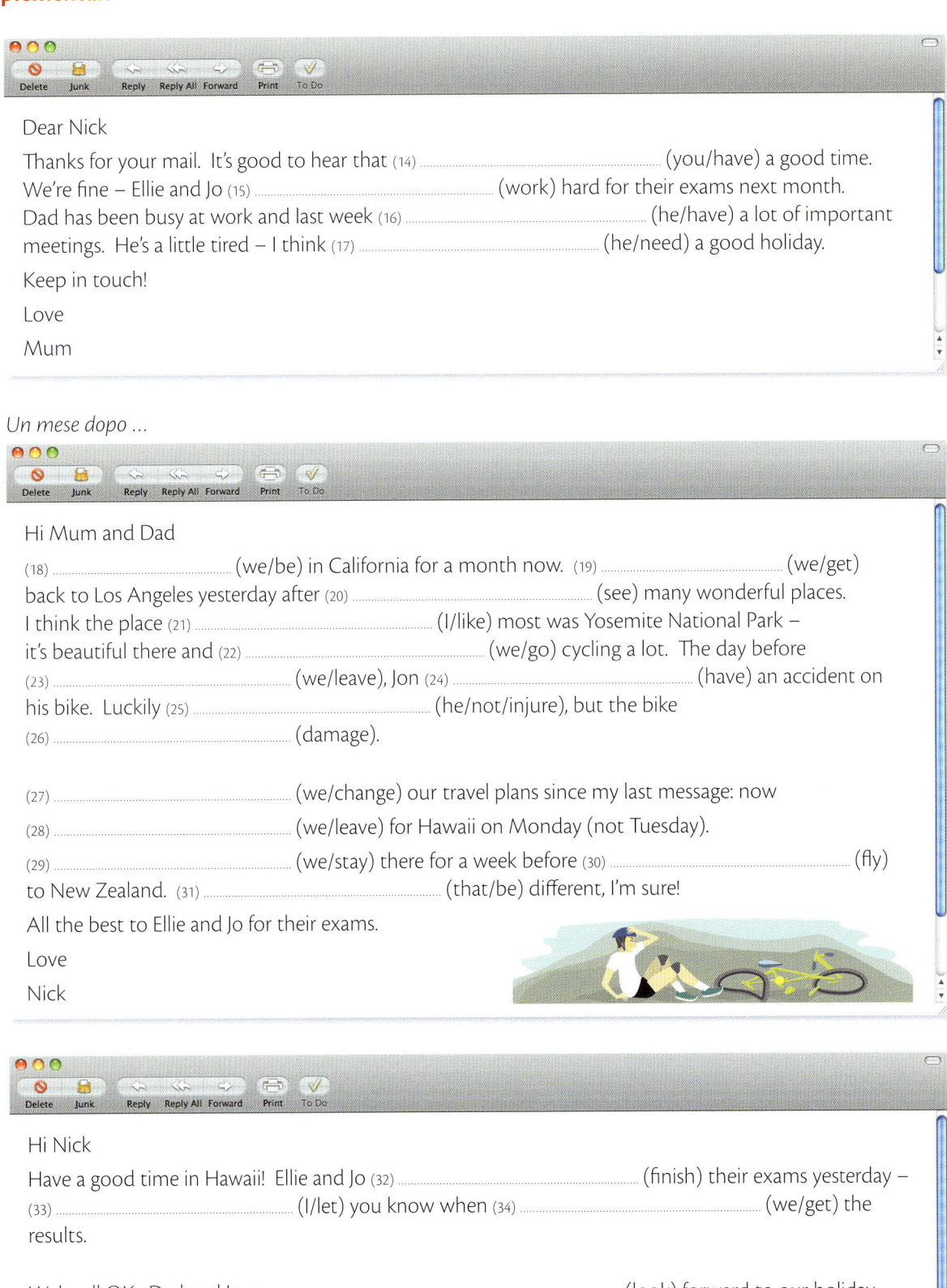

Dear Nick

Thanks for your mail. It's good to hear that (14) .... (you/have) a good time.
We're fine – Ellie and Jo (15) .... (work) hard for their exams next month.
Dad has been busy at work and last week (16) .... (he/have) a lot of important
meetings. He's a little tired – I think (17) .... (he/need) a good holiday.

Keep in touch!

Love

Mum

Un mese dopo ...

Hi Mum and Dad

(18) .... (we/be) in California for a month now. (19) .... (we/get)
back to Los Angeles yesterday after (20) .... (see) many wonderful places.
I think the place (21) .... (I/like) most was Yosemite National Park –
it's beautiful there and (22) .... (we/go) cycling a lot. The day before
(23) .... (we/leave), Jon (24) .... (have) an accident on
his bike. Luckily (25) .... (he/not/injure), but the bike
(26) .... (damage).

(27) .... (we/change) our travel plans since my last message: now
(28) .... (we/leave) for Hawaii on Monday (not Tuesday).
(29) .... (we/stay) there for a week before (30) .... (fly)
to New Zealand. (31) .... (that/be) different, I'm sure!

All the best to Ellie and Jo for their exams.

Love

Nick

Hi Nick

Have a good time in Hawaii! Ellie and Jo (32) .... (finish) their exams yesterday –
(33) .... (I/let) you know when (34) .... (we/get) the
results.

We're all OK. Dad and I (35) .... (look) forward to our holiday
next month. (36) .... (we/go) to Italy for two weeks –
(37) .... (we/send) you an email from there.

Take care!

Love

Mum

infinito e -ing

33 Completa le frasi scegliendo la soluzione corretta.

shout = urlare
reserve = prenotare

1 Don't forget ....._to switch (B)_..... off the light before you go out.
   A switch   **B** to switch   **C** switching

2 It's late. I must .... now.
   A go   **B** to go   **C** going

3 I'm sorry, but I don't have time .... to you now.
   A for talking   **B** to talk   **C** talking

4 Gary is always in the kitchen. He enjoys ....
   A cook   **B** to cook   **C** cooking

5 We've decided .... away for a few days.
   A go   **B** to go   **C** going

6 You're making too much noise. Can you please stop .... ?
   A shout   **B** to shout   **C** shouting

7 Would you like .... and eat with us on Sunday?
   A come   **B** to come   **C** coming

8 That bag is too heavy for you. Let me .... you.
   A help   **B** to help   **C** helping

9 There's a swimming pool near my house. I go .... every day.
   A to swim   **B** to swimming   **C** swimming

10 I need to go shopping .... some food.
   A to buy   **B** for buy   **C** for buying

11 I'd love .... a car like yours.
   A have   **B** to have   **C** having

12 Could you .... me with this bag, please?
   A help   **B** to help   **C** helping

13 I don't mind .... here, but I'd prefer to sit by the window.
   A sit   **B** to sit   **C** sitting

14 Do you want .... you?
   A that I help   **B** me to help   **C** me helping

15 You should think carefully before .... an important decision.
   A make   **B** to make   **C** making

16 I wasn't feeling very well, but the medicine made me .... better.
   A feel   **B** to feel   **C** feeling

17 Shall I phone the restaurant .... a table?
   A for reserve   **B** for reserving   **C** to reserve

18 He's sorry about not .... last night.
   A phone   **B** phoning   **C** to phone

---

very/much/many *ecc.*   **Unità 49, 86, 95, Appendice 9**

34 Scegli la soluzione corretta.

1 The jazz concert was good, but there weren't <u>many</u> / ~~much~~ people.   (many *è corretto*)
2 My car uses <u>much / a lot</u> of petrol.
3 'Do you have <u>much / many</u> video games?'   'No, just a few.'
4 '<u>How much / How</u> time do we have?'   'About 30 minutes.'
5 'Did you enjoy the match last night?'   'No. It wasn't <u>many / very</u> good.'
6 Can I open the window? It's <u>too / too much</u> hot in here.
7 Can you tell me <u>how far / how much far</u> it is to the nearest hospital?
8 I like baseball <u>a lot / much</u>.
9 Ben doesn't need <u>much / many</u> money. He's single and lives with his parents.
10 I'm <u>too / too much</u> short to play basketball.
11 Our teacher always speaks <u>much / very</u> slowly. Everybody can understand him.
12 <u>How / How much</u> long is the Mississippi?
13 There were <u>much / a lot of</u> tourists in the city centre yesterday morning.
14 <u>How much / How many</u> people came to the party?
15 The meal was OK, but there was <u>too salt / too much salt</u> in the soup.

---

comparativi e superlativi   **Unità 90–93**

lazy = pigro
fluently = correntemente

35 Scrivi il comparativo o il superlativo delle parole tra parentesi.

1 They study ....*harder*.... (hard) than us.
2 Your flat is .... (comfortable) than ours.
3 What is the .... (large) desert in the world?
4 Kate drives .... (carefully) than Pete.
5 Dan is the .... (lazy) person I've ever met.
6 Can giraffes run .... (fast) than camels?
7 July and August are the .... (hot) months of the year.
8 Luca speaks English .... (fluently) than Paolo.
9 Jane is the .... (intelligent) person I've ever met.
10 What are the .... (interesting) places to visit in Edinburgh?

try = cercare
dry = secco

36 Scrivi i comparativi o i superlativi delle parole tra parentesi. Usa **as ...** oppure **-er / more ...** oppure **the ... -est / the most ...** .

1 Mary isn't ....*as tall*.... (tall) as Louise.
2 Are dogs ....*more intelligent*.... (intelligent) than horses?
3 Which is ....*the oldest*.... (old) building in the town?
4 You drive too fast. Try to be .... (careful).
5 A: Did you enjoy your camping holiday?
   B: It rained all the time. It was .... (bad) holiday I've ever had.
6 These shoes are too large. Have you got a .... (small) size?
7 What is .... (exciting) book you've ever read?
8 Are tigers .... (strong) than lions?
10 You are .... (lucky) than me. You always win.
11 Tom and James work too hard. I don't think anybody works .... (hard) as them.
12 Who are .... (famous) film stars in Italy?
13 Steph is .... (good) student in the class.
14 I'm .... (busy) than usual today. I've got a lot of work to do.
15 In Italy it isn't .... (wet) as in Britain. The climate is .... (dry).

a e the

37 Completa le frasi.

1. Can you pass ...the sugar..., please?

2. Do you have ....? — No, I can't drive.

3. Do you have any milk? — Yes, there's some in ....

4. What do you do? — I'm ....

5. I don't feel very well. I don't want to go to ....

6. What did you do last night? — I went to ....

7. Shall we walk home? — No, let's get ....

8. Can you play ....? — Yes, but not very well.

9. I'm interested in ....

10. What's the difference between those cars? — Nothing, they're ....

clear = (*qui*) sereno
stairs = scale

38 Completa le frasi con **a/an** o **the** dove è necessario. Altrimenti lascia lo spazio vuoto (**–**).

1 Who is ___the___ best player in your team?
2 I don't watch ___–___ TV very often.
3 'Is there ___a___ bank near here?' 'Yes, at ___the___ end of this street.'
4 I can't ride _____ horse.
5 _____ sky is very clear tonight.
6 Do you live here, or are you _____ tourist?
7 What did you have for _____ lunch?
8 Who was _____ first President of _____ United States?
9 I'm not feeling very good. I've got _____ headache.
10 I'm sorry, but I've forgotten your name. I can never remember _____ names.
11 What time is _____ next train to London?
12 Kate doesn't often send _____ emails. She prefers to call people.
13 'Where's Sue?' 'She's in _____ garden.'
14 Excuse me, I'm looking for _____ Majestic Hotel. Is it near here?
15 Gary was ill _____ last week, so he didn't go to _____ work.
16 Everest is _____ highest mountain in _____ world.
17 I usually listen to _____ radio while I'm having _____ breakfast.
18 I like _____ sport. My favourite sport is _____ basketball.
19 Emily is _____ doctor. Her husband is _____ art teacher.
20 My apartment is on _____ second floor. Turn left at _____ top of _____ stairs, and it's on _____ right.
21 After _____ dinner, we watched _____ TV.
22 Last year we had _____ wonderful holiday in _____ south of _____ France.

---

preposizioni   **Unità 107–112, 115**

law = legge
away = via (da casa)
meeting = riunione

39 Completa le frasi con le preposizioni adatte (**in/for/by** ecc.).

1 Helen is studying law ___at___ university.
2 What is the longest river _____ Europe?
3 Is there anything _____ TV this evening?
4 We arrived _____ the hotel after midnight.
5 'Where's Mark?' 'He's _____ holiday.'
6 Tom hasn't got up yet. He's still _____ bed.
7 Lisa is away. She's been away _____ Monday.
8 The next meeting is _____ 15 April.
9 I usually go to work _____ car.
10 There's too much sugar _____ my coffee.
11 Joe lived in London _____ six months. He didn't like it very much.
12 Were there a lot of people _____ the party?
13 What are you doing _____ the moment? Are you working?
14 I don't know any of the people _____ this photo.
15 The train was very slow. It stopped _____ every station.
16 I like this room. I like the pictures _____ the walls.
17 'Did you buy that picture?' 'No, it was given to me _____ a friend of mine.'
18 I'm going away _____ a few days. I'll be back _____ Thursday.
19 Silvia has gone _____ Italy. She's _____ Milan at the moment.
20 Emma left school _____ sixteen and got a job _____ a shop.

Guida allo studio

Questa guida ti aiuterà a scegliere le unità che ti servono per lo studio.

Devi scegliere quale delle risposte (A, B, C ecc.) è esatta. A VOLTE LE SOLUZIONI CORRETTE SONO PIU' DI UNA.

Se non sai quale sia la soluzione corretta (o non ne sei sicura/o), studia l'unità o le unità indicate a destra. In quella/quelle unità troverai la frase che ti serve.

Le soluzioni di questa guida allo studio sono a pagina 325.

SE NON SEI SICURO DELLA SCELTA CORRETTA	STUDIA L'UNITÀ

Il presente

1.1   The keys .... on the table.
A have   **B** are   **C** stay   **D** is | **1**

1.2   '................................ ?'   'No, she's out.'
A Is at home your mother   **B** Does your mother at home
C Is your mother at home   **D** Are your mother at home | **2**

1.3   These shoes are nice. ....
A How much are they?   **B** How many are they?
C How much they are?   **D** How much is they? | **2**

1.4   Lisa .... in art.
A isn't interested   **B** not interested
C doesn't interested   **D** doesn't interest | **3**

1.5   I .... hot. Can I open the window?
A have   **B** 've   **C** 'm   **D** are | **3**

1.6   Look, there's Sarah. .... a brown coat.
A She wearing   **B** She has wearing   **C** She is wearing   **D** She's wearing | **4, 26**

1.7   You can turn off the television. .... it.
A I'm not watch   **B** I'm not watching   **C** I not watching   **D** I don't watching | **4, 26**

1.8   '................................ today?'   'No, he's at home.'
A Is working Ben   **B** Is work Ben   **C** Is Ben work   **D** Is Ben working | **5, 26**

1.9   Look, there's Emily! ....
A Where she is going?   **B** Where she go?   **C** Where's she going?   **D** Where she going? | **5, 26**

1.10   The earth .... round the sun.
A going   **B** go   **C** goes   **D** does go   **E** is go | **6, 26**

1.11   We .... away at weekends.
A often go   **B** go often   **C** often going   **D** are often go | **6, 26, 97**

1.12   We .... TV very often.
A not watch   **B** doesn't watch   **C** don't watch   **D** don't watching   **E** watch not | **7, 26**

1.13   '................................ the guitar?'   'Yes, but I'm not very good.'
A Do you play   **B** Are you play   **C** Does you play   **D** Do you playing   **E** Play you | **8, 26**

1.14   I don't understand this sentence. What .... ?
A mean this word   **B** means this word   **C** does mean this word
D does this word mean   **E** this word means | **8, 26**

1.15   Please be quiet. ....
A I working.   **B** I work.   **C** I'm working.   **D** I'm work. | **9, 26**

		STUDIA L'UNITÀ
SE NON SEI SICURO DELLA SCELTA CORRETTA		

			STUDIA L'UNITÀ

1.16   Tom .... a shower every morning.   **9, 61**
        A has   **B** having   **C** is having   **D** have

1.17   What .... at weekends?   **9, 26**
        A do you usually   **B** are you usually doing   **C** are you usually do
        D do you usually do   **E** you do usually

1.18   Sarah isn't feeling well. .... a headache.   **10, 61**
        A She have   **B** She have got   **C** She has   **D** She's got

1.19   They .... any children.   **10, 61**
        A don't have   **B** doesn't have   **C** no have   **D** haven't got   **E** hasn't got

Il passato

2.1   The weather .... last week.   **11**
        A is good   **B** was good   **C** were good   **D** good   **E** had good

2.2   Why .... late this morning?   **11**
        A you was   **B** did you   **C** was you   **D** you were   **E** were you

2.3   Terry .... in a bank from 2005 to 2011.   **12**
        A work   **B** working   **C** works   **D** worked   **E** was work

2.4   Caroline .... to the cinema three times last week.   **12**
        A go   **B** went   **C** goes   **D** got   **E** was

2.5   I .... TV yesterday.   **13, 26**
        A didn't watch   **B** didn't watched   **C** wasn't watched   **D** don't watch
        E didn't watching

2.6   'How ....?' 'I don't know. I didn't see it.'   **13**
        A happened the accident   **B** did happen the accident   **C** does the accident happen
        D did the accident happen   **E** the accident happened

2.7   What .... at 11.30 yesterday?   **14**
        A were you doing   **B** was you doing   **C** you were doing
        D were you do   **E** you was doing

2.8   Jack was reading a book when his phone **15**
        A ringing   **B** ring   **C** rang   **D** was ringing   **E** was ring

2.9   I saw Lucy and Steve this morning. They .... at the bus stop.   **15**
        A waiting   **B** waited   **C** were waiting   **D** was waiting   **E** were waited

2.10   Dave .... in a factory. Now he works in a supermarket.   **16**
        A working   **B** works   **C** worked   **D** use to work   **E** used to work

Present perfect e past perfect

3.1   'Where's Rebecca?'   '................................ to bed.'   **17**
        A She is gone   **B** She has gone   **C** She goes   **D** She have gone   **E** She's gone

3.2   'Are Laura and Paul here?'   'No, they ....'   **18**
        A don't arrive yet   **B** have already arrived   **C** haven't already arrived
        D haven't arrived yet

3.3   My sister .... by plane.   **19, 26**
        A has never travel   **B** has never travelled   **C** is never travelled
        D has never been travelled   **E** have never travelled

3.4   .... that woman before, but I can't remember where.   **19, 26**
        A I see   **B** I seen   **C** I've saw   **D** I've seen   **E** I've seeing

SE NON SEI SICURO DELLA SCELTA CORRETTA	STUDIA L'UNITÀ

3.5 'How long _____ married?' 'Since 2007.'   **20**
A you are   **B** you have been   **C** has you been   **D** are you   **E** have you been

3.6 'Do you know Lisa?' 'Yes, _____ her for a long time.'   **20**
A I knew   **B** I've known   **C** I know   **D** I am knowing

3.7 Richard has been in Canada _____ .   **21, 108**
A for six months   **B** since six months   **C** six months ago   **D** in six months

3.8 'When did Tom go out?' '_____'   **21**
A For ten minutes.   **B** Since ten minutes.   **C** Ten minutes ago.   **D** In ten minutes.

3.9 We _____ a holiday last year.   **22**
A don't have   **B** haven't had   **C** hasn't had   **D** didn't have   **E** didn't had

3.10 Where _____ on Sunday afternoon? I couldn't find you.   **22**
A you were   **B** you have been   **C** was you   **D** have you been   **E** were you

3.11 When Tom arrived, Lisa wasn't there. She _____ home.   **23**
A has gone   **B** went   **C** was gone   **D** had gone

La forma passiva

4.1 This house _____ 100 years ago.   **24, 26**
A is built   **B** is building   **C** was building   **D** was built   **E** built

4.2 We _____ to the party last week.   **24, 26**
A didn't invite   **B** didn't invited   **C** weren't invited
D wasn't invited   **E** haven't been invited

4.3 'Where _____ born?' 'In Cairo.'   **24**
A you are   **B** you were   **C** was you   **D** are you   **E** were you

4.4 My car is at the garage. It _____ .   **25**
A is being repaired   **B** is repairing   **C** have been repaired   **D** repaired   **E** repairs

4.5 I can't find my keys. I think _____ .   **25**
A they've been stolen   **B** they are stolen   **C** they've stolen   **D** they're being stolen

Le forme verbali

5.1 It _____ so we didn't need an umbrella.   **26**
A wasn't rained   **B** wasn't rain   **C** didn't raining   **D** wasn't raining

5.2 Somebody _____ this window.   **27**
A has broke   **B** has broken   **C** has breaked   **D** has break

Il futuro

6.1 Andrew _____ tennis tomorrow.   **28**
A is playing   **B** play   **C** plays   **D** is play

6.2 _____ out tonight?   **28**
A Are you going   **B** Are you go   **C** Do you go   **D** Go you   **E** Do you going

6.3 'What time is the concert tonight?' 'It _____ at 7.30.'   **28**
A is start   **B** is starting   **C** starts   **D** start   **E** starting

6.4 What _____ to the wedding next week?   **29**
A are you wearing   **B** are you going to wear   **C** do you wear   **D** you are going to wear

6.5 I think Kelly _____ the exam.   **30**
A passes   **B** will pass   **C** will be pass   **D** will passing

Guida allo studio

SE NON SEI SICURO DELLA SCELTA CORRETTA	STUDIA L'UNITÀ

6.6 .... to the cinema on Saturday. Do you want to come with us?
A We go **B** We'll go **C** We're going **D** We will going — **30**

6.7 '............................... you tomorrow, OK?' 'OK, bye.'
A I phone **B** I phoning **C** I'm phoning **D** I'll phone — **31**

6.8 .... tomorrow, so I can't meet you.
A I work **B** I'll work **C** I'm working **D** I'll working — **31**

6.9 It's a nice day. .... for a walk?
A Do we go **B** Shall we go **C** Are we go **D** We go **E** Go we — **31**

Modali e imperativi

7.1 .... to the cinema this evening, but I'm not sure.
A I'll go **B** I'm going **C** I may go **D** I might go — **32**

7.2 '............................... here?' 'Yes, of course.'
A Can I sit **B** Do I sit **C** May I sit **D** Can I to sit — **32, 33**

7.3 I'm having a party next week, but Paul and Rachel ....
A can't come **B** can't to come **C** can't coming **D** couldn't come — **33**

7.4 Before Maria came to Britain, she .... understand much English.
A can **B** can't **C** not **D** couldn't **E** doesn't — **33**

7.5 We .... walk home last night. There were no buses.
A have to **B** had to **C** must **D** must to **E** must have — **34, 36**

7.6 I .... go yet. I can stay a little longer.
A must **B** mustn't **C** must not **D** don't need **E** don't need to — **34**

7.7 It's a good film. You .... go and see it.
A should to **B** ought to **C** ought **D** should **E** need — **35**

7.8 What time .... go to the dentist tomorrow?
A you must **B** you have to **C** have you to **D** do you have to — **36**

7.9 We .... wait very long for the bus – it came in a few minutes.
A don't have to **B** hadn't to **C** didn't have to **D** didn't had to **E** mustn't — **36**

7.10 '............................... some coffee?' 'No, thank you.'
A Are you liking **B** You like **C** Would you like **D** Do you like — **37**

7.11 Please .... Stay here with me.
A don't go **B** you no go **C** go not **D** you don't go — **38**

There e it

8.1 Excuse me, ... a hotel near here?
A has there **B** is there **C** there is **D** is it — **39**

8.2 .... a lot of accidents on this road. It's very dangerous.
A Have **B** It has **C** There have **D** They are **E** There are — **39**

8.3 I was hungry when I got home, but .... anything to eat.
A there wasn't **B** there weren't **C** it wasn't **D** there hasn't been — **40**

8.4 .... three kilometres from our house to the city centre.
A It's **B** It has **C** There is **D** There are — **41**

8.5 .... true that you're going away?
A Is there **B** Is it **C** Is **D** Are you — **41**

SE NON SEI SICURO DELLA SCELTA CORRETTA

I verbi ausiliari

9.1   I haven't got a car, but my sister ....
     A have   **B** is   **C** has   **D** hasn't   **E** has got
    42

9.2   I don't like hot weather, but Sue ....
     A does   **B** doesn't   **C** do   **D** does like   **E** likes
    42

9.3   'Nicola got married last week.' '........................... Really?'
     A Is she?   **B** Got she?   **C** Did she?   **D** Has she?
    43

9.4   You haven't met my mother, ... ?
     A haven't you   **B** have you   **C** did you   **D** you have   **E** you haven't
    43

9.5   Ben doesn't watch TV. He doesn't read newspapers ....
     A too   **B** either   **C** neither   **D** never
    44

9.6   'I'd like to go to Australia.' '...........................'
     A So do I.   **B** So am I.   **C** So would I.   **D** Neither do I.   **E** So I would.
    44

9.7   Sue .... much at weekends.
     A don't   **B** doesn't   **C** don't do   **D** doesn't do
    45

Le forme interrogative

10.1   'When .... ?' 'I'm not sure. More than 100 years ago.'
     A did the telephone invent   **B** has the telephone invented
     C was invented the telephone   **D** was the telephone invented
     E the telephone was invented
    46

10.2   'I broke my finger last week.' 'How .... that?'
     A did you   **B** you did   **C** you did do   **D** did you do
    46

10.3   Why .... me last night? I was waiting for you to phone.
     A didn't you phone   **B** you not phone   **C** you don't phone   **D** you didn't phone
    46

10.4   'Who .... in this house?' 'I don't know.'
     A lives   **B** does live   **C** does lives   **D** living
    47

10.5   What .... when you told him the story?
     A said Paul   **B** did Paul say   **C** Paul said   **D** did Paul said
    47

10.6   'Tom's father is in hospital.' '...........................'
     A In which hospital he is?   **B** In which hospital he is in?
     C Which hospital he is in?   **D** Which hospital is he in?
    48

10.7   Did you have a good holiday? ....
     A How was the weather like?   **B** What was the weather like?
     C What the weather was like?   **D** Was the weather like?
    48

10.8   .... taller – Joe or Gary?
     A Who is   **B** What is   **C** Which is   **D** Who has
    49

10.9   There are four umbrellas here. .... is yours?
     A What   **B** Who   **C** Which   **D** How   **E** Which one
    49, 78

10.10   How long .... to cross the Atlantic by ship?
     A is it   **B** does it need   **C** does it take   **D** does it want
    50

10.11   I don't remember what .... at the party.
     A Kate was wearing   **B** was wearing Kate   **C** was Kate wearing
    51

10.12   'Do you know .... ?' 'Yes, I think so.'
     A if Jack is at home   **B** is Jack at home   **C** whether Jack is at home
     D that Jack is at home
    51

SE NON SEI SICURO DELLA SCELTA CORRETTA

STUDIA L'UNITÀ

Il discorso indiretto

11.1 I saw Steve a week ago. He said that .... me, but he didn't.
A he phone **B** he phones **C** he'll phone **D** he's going to phone
E he would phone

52

11.2 'Why did Tim go to bed so early?' 'He ....'
A said he was tired **B** said that he was tired **C** said me he was tired
D told me he was tired **E** told that he was tired

52

11. 3 Ben wanted to know ....
A what is the time **B** what time was it **C** what time it is **D** what time it was
E what time is it

53

L'infinito e la forma in -ing

12.1 You shouldn't .... so hard.
A working **B** work **C** to work **D** worked

54

12.2 It's late. I .... now.
A must to go **B** have go **C** have to going **D** have to go

54

12.3 Tina has decided .... her car.
A sell **B** to sell **C** selling **D** to selling

55

12.4 I don't mind .... early.
A get up **B** to get up **C** getting up **D** to getting up

55

12.5 Do you like .... early?
A get up **B** to get up **C** getting up **D** to getting up

55

12.6 Do you want .... you some money?
A me lend **B** me lending **C** me to lend **D** that I lend

56

12.7 He's very funny. He makes ....
A me laugh **B** me laughing **C** me to laugh **D** that I laugh

56

12.8 Paula went to the shop .... a newspaper.
A for get **B** for to get **C** for getting **D** to get **E** get

57

Go, get, do, make e have

13.1 It's a nice day. Let's go ....
A for a swim **B** on a swim **C** to swimming **D** swimming

58

13.2 I hope your mother .... better soon.
A has **B** makes **C** gets **D** goes

59

13.3 Kate .... the car and drove away.
A went into **B** went in **C** got in **D** got into

59

13.4 'Shall I open the window?' 'No, it's OK. I'll .... it.'
A do **B** make **C** get **D** open

60

13.5 I'm sorry, I .... a mistake.
A did **B** made **C** got **D** had

60

13.6 '............................... a good time in Tokyo?' 'Yes, it was great.'
A Have you **B** Had you **C** Do you have **D** Did you have

61

SE NON SEI SICURO DELLA SCELTA CORRETTA

STUDIA
L'UNITÀ

Pronomi e possessivi

14.1   I don't want this book. You can have _____ .
       A it   **B** them   **C** her   **D** him

62, 65

14.2   Sue and Kevin are going to the cinema. Do you want to go with _____ ?
       A her   **B** they   **C** them   **D** him

62, 65

14.3   I know Amy, but I don't know _____ husband.
       A their   **B** his   **C** she   **D** her

63, 65

14.4   Oxford is famous for _____ university.
       A his   **B** its   **C** it's   **D** their

63

14.5   I didn't have an umbrella, so Sarah gave me _____ .
       A her   **B** hers   **C** her umbrella   **D** she's

64, 65

14.6   I went out to meet a friend of _____ .
       A mine   **B** my   **C** me   **D** I   **E** myself

64, 65

14.7   We had a good holiday. We enjoyed _____ .
       A us   **B** our   **C** ours   **D** ourself   **E** ourselves

66

14.8   Kate and Helen are good friends. They know _____ well.
       A each other   **B** them   **C** themselves   **D** theirselves

66

14.9   Have you met _____ ?
       A the wife of Mr Black   **B** Mr Black wife   **C** the wife Mr Black   **D** Mr Black's wife
       E the Mr Black's wife

67

14.10   Have you seen _____ ?
       A the car of my parents   **B** my parent's car   **C** my parents' car   **D** my parents car

67

Gli articoli e i nomi

15.1   I'm going to buy _____ .
       A hat and umbrella   **B** a hat and a umbrella   **C** a hat and an umbrella
       D an hat and an umbrella

68, 71

15.2   'What's your job?' '_____ '
       A I dentist.   **B** I'm a dentist.   **C** I'm dentist.   **D** I do dentist.

68

15.3   My dog has _____ .
       A a very long tail   **B** the very long tail   **C** a tail very long   **D** very long tail

69

15.4   I'm going shopping. I need _____ .
       A some new jeans   **B** a new jeans   **C** a new pair of jeans   **D** a new pair jeans

70

15.5   I like the people here. _____ very friendly.
       A She is   **B** They are   **C** They is   **D** It is   **E** He is

70

15.6   We can't get into the house without _____ .
       A some key   **B** a key   **C** key

71

15.7   Where can I get _____ about hotels here?
       A some information   **B** some informations   **C** an information

72

15.8   Where's the dog? It's in _____ .
       A garden   **B** a garden   **C** gardens   **D** the garden

73

15.9   My house is at _____ .
       A end of street   **B** end of the street   **C** the end of the street   **D** the end of street

73

15.10   What did you have for _____ ?
       A the breakfast   **B** breakfast   **C** a breakfast

73

SE NON SEI SICURO DELLA SCELTA CORRETTA	STUDIA L'UNITÀ

15.11 I finish .... at 5 o'clock every day. — **74**
A the work   **B** work   **C** a work

15.12 I'm tired. I 'm going .... — **74**
A in bed   **B** in the bed   **C** to a bed   **D** to the bed   **E** to bed

15.13 We don't eat .... very often. — **75**
A the meat   **B** some meat   **C** a meat   **D** meat

15.14 .... is in New York. — **76**
A The Times Square   **B** Times Square

15.15 My friends are staying at .... — **76**
A the Regent Hotel   **B** Regent Hotel

Dimostrativi e quantificatori

16.1 'I'm going on holiday next week.'   'Oh, ... nice.' — **77**
A it's   **B** this is   **C** that's

16.2 'Is there a bank near here?'   'Yes, there's .... at the end of this street.' — **78**
A some   **B** it   **C** one   **D** a one

16.3 This cup is dirty. Can I have .... ? — **78**
A clean one   **B** a clean one   **C** clean   **D** a clean

16.4 I'm going shopping. I'm going to buy .... clothes. — **79**
A any   **B** some

16.5 'Where's your luggage?'   'I don't have ....' — **79**
A one   **B** some   **C** any

16.6 Tracey and Jack .... — **79, 80**
A have no children   **B** don't have no children
C don't have any children   **D** have any children

16.7 'How much money do you have?'   '..........................' — **80**
A No.   **B** No-one.   **C** Any.   **D** None.

16.8 There is .... in the room. It's empty. — **81, 82**
A anybody   **B** nobody   **C** anyone   **D** no-one

16.9 'What did you say?'   '..........................' — **81, 82**
A Nothing.   **B** Nobody.   **C** Anything.   **D** Not anything.

16.10 I'm hungry. I want .... — **82**
A something for eat   **B** something to eat   **C** something for eating

16.11 Ben watches TV for about two hours .... — **83**
A all evening   **B** all evenings   **C** all the evenings   **D** every evenings
E every evening

16.12 .... friends. — **83**
A Everybody need   **B** Everybody needs   **C** Everyone need   **D** Everyone needs

16.13 .... children like playing. — **84**
A Most   **B** The most   **C** Most of   **D** The most of

16.14 I like .... those pictures. — **85**
A both   **B** both of   **C** either   **D** either of

16.15 I haven't read .... these books. — **85**
A neither   **B** neither of   **C** either   **D** either of

16.16 Do you have .... friends? — **86**
A a lot of   **B** much   **C** many   **D** much of   **E** many of

	STUDIA L'UNITÀ

SE NON SEI SICURO DELLA SCELTA CORRETTA

16.17   We like films, so we go to the cinema ....
          A a lot of   **B** much   **C** many   **D** a lot
          `86`

16.18   There were .... people in the theatre. It was nearly empty.
          A a little   **B** few   **C** little   **D** a few of
          `87`

16.19   They have .... money, so they're not poor.
          A a little   **B** a few   **C** few   **D** little   **E** little of
          `87`

Gli aggettivi e gli avverbi

17.1   I don't speak any ....
          A foreign languages   **B** languages foreign   **C** languages foreigns
          `88`

17.2   He ate his dinner very ....
          A quick   **B** quicker   **C** quickly
          `89`

17.3   You speak English very ....
          A good   **B** fluent   **C** well   **D** slow
          `89`

17.4   Helen wants ....
          A a more big car   **B** a car more big   **C** a car bigger   **D** a bigger car
          `90`

17.5   'Do you feel better today?'   'No, I feel ....
          A good   **B** worse   **C** more bad   **D** more worse
          `90`

17.6   Athens is older .... Rome.
          A as   **B** than   **C** that   **D** of
          `91`

17.7   I can run faster ....
          A than him   **B** that he can   **C** than he can   **D** as he can   **E** as he
          `91`

17.8   Tennis isn't .... football.
          A popular as   **B** popular than   **C** as popular than   **D** so popular that
          E as popular as
          `92`

17.9   The weather today is the same .... yesterday.
          A as   **B** that   **C** than   **D** like
          `92`

17.10   The Europa Hotel is .... in the city.
          A the more expensive hotel   **B** the most expensive hotel
          C the hotel most expensive   **D** the hotel the more expensive
          E the hotel more expensive
          `93`

17.11   The film was very bad. I think it's the .... film I've ever seen.
          A worse   **B** baddest   **C** most bad   **D** worst   **E** more worse
          `93`

17.12   Why don't you buy a car? You've got ....
          A enough money   **B** money enough   **C** enough of money
          `94`

17.13   Is your English .... a conversation?
          A enough good to have   **B** good enough for have   **C** enough good for
          D good enough to have
          `94`

17.14   I'm .... out.
          A too tired for go   **B** too much tired for going   **C** too tired to go
          D too much tired to go
          `95`

La costruzione della frase

18.1   Sue .... They're very nice.
          A bought yesterday some new shoes   **B** bought some new shoes yesterday
          C yesterday bought some new shoes
          `96`

SE NON SEI SICURO DELLA SCELTA CORRETTA	STUDIA L'UNITÀ

18.2 .... coffee in the morning. — **97**
A I drink always   **B** Always I drink   **C** I always drink

18.3 .... during the day. — **97**
A They are at home never   **B** They are never at home   **C** They never are at home
D Never they are at home

18.4 'Where's Emma?'   'She .... — **98**
A isn't here yet   **B** isn't here already   **C** isn't here still

18.5 I locked the door and I gave .... — **99**
A Sarah the keys   **B** to Sarah the keys   **C** the keys Sarah   **D** the keys to Sarah

Congiunzioni e proposizioni

19.1 I can't talk to you now. I'll talk to you later when .... more time. — **101**
A I'll have   **B** I had   **C** I have   **D** I'm going to have

19.2 .... late this evening, don't wait for me. — **102**
A If I'm   **B** If I'll be   **C** When I'm   **D** When I'll be

19.3 I don't know the answer. If I .... the answer, I'd tell you. — **103**
A know   **B** would know   **C** have known   **D** knew

19.4 I like this hat. .... it if it wasn't so expensive. — **103**
A I buy   **B** I'll buy   **C** I bought   **D** I'd bought   **E** I'd buy

19.5 It would be nice if the weather .... better. — **103**
A is   **B** would be   **C** were   **D** had been   **E** was

19.6 He .... a bad dream if he hadn't eaten so much. — **104**
A didn't have   **B** wouldn't have had   **C** wouldn't have been   **D** hadn't had
E would have

19.7 Emma lives in a house .... is 400 years old. — **105**
A who   **B** that   **C** which   **D** it   **E** what

19.8 The people .... work in the office are very friendly. — **105**
A who   **B** that   **C** they   **D** which   **E** what

19.9 Did you find the books .... ? — **106**
A who you wanted   **B** that you wanted   **C** what you wanted   **D** you wanted
E you wanted them

19.10 I met .... can speak six languages. — **106**
A a woman who   **B** a woman which   **C** a woman   **D** a woman she

Le preposizioni

20.1 Bye! I'll see you .... — **107**
A until Friday   **B** at Friday   **C** in Friday   **D** on Friday

20.2 Hurry! The train leaves .... five minutes. — **107**
A at   **B** on   **C** from   **D** after   **E** in

20.3 'How long will you be away?'   '........................ Monday.' — **108**
A On   **B** To   **C** Until   **D** Till   **E** Since

20.4 We played tennis yesterday. We played .... two hours. — **109**
A in   **B** for   **C** since   **D** during

20.5 I always have breakfast before .... to work. — **109**
A I go   **B** go   **C** to go   **D** going

SE NON SEI SICURO DELLA SCELTA CORRETTA

20.6   There are a lot of apples .... those trees.
       A at   **B** on   **C** in   **D** to   `110`

20.7   Write your name .... the top of the page.
       A at   **B** on   **C** in   **D** to   `111`

20.8   What's the largest city .... the world?
       A at   **B** on   **C** in   **D** of   `111`

20.9   The office is .... the first floor.
       A at   **B** on   **C** in   **D** to   `111`

20.10 I met a lot of people .... the party.
       A on   **B** to   **C** in   **D** at   `112`

20.11 I want to go .... France next year.
       A at   **B** on   **C** in   **D** to   `112`

20.12 What time did you arrive .... the hotel?
       A at   **B** on   **C** in   **D** to   `112`

20.13 'Where is David in this picture?'   'He's .... Ben.'
       A at front of   **B** in the front of   **C** in front of   **D** in front from   `113`

20.14 I jumped .... the wall into the garden.
       A on   **B** through   **C** across   **D** over   **E** above   `114`

20.15 Jane isn't at work this week. She's .... holiday.
       A on   **B** in   **C** for   **D** to   **E** at   `115`

20.16 Do you like travelling .... ?
       A with train   **B** with the train   **C** in train   **D** on train   **E** by train   `115`

20.17 I'm not very good .... maths.
       A on   **B** with   **C** at   **D** in   **E** for   `116`

20.18 I'm sorry .... not phoning you yesterday.
       A with   **B** at   **C** for   **D** about   `116`

20.19 I have to phone .... today.
       A with my parents   **B** to my parents   **C** at my parents   **D** my parents   `116`

20.20 'Do you like eating in restaurants?'   'It depends .... the restaurant.'
       A in   **B** at   **C** of   **D** on   **E** over   `116`

Le locuzioni verbali (phrasal verbs)

21.1   The car stopped and a woman got ....
       A off   **B** down   **C** out   **D** out of   `117`

21.2   It was cold, so I ....
       A put on my coat   **B** put my coat on   **C** put the coat on me   **D** put me the coat on   `118`

21.3   I've got Rachel's keys. I have to .... to her.
       A give back   **B** give them back   **C** give back them   **D** give it back   `118`

Soluzioni degli esercizi

UNITÀ 1

1.1
2 they're
3 it's not / it isn't
4 that's
5 I'm not
6 you're not / you aren't

1.2
2 'm/am
3 is
4 are
5 's/is
6 are
7 is … are
8 'm/am … is

1.3
2 I'm / I am
3 He's / He is
4 they're / they are
5 You're / You are
6 She's / She is
7 Here's / Here is

1.4
Esempi di risposte:
1 My name is Giorgio.
2 I'm from Milan.
3 I'm a student.
4 My favourite colours are black and white.
5 I'm a good swimmer.

1.5
2 He's / He is strong.
3 They're / They are noisy.
4 He's / He is tired.
5 She's / She is tall.
6 They're / They are angry.

1.6
2 My hands are cold. *o*
   My hands aren't / are not cold.
3 Brazil is a very big country.
4 Diamonds aren't / are not cheap.
5 Toronto isn't / is not in the US.
7 I'm / I am not at home.
8 I'm / I am a good dancer.
   I'm / I am not a good dancer.

1.7
1 It's late and I'm tired.
2 The coffee is cold.
3 My mother is English.
4 You're not / You aren't tall, but you're thin.
5 Here's your bag, Mrs Cooper.
6 Look. There's your brother.
7 My parents aren't / are not Italian.
8 Helen isn't / is not a teacher. She's an architect.
9 We aren't / We're not Spanish. We're Portuguese.
10 My house is old, but it is / it's big and comfortable.
11 This glass isn't clean. It's very dirty.
12 James is rich, but he isn't happy.

UNITÀ 2

2.1
2 F
3 H
4 C
5 A
6 E
7 B
8 I
9 D

2.2
3 Is your job interesting?
4 Are the shops open today?
5 Where are you from?
6 Is the station near here?
7 Are your children at school?
8 Why are you late?

2.3
2 Where's / Where is
3 How much are
4 What's / What is
5 Who's / Who is
6 What colour are

2.4
2 Are you American?
3 Are you here on holiday?
4 Are you married?
5 Is your wife with you?
6 What's / What is her name?
7 Where's / Where is she from?

2.5
2 Yes, I am. *o* No, I'm not.
3 Yes, it is. *o* No, it isn't. / No, it's not.
4 Yes, they are. *o* No, they aren't. / No, they're not.
5 Yes, it is. *o* No, it isn't. / No, it's not.
6 Yes, I am. *o* No, I'm not.

2.6
1 'Where are you?' 'Here'.
2 Is that shop new?
3 Where's Sarah? Is she at work?
4 Is the train late?
5 What colour are your eyes?
6 Who are these people?
7 Why is Luisa angry?
8 Where are you from? Are you American?
9 This T-shirt is OK. How much is it?
10 'Are (the) banks closed / shut today?' 'No, they're open.'
11 'Is your brother married?' 'No he isn't.'

UNITÀ 3

3.1
2 She's thirsty.
3 The bus is late.
4 He's scared.
5 They're hungry.
6 She's in a hurry.
7 They're cold.
8 She's angry.

3.2
3 is it
4 I'm / I am
5 is it
6 Is she
7 Are you
8 It's / It is
9 is he
10 It's / It is … It's / It is
11 are you … I'm / I am

3.3
Esempi di risposte:
2 I'm a student. *o* I'm not …
3 I'm 23 years old.
4 He's hungry. *o* He isn't …
5 They're in a hurry. *o* They aren't …
6 My sister is scared of dogs. *o* My sister isn't …
7 John is cold. *o* John isn't …
8 I'm interested in films. *o* I'm not …
9 We're thirsty. *o* We aren't …
10 My parents are very well. *o* My parents aren't …

3.4
1 Are you hot?
2 The dog is thirsty.
3 Laura isn't well. She's very cold.
4 You're right. Jessica's 25.
5 We're not late. Why is Ben in a hurry?
6 'What's the time?' 'It's 11.35.'
7 Are you interested in science?
8 I'm not scared of flying.
9 Good morning, Mr Madison. How are you?
10 It's cold and it's foggy.
11 My sister is a doctor.

UNITÀ 4

4.1
2 's/is waiting
3 're/are playing
4 He's / He is lying
5 They're / They are having
6 She's / She is sitting

4.2
2 's/is cooking
3 're/are standing
4 is swimming
5 're/are staying
6 's/is having
7 're/are building
8 'm/am going

4.3
3 She's / She is sitting on the floor.
4 She isn't / She's not reading a book.
5 She isn't / She's not playing the piano.
6 She's / She is laughing.
7 She's / She is wearing a hat.
8 She isn't / She's not drinking coffee.

4.4
3 I'm sitting on a chair. *o*
   I'm not sitting on a chair.
4 I'm eating. *o* I'm not eating.
5 It's raining. *o* It isn't raining. /
   It's not raining.
6 I'm learning English.
7 I'm listening to music. *o*
   I'm not listening to music.
8 The sun is shining. *o*
   The sun isn't shining.

9 I'm wearing shoes. *o* I'm not wearing shoes.

10 I'm not reading a newspaper.

4.5

1 I'm reading a book on/about Garibaldi.

2 The train is arriving/coming. Let's go!

3 'Is it sunny? / Is the sun shining?' 'No, it's raining,'

4 Amy and Sam aren't standing. They're sitting.

5 'Where's Tom?' 'He's in bed, but he isn't sleeping / he isn't asleep.'

6 We're learning the present continuous.

7 The children are building a sandcastle.

UNITÀ 5

5.1

2 Are you going now?

3 Is it raining?

4 Are you enjoying the film?

5 Is that clock working?

6 Are you waiting for a bus?

5.2

2 Where is she going?

3 What are you eating?

4 Why are you crying?

5 What are they looking at?

6 Why is he laughing?

5.3

3 Are you listening to me?

4 Where are your friends going?

5 Are your parents watching TV?

6 What is Jessica cooking?

7 Why are you looking at me?

8 Is the bus coming?

5.4

2 Yes, I am. *o* No, I'm not.

3 Yes, I am. *o* No, I'm not.

4 Yes, it is. *o* No, it isn't. / No, it's not.

5 Yes, I am. *o* No, I'm not.

6 Yes, I am. *o* No, I'm not.

5.5

1 What's David doing? Is he working?

2 Are you feeling OK/well? Why are you crying?

3 Where are you going? Why are you running?

4 A: Is Emily studying?
B: No, she's cleaning her room.

5 Why is Joe wearing a coat? It isn't cold.

6 A: What are those people doing?
B: They're waiting for a/the bus.

UNITÀ 6

6.1

2 thinks
3 flies
4 dances
5 has
6 finishes

6.2

2 live
3 She eats
4 He plays
5 They go
6 He sleeps

6.3

2 open
3 closes
4 teaches
5 meet
6 washes
7 costs
8 cost
9 boils
10 like … likes

6.4

2 I never go to the cinema.

3 Martina usually works hard.

4 Children usually like chocolate.

5 Jackie always enjoys parties.

6 I often forget people's names.

7 Sam never watches TV.

8 We usually have dinner at 7.30.

9 Kate always wears nice clothes.

6.5

Esempi di risposte:

2 I sometimes read in bed.

3 I often get up before 7 o'clock.

4 I never go to work by bus.

5 I usually drink two cups of coffee in the morning.

6.6

1 I like tennis and golf.

2 My father likes Mozart.

3 We often watch TV.

4 Peter never buys a newspaper.

5 Maria always goes to work by car. / Maria always drives to work.

6 They usually eat/have breakfast at 8 o'clock.

UNITÀ 7

7.1

2 Anna doesn't play the piano very well.

3 They don't know my phone number.

4 We don't work very hard.

5 He doesn't have a bath every day.

6 You don't do the same thing every day.

7.2

2 Kate doesn't like classical music. I like (*o* I don't like) classical music.

3 Ben and Sophie don't like boxing. Kate likes boxing. I like (*o* I don't like) boxing.

4 Ben and Sophie like horror films. Kate doesn't like horror films. I like (*o* I don't like) horror films.

7.3

Esempi di riposti:

2 I never go to the theatre.

3 I don't ride a bike very often.

4 I never eat in restaurants.

5 I often travel by train.

7.4

2 doesn't use
3 don't go
4 doesn't wear
5 don't know
6 doesn't cost
7 don't see

7.5

3 don't know
4 doesn't talk
5 drinks
6 don't believe
7 like
8 doesn't eat

7.6

1 I don't understand this word.

2 Lisa loves Rome, but she doesn't like the traffic.

3 He loves her, but she doesn't love him.

4 Francesco doesn't speak English.

5 My sister doesn't have/eat breakfast at home.

6 I don't smoke, I don't drink and I don't eat meat.

7 My friends don't like classical music.

8 We don't sleep much. We get up early.

9 They don't live in Milan, but they know the city.

UNITÀ 8

8.1

2 Do you play tennis?

3 Does Lucy live near here?

4 Do Tom's friends play tennis? / Do his friends play tennis? / Do they play tennis?

5 Does your brother speak English? / Does he speak English?

6 Do you do yoga every morning?

7 Does Paul go away a lot? / Does he go away a lot? *or* Does Paul go away much? / Does he go away much?

8 Do you want to be famous?

9 Does Anna work hard? / Does she work hard?

8.2

3 How often do you watch TV?

4 What do you want for dinner?

5 Do you like football?

6 Does your brother like football?

7 What do you do in your free time?

8 Where does your sister work?

9 Do you always have breakfast?

10 What does this word mean?

11 Does it snow here in winter?

12 What time do you usually go to bed?

13 How much does it cost to phone New York?

14 What do you usually have for breakfast?

8.3

2 Do you enjoy / Do you like

3 do you start

4 Do you work

5 do you go

6 does he do

7 does he teach

8 Does he enjoy / Does he like

8.4

2 Yes, I do. *o* No, I don't.

3 Yes, I do. *o* No, I don't.

4 Yes, it does. *o* No, it doesn't.

5 Yes, I do. *o* No, I don't.

8.5
1 Do you often play tennis?
2 Where do you live? Do you live in Bologna?
3 Does your sister work in London?
4 Does Jackie like jazz?
5 What does your father do? Is he a doctor?
6 'What does *cookie* mean?' 'I don't know.'
7 'How much is it? / How much does it cost?' 'Seventy euros. Do you like it?'
8 What do they usually do at weekends / at the weekend?

UNITÀ 9

9.1
2 No, she isn't.
 Yes, she does.
 She's playing the piano.
3 Yes, he does.
 Yes, he is.
 He's cleaning a window.
4 No, they aren't.
 Yes, they do.
 They teach. / They're teachers.

9.2
2 don't   6 do
3 are   7 does
4 does   8 doesn't
5 's/is … don't

9.3
4 is singing
5 She wants
6 do you use
7 you're / you are sitting
8 I don't understand
9 I'm going … Are you coming
10 does you father finish
11 I'm not listening
12 He's / He is cooking
13 doesn't usually drive … usually walks
14 doesn't like … She prefers

9.4
1 'What do you do?' 'I'm a student.'
2 'What are you doing?' 'I'm writing an email.'
3 Look! That dog is playing with a cat.
4 Paul doesn't like Los Angeles. He prefers New York.
5 Why is the train stopping? There isn't a station here. (*o* There is no station here.)
6 Laura and Clara live in Boston, but they don't speak English.
7 Am I disturbing you? Are you working?
8 A: Do you often go to the cinema?
 B: No, but we watch films on TV.

UNITÀ 10

10.1
3 He's got a new job.
4 Have you got an umbrella?
5 We've got a lot of work to do.
6 I haven't got your phone number.

7 Has your father got a car?
8 How much money have we got?

10.2
2 I don't have many clothes.
3 Does Tom have a brother?
4 How many children do they have?
5 Do you have any questions?
6 Sam doesn't have a job.

10.3
2 He's got a bike. *o* He has a bike.
3 He hasn't got a dog. *o* He doesn't have a dog.
4 He's got a mobile phone. *o* He has a mobile phone.
5 He hasn't got a watch. *o* He doesn't have a watch.
6 He's got two brothers and a sister. *o* He has two brothers and a sister.
7 I've got a dog. / I have a dog. *o* I haven't got a dog. / I don't have a dog.
8 I've got a bike. / I have a bike. *o* I haven't got a bike. / I don't have a bike.
9 (*Esempio di risposta*) I've got a brother and a sister. *o* I have a brother and a sister.

10.4
3 has
4 don't have
5 have
6 don't have
7 doesn't have

10.5
2 's got / has got a lot of friends
3 hasn't got a key
4 haven't got much time
5 has got six legs
6 haven't got a job

10.6
1 We have (got) a big/large house. It has (got) four bedrooms and three bathrooms.
2 Tom has (got) a brother. I have (got) two sisters.
3 I have (got) a problem. Do you have / Have you got a minute?
4 Do you have / Have you got an aspirin? I have (got) a headache.
5 'Do they have / Have they got any children?' 'Yes, they have (got) two.'
6 'Do you have / Have you got a dog?' 'Yes, and we have (got) a cat too.' / 'Yes, and we also have (got) a cat.'
7 Lucia has (got) a good job, but she doesn't have / hasn't got much free time.
8 'Do you have / Have you got any milk?' 'Yes, but we don't have / haven't got any cornflakes.'

UNITÀ 11

11.1
2 Jack and Kate were at/in the cinema.
3 Sue was at the station.

4 Mr and Mrs Hall were in/at a restaurant.
5 Ben was on the beach / on a beach / at the beach / at the seaside.
6 (*Esempio di risposta*) I was at work.

11.2
2 is … was   6 're/are
3 'm/am   7 Was
4 was   8 was
5 were   9 are … were

11.3
2 wasn't … was
3 was … were
4 '**Were** Kate and Ben at the party?' 'Kate **was** there, but Ben **wasn't**.' *o* 'Kate **wasn't** there, but Ben **was**.'
5 were
6 weren't … were

11.4
2 Was your exam difficult?
3 Where were Sue and Chris last week?
4 How much was your new camera?
5 Why were you angry yesterday?
6 Was the weather nice last week?

11.5
1 We weren't at home on Tuesday. (*o* On Tuesday we weren't …)
2 Was the film good last night?
3 The museum wasn't very interesting.
4 How old was Napoleon in 1800?
5 Where were you at 7.30? Were you at the station?
6 Who was the first king of Italy?
7 Were Ann and Kate in Venice at the weekend?
8 When I was a child, I was scared of thunder.

UNITÀ 12

12.1
2 opened
3 started … finished
4 wanted
5 happened
6 rained
7 enjoyed … stayed
8 died

12.2
2 saw   8 thought
3 played   9 copied
4 paid   10 knew
5 visited   11 put
6 bought   12 spoke
7 went

12.3
2 got   9 checked
3 had   10 had
4 left   11 waited
5 drove   12 departed
6 got   13 arrived
7 parked   14 took
8 walked

12.4
2 lost her keys
3 met her friends
4 bought a newspaper

5 went to the cinema
6 ate an orange
7 had a shower
8 came (to see us)

12.5
Esempi di risposte:
2 I got up late yesterday.
3 I met some friends at lunchtime.
4 I went to the supermarket.
5 I phoned a lot of people.
6 I lost my keys.

12.6
1 I danced with Jack at the party.
2 Andy worked in New York from 1996 to 2008.
3 Shakespeare died in 1616.
4 We watched the match/game yesterday afternoon. (o Yesterday afternoon we watched …)
5 The concert started/began at 9 o'clock and it finished at 11 o'clock.
6 A: Is your car new?
  B: I bought it last year.
7 Lucy had a baby in October.
8 I lost my mobile yesterday, but I found it this morning. (o Yesterday I lost …)
9 My parents went to Paris last month.
10 When I was a child, I had a cat and a dog.
11 You left early yesterday morning!

UNITÀ 13

13.1
2 didn't work   4 didn't have
3 didn't go   5 didn't do

13.2
2 Did you enjoy the party?
3 Did you have a good holiday?
4 Did you finish work early?
5 Did you sleep well last night?

13.3
2 I got up before 7 o'clock. o I didn't get up before 7 o'clock.
3 I had a shower. o I didn't have a shower.
4 I bought a magazine. o I didn't buy a magazine.
5 I ate meat. o I didn't eat meat.
6 I went to bed before 10.30. o I didn't go to bed before 10.30.

13.4
2 did you arrive
3 Did you win
4 did you go
5 did it cost
6 Did you go to bed late
7 Did you have a nice time
8 did it happen / did that happen

13.5
2 bought   6 didn't have
3 Did it rain   7 did you do
4 didn't stay   8 didn't know
5 opened

13.6
1 The match/game started/began at 9 o'clock.
2 We didn't do the shopping on Saturday. The fridge is empty. (o On Saturday we didn't do …)
3 Did you go away last Friday?
4 What time did you finish on Thursday?
5 'What did they want?' 'They had a book for me.'
6 'Did you call Tom yesterday?' 'I didn't have time.'
7 Sophie came by taxi because she didn't know the city/town.
8 She didn't buy the dress because she didn't like it.
9 A: What did you do at the weekend?
  B: Nothing. It rained all the time.

UNITÀ 14

14.1
2 Jack and Kate were at the cinema. They were watching a film.
3 Tom was in his car. He was driving.
4 Tracey was at the station. She was waiting for a train.
5 Mr and Mrs Hall were in the park. They were walking.
6 (Esempio di risposta) I was in a cafe. I was having a drink with some friends.

14.2
2 she was playing tennis.
3 she was reading a/the paper/newspaper.
4 she was cooking (lunch).
5 she was having breakfast.
6 she was cleaning the kitchen.

14.3
2 What were you doing
3 Was it raining
4 Why was Sue driving
5 Was Tom wearing

14.4
2 He was carrying a bag.
3 He wasn't going to the dentist.
4 He was eating an ice cream.
5 He wasn't carrying an umbrella.
6 He wasn't going home.
7 He was wearing a hat.
8 He wasn't riding a bicycle.

14.5
1 In 2006 Ed was living in the USA.
2 I saw Chris and Becky at the club last night. They were dancing.
3 Jessica was wearing a green skirt and a yellow jumper/sweater/pullover.
4 It wasn't raining when we arrived. It was sunny. / The sun was shining.
5 I phoned/rang at 10 o'clock. Were you sleeping? / Were you asleep?
6 'What were you doing at 9 o'clock last night?' 'I was doing the washing-up'.

UNITÀ 15

15.1
1 happened … was painting … fell
2 arrived … got … were waiting
3 was walking … met … was going … was carrying … stopped

15.2
2 was studying
3 Did Paul call … called … was having
4 didn't go
5 were you driving … stopped … wasn't driving
6 Did your team win … didn't play
7 did you break … were playing … kicked … hit
8 Did you see … was wearing
9 were you doing
10 lost … did you get … climbed

15.3
1 What did you see/watch on TV last night / yesterday evening?
2 (At) this time yesterday we were leaving (from) Milan.
3 When the teacher came in, Tom was eating a sandwich.
4 It started/began to rain while I was running in the park.
5 Were they waiting for you when you arrived?
6 David fell off the ladder while he was cleaning the window.
7 'What did Mark do when he lost his passport?' 'He went to the police station.'
8 'What were you doing when I called/phoned/rang you?' 'I was listening to music and (I was) drinking a coffee.'

UNITÀ 16

16.1
2 He used to play football.
3 She used to be a taxi driver.
4 They used to live in the country.
5 He used to wear glasses.
6 This building used to be a hotel.

16.2
2–6
She used to play volleyball.
She used to go out most evenings. / She used to go out a lot.
She used to play the guitar.
She used to read a lot. / She used to like reading.
She used to go away two or three times a year. / She used to travel a lot.

16.3
3 used to have
4 used to be
5 go/travel
6 used to eat
7 watches
8 used to live
9 get
10 did you use to play

Soluzioni degli esercizi

16.4

1 Paul used to eat a lot of meat. Now he's / he is (a) vegetarian.
2 Our grandmother used to tell us a story every evening.
3 When I was young, I used to go everywhere on foot. (o … I used to walk everywhere.)
4 There used to be a lot of / many trees along this road.
5 There used to be a cinema here. Now there's a supermarket.
6 'You didn't use to like tea.' 'No, but now I like it.'
7 I used to know everything about football/soccer.

UNITÀ 17

17.1

2 She has / She's closed the door.
3 They have / They've gone to bed.
4 It has / It's stopped raining.
5 He has / He's had a shower.
6 The picture has fallen down.

17.2

2 've bought / have bought
3 's gone / has gone
4 Have you seen
5 has broken
6 've told / have told
7 has taken
8 haven't seen
9 has she gone
10 've forgotten / have forgotten
11 's invited / has invited
12 Have you decided
13 haven't told
14 've finished / have finished

17.3

1 I've invited Tina to my party.
2 Turn on the TV! The match/game has started/begun.
3 Anna isn't here. She's gone out with Peter.
4 Wait! We haven't finished.
5 I haven't seen Kelly today.
6 Has it stopped raining?
7 Has your father bought a new car?
8 Where have Ben and Karen gone?

UNITÀ 18

18.1

2 He's / He has just got up.
3 They've / They have just bought a (new) car.
4 The race has just started.

18.2

2 they've / they have already seen it.
3 I've / I have already phoned him.
4 He's / He has already gone (away).
5 I've / I have already read it.
6 She's / She has already started (it).

18.3

2 The bus has just gone.
3 The train hasn't left yet.
4 He hasn't opened it yet.
5 They've / They have just finished their dinner.
6 It has just stopped raining.

18.4

2 Have you met your new neighbours yet?
3 Have you paid the gas bill yet?
4 Has Tom/he sold his car yet?

18.5

1 Steve hasn't got up yet.
2 We've already seen this film.
3 Lisa has just phoned. She hasn't left yet.
4 'A cup of tea?' 'No, thanks / thank you. I've just had a coffee.'
5 Have you found your passport yet? The plane leaves in an hour.
6 I've just bought a new scooter.
7 Have your friends decided yet? Sarah wants an answer this evening / tonight.
8 A: Don't forget to invite Paul.
   B: I've already invited him.
9 A: Has it stopped raining yet?
   B: Not yet.

UNITÀ 19

19.1

3 Have you ever been to Australia?
4 Have you ever lost your passport?
5 Have you ever flown in a helicopter?
6 Have you ever won a race?
7 Have you ever been to New York?
8 Have you ever driven a bus?
9 Have you ever broken your leg?

19.2

Helen:
2 She's / She has been to Australia once.
3 She's / She has never won a race.
4 She's / She has flown in a helicopter a few times.

Tu (esempi di risposte):
5 I've / I have never been to New York.
6 I've / I have played tennis many times.
7 I've / I have never driven a lorry.
8 I've / I have been late for work a few times.

19.3

2–6
She's / She has done a lot of interesting things.
She's / She has travelled all over the world. o She's / She has been all over the world.
She's/She has been married three times.
She's / She has written ten books.
She's / She has met a lot of interesting people.

19.4

2	been	6	gone
3	gone	7	gone
4	been	8	been
5	been		

19.5

1 I've never been to America.
2 I've always lived in this city/town.
3 We've visited that museum three times.
4 How many times has David run the London Marathon?
5 'Have you seen James?' 'He's gone home.'
6 'Have you ever met a famous person?' 'Yes, once.'
7 They've never answered our emails.
8 'Has your teacher ever arrived/come/been late?' 'No, never.'

UNITÀ 20

20.1

3 have been
4 has been
5 have lived / have been living
6 has worked / has been working
7 has had
8 have been learning

20.2

2 How long have they been there / in Brazil?
3 How long have you known her/Amy?
4 How long has she been learning Italian?
5 How long has he lived / been living in Canada?
6 How long have you been a teacher?
7 How long has it been raining?

20.3

2 She has lived in Wales all her life.
3 They have been on holiday since Sunday.
4 The sun has been shining all day.
5 She has been waiting for ten minutes.
6 He has had a beard since he was 20.

20.4

2 I know
3 I've known
4 have you been waiting
5 works
6 She has been reading
7 have you lived
8 I've had
9 is … He has been

20.5

1 'My parents live in Palermo.' 'How long have they lived there?'
2 'I've got a terrible headache, doctor.' 'How long have you had it?'
3 We've been here since Tuesday. How long have you been here?
4 'The children have been sleeping (o have been asleep) for ten hours.' 'Do they always sleep so much?'
5 'Are you waiting for anybody/anyone?' 'Yes, I've been waiting for Silvia for 20 minutes.'

UNITÀ 21

21.1

3 for
4 since
5 since
6 for
7 for
8 for ... since

21.2

Esempi di risposte:

2 A year ago.
3 A few days ago.
4 Two hours ago.
5 Six months ago.

21.3

3 for 20 years
4 20 years ago
5 an hour ago
6 a few days ago
7 for six months
8 for a long time

21.4

2 Jack has been here since Tuesday.
3 It's been raining for an hour.
4 I've known Sue since 2008.
5 Claire and Matt have been married for six months.
6 Laura has been studying medicine (at university) for three years.
7 David has played / David has been playing the piano since he was seven years old.

21.5

Esempi di risposte:

2 I've been in the same job for ten years.
3 I've been learning English for six months.
4 I've known Carla for a long time.
5 I've had a headache since I got up this morning.

21.6

1 My brother has been in England since June.
2 'When did you get married?' 'Two months ago.'
3 My parents have had this house since 2004.
4 It was sunny / The sun was shining three hours ago.
5 Luisa went to America five years ago. She's lived / She's been living in Chicago for a long time.
6 I've known Michael for about a month. I met him at a party.
7 Kate has been working in the garden since she got up this morning.

UNITÀ 22

22.1

2 I started (it) last week.
3 they arrived at 5 o'clock.
4 she went (away) on Friday.
5 I wore it yesterday.

22.2

3 I finished
4 OK
5 did you finish
6 OK

7 died
8 were you / did you go

22.3

3 played
4 did you go
5 Have you ever met
6 wasn't
7 's/has visited
8 switched
9 lived
10 haven't been

22.4

1 Did you have ... was
2 Have you seen ... went ... haven't seen
3 has worked / has been working ... was ... worked ... didn't enjoy
4 've/have seen ... 've/have never spoken ... Have you ever spoken ... met

22.5

1 I found 50 euros in the park yesterday. (o Yesterday I found ...)
2 Wait. Tom and Ann haven't finished.
3 'Where's your friend?' 'She's / She has gone home.'*
4 We didn't see her at school last week.
5 'What time did you arrive?' 'At 5 o'clock.'
6 It's very late. Where have you been?*
7 When did Tina leave?
8 I've lived here for five years.
9 I lived in Bologna for ten years.

* *Nelle frasi 3 e 6 è possibile anche il past simple (She went home. / Where were you?), specialmente in inglese americano.*

UNITÀ 23

23.1

2 had seen
3 had gone
4 had snowed
5 had driven
6 had turned down
7 had gone
8 had been
9 had changed

23.2

2 had walked
3 hadn't sent
4 fell
5 hadn't driven
6 had stolen
7 saw ... had fallen ... tried ... flew
8 hadn't slept

23.3

2 had already read
3 hadn't risen yet
4 had already done
5 had just

23.4

1 I went to Paris six years ago and last year. Last year I found the city very different. It had changed a lot.
2 I had almost finished cutting the grass when it began to rain.
3 Why didn't you tell me that Luke hadn't bought the drinks for the party?
4 'What were you doing in the garden last night?' 'I had lost my keys and I was looking for them.'
5 'Were you at home at 8.30 this morning?' 'No, I had just left / gone out.'
6 When we arrived, the fire had already destroyed the apartment/flat.
7 Everybody was ready to leave, but the taxi hadn't arrived yet.
8 The lesson had just started/begun when a mobile rang.

UNITÀ 24

24.1

3 Glass is made from sand.
4 The windows are cleaned every two weeks.
5 This room isn't used very much.
6 Are we allowed to park here?
7 How is this word pronounced?
9 The house was painted last month.
10 My phone was stolen a few days ago.
11 Three people were injured in the accident.
12 When was this bridge built?
13 I wasn't woken up by the noise.
14 How were these windows broken?
15 Were you invited to Jon's party last week?

24.2

2 Football is played in most ...
3 Why was the letter sent to ... ?
4 ... where films are made.
5 Where were you born?
6 How many languages are spoken ...
7 ... but nothing was stolen.
8 When was the bicycle invented?

24.3

3 is made
4 were damaged
5 was given
6 are shown
7 were invited
8 was made
9 was stolen ... was found

24.4

2 Sally was born in Manchester.
3 Her parents were born in Ireland.
4 I was born in ...
5 My mother was born in ...

24.5

1 This wine is produced in France.
2 Marat was killed by Charlotte Corday.
3 How many languages are spoken in Switzerland?
4 My children were born in Australia.
5 When was this church built?

6 Nobody was injured in the accident.
7 A lot of / Many Italian cars are exported to the USA.
8 Why were the police called last night / yesterday evening?
9 The cause of the fire isn't known.
10 The electric battery was invented by Alessandro Volta in 1800.

UNITÀ 25

25.1
2 A bridge is being built.
3 The windows are being cleaned.
4 The grass is being cut.

25.2
3 The window has been broken.
4 The roof is being repaired.
5 The car has been damaged.
6 The houses are being knocked down.
7 The trees have been cut down.
8 They have been invited to a party.

25.3
3 has been repaired
4 was repaired
5 are made
6 were they built
7 Is the photocopier being used (o Is anybody using the photocopier)
8 are they called
9 were stolen
10 was damaged … hasn't been repaired

25.4
1 Breakfast is always served at 8 o'clock.
2 Hurry up! / Hurry! Breakfast is being served now.
3 The boiler hasn't been repaired yet.
4 Vicky was seen at the cinema with Sam on Saturday night.
5 The final is being played next Wednesday.
6 Have my shirts been washed?
7 A lot of bikes are being sold.
8 I'm being served, thank you.

UNITÀ 26

26.1
3 are
4 Does
5 Do
6 Is
7 do
8 Is
9 does
10 Are

26.2
2 don't
3 'm/am not
4 isn't
5 don't
6 doesn't
7 'm/am not
8 aren't / 're not

26.3
2 Did
3 were
4 was
5 Has
6 did
7 were
8 Has
9 did
10 have

26.4
2 was
3 Have
4 are
5 were
6 've/have
7 is
8 was
9 had
10 has

26.5
3 eaten
4 enjoying
5 damaged
6 use
7 gone
8 understand
9 listening
10 pronounced
11 open

26.6
1 Lynn and Ruth are in the living room. They're watching TV.
2 What were your friends doing?
3 English is spoken all over the world.
4 These computers are made in Italy.
5 *Macbeth* was written by Shakespeare.
6 Joe can't drive. He's broken his glasses.
7 The policeman wanted to see my driver's licence, but I had left it at home.
8 I like rugby. Do you like it?
9 Where does Emma go on Saturday evenings?
10 I didn't do anything yesterday. (o Yesterday I didn't do …)

UNITÀ 27

27.1
3 got
4 brought
5 paid
6 enjoyed
7 bought
8 sat
9 left
10 happened
11 heard
12 cost
13 caught
14 watched
15 understood

27.2
2 began begun
3 ate eaten
4 drank drunk
5 drove driven
6 spoke spoken
7 wrote written
8 came come
9 knew known
10 took taken
11 went gone
12 gave given
13 threw thrown
14 forgot forgotten

27.3
3 slept
4 saw
5 rained
6 lost … seen
7 stolen
8 went
9 finished
10 built
11 learnt/learned
12 ridden
13 known
14 fell … hurt
15 ran … run

27.4
2 told
3 won
4 met
5 woken up
6 swam
7 thought
8 spoken
9 cost
10 driven
11 sold
12 flew

27.5
1 I danced with Chris on Sunday.
2 Laura left at 7 o'clock.
3 The film hasn't started/begun yet.
4 Rachel was annoyed because she had missed the train.
5 Has the office been cleaned?
6 I found a lot of mushrooms on Saturday.
7 They forgot to give us the keys.
8 Who ate my sandwich yesterday?
9 Rebecca has just phoned/rung/called.
10 Steve said (that) he knew a good restaurant.
11 I heard the news two hours ago.
12 *Moby Dick* was written in 1851.

UNITÀ 28

28.1
2 Richard is going to the cinema.
3 Rachel is meeting Dave.
4 Karen is having lunch with Will.
5 Sue and Tom are going to a party.

28.2
2 Are you working next week?
3 What are you doing tomorrow evening?
4 What time are your friends arriving?
5 When is Lisa going on holiday?

28.3
Esempi di risposte:
3 I'm going away at the weekend.
4 I'm playing basketball tomorrow.
5 I'm meeting a friend this evening.
6 I'm going to the cinema on Thursday evening.

28.4
3 She's getting
4 are going … are they going
5 finishes
6 I'm not going
7 I'm going … We're meeting
8 are you getting … leaves
9 Are you coming … does the film begin
10 are you doing … I'm working

28.5
1 Kelly and Paul are going to Paris tomorrow.
2 Luca isn't working next week.
3 Are the children staying at home this evening / tonight?
4 The plane leaves in the afternoon.
5 Are you going out on Saturday? We're going to the cinema.
6 When is your brother leaving?
7 The match/game finishes at 4.30.

UNITÀ 29

29.1
2 I'm going to have a bath.
3 I'm going to buy a car.
4 We're going to play football.

29.2
3 'm/am going to walk
4 's/is going to stay
5 'm/am going to eat
6 're/are going to give
7 's/is going to lie down
8 Are you going to watch
9 is Rachel going to do

29.3
2 The shelf is going to fall (down).
3 The car is going to turn (right).
4 He's / He is going to kick the ball.

29.4
Esempi di risposte:
1 I'm going to phone Anna this evening.
2 I'm going to get up early tomorrow.
3 I'm going to buy some new clothes tomorrow.

29.5
1 They are going to build a hotel here.
2 The concert is going to start/begin.
3 I'm not going to wait.
4 Are you going to invite a lot of / many people to your party?
5 We're late. We're going to miss the train.
6 Where are you going to spend the/ your Christmas holidays?
7 A: What is Maria going to do after university?
   B: She's going to look for a job.

UNITÀ 30

30.1
2 she'll be   5 she's
3 she was   6 she was
4 she'll be   7 she'll be

30.2
Esempi di risposte:
2 I'll be at home.
3 I'll probably be in bed.
4 I'll be at work.
5 I don't know where I'll be.

30.3
2 'll/will   5 'll/will
3 won't   6 'll/will
4 won't   7 won't

30.4
3 I think we'll win the game.
4 I don't think I'll be here tomorrow.
5 I think Sue will like her present.
6 I don't think they'll get married.
7 I don't think you'll enjoy the film.

30.5
2 are you doing
3 They're going
4 will lend
5 I'm going
6 will phone

7 He's working
8 Will you
9 are coming

30.6
1 We'll be in Vienna at 9 o'clock tomorrow. (o At 9 o'clock tomorrow …)
2 Ask Jessica. She'll help you.
3 Don't call them at 2 o'clock. They won't be at home.
4 I don't think Inter will win.
5 I don't think Tom will come.
6 Do you think it will rain at the weekend?
7 Will you remember to water the flowers?
8 Jack won't be in the office tomorrow. He's going to London.
9 I'm sorry. It won't happen again.

UNITÀ 31

31.1
2 I'll eat   5 I'll stay
3 I'll sit   6 I'll show
4 I'll do

31.2
2 I think I'll have
3 I don't think I'll play
4 I think I'll buy
5 I don't think I'll buy

31.3
2 I'll do
3 I watch
4 I'll go
5 is going to buy
6 I'll give
7 Are you doing … I'm going
8 I'm working

31.4
2 Shall I turn off the TV?
3 Shall I make some sandwiches?
4 Shall I turn on the light?

31.5
2 where shall we go?
3 what shall we buy?
4 who shall we invite?

31.6
1 I'll drive. You're too tired.
2 (You) clean the kitchen. I'll wash the dishes.
3 I think I'll watch the film this evening / tonight.
4 A: I don't think I'll phone/ring Anna.
   B: Shall I phone/ring her?
5 A: What are your plans for the future?
   B: I'm going to study medicine.
6 Shall we turn/switch on the TV?
7 'What are you doing tomorrow? / What are you going to do tomorrow?'   'I'm going to Florence.'
8 What shall we have? Coffee?
9 Sam plays the guitar very well. Shall I invite him to the party?

UNITÀ 32

32.1
2 I might see you tomorrow.
3 Sarah might forget to phone.
4 It might snow today.
5 I might be late tonight.
6 Mark might not be here next week.
7 I might not have time to go out.

32.2
2 I might go away.
3 I might see her on Monday.
4 I might have fish.
5 I might get/take a taxi. *o* … go by taxi.
6 I might buy/get a new car.

32.3
3 He might get up early.
4 He isn't / He's not working tomorrow.
5 He might be at home tomorrow morning.
6 He might watch TV.
7 He's going out in the afternoon.
8 He might go shopping.

32.4
Esempi di risposte:
1 I might read a newspaper.
2 I might go for a drink with some friends.
3 I might have a sandwich for lunch.

32.5
1 Sue and Kate might/may arrive late.
2 'You might/may need help.'
   'I might/may.' (o 'Perhaps you will need help.' o 'Perhaps. / Maybe.')
3 'Will you see Chris tomorrow?'
   'I might. / I may. / Perhaps. / Maybe.'
4 Clare might/may not phone/ring.
5 We might/may not be at home in the afternoon.
6 I'm going to the theatre this evening / tonight. May/Can I use your bicycle?

UNITÀ 33

33.1
2 Can you ski?
3 Can you play chess?
4 Can you run ten kilometres?
5 Can you drive (a car)?
6 Can you ride (a horse)?
7 I can/can't swim.
8 I can/can't ski.
9 I can/can't play chess.
10 I can/can't run ten kilometres.
11 I can/can't drive (a car).
12 I can/can't ride (a horse).

33.2
2 can see   4 can't find
3 can't hear   5 can speak

33.3
2 couldn't eat
3 can't decide
4 couldn't find
5 can't go
6 couldn't go

Soluzioni degli esercizi

33.4

2 Can/Could you pass the salt, (please)?
3 Can/Could I have these postcards, (please)?
4 Can/Could you turn off the radio, (please)?
5 Can/Could I borrow your newspaper, (please)?
6 Can/Could I use your pen, (please)?

33.5

1 Lisa can play the guitar, but she can't sing.
2 James can't come to the meeting tomorrow.
3 When I was young, I could ski very well.
4 What can you do? Can you write a report?
5 Could you lend me your umbrella, please?
6 'Can you see me?' 'I can hear you, but I can't see you.'
7 We couldn't leave the office before 5.30.
8 Can I have a kilo of oranges, please?

UNITÀ 34

34.1

2 must meet
3 must wash
4 must learn
5 must go
6 must win
7 must be

34.2

2 I must	5 I had to
3 I had to	6 I had to
4 I must	7 I must

34.3

2 don't need to rush
3 mustn't lose
4 don't need to wait
5 mustn't forget
6 don't need to phone

34.4

2 C	4 B
3 A	5 D

34.5

3 don't need to	7 must
4 had to	8 had to
5 must	9 don't need to
6 mustn't	10 mustn't

34.6

1 You must remember to buy some bread.
2 It was late. They had to take/get a taxi.
3 It's important. You must listen to me.
4 The plane left at 7 a.m. / 7 o'clock in the morning. We had to get up at 4.30.
5 Kelly doesn't need to wait for me.
6 You don't need to pay now. You can pay later.

7 This is a secret. You mustn't tell anybody/anyone.
8 We must win. We mustn't lose this match/game.

UNITÀ 35

35.1

2 You should go
3 You should eat
4 you should visit
5 you should wear
6 You should take

35.2

2 He shouldn't eat so much.
3 She shouldn't work so hard.
4 He shouldn't drive so fast.

35.3

2 Do you think I should learn (to drive)?
3 Do you think I should get another job?
4 Do you think I should invite Gary (to the party)?

35.4

3 I think you should sell it.
4 I think she should have a holiday.
5 I don't think they should get married.
6 I don't think you should go to work.
7 I think he should go to the doctor.
8 I don't think we should stay there.

35.5

Esempi di risposte:
2 I think everybody should have enough food.
3 I think people should drive carefully.
4 I don't think the police should carry guns.
5 I think I should do more exercise.

35.6

1 You should buy a new car. (*o* You ought to buy …)
2 Ruth shouldn't say these things. (*o* Ruth ought not to say …)
3 The teacher thinks you should go to England every summer. (*o* … that you ought to go …)
4 Anna must go. You must wait for Paul.
5 I don't think they should talk so much. (*o* … they ought not to talk …)
6 Do you think I should tell her the truth? (*o* … I ought to tell her …)
7 It's late. I must leave immediately / at once.
8 Do you think we should start/begin? (*o* … we ought to start/begin?)

UNITÀ 36

36.1

2 have to do
3 has to read
4 have to speak
5 has to travel
6 have to hit

36.2

2 have to go
3 had to buy
4 have to change
5 had to answer

36.3

2 did he have to wait
3 does she have to go
4 did you have to pay
5 do you have to do

36.4

2 doesn't have to wait.
3 didn't have to get up early.
4 doesn't have to work (so) hard.
5 don't have to leave now.

36.5

3 have to pay
4 had to borrow
5 must stop *o* have to stop
6 has to meet
7 must tell *o* have to tell

36.6

Esempi di risposte:
2 I have to go to work every day.
3 I had to go to the dentist yesterday.
4 I have to write a letter tomorrow.

36.7

1 I can't play football/soccer tomorrow afternoon. I have to go to school.
2 Emily isn't coming. She has to go to the doctor('s).
3 I must (*o* have to) hurry. I must (*o* have to) catch the bus.
4 'Is Steve ready?' 'No, he has to finish some work.'
5 Amy and Ben had to buy a bigger house last year.
6 Do you have to read many (*o* a lot of) books for the exam?
7 Did you have to answer many (*o* a lot of) questions?
8 We don't have to get up early tomorrow. It's a holiday.
9 You must (*o* have to) find a better job.

UNITÀ 37

37.1

2 Would you like an apple?
3 Would you like some coffee? / a cup of coffee?
4 Would you like some cheese? / a piece of cheese?
5 Would you like a sandwich?
6 Would you like some cake? / a piece of cake?

37.2

2 Would you like to play tennis tomorrow?
3 Would you like to go to a concert next week?
4 Would you like to borrow my umbrella?

37.3

2 Do you like
3 Would you like
4 would you like
5 Would you like
6 I like
7 would you like
8 Would you like
9 Do you like
10 I'd like
11 I'd like
12 do you like

37.4

1 'Would you like something to drink?' (o 'Would you like a drink?') 'Yes, please.'
2 'Would you like to dance with me?' 'Yes, I'd love to.'
3 'What would you like, Mr Bloom?' 'Coffee, please.'
4 Would you like to go to the zoo, children?
5 I'd like (some) roast beef, please.
6 I'd like to watch the match/game this evening / tonight.
7 A: Would you like a lemonade?
    B: No, thanks. I don't like it.
8 Do you like my mountain bike? Would you like to try it?
9 Do you like my new house?

UNITÀ 38

38.1

3 Don't buy   7 Don't forget
4 Smile   8 Sleep
5 Don't sit   9 Be … Don't drop
6 Have

38.2

2 let's take a taxi
3 No, let's watch TV
4 No, let's go to a restaurant
5 No, let's wait a little

38.3

3 No, let's not go out.
4 No, don't close the window.
5 No, don't phone me (tonight).
6 No, let's not wait for Andy.
7 No, don't turn on the light.
8 No, let's not go by bus.

38.4

1 Please help me.
2 Don't be rude. Be patient.
3 Don't worry, Mr Bates.
4 Be careful. There's a lot of traffic.
5 Write the answers in capital letters.
6 Let's start/begin!
7 Send me a text from the airport. Don't forget.
8 A: Do you know the way?
    B: No, let's ask someone/somebody.
9 A: Shall we watch a film?
    B: No, let's not watch TV. Let's go out.
10 The station? Take the second (turning) on the right.

UNITÀ 39

39.1

3 There's / There is a hospital.
4 There isn't a swimming pool.
5 There are two cinemas.
6 There isn't a university.
7 There aren't any big hotels.

39.2

Esempi di risposte:
3 There is a university in …
4 There are a lot of big shops.
5 There isn't an airport.
6 There aren't many factories.

39.3

2 There's / There is
3 is there
4 There are
5 are there
6 There isn't
7 Is there
8 Are there
9 There's / There is … There aren't

39.4

2–6
    There are eight planets in the solar system.
    There are fifteen players in a rugby team.
    There are twenty-six letters in the English alphabet.
    There are thirty days in September.
    There are fifty states in the USA.

39.5

2 It's
3 There's
4 There's … Is it
5 Is there … there's
6 It's
7 Is there

39.6

1 I like this town/city. There are many (o a lot of) interesting places and there isn't much traffic.
2 There are a/one hundred pence in a/one pound.
3 How many girls are there in your class?
4 There aren't many shops here.
5 There's a present for you. It's on the table.
6 'Is there a film on TV this evening / tonight?' 'Yes. It's on Channel 5.'
7 There is (some) water in the fridge, but it isn't cold yet.

UNITÀ 40

40.1

2 There was a carpet
3 There were three pictures
4 There was a small table
5 There were some flowers
6 There were some books
7 There was an armchair
8 There was a sofa

40.2

3 There was
4 Was there
5 there weren't
6 There wasn't
7 Were there
8 There wasn't
9 There was
10 there weren't

40.3

2 There are
3 There was
4 There's / There is
5 There's been / There has been (o There was)
6 there was
7 there will be
8 there were … there are
9 There have been
10 there will be (o there are)

40.4

1 Is there a bank near here?
2 There aren't many trees in this city/ town.
3 There weren't any houses here twenty years ago. (o There were no houses …)
4 There has been a lot of rain this year.
5 'There were a lot of people in the park last night.' 'Yes, there was a concert.'
6 'Will there be (enough) room for twenty people?' 'There won't be any problems. '
7 Do you think there will be time for a coffee before the lesson?

UNITÀ 41

41.1

2 It's cold.
3 It's windy.
4 It's sunny/fine. o It's a nice day.
5 It's snowing.
6 It's cloudy.

41.2

2 It's / It is   6 Is it
3 Is it   7 is it
4 is it … it's / it is 8 It's / It is
5 It's / It is   9 It's / It is

41.3

2 How far is it from the hotel to the beach?
3 How far is it from New York to Washington?
4 How far is it from your house to the airport?

41.4

3 It   6 it
4 It … It   7 It … there
5 There   8 It

41.5

2 It's nice to see you again
3 It's impossible to work here
4 It's easy to make friends
5 It's interesting to visit different places
6 It's dangerous to go out alone

Soluzioni degli esercizi

41.6

1 It's 8 o'clock. It's time to go to work.
2 How far is it from New York to Buenos Aires?
3 'It's cold. Where's the hotel?' 'It isn't far.'
4 It was fine. It was warm/hot and it was sunny.
5 Did it snow at Christmas last year?
6 It's dark and foggy. It's dangerous to drive.
7 It's a long way. We can't go there on foot. (o We can't walk there.)
8 It isn't easy to learn a language.
9 A: Who's that?
  B: It's me, Anna.

UNITÀ 42

42.1

2 is   5 will
3 can   6 was
4 has

42.2

2 'm not   5 isn't
3 weren't   6 hasn't
4 haven't

42.3

3 doesn't   6 does
4 do   7 don't
5 did   8 didn't

42.4

Esempi di risposte:
2 I like sport, but my sister doesn't.
3 I don't eat meat, but Sergio does.
4 I'm Italian, but my husband isn't.
5 I haven't been to Japan, but Sara has.

42.5

2 wasn't   7 has
3 are   8 do
4 has   9 hasn't
5 can't   10 will
6 did   11 might

42.6

2 Yes, I have. o No, I haven't.
3 Yes, I do. o No, I don't.
4 Yes, it is. o No, it isn't.
5 Yes, I am. o No, I'm not.
6 Yes, I do. o No, I don't.
7 Yes, I will. o No, I won't.
8 Yes, I have. o No, I haven't.
9 Yes, I did. o No, I didn't.
10 Yes, I was. o No, I wasn't.

42.7

1 I was happy yesterday, but I'm not now.
2 'Can Emma come?' 'I'm afraid she can't.' (o 'I'm afraid not.')
3 I like golf, but she doesn't.
4 Paul hasn't got this problem, but I have. (o Paul doesn't have this problem, but I do.)
5 We were hot, but Chris wasn't.
6 'Do you and Anna know my wife?' 'Anna does, but I don't.'
7 'Did you arrive/come late yesterday?' 'Laura did, but I didn't.'

8 'Have you finished?' 'I have, but my brother hasn't.'
9 'Do you think Ben will understand?' 'I'm sure he will.'

UNITÀ 43

43.1

2 Do you?   5 Do I?
3 Didn't you? 6 Did she?
4 Doesn't she?

43.2

3 Have you?   8 Aren't you?
4 Can't she? 9 Did you?
5 Were you?   10 Does she?
6 Didn't you? 11 Won't you?
7 Is there?   12 Isn't it?

43.3

2 aren't they 5 don't you
3 wasn't she   6 doesn't he
4 haven't you 7 won't you

43.4

2 are you   6 didn't she
3 isn't she 7 was it
4 can't you 8 doesn't she
5 do you   9 will you

43.5

1 'I've bought a motorbike.' 'Have you?'
2 'I'm not cold.' 'Aren't you?'
3 'Ed and Lisa can't swim.' 'Can't they?'
4 'Sam saw you on TV yesterday.' 'Did he?'
5 Julia is American, isn't she?
6 You can scan a photo, can't you?
7 You weren't at home yesterday morning, were you?
8 Your brother will come to the party, won't he?
9 It often rains in Britain, doesn't it?

UNITÀ 44

44.1

2 either   5 either
3 too   6 either
4 too   7 too

44.2

2 So am I.   7 Neither can I.
3 So have I.   8 Neither did I.
4 So do I.   9 Neither have I.
5 So will I.   10 Neither am I.
6 So was I.   11 Neither do I.

44.3

1 So am I.
2 So can I. o I can't.
3 Neither am I. o I am.
4 So do I. o I don't.
5 Neither do I. o I do.
6 So did I. o I didn't.
7 Neither have I. o I have.
8 Neither do I. o I do.
9 So am I. o I'm not.
10 Neither have I. o I have.
11 Neither did I. o I did.
12 So do I. o I don't.

44.4

1 'I like rugby.' 'I like it too.'
2 'I don't know the answer.' 'Michael doesn't know it either.'
3 'Sam and Jack never go to the cinema.' 'They don't watch TV either.'
4 'We're from Bristol.' 'Are you? (o Really?) So are we. (o We are too.)'
5 'I'm scared.' 'So am I.' (o 'I am too.')
6 A: Alan can't swim.
  B: Neither/Nor can his wife. (o His wife can't either.)
7 A: I never drink wine.
  B: Neither/Nor do I. (o I don't either.)
8 A: We saw the accident.
  B: So did my parents. (o My parents did too.)

UNITÀ 45

45.1

2 They aren't / They're not married.
3 I haven't had dinner.
4 It isn't cold today.
5 We won't be late.
6 You shouldn't go.

45.2

2 I don't like cheese.
3 They didn't understand.
4 He doesn't live here.
5 Don't go away!
6 I didn't do the shopping.

45.3

2 They haven't arrived.
3 I didn't go to the bank.
4 He doesn't speak German.
5 We weren't angry.
6 He won't be pleased.
7 Don't call me tonight.
8 It didn't rain yesterday.
9 I couldn't hear them.
10 I don't believe you.

45.4

2 'm not / am not   9 haven't
3 can't   10 won't
4 doesn't   11 didn't
5 isn't / 's not   12 weren't
6 don't … haven't 13 hasn't
7 Don't   14 shouldn't/
8 didn't   mustn't

45.5

3 He wasn't born in London.
4 He doesn't like London.
5 He'd like to live in the country.
6 He can drive.
7 He hasn't got a car.
8 He doesn't read newspapers.
9 He isn't interested in politics.
10 He watches TV most evenings.
11 He didn't watch TV last night.
12 He went out last night.

45.6

1 I don't have / haven't got much money, but I'm not unhappy.

2 Joe couldn't phone/ring/call me before 8 o'clock.
3 Marta isn't Mexican. She doesn't speak Spanish.
4 My parents don't live here.
5 It wasn't late, but Sarah didn't want to stay.
6 We didn't go skiing last year.
7 Please, don't be late. I can't wait.
8 You mustn't tell anybody/anyone. Don't forget.
9 Tina never does anything on Sunday morning(s).
10 My father didn't do English at school.

UNITÀ 46

46.1
3 Were you late this morning?
4 Has Kate got a key?
5 Will you be here tomorrow?
6 Is Paul going out this evening?
7 Do you like your job?
8 Does Nicola live near here?
9 Did you enjoy the film?
10 Did you have a good holiday?

46.2
2 Do you use it a lot?
3 Did you use it yesterday?
4 Do you enjoy driving?
5 Are you a good driver?
6 Have you ever had an accident?

46.3
3 What are the children doing?
4 How is cheese made?
5 Is your sister coming to the party?
6 Why don't you tell the truth?
7 Have your guests arrived yet?
8 What time does your train leave?
9 Why didn't Emily go to work?
10 Was your car damaged in the accident?

46.4
3 What are you reading?
4 What time did she go (to bed)?
5 When are they going (on holiday)?
6 Where did you see him?
7 Why can't you come (to the party)?
8 Where has she gone?
9 How much (money) do you need?
10 Why doesn't she like you?
11 How often does it rain?
12 When did you do it / the shopping?

46.5
1 Are those jeans new?
2 Where's Lisa? Has she gone home?
3 Does Mario have / Has Mario got a sister?
4 Do you usually go to school by bus?
5 What are the children doing?
6 Why can't your friends wait for us?
7 What does your mother do? Does she write books?
8 What did your father do at university?
9 Why don't you want to come with me?

UNITÀ 47

47.1
2 What fell off the shelf?
3 Who wants to see me?
4 Who took your umbrella?
5 What made you ill?
6 Who is / Who's coming?

47.2
3 Who did you phone?
4 What happened last night?
5 Who knows the answer?
6 Who did the washing-up?
7 What did Jane/she do?
8 What woke you up?
9 Who saw the accident?
10 Who did you see?
11 Who has got / Who's got your pen?
12 What does it / this word mean?

47.3
2 Who phoned you? What did she want?
3 Who did you ask? What did he say?
4 Who got married? Who told you?
5 Who did you meet? What did she tell you?
6 Who won? What did you do (after the game)?
7 Who gave you a/the book? What did Catherine give you?

47.4
1 Hello! Who's speaking? (o Who's that?)
2 What are Anna and Lynn saying?
3 Who told you (that) I was ill?
4 The TV isn't working. Who can I call?
5 Who needs an English grammar book?
6 This room is different. What has changed?
7 A: Kate got married yesterday.
   B: Did she? (o Really?) Who did she marry?
8 What did Newton discover? What gave him that idea?

UNITÀ 48

48.1
2 What are you looking for?
3 Who did you go to the cinema with?
4 What/Who was the film about?
5 Who did you give the money to?
6 Who was the book written by?

48.2
2 What are they looking at?
3 Which restaurant is he going to?
4 What are they talking about?
5 What is she listening to?
6 Which bus are they waiting for?

48.3
2 Which hotel did you stay at?
3 Which (football) team does he play for?
4 Which school did you go to?

48.4
2 What is the food like?
3 What are the people like?
4 What is the weather like?

48.5
2 What was the film like?
3 What were the lessons like?
4 What was the hotel like?

48.6
1 Who are you talking about?
2 Where are your parents from?
3 What are these boxes for?
4 Which/What office does Mrs Evans work in?
5 A: I played tennis yesterday.
   B: Who did you play with?
6 A: What does Helen look like?
   B: She's tall and (she) has (got) fair/blonde hair.
7 What does Mara like? Does she like fish?
8 'What is Carlos like?'
   'He's very kind/polite.'
9 A: How is your grandfather?
   B: Fine, thanks.

UNITÀ 49

49.1
3 What colour is it?
4 What time did you get up?
5 What type of music do you like?
6 What kind of car do you want (to buy)?

49.2
2 Which coat
3 Which film/movie
4 Which bus

49.3
3 Which
4 What
5 Which
6 What
7 Which
8 Who
9 What
10 Which
11 What

49.4
2 How far
3 How old
4 How often
5 How deep
6 How long

49.5
2 How heavy is this box?
3 How old are you?
4 How much did you spend?
5 How often do you watch TV?
6 How far is it from Paris to Moscow?

49.6
1 What kind/type/sort of music do you like?
2 What do you call an animal that/which eats grass?
3 What's your sister's name? / What's your sister called?
4 What make is your computer?
5 Which jeans do you prefer, these or those?
6 How far is it from London to Oxford? (o How far is Oxford from London?)

7 Which floor does Mr Lewis live on?
8 Which is the right answer – A, B or C?
9 How often do you wash your/the car?

UNITÀ 50

50.1
2 How long does it take by car from Milan to Rome?
3 How long does it take by train from Paris to Geneva?
4 How long does it take by bus from the city centre to the airport?

50.2
2 It takes … hours to fly from … to New York.
3 It takes … years to study to be a doctor in …
4 It takes … to walk from my home to the nearest shop.
5 It takes … to get from my home to the nearest airport.

50.3
2 How long did it take you to walk to the station?
3 How long did it take him to paint the bathroom?
4 How long did it take you to learn to ski?
5 How long did it take them to repair the car?

50.4
2 It took us 20 minutes to walk/get home.
3 It took me six months to learn to drive.
4 It took Mark/him two hours to drive/get to London.
5 It took Lisa/her a long time to find/ get a job.
6 It took me … to …

50.5
1 How long does it take by car from Piacenza to Turin?
2 Does it take long / a long time by bus from here to the airport?
3 It doesn't take long to read a page.
4 It took me two days to clean the flat/apartment.
5 It will take him two hours to get to London.
6 How long did it take you to find the house?
7 It won't take us long to park the car.
8 How long did it take Andy to do the test?

UNITÀ 51

51.1
2 I don't know where she is.
3 I don't know how old it is.
4 I don't know when he'll be here.
5 I don't know why he was angry.
6 I don't know how long she has lived here.

51.2
2 where Susan works
3 what Peter said
4 why he went home early
5 what time the meeting begins
6 how the accident happened

51.3
2 are you
3 they are
4 the museum is
5 do you want
6 elephants eat
7 it is

51.4
2 Do you know if/whether they are married?
3 Do you know if/whether Sue knows Bill?
4 Do you know if/whether Gary will be here tomorrow?
5 Do you know if/whether he passed his exam?

51.5
2 Do you know where Paula is?
3 Do you know if/whether she is / she's working today?
4 Do you know what time she starts work?
5 Do you know if/whether the shops are open tomorrow?
6 Do you know where Sarah and Jack live?
7 Do you know if/whether they went to Jane's party?

51.6
Esempi di risposte:
2 Do you know what time the bus leaves?
3 Excuse me, can you tell me where the station is?
4 I don't know what I'm going to do this evening.
5 Do you know if Tom is working today?
6 Do you know how much it costs to rent a car?

51.7
1 Do you know how old Lisa is?
2 I don't know what James wants.
3 Do you know if/whether Roma won yesterday?
4 I don't know if/whether we have (o we've got) enough time.
5 I don't remember when I bought it.
6 I don't/can't understand why Karen left / has left.
7 Do you know what Tom is doing?
8 Can you tell me who the manager is, please?
9 Nobody knows what time Mark is arriving tomorrow.
10 Excuse me. Can you tell me where the bus stop is?

UNITÀ 52

52.1
2 She said (that) she was very busy.
3 She said (that) she couldn't go to the party.
4 He said (that) he had to go out.
5 He said (that) he was learning Russian.
6 She said (that) she didn't feel very well.
7 They said (that) they would be home late. / … they'd be …
8 She said (that) she had just come back from holiday. / … she'd just come back …
9 She said (that) she was going to buy a guitar.
10 They said (that) they hadn't got a key. / They said (that) they didn't have a key.

52.2
2 She said (that) she wasn't hungry.
3 he said (that) he needed it.
4 she said (that) she didn't want to go.
5 She said (that) I could have it.
6 He said (that) he would send me a postcard. / … he'd send …
7 Nicola said (that) he had gone home. / … he'd gone home.
8 He said (that) he wanted to watch TV.
9 She said (that) she was going to the cinema.

52.3

3	said	7	said
4	told	8	told
5	tell	9	tell
6	say	10	say

52.4
1 I told Mario (that) I was having lunch.
2 Ben and Clare told us (that) we could go with them.
3 Mike told his mother (that) he didn't want to stay at home.
4 Emily's friends said (that) they had seen her in the (city) centre.
5 Somebody/Someone told Rebecca (that) I knew everything.
6 David said goodbye to us and went home immediately.
7 Ann said: 'I don't like these trousers.'
8 The teacher said to me: 'Don't tell me (that) you are / you're tired.'

UNITÀ 53

53.1
2 were going to move house
3 she/Laura had gone home
4 how old the castle was … there were any ghosts
5 where she could park her car
6 would be difficult

53.2
2 she had left school
3 why she wanted to work in Liverpool
4 how long she was going to stay

5 she had worked in a shop before
6 she was interested in fashion
7 she had a car
8 when she could start work
9 if/whether it was a big shop
10 people worked
11 what time they opened in the morning
12 would have to work in the evenings

53.3
1 Mike wanted to know if/whether the taxi had arrived.
2 Becky asked me if I could speak French.
3 I asked Peter what he was doing.
4 Our parents asked us where we were going on holiday.
5 The interviewer asked me if I liked my job.
6 Lucy's father wanted to know who those boys were.
7 My mother wanted to know what time I would come back that evening.
8 That tourist wanted to know how much a theatre ticket cost.
9 Yesterday I asked Tom and Ben if/whether they could help me paint the fence.

UNITÀ 54

54.1
3 phone
4 phone Paul
5 to phone Paul
6 to phone Paul
7 phone Paul
8 to phone Paul
9 phone Paul
10 phone Paul

54.2
3 get
4 going
5 watch
6 flying
7 listening
8 eat
9 waiting
10 wear
11 doing … staying

54.3
4 to go
5 rain
6 to leave
7 help
8 studying
9 to go
10 wearing
11 to stay
12 have
13 having
14 to have
15 hear
16 go
17 listening
18 to walk
19 to know … tell
20 borrow

54.4
1 Do you want / Would you like to play with us?
2 We can start/begin now.
3 There used to be a hotel here.
4 I'd like to buy a new computer.

5 You shouldn't go / You ought not to go to bed so late.
6 Dan is arriving/coming on Sunday. Does Maggie know him?
7 You must be patient. You'll understand later.
8 Could you lend me five pounds, please?
9 Sam didn't want to go home. He was enjoying himself. (o He was having fun / a good time.)

UNITÀ 55

55.1
3 to see
4 to swim
5 cleaning
6 to go
7 visiting
8 going
9 to be
10 waiting
11 to do
12 to speak
13 to go
14 crying / to cry
15 to work … talking

55.2
2 to help
3 to see
4 reading
5 to lose
6 to send
7 raining
8 to go
9 watching / to watch
10 to wait

55.3
2 going to museums
3 to go
4 driving / to drive
5 to go (there)
6 travelling by train
7 walking

55.4
2 in going
3 without asking
4 at getting
5 with waiting
6 without using
7 for waking

55.5
1 I hope to leave tomorrow morning.
2 Has Sarah finished reading the newspaper?
3 It stopped raining and it started to snow (o … it started snowing).
4 Irene is fed up with watching TV every evening.
5 Do you mind phoning later?
6 It was a nice/lovely day and Gary suggested going to the park.
7 A: Would you like to have a dog?
   B: I'd prefer to have a cat.

UNITÀ 56

56.1
2 I want you to listen carefully.
3 I don't want you to be angry.
4 Do you want me to wait for you?
5 I don't want you to call me tonight.
6 I want you to meet Sarah.

56.2
2 A woman told me to turn left after the bridge.
3 I advised him to go to the doctor.
4 She asked me to help her / if I could help her.
5 I told Tom/him to come back in ten minutes.
6 Paul let me use his phone.
7 I told her not to phone / call (me) before 8 o'clock.
8 Amy's mother taught her to play the piano.

56.3
2 to repeat
3 wait
4 to arrive
5 to get
6 go
7 borrow
8 to tell
9 to make (o to get)
10 think

56.4
1 I wanted to go home immediately / at once.
2 Can you tell Ann to phone/ring me?
3 Let's go out! I don't want them to see us here.
4 I'd like you to leave tomorrow morning.
5 Carmen would like us to invite her.
6 Our parents told us not to be late.
7 I expected somebody to tell you. (o I expected that somebody would tell you.)
8 Paul didn't expect / Paul wasn't expecting us to help him. (o … that we would help him.)
9 Tina wants to say something. Let her speak.

UNITÀ 57

57.1
2–4
   I went to a coffee shop to meet a friend.
   I went to the chemist to get some medicine.
   I went to the market to buy some vegetables.

57.2
2 to read the newspaper
3 to open this door
4 to get some fresh air
5 to wake him up
6 to see who it was

Soluzioni degli esercizi

57.3
Esempi di risposte:
2 to talk to you now
3 to tell her about the party
4 to do some shopping
5 to buy a car

57.4
2 to   7 to
3 to   8 to
4 for   9 for
5 to   10 for
6 for   11 to

57.5
2 for the film to begin
3 for it to arrive
4 for you to tell me

57.6
1 We're going to Verona to see an opera tomorrow. (*o* Tomorrow we're going …)
2 Joe went out to meet his friends.
3 I'd like to go to London to learn English.
4 'Where are Laura and Ben?' 'They've gone to the bar to have a drink.' (*o* … to the bar for a drink.)
5 I didn't have (any) time / I had no time to read the newspaper yesterday.
6 Tina and Steve were in Cannes for the Festival.
7 I was waiting to speak/talk to the manager when David called me.
8 Don't leave now. Wait for Nick to come back / return!
9 'What are you doing here?' 'I'm waiting for my father to arrive/come.'

UNITÀ 58

58.1
3 to
4 – (*senza preposizione*)
5 for
6 to
7 on … to
8 for
9 on
10 to
11 – (*senza preposizione*)
12 on
13 for
14 on

58.2
2 went fishing
3 goes swimming
4 going skiing
5 go shopping
6 went jogging

58.3
2 to university
3 shopping
4 to sleep
5 home
6 skiing
7 riding

8 for a walk
9 on holiday … to Portugal

58.4
1 'Are you going home now?' 'No. I must / have to go to Helen's.'
2 Why don't we go to the swimming pool this afternoon?
3 We're going on a school trip next week.
4 'Has Amy gone to bed?' 'No. She's gone to the bathroom.'
5 I must go to the bank and then to the dentist('s).
6 My father likes going / to go fishing at the weekend.
7 My grandfather often goes to sleep in front of the TV.
8 Ben and Cathy went on holiday to Spain last summer. (*o* … went to Spain for a holiday …)

UNITÀ 59

59.1
2 get your boots
3 get a doctor
4 get a taxi
5 gets the job
6 get some milk
7 get a ticket
8 gets a good salary
9 get a lot of rain
10 get a new laptop

59.2
2 getting dark
3 getting married
4 getting ready
5 getting late

59.3
2 get wet
3 got married
4 gets angry
5 got lost
6 get old
7 got better

59.4
2 got to Bristol at 11.45.
3 I left the party at 11.15 and got home at midnight.
4 (*Esempio di risposta*) I left home at 8.30 and got to the airport at 10 o'clock.

59.5
2 got off
3 got out of
4 got on

59.6
1 Did you get any nice presents at Christmas?
2 'Sue has (got) a new bike.' 'Where did she get it?'
3 Maria got angry with me at the party.
4 Is my English getting better or worse?
5 Turn/Switch on the light. It's getting dark.

6 We got to the office at 9.10. (*o* We arrived at the office …)
7 Jack always gets/arrives home before 6 o'clock.
8 It's raining. Get into the car. You'll get wet. (*o* You're going to get wet.)
9 I met an old friend on the train. He got on at Modena and got off at Forlì.

UNITÀ 60

60.1
2 do   7 done
3 make   8 make
4 made   9 making
5 did   10 do
6 do   11 doing

60.2
2 They're / They are doing (their) homework.
3 He's / He is doing the shopping. *o* He is shopping.
4 She's / She is making a jacket.
5 They're / They are doing an exam/examination. (*o* … taking an exam.)
6 He's / He is making the/his bed.
7 She's / She is doing the washing-up. *o* She is washing up. / She is doing the dishes. / She is washing the dishes.
8 He's / He is making a (shopping) list.
9 They're / They are making a film.
10 He's / He is taking a photo/picture/photograph.

60.3
2 make   8 make
3 do   9 do
4 done   10 making
5 made   11 made
6 doing   12 make … do
7 did

60.4
1 'What does your father do?' 'He makes furniture.'
2 'I can't do this exercise.' 'I'll do it for you.'
3 'Can you do the shopping today?' 'Certainly. / Of course. Have you made the/a list?'
4 Hello. I'd like to make an appointment with Mr Turner.
5 Try not to make a/any noise. Lisa is doing her homework.
6 Luca and I are going to do a German course next year.
7 'I did the French test yesterday.' 'Did you make any mistakes?'
8 We took some nice photos in Scotland. Would you like to see them?
9 'When do you usually do the housework?' 'I do everything on Saturday(s).'

UNITÀ 61

61.1
3 He hasn't got / He doesn't have
4 Gary had
5 Have you got / Do you have
6 we didn't have
7 She hasn't got / She doesn't have
8 Did you have

61.2
2 She's / She is having a cup of tea.
3 He's / He is having a rest.
4 They're / They are having a good time.
5 They're / They are having dinner.
6 He's / He is having a bath.

61.3
3 Have a nice/good trip!
4 Did you have a nice/good weekend?
5 Did you have a nice/good game (of tennis)?
6 Have a nice/good time/evening!
   o Have fun!
7 Did you have a nice/good holiday?

61.4
2 have something to eat
3 had a glass of water
4 have a walk
5 had an accident
6 have a look

61.5
1 I don't have / I haven't got a Fiat. I have / I've got a Ford.
2 Do you usually have a shower or a bath?
3 I don't have time / I haven't got time to have lunch at home today.
4 What do you usually have for breakfast?
5 My father didn't have (a) TV when he was a child.
6 The sea is very clean here. Let's have a swim!
7 Did you have a good time in Ireland last year? (o Did you enjoy yourselves … ?
8 Francesca drives well. She has never had an accident.
9 Steve didn't go to school yesterday. He has (got) a cold.
10 Do you have / Have you got a minute? Can you have a look at this exercise?

UNITÀ 62

62.1
2 him   5 him
3 them   6 them
4 her   7 her

62.2
2 I … them   6 she … them
3 he … her   7 they … me
4 they … us   8 she … you
5 we … him

62.3
2 I like him.
3 I don't like it.

4 Do you like it?
5 I don't like her.
6 Do you like them?

62.4
2 him   8 them
3 them   9 me
4 they   10 her
5 us   11 them
6 it   12 he … it
7 She

62.5
2 Can you give it to him?
3 Can you give them to her?
4 Can you give it to me?
5 Can you give it to them?
6 Can you give them to us?

62.6
1 Alice is nice/friendly. I like her.
2 Luke loves Ruth, but she doesn't love him.
3 Who are those people? Do you know them?
4 I've bought a new jacket. Do you want to see it?
5 Do your parents live with you?
6 The manager wants to talk to us now.
7 'There's a parcel for you.' 'Where is it? Give it to me.'
8 We've found Ben's glasses. Can you give them to him?
9 A: Those boys are looking at you.
    B: No. They're looking at you.
10 A: You've got / You have a nice/beautiful house.
    B: We like it because it's big.

UNITÀ 63

63.1
2 her   5 their hands
3 our hands   6 your hands
4 his hands

63.2
2 They live with their parents.
3 We live with our parents.
4 Martina lives with her parents.
5 I live with my parents.
6 John lives with his parents.
7 Do you live with your parents?
8 Most children live with their parents.

63.3
2 their   6 their
3 his   7 her
4 his   8 their
5 her

63.4
2 his   8 her
3 Their   9 their
4 our   10 my
5 her   11 Its
6 my   12 His … his
7 your

63.5
2 my key   5 their homework
3 Her husband   6 his name
4 your coat   7 Our house

63.6
1 I don't like your ideas.
2 Excuse me. Is this your coat?
3 Do you like our garden?
4 Edinburgh is famous for its festival.
5 Robert and his sisters speak English and French.
6 Sam works hard. He likes his job.
7 I know Maria, but I don't know her brother.
8 My children are at the cinema with their friends.
9 Put on your shoes. It's time to go to school.
10 Kate often washes her hands. She's a nurse.

UNITÀ 64

64.1
2 mine   6 yours
3 ours   7 mine
4 hers   8 his
5 theirs

64.2
2 yours   6 My … hers
3 my … Mine   7 their
4 Yours … mine   8 Ours
5 her

64.3
3 of hers
4 friends of ours
5 friend of mine
6 friend of his
7 friends of yours

64.4
2 Whose camera is this? It's hers.
3 Whose gloves are these? They're mine.
4 Whose hat is this? It's his.
5 Whose money is this? It's yours.
6 Whose bags are these? They're ours.

64.5
1 'Whose dog is this? / Whose is this dog?' 'It's ours.'
2 Whose are those glasses? / Whose glasses are those? Are they yours?
3 We invited Anna, Tom and a friend of theirs.
4 Luisa goes to the cinema with a friend of hers every Thursday.
5 'Excuse me, are these you keys? (o … are these keys yours?)' 'Yes, they're mine.'
6 A: My car is too small.
    B: Emma can lend us hers.
7 A: Is this Jon's bag or yours?
    B: It's mine. His is black.

UNITÀ 65

65.1
2 Yes, I know **her**, but I can't remember **her name**.
3 Yes, I **know them**, but I **can't remember their** names.
4 Yes, I **know you**, but I **can't** remember **your name**.

Soluzioni degli esercizi

65.2

2 He invited us to stay with **him** at his house.
3 They invited him to stay with **them at their** house.
4 I invited them to stay **with me at my** house.
5 She invited us to stay **with her at her** house.
6 Did you invite him **to stay with you at your** house?

65.3

2 I gave her my phone number, and she gave me **hers**.
3 He gave me his phone number, and I gave **him mine**.
4 We gave them **our** phone number, and they gave **us theirs**.
5 She gave him **her** phone number, and he gave **her his**.
6 You gave us **your** phone number, and we gave **you ours**.
7 They gave you **their** phone number, and you gave **them yours**.

65.4

2 them   6 us
3 him   7 her
4 our   8 their
5 yours   9 mine

65.5

1 Martin loves animals. And they love him.
2 'Excuse me. Is this newspaper yours? (o Is this your newspaper?)' 'No. It isn't mine.'
3 This is our address. Can you give us yours?
4 'That's Mrs Gray.' 'I know her. Her brother is a friend of mine.'
5 'My suitcase is too small.' 'Ask Joe to give you his.'
6 These are my children. And this is Sarah, a friend of theirs.

UNITÀ 66

66.1

2 myself
3 herself
4 themselves
5 myself
6 himself
7 yourself
8 yourselves

66.2

2 When I saw him, he **was by himself**.
3 Don't **go out by yourself**.
4 I **went to the cinema by myself**.
5 My sister **lives by herself**.
6 Many people **live by themselves**.

66.3

2 They can't see each other.
3 They call each other a lot.
4 They don't know each other.
5 They're / They are sitting next to each other.
6 They gave each other presents / a present.

66.4

3 each other   7 each other
4 yourselves   8 each other
5 us   9 them
6 ourselves   10 themselves

66.5

1 If you want some sugar, help yourself.
2 Did you enjoy yourselves last night? (o Did you have a good time … ?)
3 Your father and I know each other very well.
4 Laura is looking at herself in the mirror.
5 When did Michael hurt himself?
6 Rita and Dave are going to get married in July.
7 You should always help each other.
8 My parents love (each other) and understand each other.
9 James works a lot (o … works hard), but he never gets tired.
10 'I don't feel well.' (o 'I'm not feeling well.') 'Why don't you lie down?'

UNITÀ 67

67.1

3 Helen is **Brian's** wife.
4 James is Sarah's **brother**.
5 James is **Daniel's** uncle.
6 Sarah is **Paul's** wife.
7 Helen is Daniel's **grandmother**.
8 Sarah is James's **sister**.
9 Paul is **Sarah's** husband.
10 Paul is Daniel's **father**.
11 Daniel is **James's** nephew.

67.2

2 Andy's   5 Rachel's
3 Dave's   6 Alice's
4 Jane's

67.3

3 OK
4 Simon's phone number
5 My brother's job
6 OK
7 OK
8 Paula's favourite colour
9 your mother's birthday
10 My parents' house
11 OK
12 OK
13 Silvia's party
14 OK

67.4

1 The teacher's husband comes from Toronto.
2 Lisa's car is faster than Tina's.
3 'Whose skis are these? / Whose are these skis?' 'They're my sister's.'
4 I don't remember your parents' names.
5 Can you tell me the days of the week in French?
6 Let's go to Daniel's (house/place)! There's a big party.
7 What are the colours of the German flag?
8 Ben was at his mother's on Sunday.

UNITÀ 68

68.1

2 a   5 a   8 an
3 a   6 an   9 an
4 an   7 a

68.2

2 a vegetable
3 a game
4 a tool
5 a mountain
6 a planet
7 a fruit
8 a river
9 a flower
10 a musical instrument

68.3

2 He's a shop assistant.
3 She's an architect.
4 He's a taxi driver.
5 He's an electrician.
6 She's a photographer.
7 She's a nurse.
8 I'm a/an …

68.4

2–8
Tom never wears **a** hat.
I can't ride **a** bike.
My brother is **an** artist.
Rebecca works in **a** bookshop.
Jane wants to learn **a** foreign language.
Mike lives in **an** old house.
This evening I'm going to **a** party.

68.5

1 'How much is it?' 'A euro. / One euro.'
2 A: Here's the report.
   B: Thanks. Is there another copy for Paul?
3 Kate is a teacher. Ben is an actor.
4 How many seconds are there in an hour? (o … in one hour?)
5 Is there a university in Liverpool?
6 A: Are you a student?
   B: No. I'm a photographer.
7 My father is a taxi driver. I'm an engineer.

UNITÀ 69

69.1

2 What a pretty flower!
3 What an awful noise!
4 What a fantastic goal!
5 What a beautiful day!
6 What a lovely present!

69.2

2 a long neck   7 a helmet
3 an umbrella   8 a bank
4 a round face   9 a hurry
5 a headache   10 a satnav
6 a bath

69.3

2 a key
3 a spare tyre
4 an Indian restaurant
5 a month
6 a balcony

69.4

1 Jack is in a bad mood today.
2 Do you ever wear a tie?
3 'How much is the room?'
   '120 dollars a night.'
4 What a cold day! Don't go out without a coat.
5 Anna can't go to school today. She's got a cough.
6 'Can I speak/talk to Tom?' 'He's having a shower.'
7 I can't work without a computer.
8 My car has (got) a small boot.
9 My father works in a factory. He works 36 hours a week.
10 It's got a big head, a long nose and a small tail. What is it?

UNITÀ 70

70.1

2	boats	8	sandwiches
3	women	9	families
4	cities	10	feet
5	umbrellas	11	holidays
6	addresses	12	potatoes
7	knives		

70.2

2	teeth	5	fish
3	people	6	leaves
4	children		

70.3

3 … with a lot of beautiful tree**s**.
4 … with two **men**.
5 OK
6 … three child**ren**.
7 Most of my friend**s** are student**s**.
8 He put on his pyjama**s** …
9 OK
10 Do you know many **people** …
11 I like your trouser**s**. Where did you get **them**?
12 … full of tourist**s**.
13 OK
14 **These** scissor**s aren't** …

70.4

2	are	7	Do
3	don't	8	are
4	watch	9	them
5	were	10	some
6	live		

70.5

1 I need two boxes of drawing pins.
2 Do canaries eat tomatoes?
3 Paul wants to buy some pyjamas and two pairs of trousers.
4 I (can) see two houses, three men, two women and some sheep.
5 A lot of people play tennis.
6 A: Has Maria got (any) children? (o Does Maria have … ?)
   B: Yes, two girls.
7 The police are looking for Jim Harris.
8 Were there many people (o a lot of people) at your party?

UNITÀ 71

71.1

3	a jug	8	money
4	water	9	a wallet
5	toothpaste	10	sand
6	a toothbrush	11	a bucket
7	an egg	12	an envelope

71.2

3 … **a** hat.
4 … **a** job?
5 OK
6 … **an** apple …
7 … **a** party …
8 … **a** wonderful thing.
9 … **an** island.
10 … **a** key.
11 OK
12 … **a** good idea.
13 … **a** car.
14 … **a** cup of coffee?
15 OK
16 … **an** umbrella.

71.3

2 a piece of wood
3 a glass of water
4 a bar of chocolate
5 a cup of tea
6 a piece of paper
7 a bowl of soup
8 a loaf of bread
9 a jar of honey

71.4

1 What a nice/beautiful horse!
2 My sister works in a bank.
3 You can't go to that party without a jacket.
4 A: Translate these sentences.
   B: With or without a dictionary?
5 Please buy two bottles of wine and some ham.
6 We haven't got much pasta, but there are (some) potatoes, rice and bread. (o We don't have much pasta …)
7 That's a nice piece of music. What is it?

UNITÀ 72

72.1

2 a newspaper (o a paper), some flowers (o a bunch of flowers) and a pen
3 some bananas, some eggs and some bread
4 some toothpaste, some soap (o a bar of soap) and a comb

72.2

2 Would you like some coffee? (o … a cup of coffee?)
3 Would you like a biscuit?
4 Would you like some bread? (o … a piece of bread? / a slice of bread?)
5 Would you like a chocolate?
6 Would you like some cake? (o … a piece of cake?)

72.3

2 some … some
3 some
4 a … some
5 an … some
6 a … a … some
7 some
8 some
9 some … a

72.4

2 eyes
3 hair
4 information
5 chairs
6 furniture
7 job
8 wonderful weather

72.5

1 Is there any news about the election(s)?
2 Barbara always does her homework with her mother.
3 I'd like some information about the British Museum.
4 We have / We've got some luggage. Where can we put it?
5 Andy is a designer. It's an interesting job.
6 I want to buy some new furniture. Give me some advice.

UNITÀ 73

73.1

3 in **the** living room
4 OK
5 **The** First World War
6 on **the** top shelf on **the** right
7 OK
8 in **the** country … from **the** nearest town
9 **the** weekend in **the** mountains
10 OK
11 **the** third on **the** left
12 OK
13 **The** Prime Minister is **the** leader of **the** largest party.
14 OK
15 OK
16 in **the** middle of **the** square

73.2

2 the garden
3 breakfast
4 the radio
5 television/TV
6 the bottom

73.3

2 the country
3 the TV
4 Breakfast
5 the end
6 the middle
7 next weekend
8 the right

Soluzioni degli esercizi

73.4

1 The new chairs are in the living room.
2 The post office is at the end of the street on the left.
3 I never watch TV in the morning(s).
4 Mario is waiting in the garden, but Cosette is still in the bathroom.
5 Do you want (o Would you like) to come to the mountains with us next week?
6 In 2013 we went to the top of the Sears Tower in Chicago.
7 We saw Aunt Amy in the (city) centre last Saturday.
8 I live in the city, but I spend the weekend(s) in the country.
9 Dan listens to the radio when he has breakfast. (o When he's having …)
10 Blue is a romantic colour.

UNITÀ 74

74.1

2 **the** cinema
3 hospital
4 **the** airport
5 home
6 prison

74.2

3 school
4 **the** station
5 home
6 bed
7 **the** post office

74.3

2 **the** cinema
3 go to bed
4 go to prison
5 go to **the** dentist
6 go to university/college
7 go to hospital / are taken to hospital

74.4

3 **the** doctor
4 OK
5 OK
6 OK
7 **the** bank
8 OK
9 OK
10 **the** city centre
11 **the** station
12 OK
13 OK
14 OK
15 **the** theatre

74.5

1 'Is Veronica still in bed?'
   'No. She's at work.'
2 Are you at university? When did you leave school?
3 We went to the theatre yesterday evening / last night. Today we're going to the cinema.
4 Don't forget to go to the bank tomorrow.
5 Jack wasn't at school this morning. He was ill.

6 'Let's go to the swimming pool.'
   'I can't. I have to go to the library.'

UNITÀ 75

75.1

Esempi di risposte:

2 I don't like dogs.
3 I hate museums.
4 I love big cities.
5 I don't like tennis.
6 I love chocolate.
7 I don't like computer games.
8 I hate parties.

75.2

Esempi di risposte:

2 I'm not interested in politics.
3 I'm interested in sport.
4 I don't know much about art.
5 I don't know anything about astronomy.
6 I know a little about economics.

75.3

3 friends
4 parties
5 The shops
6 the milk
7 milk
8 basketball
9 buildings
10 The water
11 cold water
12 the salt
13 the people
14 Vegetables
15 The houses
16 the words
17 pictures
18 the pictures
19 English … international business
20 Money … happiness

75.4

1 Do birds drink milk?
2 Tom loves rock music and horses.
3 'Where are the apples?'
   'They're in the kitchen.'
4 Do you like this city/town? What do you think about the people?
5 Cricket and football/soccer are very popular in England.
6 I like history. The history of Italy is very interesting.
7 'Did you see the game/match last night?'   'Yes. The goals were fantastic.'
8 I like this school. The teachers are nice.

UNITÀ 76

76.1

3 Sweden
4 **The** Amazon
5 Asia
6 **The** Pacific
7 **The** Rhine
8 Kenya
9 **The** United States
10 **The** Andes

11 Bangkok
12 **The** Alps
13 **The** Red Sea
14 Jamaica
15 **The** Bahamas
16 Vesuvius

76.2

3 OK
4 **the** Philippines
5 **the** south of France
6 **the** Regal Cinema
7 OK
8 **the** Museum of Art
9 OK
10 Belgium is smaller than **the** Netherlands.
11 **the** Mississippi … **the** Nile
12 **the** National Gallery
13 **the** Park Hotel in Hudson Road
14 OK
15 **The** Rocky Mountains are in North America.
16 OK
17 **the** United States
18 **the** west of Ireland
19 OK
20 Lake Garda is in **the** north of Italy.
21 **The** Panama Canal joins **the** Atlantic Ocean and **the** Pacific Ocean.

76.3

1 America is a large/big continent.
2 Paris is the capital of France.
3 Manchester is in the north of England.
4 Where are Lake Ontario and the Mississippi?
5 Daniel studied at Oxford University. / … at the University of Oxford.
6 I met Jackie at the Tower of London yesterday afternoon.
7 Is there a train from Victoria Station to Gatwick Airport?
8 Have you visited St Peter's church?

UNITÀ 77

77.1

2 that house
3 these postcards
4 those birds
5 this seat
6 These plates

77.2

2 Is that your umbrella?
3 Is this your book?
4 Are those your books?
5 Is that your bike/bicycle?
6 Are these your keys?
7 Are those your keys?
8 Is this your watch?
9 Are those your glasses?
10 Are these your gloves?

77.3

2 that's
3 This is
4 That's
5 that
6 this is
7 That's
8 that's

77.4

1 this example
2 that horse
3 those children
4 these coats
5 these girls
6 those people
7 this room
8 that car

77.5

1 'Oh, I've broken my/the glass.'
   'That's all right.'   (o 'That's OK.')
2 'Who's that?'   'Sarah's brother.'
3 'You live in Rome, don't you?'
   'That's right.'
4 Hi, Joe. This is Mark.
5 Kelly, this is Francis.
6 Don't talk/speak like that.

UNITÀ 78

78.1

2 need one
3 I'm going to get one
4 I don't have one
5 I've just had one
6 there's one in Mill Road

78.2

2 a new one
3 a better one
4 an old one
5 a big one
6 a different one

78.3

2 Which ones? The green ones.
3 Which one? The one with a/the red door.
4 Which ones? The ones on the top shelf.
5 Which one? The black one.
6 Which one? The one on the wall.
7 Which one? The tall one with long hair.
8 Which ones? The yellow ones.
9 Which one? The one with a/the moustache and glasses.
10 Which ones? The ones I took at the party last week.

78.4

1 I like these roses. Can I have one?
2 'Would you like to have a scooter?'
   'I've got one.'
3 'Is this bag OK / all right?'
   'Is there a bigger/larger one?'
4 'Is that your house?'   'No, it's the white one.' (o … that white one.)
5 Which jeans do you want / would you like? These (ones), or the ones on the bed?
6 I don't like the new model. I prefer the old one.
7 These posters are nice, but I prefer the small ones in the living room.
8 'Take those bottles.'   'Which ones?'

UNITÀ 79

79.1

2 some
3 any
4 any
5 any
6 some
7 any
8 some
9 some
10 any … any
11 some … any
12 some

79.2

2 some questions
3 any pictures
4 any foreign languages
5 some friends
6 some milk
7 any batteries
8 some fresh air
9 some cheese
10 any help

79.3

3 I have some / I've got some
4 I don't have any / I haven't got any / I haven't any
5 I didn't buy any
6 I bought some
7 I didn't drink any

79.4

2 something
3 anything
4 anything
5 Somebody/Someone
6 anything
7 anybody/anyone
8 something
9 anything
10 anybody/anyone

79.5

1 There is some cheese in the fridge.
2 I have (got) some friends in Rome.
3 Steve doesn't have / hasn't got any problems.
4 I don't want any sugar, thank you / thanks.
5 Do you want / Would you like some chips? (o French fries?)
6 Do we have / Have we got any batteries for the remote control?
7 Can you pass me some bread, please?
8 'I don't have / haven't got any milk.'
   'I have (got) some. Do you want / Would you like some?'
9 'I'd like some tea.'   'There isn't any.'
10 'Say something.'   'I don't have / haven't got anything to say.'
11 Do you know anybody/anyone who speaks Russian?
12 We don't know anybody/anyone here.

UNITÀ 80

80.1

2 There are no shops near here.
3 Carla has no free time.
4 There is no light in the room.
6 There isn't any milk in the fridge.
7 There aren't any buses today.
8 Tom doesn't have any brothers or sisters.

80.2

2 any
3 any
4 no
5 any
6 no
7 any
8 no
9 any
10 no
11 None
12 any

80.3

2 no money
3 any questions
4 no friends
5 no difference
6 any furniture
7 no idea
8 any heating
9 no queue

80.4

Esempi di risposte:
2 Three.
3 Two cups.
4 None.
5 None.

80.5

1 Tom doesn't have / hasn't got any friends.
2 There aren't any / There are no animals in this park.
3 The bathroom is large/big, but there aren't any windows. (o … there are no windows.)
4 Luca doesn't have / hasn't got any hobbies. (o … has (got) no hobbies.) He doesn't have / hasn't got any free/spare time. (o He has (got) no free/spare time.)
5 'How much bread do we have / have we got?'   'None.'
6 No-one/Nobody likes this programme.
7 'How many children did Elizabeth I have?'   'None.'
8 No-one/Nobody knows us.
9 'How many mistakes did you make in the/your test?'   'None.'
10 'Wait. I don't have / haven't got a ticket.'   'There's no hurry.'
   (o 'There isn't any hurry.')

UNITÀ 81

81.1

2 There's nobody in the office.
3 I have nothing to do.
4 There's nothing on TV.
5 There was no-one at home.
6 We found nothing.

81.2

2 There wasn't anybody/anyone on the bus.
3 I don't have anything to read.
4 I don't have anybody/anyone to help me.
5 She didn't hear anything.
6 We don't have anything for dinner.

Soluzioni degli esercizi

81.3
3a Nothing.
4a Nobody/No-one.
5a Nobody/No-one.
6a Nothing.
7a Nothing.
8a Nobody/No-one.
3b I don't want anything.
4b I didn't meet anybody/anyone.
5b Nobody/No-one knows the answer.
6b I didn't buy anything.
7b Nothing happened.
8b Nobody/No-one was late.

81.4
3 anything
4 Nobody/No-one
5 Nothing
6 anything
7 anybody/anyone
8 nothing
9 anything
10 anything
11 nobody/no-one
12 anything
13 Nothing
14 Nobody/No-one ... anybody/anyone

81.5
1 I don't know anything about cricket. *o* I know nothing about cricket.
2 We can't do anything for you. *o* We can do nothing for you.
3 There wasn't anybody/anyone on the bus. *o* There was nobody/no-one ...
4 'What did you do on Friday evening/night?' 'Nothing. We went to bed early.'
5 'Do you know anybody/anyone here?' 'No, nobody/no-one.'
6 Nothing can stop bad weather.
7 Nobody/No-one knows Laura's address.
8 I put in the money (*o* I put the money in) and (I) pressed/pushed the button, but nothing happened.

UNITÀ 82

82.1
2 something
3 somewhere
4 somebody/someone

82.2
2a Nowhere.
3a Nothing.
4a Nobody/No-one.
2b I'm not going anywhere.
3b I don't want anything.
4b I'm not looking for anybody/anyone.

82.3
3 anything
4 anything
5 somebody/someone
6 something
7 anybody/anyone ... nobody/no-one
8 anything
9 Nobody/No-one

10 anybody/anyone
11 Nothing
12 anywhere
13 somewhere
14 anything
15 anybody/anyone

82.4
2 anything to eat
3 nothing to do
4 anywhere to sit
5 something to drink
6 nowhere to park
7 something to read
8 somewhere to stay

82.5
1 Listen. There's somebody/someone in the garage.
2 Is there anything good on the radio?
3 Did you see anybody/anyone at the park?
4 Only Tom and I have the key. No-one/Nobody else.
5 It's hot today. Would you like something to drink?
6 I have left my umbrella somewhere.
7 A: Do you like your job?
   B: Let's talk about something else.
8 I haven't got (*o* I don't have) anything to do. (*o* I have (got) nothing to do.) Is there anything to read?
9 There isn't anywhere to play football here. (*o* There's nowhere ...)
10 There isn't anything new in the newspaper/paper. (*o* There's nothing new ...)

UNITÀ 83

83.1
2 Every day   4 Every room
3 every time   5 every word

83.2
2 every day   5 all day
3 all day   6 all day
4 every day   7 every day

83.3
2 every   6 all
3 all   7 every
4 all   8 all
5 Every   9 every

83.4
2 everything
3 Everybody/Everyone
4 everything
5 everywhere
6 Everybody/Everyone
7 everywhere
8 Everything

83.5
2 is   6 was
3 has   7 makes
4 likes   8 Is ... Does
5 has

83.6
1 Every street has (got) a name.
   o All streets have (got) a name.

2 Do you watch the news every day?
3 I didn't do anything all day yesterday. (*o* Yesterday I didn't ...)
4 Barbara gets up at 6.30 every morning.
5 I worked all afternoon on Saturday. (*o* On Saturday I worked ...)
6 Everybody knows Florence and Venice.
7 My brother knows everything about computers.
8 The train is leaving. Goodbye everybody/everyone.
9 Everybody says: 'Money isn't everything.'
10 Is English spoken everywhere?

UNITÀ 84

84.1
3 Some   10 Most
4 Most of   11 most of
5 Most   12 Some
6 any of   13 All *o* All of
7 all *o* all of 14 some of
8 None of   15 most of
9 any of

84.2
2 All of them.
3 Some of them.
4 None of them.
5 Most of them.
6 None of it.

84.3
3 Some people ...
4 Some of **the** questions ... *o* Some questions ...
5 OK
6 All insects ...
7 OK (*o* ... all **of** these books)
8 Most of **the** students ... *o* Most students ...
9 OK
10 ... most of **the** night

84.4
1 All children love animals.
2 None of my friends live in the country.
3 Most of these sentences are easy.
4 I like some westerns, but not all (of them).
5 Most people don't work on Saturday(s).
6 'Do you know any of these people?' 'I know some of them.'
7 'Have you invited all your friends?' 'Most of them, but not all (of them).'

UNITÀ 85

85.1
3 Both   9 Neither
4 Neither   10 either of
5 Neither   11 Both
6 both   12 neither of
7 Either   13 Both
8 neither of 14 either of

85.2

2 Both windows are open.
3 Neither man is wearing a hat.
4 Both men have (got) beards.
5 Both buses go to the airport.
  o ... are going to the airport.
6 Neither answer is correct.

85.3

3 Both of them are students.
4 Neither of them has (got) a car.
5 Both of them live in London.
6 Both of them like cooking.
7 Neither of them can play the piano.
8 Both of them eat seafood.
9 Neither of them is interested in sport.

85.4

1 Both (of) these jackets are nice. You can buy either (of them).
2 My parents like travelling, (*o* ... like to travel,) but neither of them speaks English.
3 I don't know either of your brothers.
4 Both of us play tennis, but neither of us can play very well. (*o* We both play ...)
5 Both (of) Carol's books are bestsellers, but I don't like either (of them).
6 'Do you want to watch Channel 4 or Channel 5?' 'Neither (of them).'

UNITÀ 86

86.1

2 many   8 many
3 much   9 How many
4 many   10 How much
5 many   11 How much
6 much   12 How many
7 much

86.2

2 much time
3 many countries
4 many people
5 much luggage
6 many times

86.3

2 a lot of interesting things
3 a lot of accidents
4 a lot of fun
5 a lot of traffic

86.4

3 a lot of snow   6 OK
4 OK   7 OK
5 a lot of money   8 a lot

86.5

3 She plays tennis a lot.
4 He doesn't use his car much. (*o* ... a lot.)
5 He doesn't go out much. (*o* ... a lot.)
6 She travels a lot.

86.6

1 There's a lot of noise in this restaurant.
2 'Have you got (*o* Do you have) much (*o* a lot of) work to do?' 'Yes, a lot.'
3 There are a lot of (*o* many) interesting places in London.
4 'How much milk have we got (*o* do we have) in the fridge?' 'Two litres.'
5 I went to the cinema yesterday and I liked the film very much.
6 Jessica knows a lot of (*o* many) people everywhere. Does she travel much (*o* a lot)?
7 How many rooms are there in this hotel?
8 Cats sleep a lot.

UNITÀ 87

87.1

2 a few   5 a little
3 a little   6 a few
4 a few

87.2

2 a little milk
3 A few days
4 a little Russian
5 a few friends
6 a few times
7 a few chairs
8 a little fresh air

87.3

2 very little coffee
3 very little rain
4 very few hotels
5 very little time
6 Very few people
7 very little work

87.4

2 A few   5 few
3 a little   6 a little
4 little   7 little

87.5

2 ... **a** little luck
3 ... **a** few things
4 OK
5 ... **a** few questions
6 ... **few** people
7 ... OK

87.6

1 There were few people at the meeting on Monday. (*o* On Monday there were ...)
2 'When did he get married?' 'A few days ago.'
3 'Who are you going to invite?' 'A few friends.'
4 My mother speaks a little French and a little English.
5 I worked in Liverpool for a few months in 2009. (*o* In 2009 I worked ...)
6 I'd like to do a little jogging, but I have (got) very little time.
7 I'd like to write a book, but I have (got) very few ideas.

8 Ben and his wife talk a lot, but (they) do very little.
9 'How long did you stay in Dublin?' 'Only a few days. We had very little money.'
10 'Do we have / Have we got enough to drink?' 'There are a few bottles of water and a little juice.'

UNITÀ 88

88.1

2 I like that green jacket.
3 Do you like classical music?
4 I had a wonderful holiday.
5 We went to a Japanese restaurant.

88.2

2 black clouds
3 long holiday
4 hot water
5 fresh air
6 sharp knife
7 dangerous job

88.3

2 It looks new.
3 I feel ill.
4 You look surprised.
5 They smell nice.
6 It tastes horrible.

88.4

2 It doesn't look new.
3 You don't sound American.
4 I don't feel cold.
5 They don't look heavy.
6 Maybe, but it doesn't taste good.

88.5

1 It was a very cold evening.
2 A lot of Italian cities are interesting.
3 Where are my black shoes?
4 I was tired and (I was) very thirsty.
5 That car looks new.
6 Who's that tall boy with (the) long hair?
7 This meat tastes strange and (it) doesn't smell good. (*o* This meat has got a strange taste ...)

UNITÀ 89

89.1

2 badly   5 fast
3 quietly   6 dangerously
4 angrily

89.2

2 work hard
3 sleep well
4 win easily
5 Think carefully
6 know her very well
7 explain things very clearly/well
8 Come quickly

89.3

2 angry   8 quiet
3 slowly   9 badly
4 slow   10 nice (*vedi*
5 careful   *Unità* 88)
6 hard   11 quickly
7 suddenly

89.4
2 well
3 good
4 well
5 well
6 good … good

89.5
1 Nadia is a good singer and (she) plays the piano very well.
2 Anna doesn't drive fast, but she is never late.
3 'The door is stuck.' 'Pull hard.'
4 Davis is a good player, but he played badly yesterday. (o … but yesterday he played badly.)
5 The weather was very bad, but it changed quickly.
6 Suddenly it started to snow heavily/hard.
7 I don't like to walk slowly. (o I don't like walking …)
8 I hardly slept last night.

UNITÀ 90

90.1
2 bigger
3 slower
4 more expensive
5 higher
6 more dangerous

90.2
2 stronger
3 happier
4 more modern
5 more important
6 better
7 larger
8 more serious
9 prettier
10 more crowded

90.3
2 hotter/warmer
3 more expensive
4 worse
5 further
6 more difficult o harder

90.4
3 taller
4 harder
5 more comfortable
6 better
7 nicer
8 heavier
9 more interested
10 warmer
11 better
12 bigger
13 more beautiful
14 sharper
15 more polite
16 worse

90.5
1 'It's more expensive by plane.' 'Yes, but it's faster and more comfortable.'
2 I've got an easier job now. It's more interesting too. (o It's also …)
3 These skis are nicer, but the other ones are cheaper.

4 The Concorde hotel is further from here, but it's better.
5 Do you think (that) my English is better or worse now?

UNITÀ 91

91.1
3 Kate is taller than Ben.
4 Kate starts work earlier than Ben.
5 Ben works harder than Kate.
6 Ben has more money than Kate.
7 Kate is a better driver than Ben.
8 Ben is more patient than Kate.
9 Ben is a better dancer than Kate. / Ben dances better than Kate.
10 Kate is more intelligent than Ben.
11 Kate speaks French better than Ben. / Kate speaks better French than Ben. / Kate's French is better than Ben's.
12 Ben goes to the cinema more than Kate. / … more often than Kate.

91.2
2 You're older than her. / … than she is.
3 You work harder than me. / … than I do.
4 You watch TV more than him. / … than he does.
5 You're a better cook than me. / … than I am. o You cook better than me. / … than I do.
6 You know more people than us. / … than we do.
7 You have more money than them. / … than they have.
8 You can run faster than me. / … than I can.
9 You've been here longer than her. / … than she has.
10 You got up earlier than them. / … than they did.
11 You were more surprised than him. / … than he was.

91.3
2 Jack's mother is much younger than his father.
3 My camera cost a bit more than yours. / … than your camera. o My camera was a bit more expensive than …
4 I feel much better today than yesterday. / … than I did yesterday. / … than I felt yesterday.
5 It's a bit warmer today than yesterday. / … than it was yesterday.
6 Sarah is a much better tennis player than me / than I am. o Sarah is much better at tennis than me / than I am. o Sarah plays tennis much better than me / than I do.

91.4
1 Water is heavier than oil.
2 Today I feel more tired than yesterday.
3 It's more difficult to write than to read.
4 This question is easier than the other one.

5 We work more than forty hours a week.
6 All my friends can ski much better than me / than I can.
7 A: How far is the hotel from here?
   B: Less than two kilometres.
8 Mark has (got) more money than Francesca, but she is more intelligent.
9 My new car is a bit smaller, but it's much cheaper / more economical.

UNITÀ 92

92.1
2 A is longer than B, but not as long as C.
3 C is heavier than A, but not as heavy as B.
4 A is older than C, but not as old as B.
5 B has got more money than C, but not as much as A. o … but less (money) than A.
6 C works harder than A, but not as hard as B.

92.2
2 Your room isn't as big as mine. / … as my room.
3 I didn't get up as early as you. / … as you did.
4 They didn't play as well as us. / … as we did.
5 You haven't been here as long as me. / … as I have.
6 He isn't as nervous as her. / … as she is.

92.3
2 as
3 than
4 than
5 as
6 than
7 as
8 than

92.4
2 Julia lives in the same street as Laura.
3 Julia got up at the same time as Andy.
4 Andy's car is the same colour as Laura's.

92.5
1 Brazil isn't as large/big as Canada.
2 My car isn't as comfortable as yours.
3 You eat more than me, (o … more than I do,) but not as much as her. (o … not as much as she does.)
4 Sam doesn't earn as much as Anna.
5 I always catch/take/get the same bus as your brother.
6 You don't know as many people as us. (o … as we do.)
7 My bike/bicycle is the same make as yours, but it isn't as expensive.

UNITÀ 93

93.1
2 C is longer than A. D is the longest. B is the shortest.
3 D is younger than C. B is the youngest. C is the oldest.

4 D is more expensive than A. C is the most expensive. A is the cheapest.
5 A is better than C. A is the best. D is the worst.

93.2

2 the happiest day
3 the best film
4 the most popular singer
5 the worst mistake
6 the prettiest village
7 the coldest day
8 the most boring person

93.3

2 Everest is the highest mountain in the world.
3–6
   Brazil is the largest country in South America.
   Alaska is the largest state in the USA.
   The Nile is the longest river in Africa / in the world.
   Jupiter is the largest planet in the solar system.

93.4

1 'Have you got (o Do you have) a smaller size?' 'This is the smallest (that) we've got / we have.'
2 Lucy is the youngest girl in the class and she's the most interesting too. (o … she's also the most interesting.)
3 This is the worst mistake you've ever made.
4 X is heavier than Y, but X is lighter than Z. Which is the heaviest?
5 Your husband is the nicest person I've ever met.
6 Do you think that French cooking is better than Italian cooking?
7 What is the best football/soccer team in Italy?

UNITÀ 94

94.1

2 enough chairs
3 enough paint
4 enough wind

94.2

2 The car isn't big enough.
3 His legs aren't long enough.
4 He isn't strong enough.

94.3

3 old enough
4 enough time
5 big enough
6 eat enough
7 enough space
8 tired enough
9 practise enough

94.4

2 sharp enough to cut
3 warm enough to go
4 enough bread to make
5 well enough to win
6 enough time to read

94.5

1 You don't eat enough fruit.
2 Have you got / Do you have enough time for lunch?
3 Peter works hard, but he doesn't earn enough.
4 I think the weather is good/nice enough for a walk.
5 Are these boxes big/large enough for six bottles?
6 James is intelligent enough to understand the situation.
7 Do you think this book is easy enough for a beginner to understand? / … to be understood by a beginner?

UNITÀ 95

95.1

2 too heavy   5 too big
3 too low   6 too crowded
4 too fast

95.2

3 enough   8 enough
4 too many   9 too
5 too   10 too many
6 enough   11 too much
7 too much

95.3

3 It's too far.
4 It's too expensive.
5 It isn't / It's not big enough.
6 It was too difficult.
7 It isn't / It's not good enough.
8 I'm too busy.
9 It was too long.

95.4

2 too early to go to bed
3 too young to get married
4 too dangerous to go out at night
5 too late to phone Sue (now)
6 too surprised to say anything

95.5

1 You go to bed too late. You don't sleep enough.
2 This car isn't big enough for us, and it's too expensive.
3 'Tom doesn't study enough.' 'He has / He's got too much money and too many hobbies.'
4 There are too many windows in this flat/apartment.
5 I'm too old to play football/soccer.
6 It's snowing too heavily/hard for us to ski.
7 There were too many people in the shop.

UNITÀ 96

96.1

3 I like this picture very much.
4 Tom started his new job last week.
5 OK
6 Jessica bought a present for her friend. o Jessica bought her friend a present.
7 I drink three cups of coffee every day.

8 OK
9 I borrowed fifty euros from my brother.

96.2

2 I got a new phone last week.
3 Paul finished his work quickly.
4 Emily doesn't speak French very well.
5 I did a lot of shopping yesterday.
6 Do you know London well?
7 We enjoyed the party very much.
8 I explained the problem carefully.
9 We met some friends at the airport.
10 Did you buy that jacket in England?
11 We do the same thing every day.
12 I don't like football very much.

96.3

2 I arrived at the hotel early.
3 Julia goes to Italy every year.
4 We have lived here since 1998.
5 Sue was born in London in 1990.
6 Paul didn't go to work yesterday.
7 Helen went to a wedding last weekend.
8 I had my breakfast in bed this morning.
9 Amy is going to university in September.
10 I saw a beautiful bird in the garden this morning.
11 My parents have been to the United States many times.
12 I left my umbrella in the restaurant last night.
13 Are you going to the cinema tomorrow evening?
14 I took the children to school this morning.

96.4

1 Did you go to the zoo last Sunday?
2 Did you meet your wife before or after 2003?
3 My mother doesn't like cheese very much.
4 (The) newspapers say the same things every day.
5 My parents go to the country every Sunday. (o Every Sunday my parents …)
6 Marco saw your brother in Venice two days ago. (o Two days ago Marco …)
7 I always go to the sports club with my friends on Saturday(s). (o On Saturday(s) I …)
8 There's going to be a big concert in Milan next month. (o Next month …)
9 Lucia speaks three languages, but she doesn't speak English very well.

UNITÀ 97

97.1

2 He always gets up early.
3 He's / He is never late for work.
4 He sometimes gets angry.
5 He rarely goes swimming.
6 He's / He is usually at home in the evenings.

Soluzioni degli esercizi

97.2
2 Susan is always polite.
3 I usually finish work at 5 o'clock.
4 Sarah has just started a new job.
5 I rarely go to bed before midnight.
6 The bus isn't usually late.
7 I don't often eat fish.
8 I will never forget what you said.
9 Have you ever lost your passport?
10 Do you still work in the same place?
11 They always stay in the same hotel.
12 Jane doesn't usually work on Saturdays.
13 Is Tina already here?
14 What do you usually have for breakfast?
15 I can never remember his name.

97.3
2 Yes, and I also speak French.
3 Yes, and I'm also hungry.
4 Yes, and I've also been to Ireland.
5 Yes, and I also bought some books.

97.4
1 They both play football. They're / They are both students. They've both got cars. / They both have cars.
2 They're / They are all married. They were all born in England. They all live in New York.

97.5
1 We seldom/rarely get up before 8 o'clock.
2 My parents are both 42. o Both (of) my parents are 42.
3 'Is Sarah still here?' 'No, she's already left.'
4 Daniel is always late and (he) often misses the train.
5 I have (got) three or four English friends. They all live in London.
6 'Helen can play the piano.' 'She also plays the guitar.' (o She plays the guitar too.)
7 'Have you ever been to Turin?' 'Yes, I sometimes go there for a concert.' (o 'Sometimes I go there …')

UNITÀ 98

98.1
2 Do you still live in Clare Street?
3 Are you still a student?
4 Have you still got a motorbike? / Do you still have …
5 Do you still go to the cinema a lot?
6 Do you still want to be a teacher?

98.2
2 He was looking for a job. He's / He is still looking (for a job). He hasn't found a job yet.
3 She was asleep. She's / She is still asleep. She hasn't woken up yet. / She hasn't got up yet. / She isn't awake yet. / She isn't up yet.

4 They were having dinner. / They were eating. They're / They are still having dinner. / … still eating. They haven't finished (dinner) yet. / They haven't finished eating yet.

98.3
3 She's / She has already gone/left.
4 I've / I have already got one. (o I already have one.)
5 I've / I have already paid (it).
6 No, he already knows (about it).

98.4
3 Have you already read/finished it?
4 Are you ready yet?
5 Are they already here? (o Have they already arrived?)

98.5
1 Our friends have already arrived.
2 The children haven't got up yet. They are still sleeping/asleep.
3 I haven't started/begun yet, but I'm already tired.
4 Our train is at platform 6. Have you bought/got the ticket yet?
5 'The coffee is still hot. Would you like some?' 'No, thanks. I've already had a cup.'
6 'Have Kate and Steve got married yet?' 'Not yet. They are still looking for a flat.'

UNITÀ 99

99.1
2 He gave it to Gary.
3 He gave them to Sarah.
4 He gave it to his sister.
5 He gave them to Robert.
6 He gave it to a neighbour.

99.2
2 I gave Joanna a plant.
3 I gave Richard a tie.
4 I gave Emma some chocolates / a box of chocolates.
5 I gave Rachel some flowers / a bunch of flowers.
6 I gave Kevin a wallet.

99.3
2 Can you lend me an umbrella?
3 Can you give me your address?
4 Can you lend me twenty euros?
5 Can you send me more information?
6 Can you show me the letter?

99.4
2 lend you some money
3 send the bill to me
4 buy you a present
5 pass me the sugar
6 give it to her
7 showed the policeman my identity card

99.5
1 Please send the bill to Mr Burns.
2 Could you get me a litre of milk?
3 I want to show Becky my new car.
4 Jimmy is looking for his ball. Give it to him.

5 Can we lend my sister our big/large suitcase?
6 'Did Ann give you the tickets yesterday morning?' 'No. Sarah gave them to us.'
7 Paul wants to buy his son a dog / a dog for his son.

UNITÀ 100

100.1
3 I went to the window and (I) looked out.
4 I wanted to phone you, but I didn't have your number.
5 I jumped into the river and (I) swam to the other side.
6 I usually drive to work, but I went by bus this morning.
7 Do you want me to come with you, or shall I wait here?

100.2
Esempi di risposte:
2 because it was raining. / because the weather was bad.
3 but it was closed.
4 so he didn't eat anything. / so he didn't want anything to eat.
5 because there was a lot of traffic. / because the traffic was bad.
6 Sue said goodbye, got into her car and drove off/away.

100.3
Esempi di risposte:
3 I went to the cinema, **but** the film wasn't very good.
4 I went to a café **and** met some friends of mine.
5 There was film on television, **so** I watched it.
6 I got up in the middle of the night **because** I couldn't sleep.

100.4
1 Laura speaks English and German very well, but she can't speak French.
2 The test was easy and not very long, so we finished it before 11 o'clock.
3 Because I'm not married and I haven't got (o I don't have) any brothers or sisters, I often spend the/my holidays with my parents.
4 I wanted to make a cake, but I didn't have any eggs, so I made a pizza.
5 'Why are you looking at me?' 'Because I like your jacket.'

UNITÀ 101

101.1
2 When I'm tired, I like to watch TV.
3 When I knocked on her door, there was no answer.
4 When I go on holiday, I always go to the same place.
5 When the programme ended, I turned off the TV.
6 When I got to the hotel, there were no rooms.

101.2
2 when they heard the news
3 they went to live in New Zealand
4 while they were away
5 before they came here
6 somebody broke into the house
7 they didn't believe me

101.3
2 I finish
3 it's
4 I'll be … she leaves
5 stops
6 We'll come … we're
7 I'll bring
8 I'm
9 it gets
10 I'll tell … I'm

101.4
Esempi di risposte:
2 you finish your work
3 I'm going to buy a motorbike
4 you get ready
5 I won't have much free time
6 I come back

101.5
1 Tom arrived while I was having a shower.
2 Before Emily went away, she took the cat to Laura's. (o Before going away, Emily …)
3 I'll tell you everything when we're at home.
4 When they saw us, they turned round (o around) and went out.
5 We'll buy a new car when we have (got) the money.
6 Kate will call/phone/ring you when she arrives at the station.
7 When the show finishes/ends, we're going to call a taxi. (o … we'll call a taxi.)
8 Please don't phone/call/ring me while I'm working.
9 While you are in London, we'll go to the mountains. (o … we're going to the mountains.)
10 I'll look for a job until I find one.

UNITÀ 102

102.1
2 If you pass the exam, you'll get a certificate.
3 If you fail the exam, you can do it again.
4 If you don't want this magazine, I'll throw it away.
5 If you want those pictures, you can have them.
6 If you're busy now, we can talk later.
7 If you're hungry, we can have lunch now.
8 If you need money, I can lend you some.

102.2
2 I give
3 is
4 I'll call
5 I'll be … get
6 Will you go … they invite

102.3
Esempi di risposte:
3 … you're busy.
4 … you'll feel better in the morning.
5 … you're not watching it.
6 … she doesn't study.
7 … I'll go and see Luca.
8 … the weather is good.
9 … it rains today.

102.4
3 close
4 will give / is going to give
5 asks
6 don't want
7 is
8 will fall / are going to fall

102.5
1 What will Lisa think if you don't invite her to your party?
2 If I can't find a flat, I will stay in/at a hotel.
3 If you have time, call/phone/ring me before you leave. (o … before leaving.)
4 Excuse me, do you mind if I sit here?
5 If it doesn't rain, we will go to the country on Sunday.
6 You'll be late if you don't get/take a taxi.

UNITÀ 103

103.1
3 wanted
4 had
5 was/were
6 didn't enjoy
7 could
8 tried
9 didn't have

103.2
3 I'd go / I would go
4 she knew
5 we had
6 you won
7 I wouldn't stay
8 we lived
9 It would be
10 the salary was/were
11 I wouldn't know
12 would you change

103.3
2 I'd watch it / I would watch it
3 we had some pictures on the wall
4 the air would be cleaner
5 every day was/were the same
6 I'd be bored / I would be bored
7 we had a bigger house / we bought a bigger house
8 we would/could buy a bigger house
o we would/could have a bigger house

103.4
Esempi di risposte:
2 I'd go to Antarctica
3 I didn't have any friends
4 a house if I had enough money
5 I'd call the police
6 there were no guns

103.5
1 Alice would like James if she knew him.
2 If I were you, I wouldn't drive so fast. (o If I was you, …)
3 What would Jackie say if you didn't invite her to your party?
4 What will Jackie say if you don't invite her to your party?
5 Nick wouldn't have so many friends if he wasn't/weren't so rich.
6 If my mother lived here, the children could stay/be with her.
7 If everybody learnt/learned English, everything would be easier.
8 If you learn English well, you won't have any problems. (o you will have no problems.)
9 I wouldn't do this job if I didn't like it.

UNITÀ 104

104.1
2 They would … they had
3 I had … I would
4 I would
5 we had

104.2
2	g	6	c
3	d	7	h
4	b	8	a
5	f		

104.3
2 had told … would have lent
3 wouldn't have got … had been
4 hadn't seen … would have parked
5 would have met … had gone
6 hadn't stolen… wouldn't have gone

104.4
2 I would have gone to the stadium if I had been interested in the match.
3 The children wouldn't have felt sick if they hadn't eaten too many sweets yesterday.
4 If we hadn't left our umbrellas in the car, we wouldn't have got wet.
5 Paolo wouldn't have got a ticket if he hadn't parked his car on a zebra crossing.

104.5
1 If I'd known that Ann wanted a ticket, I would have got another one for her.
2 If I knew Simon's size, I'd buy a jumper/sweater for him.
3 You aren't very kind. Would you say that if you loved me?
4 If Ben had told the truth, everybody would have understood.
5 We wouldn't have got lost if we had had a satnav.

6 Sam would have won if he hadn't fallen over during the race.

7 If my mother hadn't gone to Greece, she wouldn't have met my father.

8 The cat wouldn't have gone out if you had closed the door.

9 What would you have done if you had been in my place?

10 I would visit the castle if I wasn't/ weren't scared of ghosts.

UNITÀ 105

105.1

2 A butcher is a person who sells meat.

3 A musician is a person who plays a musical instrument.

4 A patient is a person who is ill in hospital.

5 A dentist is a person who takes care of your teeth.

6 A fool is a person who does stupid things.

7 A genius is a person who is very intelligent.

8 A liar is a person who doesn't tell the truth.

105.2

2 The woman who opened the door was wearing a yellow dress.

3 Most of the students who took the exam passed (it).

4 The policeman who stopped our car wasn't very friendly.

105.3

2 who
3 which
4 which
5 who
6 which
7 who
8 who
9 which

In tutte queste frasi è altrettanto corretto usare **that**.

105.4

3 … a machine **that/which** makes coffee.

4 OK (*anche* **which** *è corretto*)

5 … people **who/that** never stop talking.

6 OK (*anche* **who** *è corretto*)

7 OK (*anche* **that** *è corretto*)

8 … the sentences **that/which** are wrong.

9 … a car **that/which** cost £40,000.

105.5

1 Who was the man who/that was looking at us?

2 Is this the hand that/which hurts?

3 Has anybody seen the umbrella that/which was in my room?

4 My sister works in a shop that/ which sells computers.

5 The kiwi is a strange bird that/which lives in New Zealand.

6 What was the name of the woman who/that phoned/rang yesterday?

7 I'd like to speak to the mechanic who/that repaired my car two days ago.

8 *Great Expectations* is the story of a boy who/that becomes rich, but not happy.

UNITÀ 106

106.1

2 I've lost the pen you gave me.

3 I like the jacket Sue is wearing.

4 Where are the flowers I gave you?

5 I didn't believe the story he told us.

6 How much were the oranges you bought?

106.2

2 The meal you cooked was excellent.

3 The shoes I'm wearing aren't very comfortable.

4 The people we invited to dinner didn't come.

106.3

2 Who are the people you were talking to?

3 Did you find the keys you were looking for?

4 Where is the party you're going to?

5 What's the name of the film you were talking about?

6 What's that music you're listening to?

7 Did you get the job you applied for?

106.4

2 What's the name of the restaurant where you had dinner?

3 How big is the village where you live?

4 Where exactly is the factory where you work?

106.5

1 Have you found / Did you find the jacket you were looking for?

2 The museum we are going to visit is very big/large.

3 Who was the boy we met yesterday?

4 I'm looking for somebody/someone who can speak Spanish.

5 Where did you buy the trousers you were wearing yesterday morning?

6 The teacher we had last year was very good.

7 I don't like people who are always late.

8 David works in a big factory that/ which makes bikes/bicycles.

9 Do you know the people who live on the third floor?

10 Did you see the cat that/which came into our garden yesterday morning?

UNITÀ 107

107.1

3	at	11	at
4	on	12	in
5	in	13	on
6	in	14	on
7	on	15	at
8	on	16	at
9	at	17	at
10	on	18	in

107.2

2	on	11	at
3	at	12	on
4	in	13	in
5	in	14	at
6	in	15	in
7	on	16	on
8	on	17	in
9	in	18	at
10	at	19	at

107.3

2 on Friday

3 on Monday

4 at 4 o'clock on Thursday (afternoon) / on Thursday (afternoon) at 4 o'clock

5 on Saturday evening

6 at 2.30 on Tuesday (afternoon) / on Tuesday (afternoon) at 2.30

107.4

2 I'll call you in three days.

3 My exam is in two weeks.

4 Tom will be here in half an hour. / … in 30 minutes.

107.5

3 in
4 – (*senza preposizione*)
5 – (*senza preposizione*)
6 in
7 at
8 – (*senza preposizione*)
9 – (*senza preposizione*)
10 on
11 in
12 at

107.6

1 I was born on 6 July 1998.

2 There aren't many cars in the streets / on the roads at night. (*o* At night there aren't …)

3 Do you work better in the morning or in the afternoon?

4 I think I'll go to Venice at the weekend.

5 Do you want / Would you like to play cards with us on Thursday evening?

6 We usually stay at home at Christmas and Easter, but not in (the) summer. (*o* At Christmas and Easter we …)

7 A: Are you leaving/going next week?
   B: No. At the end of the month.

8 (Last Monday) Lisa was at work (last Monday), but (on Tuesday) I didn't see her (on Tuesday).

9 A: When are your friends coming/
arriving?
B: In two hours.
10 We always get up late on Sunday(s).
(o On Sunday(s) we …)

UNITÀ 108

108.1

2 Alex lived in Canada **until** 2009.
3 Alex has lived in England **since** 2009.
4 Karen lived in France **until** 2011.
5 Karen has lived in Switzerland **since** 2011.
6 Clare worked in a restaurant **from** 2010 **to** 2012.
7 Clare has worked in a hotel **since** 2012.
8 Adam was a teacher **from** 2002 **to** 2008.
9 Adam has been a journalist **since** 2008.
11 Alex has lived in England for … years.
12 Karen has lived in Switzerland for … years.
13 Clare worked in a restaurant for two years.
14 Clare has worked in a hotel for … years.
15 Adam was a teacher for six years.
16 Adam has been a journalist for … years.

108.2

2	until	9	since
3	for	10	until
4	since	11	for
5	Until	12	until
6	for	13	Since
7	for	14	for
8	until		

108.3

1 The park is open from April to October.
2 There are no trains until 12 o'clock. (o There aren't any trains …)
3 Vicky has been in hospital since she had the accident.
4 Can you lend me your bike/bicycle for a few days?
5 We have had this book for three months, since September.
6 Paul has lived in Italy for two years.

UNITÀ 109

109.1

2 after lunch
3 before the end
4 during the course
5 before they went to Australia
6 during the night
7 while you're waiting
8 after the concert

109.2

3	while	7	while
4	for	8	for
5	while	9	during
6	during	10	while

109.3

2 eating
3 answering
4 having/taking
5 finishing/doing
6 going/travelling

109.4

2 John worked in a bookshop for two years after leaving school.
3 Before going to sleep, I read for a few minutes.
4 After walking for three hours, we were very tired.
5 Let's have a cup of coffee before going out.

109.5

1 I danced with Tom and Joe during the party.
2 Remember to take your medicine after lunch.
3 Ben and Lucy arrived while I was having a bath.
4 Let's wait for our friends before ordering. (o … before we order.)
5 While I was cleaning the/my car, I found these keys.
6 After calling a taxi, Laura put on her coat and went out. (o After she called a taxi …)
7 Before serving (the) white wine, leave it in the fridge for half an hour. (o Before you serve …)

UNITÀ 110

110.1

2 **In** the box.
3 **On** the box.
4 **On** the wall.
5 **At** the airport.
6 **In** the field.
7 **On** a ship.
8 **In** the pool.
9 **At** a wedding.
10 **On** the ceiling.
11 **On** the table.
12 **At** the table.

110.2

2	in	10	at
3	on	11	in
4	in	12	in
5	on	13	on
6	at	14	at
7	in	15	**on** the wall **in** the living room
8	at		
9	on		

110.3

1 Bari is in the south of Italy.
2 Listen! There's somebody/someone at the door.
3 We won't be at home before 7 o'clock.
4 What's that insect on the ceiling?
5 Are you going to stay in/at a hotel or in a flat / an apartment?
6 There are some nice/lovely posters on the wall.
7 We usually have breakfast in the kitchen.

8 I met Maria at/in the supermarket.
9 There were a lot of children on the plane.

UNITÀ 111

111.1

2 **At** the doctor's.
3 **In** bed.
4 **On** the second floor.
5 **In** Pisa.
6 **In** a taxi.
7 **On** the right.
8 **At** the top of the hill.

111.2

2	in	10	at
3	at	11	in
4	in	12	in
5	on	13	on
6	in	14	in
7	in	15	at
8	in	16	at … on
9	in		

111.3

1 It's late. Why aren't you in bed?
2 James and Anna work in Glasgow.
3 Is there anything interesting in *The Times* today?
4 Lisa always goes shopping in her husband's car.
5 My sister isn't here. She's at the hairdresser's.
6 This exercise is at the bottom of the page.
7 Let's take the lift. They live on the fifth floor.
8 We saw an accident on the way to school this morning.
9 Were there many / a lot of people at Paul's last Saturday?
10 What is the longest river in Italy?
11 The bathroom is at the top of the stairs on the right.

UNITÀ 112

112.1

2	to	6	to
3	in	7	to
4	to	8	in
5	in		

112.2

3 to
4 to
5 **at** home … **to** work
6 at
7 – (*senza preposizione*)
8 to
9 at
10 **at** a restaurant … **to** the hotel

112.3

2	to	9	to
3	to	10	at
4	in	11	at
5	to	12	**to** Maria's house
6	to		… **at** home
7	at	13	– (*senza preposizione*)
8	to	14	meet **at** … go **to**

Soluzioni degli esercizi

112.4
1 to
2 – (*senza preposizione*)
3 at
4 in
5 to
6 – (*senza preposizione*)

112.5
Esempi di risposte:
2 to work
3 at work
4 to Canada
5 to parties
6 at a friend's house

112.6
1 Ben works in Peru, in Lima.
2 It's 11 o'clock. It's time to go to bed.
3 I saw you at the station yesterday morning. (*o* Yesterday morning I saw you …)
4 I'd / I would like to go to Japan.
5 Sarah isn't at home. She's / She has gone to the cinema.
6 'Shall we go to yours / your house / your place?' 'No. Let's go to Peter's (house/place).'
7 When did you arrive in / get to York?
8 We usually arrive/get home at 5.30.
9 I usually arrive at / get to school at 7.50.

UNITÀ 113

113.1
2 next to / beside / by
3 in front of
4 between
5 next to / beside / by
6 in front of
7 behind
8 on the left
9 in the middle

113.2
2 behind
3 above
4 in front of
5 on
6 by / next to / beside
7 below / under
8 above
9 under
10 by / next to / beside
11 opposite
12 on

113.3
2 The fountain is in front of the theatre.
3 The bank/bookshop is opposite the theatre. *o* Paul's office is opposite the theatre. *o* The theatre is opposite …
4 The bank/bookshop/supermarket is next to …
5 Paul's office is above the bookshop.
6 The bookshop is between the bank and the supermarket.

113.4
1 The cash machine is behind the supermarket next to / beside / by the chemist's.
2 'Where's the post office?' 'On the left opposite the cinema.'
3 We can't park the car in front of the station.
4 Our camper is between two trees in the middle of the park.
5 There is a message under the door.
6 The exercises are below or next to / beside the pictures.
7 I like that picture above the sofa.

UNITÀ 114

114.1
2 Go under the bridge.
3 Go up the hill.
4 Go down the steps.
5 Go along this street.
6 Go into the hotel.
7 Go past the hotel.
8 Go out of the hotel.
9 Go over the bridge.
10 Go through the park.

114.2
2 off
3 over
4 out of
5 across
6 round/around
7 through
8 on
9 round/around
10 **into** the house **through** a window

114.3
1 out of
2 round/around
3 in
4 **from** here **to** the airport
5 round/around
6 on/over
7 over
8 out of / from

114.4
1 Mark walked through the wood.
2 Does the moon go round the sun?
3 We flew over Paris an hour ago.
4 Put the eggs in the fridge.
5 A dog fell into the swimming pool yesterday. (*o* Yesterday, a dog …)
6 Sarah got angry and went out of the room.
7 It's dangerous to walk across a motorway.
8 What's happening? Everybody is running along the street/road.
9 Use the lift. Don't go up the stairs.
10 Ed fell off his motorbike on Saturday. (*o* On Saturday, Ed …)

UNITÀ 115

115.1
2 on time
3 on holiday
4 on the phone
5 on TV

115.2
2 by
3 with
4 about
5 on
6 by
7 at
8 on
9 with
10 **about** grammar **by** Vera P. Bull

115.3
1	with	9	at
2	without	10	by
3	by	11	about
4	about	12	by
5	at	13	on
6	by	14	with
7	on	15	by
8	with	16	by

115.4
1 My parents are on holiday. They went (*o* have gone) to Vienna by train.
2 My teacher often goes to school on foot (*o* … often walks to school) and (he) is always on time.
3 There is a programme about animals on TV this evening / tonight. (*o* This evening / Tonight there is …)
4 I spoke to Ben on the phone yesterday. (*o* Yesterday I spoke …) We talked about music.
5 'Who is this poem by?' '(By) Robert Burns.'
6 Kate learnt/learned to read at four (years old). (*o* … at the age of four.)
7 You can start with or without us.

UNITÀ 116

116.1
2	to	5	at
3	for	6	for
4	to		

116.2
2 of/about
3 for
4 *senza preposizione*
5 on
6 to
7 for
8 *senza preposizione*
9 to
10 *senza preposizione, oppure* on
11 of/about

116.3
1	at	4	after
2	after	5	at
3	for	6	for

116.4

2	to	8	about
3	of	9	about
4	with	10	of
5	in	11	for/about … with
6	to	12	with
7	for		

116.5

1 'Can you lend me some money?' 'It depends (on) how much you want.'
2 Please look after your brother and be nice/kind to him.
3 'Let's phone/ring Sue. It's her birthday.' 'I emailed her (o I sent her an email) last night / yesterday evening.'
4 'Are you happy with your new house?' 'Yes, I like it very much.'
5 I'm thinking of doing an English course in London. I'm going to ask the British Council for information.
6 Let's listen to Mr Larson. He's going to talk to us about his new invention.
7 Marina is very interested in music. She is married to a musician.
8 'Frank is waiting for Lisa.' 'She won't come. She's angry with him about last Saturday.'
9 I'm sorry for waking you (up). I didn't know you were already in bed.
10 I'm interested in politics, but I'm not very good at history.

UNITÀ 117

117.1

2 went in
3 looked up
4 rode off/away
5 turned round/around
6 got off
7 sat down
8 got out

117.2

2 away
3 round/around
4 going **out** … be **back**
5 down
6 over
7 back
8 in
9 up
10 going **away** … coming **back**

117.3

2 Hold on
3 slowed down
4 takes off
5 getting on
6 speak up
7 broken down
8 fall over / fall down
9 carry on
10 gave up
11 went off

117.4

1 'Taxi! … Forest Hill, please.' 'OK. Get in.'
2 Stop the car. I want to get out.
3 Here's the bus! Shall we get on or (shall we) wait for Jessica?
4 This is my stop. I have to get off. (o I must get off.)
5 I looked up at the ceiling and (I) saw a scorpion.
6 Don't sit down. That chair is broken.
7 A: I feel / I'm feeling tired.
   B: Why don't you lie down?
8 Tom isn't at home. He's away on holiday.
9 Amy is very pretty. Everybody turns round to look at her.
10 Turn over (the page) now. o Now turn over (the page).

UNITÀ 118

118.1

2 She took off her hat. o She took her hat off.
3 He put down his bag. o He put his bag down.
4 She picked up the magazine. o She picked the magazine up.
5 He put on his sunglasses. o He put his sunglasses on.
6 She turned off the tap. o She turned the tap off.

118.2

2 He put his jacket on. He put it on.
3 She took off her glasses. She took them off.
4 I picked the phone up. I picked it up.
5 They gave the key back. They gave it back.
6 We turned off the lights. We turned them off.

118.3

2 take it back
3 picked them up
4 switched it of
5 bring them back

118.4

3 knocked over
4 look it up
5 throw them away
6 tried on
7 showed me round
8 gave it up o gave up (senza it)
9 fill it in
10 put your cigarette out

118.5

1 Don't take off your socks, Dan. The floor is cold. (o Don't take your socks off …)
2 Let's turn/switch on the radio. There's a concert at 11.30. (o Let's turn/switch the radio on …)
3 I can't work. Turn/Switch off the TV, please. (o Turn/Switch the TV off …)
4 I'm ready. Turn on the tap!
5 There are some keys under the table. Shall I pick them up?
6 I'm going to the library tomorrow. I have to (o I must) take a book back. (o … take back a book.)
7 A: I need my vacuum cleaner.
   B: I'll give it back to you tomorrow.
8 A: Where shall I put the ketchup?
   B: Put it back in the fridge.

1
3 Kate is a doctor.
4 The children are asleep.
5 Gary isn't hungry.
6 The books aren't on the table.
7 The hotel is near the station.
8 The bus isn't full.

2
3 she's / she is
4 Where are
5 Is he
6 It's / It is
7 I'm / I am o No, I'm not. I'm a student.
8 What colour is
9 Is it
10 Are you
11 much are they

3
3 He's / He is having a shower.
4 Are the children playing?
5 Is it raining?
6 They're / They are coming now.
7 Why are you standing here?
   I'm / I am waiting for somebody.

4
4 Sam doesn't want
5 Do you want
6 Does Helen live
7 Sarah knows
8 I don't travel
9 do you usually get up
10 They don't go out
11 Tom always finishes
12 does Jessica do … She works

5
3 She's / She is a student.
4 She hasn't got a car. o
   She doesn't have a car.
5 She goes out a lot.
6 She's got / She has got / She has a lot of friends.
7 She doesn't like London.
8 She likes dancing.
9 She isn't / She's not interested in sport.

6
1 Are you married?
   Where do you live?
   Have you got any children? o
   Do you have any children?
   How old is she?
2 How old are you?
   What do you do? / Where do you work? / What's your job?
   Do you like/enjoy your job?
   Have you got a car? o Do you have a car?
   Do you (usually) go to work by car?
3 What's his name? / What's he called?
   What does he do? / What's his job?
   Does he live/work in London?

7
4 Sonia is 32 years old.
5 I've got / I have two sisters.

6 We often watch TV in the evening.
7 Amy never wears a hat.
8 A bicycle has got / got two wheels.
9 These flowers are beautiful.
10 Emma speaks German very well.

8
3 are you cooking
4 plays
5 I'm going
6 It's raining
7 I don't watch
8 we're looking
9 do you pronounce

9
2 we go
3 is shining
4 are you going
5 do you go
6 She writes
7 I never read
8 They're watching
9 She's talking
10 do you usually have
11 He's visiting
12 I don't drink

10
2 went   7 gave
3 found   8 were
4 was   9 thought
5 had   10 invited/asked
6 told

11
3 He was good at sport.
4 He played football.
5 He didn't work hard at school.
6 He had a lot of friends.
7 He didn't have a bike.
8 He wasn't a quiet child.

12
3 How long were you there? /
   How long did you stay there?
4 Did you like/enjoy Amsterdam?
5 Where did you stay?
6 Was the weather good?
7 When did you get/come back?

13
3 I forgot
4 did you get
5 I didn't speak
6 Did you have
7 he didn't go
8 she arrived
9 did Robert live
10 The meal didn't cost

14
2 were working
3 opened
4 rang … was cooking
5 heard … looked
6 was looking … happened
7 wasn't reading … was watching
8 didn't read
9 finished … paid … left
10 saw … was walking … was waiting

15
3 is playing
4 gave
5 doesn't like
6 did your parents go
7 saw … was driving
8 Do you watch
9 were you doing
10 goes
11 'm/am trying
12 didn't sleep

16
3 it's / it has just finished/ended
4 I've / I have found/got them!
5 I haven't read it.
6 Have you seen her?
7 I've / I have had enough.
8 Have you (ever) been to Sweden?
9 We've / We have (just) been to the cinema.
10 They've / They have gone to a party.
11 He's / He has (just) woken up.
12 How long have you lived here? o
    … have you been living here?
13 Yes, we've / we have known each other for a long time.
14 It's / It has been raining all day.
    o It has rained all day. o
    It has been horrible/bad all day.

17
3 has been
4 for
5 since
6 has he lived / has he been /
   has he been living
7 for
8 have been

18
Esempi di risposte:
3 I've just started this exercise.
4 I've met Nicoletta a few times.
5 I haven't had dinner yet.
6 I've never been to Australia.
7 I've lived here since I was born.
8 I've lived here for three years.

19
3 bought/got
4 went
5 've/have read o 've/have finished with
6 haven't started (it) o haven't begun (it)
7 was
8 didn't see
9 left
10 's/has been
11 was
12 've/have never made

20
3 He's / He has already gone.
4 she left at 4 o'clock.
5 How many times have you been there?
6 I haven't decided yet.
7 It was on the table last night.

8 I've eaten there a few times.
9 What time did they arrive?

21
1 When was the last time? *o* When did you go the last time?
2 How long have you had it? I bought/got it yesterday.
3 How long have you lived / have you been / have you been living there? Before that we lived in Mill Road. How long did you live in Mill Road?
4 How long have you worked / have you been working there? What did you do before that? I was a taxi driver. *o* I worked as a taxi driver.

22
Esempi di risposte:
2 I didn't go out last night.
3 I was at work yesterday afternoon.
4 I went to a party a few days ago.
5 It was my birthday last week.
6 I went to America last year.

23
2 B   9 C
3 D   10 D
4 A   11 A
5 A   12 C
6 D   13 B
7 C   14 C
8 B   15 A

24
1 was damaged ... be knocked down
2 was built ... is used ... is being painted
3 is called ... be called ... was changed
4 have been made ... are produced

25
2 is visited
3 were damaged
4 be built
5 is being cleaned
6 be forgotten
7 has already been done
8 be kept
9 Have you ever been bitten
10 was stolen

26
2 My car was stolen last week.
3 All the bananas have been eaten.
4 The machine will be repaired.
5 We're / We are being watched.
6 The housework has to be done.

27
3 has taken
4 pushed
5 was pushed
6 is being repaired
7 invented
8 was the camera invented
9 have been washed / were washed
10 have washed / washed
11 did they send / have they sent
12 be sent

28
2 B   8 B
3 A   9 B
4 C   10 A
5 B   11 B
6 C   12 C
7 C

29
5 never wear ... prefer
6 is happening ... are playing
7 are you getting ... leaves
8 are getting
9 does 'seldom' mean ... means
10 are you and Pete doing ... 're/are meeting
11 'm/am not working
12 is wearing
13 'm/am doing ... begins
14 're/are staying
15 's/is seeing

30
1 I stayed
   did you do
   I watched
   Are you going
   I'm going
   are you going to see
   I don't know. I haven't decided
2 have you been
   We arrived
   are you staying / are you going to stay
   do you like
   we're having
3 I'm going ... Do you want
   are you going
   Have you ever eaten
   I've been ... I went
4 I've lost ... Have you seen
   You were wearing ... I came
   I'm not wearing
   Have you looked / Did you look
   I'll go

31
1 we met
2 we sat / we were sitting
3 We didn't know
4 we became
5 we liked
6 we spent
7 We left
8 we meet
9 has been
10 she's working
11 She's coming
12 she comes
13 we'll have / we're going to have
14 It will be

32
2 we're staying
3 we enjoyed
4 We watched
5 slept
6 I don't sleep
7 we're not doing / we're not going to do *o* we aren't doing / we aren't going to do
8 we're going

9 to see
10 We haven't decided
11 wants
12 to go
13 I'll send
14 you're having
15 are working / have been working
16 he had
17 he needs
18 We've been
19 We got
20 seeing
21 I liked
22 we went
23 we left
24 had
25 he wasn't injured
26 was damaged
27 We've changed / We changed
28 we're leaving
29 We're staying / We're going to stay / We'll stay
30 flying
31 That will be / That's going to be
32 finished
33 I'll let
34 we get
35 are looking
36 We're going
37 we'll send

33
2 A   11 B
3 B   12 A
4 C   13 C
5 B   14 B
6 C   15 C
7 B   16 A
8 A   17 C
9 C   18 B
10 A

34
2 a lot
3 many
4 How much
5 very
6 too
7 how far
8 a lot
9 much
10 too
11 very
12 How
13 a lot of
14 How many
15 too much salt

35
2 more comfortable
3 largest
4 more carefully
5 laziest
6 faster
7 hottest
8 more fluently
9 most intelligent
10 most interesting

Soluzioni degli esercizi supplementari

36
4 more careful
5 the worst
6 smaller
7 the most exciting
8 stronger
9 luckier
10 as hard
11 the most famous
12 the best
13 busier
14 as wet … drier

37
2 a car
3 the fridge
4 a teacher
5 school
6 the cinema
7 a taxi
8 the piano
9 cars
10 the same

38
4 **a** horse
5 **The** sky
6 **a** tourist
7 for lunch (–)
8 **the** first President of **the** United States
9 **a** headache
10 remember names (–)
11 **the** next train
12 send emails (–)
13 **The** garden
14 **the** Majestic Hotel
15 ill last week (–) … to work (–)
16 **the** highest mountain in **the** world
17 to **the** radio … having breakfast (–)
18 like sport (–) … is basketball (–)
19 **a** doctor … **an** art teacher
20 **the** second floor … **the** top of **the** stairs … on **the** right
21 After dinner (–) … watched TV (–)
22 **a** wonderful holiday in **the** south of France (–)

39
2 in
3 on
4 at
5 on
6 in
7 since
8 on
9 by
10 in
11 for
12 at
13 at
14 in
15 at
16 on
17 by
18 for … on
19 to … in
20 at … in

Soluzioni della guida allo studio

Il presente

1.1	B	1.11	A
1.2	C	1.12	C
1.3	A	1.13	A
1.4	A	1.14	D
1.5	C	1.15	C
1.6	C, D	1.16	A
1.7	B	1.17	D
1.8	D	1.18	C, D
1.9	C	1.19	A, D
1.10	C		

Il passato

2.1	B	2.6	D
2.2	E	2.7	A
2.3	D	2.8	C
2.4	B	2.9	C
2.5	A	2.10	E

Present perfect e past perfect

3.1	B, E	3.7	A
3.2	D	3.8	C
3.3	B	3.9	D
3.4	D	3.10	E
3.5	E	3.11	D
3.6	B		

La forma passiva

4.1	D
4.2	C
4.3	E
4.4	A
4.5	A

Le forme verbali

5.1	D
5.2	B

Il futuro

6.1	A	6.6	C
6.2	A	6.7	D
6.3	C	6.8	C
6.4	A, B	6.9	B
6.5	B		

Modali e imperativi

7.1	C, D	7.7	B, D
7.2	A, C	7.8	D
7.3	A	7.9	C
7.4	D	7.10	C
7.5	B	7.11	A
7.6	E		

There e it

8.1	B	8.4	A
8.2	E	8.5	B
8.3	A		

I verbi ausiliari

9.1	C	9.5	B
9.2	A	9.6	C
9.3	C	9.7	D
9.4	B		

Le forme interrogative

10.1	D	10.7	B
10.2	D	10.8	A
10.3	A	10.9	C, E
10.4	A	10.10	C
10.5	B	10.11	A
10.6	D	10.12	A, C

Il discorso indiretto

11.1	E
11.2	A, B, D
11.3	D

L'infinito e la forma in -ing

12.1	B
12.2	D
12.3	B
12.4	C
12.5	B, C
12.6	C
12.7	A
12.8	D

Go, get, do, make e have

13.1	A, D
13.2	C
13.3	C, D
13.4	A, D
13.5	B
13.6	D

Pronomi e possessivi

14.1	A
14.2	C
14.3	D
14.4	B
14.5	B, C
14.6	A
14.7	E
14.8	A
14.9	D
14.10	C

Gli articoli e i nomi

15.1	C	15.9	C
15.2	B	15.10	B
15.3	A	15.11	B
15.4	A, C	15.12	E
15.5	B	15.13	D
15.6	B	15.14	B
15.7	A	15.15	A
15.8	D		

Dimostrativi e quantificatori

16.1	C	16.12	B, D
16.2	C	16.13	A
16.3	B	16.14	A, B
16.4	B	16.15	D
16.5	C	16.16	A, C
16.6	A, C	16.17	D
16.7	D	16.18	B
16.8	B, D	16.19	A
16.9	A		
16.10	B		
16.11	E		

Gli aggettivi e gli avverbi

17.1	A	17.8	E
17.2	C	17.9	A
17.3	C	17.10	B
17.4	D	17.11	D
17.5	B	17.12	A
17.6	B	17.13	D
17.7	A, C	17.14	C

La costruzione della frase

18.1	B
18.2	C
18.3	B
18.4	A
18.5	A, D

Congiunzioni e proposizioni

19.1	C
19.2	A
19.3	D
19.4	E
19.5	C, E
19.6	B
19.7	B, C
19.8	A, B
19.9	B, D
19.10	A

Le preposizioni

20.1	D	20.11	D
20.2	E	20.12	A
20.3	C, D	20.13	C
20.4	B	20.14	D
20.5	A, D	20.15	A
20.6	B	20.16	E
20.7	A	20.17	C
20.8	C	20.18	C, D
20.9	B	20.19	D
20.10	D	20.20	D

Le locuzioni verbali (phrasal verbs)

21.1	C
21.2	A, B
21.3	B

abbey *abbazia*
about *su / di (argomento)*
accident *incidente*
across *attraverso*
address *indirizzo*
advice *consigli*
advise *consigliare*
after *dopo*
afternoon *pomeriggio*
again *ancora (di nuovo)*
age *età*
agency *agenzia*
ago *fa (avv. di tempo)*
air *aria*
alarm *sveglia/allarme*
all *tutto/tutti*
allow *permettere/autorizzare*
almost *quasi*
alone *(da) solo*
already *già*
also *anche*
always *sempre*
angrily *con rabbia*
angry *arrabbiato*
another *un altro*
answer *rispondere/risposta*
ant *formica*
anybody *qualcuno*
anyone *qualcuno*
anything *qualcosa*
anywhere *in qualche posto*
apple *mela*
appointment *appuntamento*
armchair *poltrona*
around *intorno*
as … as … *tanto … quanto …*
ask *chiedere*
asleep *addormentato*
aunt *zia*
awake *sveglio*
away *via*
awful *terribile/pessimo*
baby *bambino (piccolo)*
back *indietro*
bad *cattivo*
badly *male*
bag *borsa*
baker *panettiere*
bath *bagno*
bathroom *(stanza da) bagno*
battery *pila/batteria*
beach *spiaggia*
beautiful *(molto) bello*
because *perché*
bed *letto*
beer *birra*
before *prima*
begin *cominciare*
beginner *principiante*
beginning *inizio*
behind *dietro*
believe *credere*
belong *appartenere*
belt *cintura*
(the) best *(il) migliore*
better *migliore/meglio*
between *fra/tra*
big *grande*
bigger *più grande*
(the) biggest *(il) più grande*
bill *conto*
bike *bici*
bird *uccello*
birthday *compleanno*

black *nero*
blow *soffiare*
blue *azzurro*
boat *barca*
boil *bollire*
boiler *scaldabagno*
bookshop *libreria (negozio)*
boot *scarpone/stivale*
bored *annoiato*
boring *noioso*
(be) born *nascere*
borrow *prendere in prestito*
both *entrambi*
bottom *fondo / parte inferiore*
bowl *ciotola/scodella*
boxing *pugilato*
bread *pane*
break *rompere/intervallo*
breakfast *colazione*
bridge *ponte*
bring *portare*
brother *fratello*
brown *marrone*
bucket *secchio*
build *costruire*
building *edificio*
burn *bruciare*
business *affari*
busy *occupato/indaffarato*
but *ma*
butcher *macellaio*
butter *burro*
button *bottone/tasto*
buy *comprare*
cake *torta*
cakes *pasticcini*
call *chiamare/chiamata*
came *past simple di come*
camera *macchina fotografica*
(I) can *posso/so*
canary *canarino*
canteen *mensa*
capital *capitale/maiuscolo*
captain *capitano*
card *carta*
careful *attento*
carefully *attentamente*
carpet *tappeto/moquette*
carry *(tras)portare*
catch *prendere*
chair *sedia*
championship *campionato*
change *cambiare/cambiamento*
cheap *a buon prezzo*
cheaper *più economico*
(the) cheapest *il più economico*
cheese *formaggio*
chemist *farmacista*
chemistry *chimica*
cherry *ciliegia*
chicken *pollo*
church *chiesa*
class *classe/lezione*
clean *pulito*
cleaner *più pulito*
clear *limpido/sereno*
clearly *chiaramente*
clever *intelligente*
close *chiudere*
clock *orologio*
clothes *indumenti/abbigliamento*
cloud *nube*
cloudy *nuvoloso*
club *circolo/discoteca*

coat *cappotto*
cold *freddo*
colder *più freddo*
come *venire*
comfortable *comodo*
company *società/compagnia*
composer *compositore*
cook *cucinare/cuoco*
cooking *cucina (il cucinare)*
corner *angolo*
cough *tosse*
(I) could *potrei / ho potuto*
countable *numerabile*
country *nazione/campagna*
cousin *cugino*
cross *attraversare*
crossing *attraversamento*
crowded *affollato*
cruise *crociera*
cry *gridare/piangere*
cup *tazza*
cupboard *mobiletto*
cut *tagliare*
dad *papà*
damage *danni*
damaged *danneggiato*
dangerous *pericoloso*
dangerously *pericolosamente*
dark *scuro/buio*
date *data/appuntamento*
daughter *figlia*
day *giorno*
dear *caro*
degree *grado*
delicious *squisito*
design *progettare/progetto*
designer *progettista/stilista*
desk *banco/scrivania*
diamond *diamante*
dice *dado/dadi*
die *morire*
difficult *difficile*
dining room *sala da pranzo*
dinner *cena (o pranzo)*
dirty *sporco*
discover *scoprire*
dish *piatto*
door *porta*
doorbell *campanello*
down *(in) giù*
dream *sognare/sogno*
dress *vestito (da donna)*
drink *bere/bevanda*
drive *guidare / andare in auto*
driver *autista*
drunk *part. pass. di drink*
dry *secco/asciutto*
duck *anatra*
during *durante*
each *ciascuno*
earlier *prima/precedente*
early *presto*
earn *guadagnare*
earth *terra*
easier *più facile*
(the) easiest *il più facile*
east *est*
easily *facilmente*
Easter *Pasqua*
easy *facile*
eat *mangiare*
egg *uovo*
either *uno dei due*
electrician *elettricista*

else *altro*
empty *vuoto*
end *fine*
engine *motore*
engineer *ingegnere*
engineering *ingegneria*
enjoy *piacere/godere*
enough *abbastanza*
envelope *busta*
evening *sera*
ever (?) *mai (?)*
every *ogni/tutti*
everybody *ognuno/tutti*
everyone *ognuno/tutti*
everything *ogni cosa / tutto*
everywhere *dappertutto*
exactly *esattamente*
excuse *scusare*
exercise *esercizio (anche fisico)*
expect *aspettarsi/prevedere*
expensive *costoso*
explain *spiegare*
eye *occhio*
face *viso*
factory *fabbrica*
fail *fallire / non superare*
fall *cadere/caduta*
far *lontano*
fast *veloce/velocemente*
faster *più veloce / velocemente*
fat *grasso*
favourite *preferito*
feed *nutrire*
feel *sentire/sentirsi*
feet *plurale di foot*
fence *recinzione*
few / a few *pochi/alcuni*
field *campo*
fill *riempire/compilare*
finally *infine*
find *trovare*
finger *dito*
finish *finire*
fire *fuoco/incendio*
fire-fighting *spegnere incendi*
first *primo / la prima volta*
fish *pesce*
fishing *pesca*
flag *bandiera*
flat *appartamento*
flight *volo*
floor *pavimento/piano*
flow *scorrere*
flower *fiore*
fluently *correntemente*
fly *volare*
foggy *nebbioso*
follow *seguire*
food *cibo*
fool *sciocco*
foot *piede*
foreign *straniero*
forget *dimenticare*
form *modulo*
French *francese*
free *libero/gratuito*
fresh *fresco (recente) / puro*
Friday *venerdì*
fridge *frigo*
friend *amico*
friendly *cordiale/socievole*
from *da*
(in) front (of) *davanti a*
full *pieno/completo*
fun *divertimento/divertente*
funny *buffo/strano*
furniture *mobili*

further *più lontano*
game *gioco / partita*
gave *past simple di give*
gently *piano (con garbo)*
ghost *fantasma*
give *dare*
glass *vetro/bicchiere*
glasses *occhiali*
gloves *guanti*
go *andare*
good *buono/bravo*
goodbye *arrivederci*
goodnight *buona notte*
grandad *nonno*
grandfather *nonno*
grandma *nonna*
grandmother *nonna*
grass *erba*
great *grande*
green *verde*
grey *grigio*
guest *ospite (ospitato)*
gun *arma da fuoco*
gym *palestra*
hair *capelli*
half *metà/mezzo*
ham *prosciutto*
hammer *martello*
hand *mano*
happen *succedere*
happiness *felicità*
happy *contento/felice*
hard *duro/duramente*
hardly *a malapena / quasi non*
hat *cappello*
hate *odiare*
headache *mal di testa*
hear *udire / venire a sapere*
heating *riscaldamento*
heavier *più pesante*
(the) heaviest *il più pesante*
heavily *intensamente/moltissimo*
heavy *pesante*
hell *inferno*
helmet *casco*
help *aiutare/aiuto*
here *qui*
hi *ciao*
high *alto*
hill *collina/salita*
history *storia*
homework *compiti a casa*
honey *miele*
hope *sperare/speranza*
horse *cavallo*
hot *(molto) caldo*
hotter *più caldo*
(the) hottest *il più caldo*
hour *ora*
housework *lavori domestici*
house *casa*
how *come/quanto*
(a / one) hundred *cento*
hungry *affamato*
hurry *fretta/affrettarsi*
hurt *ferire / far male*
husband *marito*
ice *ghiaccio*
ice cream *gelato*
if *se*
ill *malato*
immediately *subito*
injure *ferire/infortunare*
injured *ferito/infortunato*
inside *dentro*
instrument *strumento*
interested *interessato*

interesting *interessante*
interview *colloquio/intervista*
iron *ferro/stirare*
ironing *stiratura*
island *isola*
jam *marmellata*
jar *vasetto*
job *(posto di) lavoro*
join *andare con / unirsi a*
journey *viaggio*
jug *caraffa*
juice *succo*
July *luglio*
jumper *maglione*
June *giugno*
Jupiter *Giove*
just *appena/soltanto*
keep *tenere*
key *chiave/tasto*
kind *tipo/gentile*
kingdom *regno*
kitchen *cucina*
knife *coltello*
knock *bussare/picchiare*
know *sapere/conoscere*
ladder *scala a pioli*
lake *lago*
lamp *lampada*
large *grande*
larger *più grande*
(the) largest *il più grande*
last *ultimo/scorso*
late *tardi / in ritardo*
later *più tardi / dopo*
laugh *ridere/risata*
lazy *pigro*
leaf *foglia/foglio*
learn *imparare*
leave *lasciare/partire*
lecture *conferenza/lezione*
left *sinistra / past simple e p.p. di leave*
leg *gamba*
lend *prestare*
less *meno*
let *lasciare/permettere*
liar *bugiardo*
library *biblioteca*
lie *essere coricati*
life *vita*
light *accendere/luce*
like *piacere/come*
listen *ascoltare*
little *poco/piccolo*
(a) little *un po' di*
lively *vivace*
live *vivere/abitare*
living room *soggiorno*
loaf *pagnotta*
lonely *solitario*
look *guardare/sembrare*
lose *perdere*
lost *past simple e p.p. di lose*
loud *alto (di suono)*
loudly *forte/rumorosamente*
love *amare / piacere molto*
lovely *bello*
low *basso*
luck *fortuna*
luckier *più fortunato*
lucky *fortunato*
luggage *bagagli*
lunch *pranzo*
made *past simple e p.p. di make*
magazine *rivista*
make *fare/fabbricare*
man *uomo*
manager *direttore*

Glossario generale

many *molti*
marry *sposare*
mask *maschera*
match *partita/incontro*
matter *questione/problema*
(I) may ... *può darsi che io ...*
maybe *forse*
meal *pasto*
mean *significare / voler dire*
meat *carne*
meet *incontrare*
meeting *riunione/incontro*
men *plurale di man*
mice *plurale di mouse*
middle *mezzo*
midnight *mezzanotte*
(I) might ... *può darsi che io ...*
milk *latte*
mind *spiacere/importare*
mirror *specchio*
miss *mancare/perdere*
mistake *errore*
mobile *telefonino*
Monday *lunedì*
money *denaro/soldi*
monkey *scimmia*
month *mese*
mood *umore*
more *più / in più*
morning *mattino*
most *il più / la maggior parte*
motorbike *motocicletta*
mouse *topo*
moustache *baffi*
mouth *bocca*
much *molto*
mushroom *fungo*
(I) must *devo*
near *vicino*
nearer *più vicino*
(the) nearest *il più vicino*
nearly *quasi*
neck *collo*
need *aver bisogno di*
neither *nessuno dei due*
nephew *nipote (di zii)*
nervous *agitato*
net *rete/Internet*
never *non ... mai*
news *notizie*
new *nuovo*
newspaper *giornale*
next *prossimo*
nice *bello/simpatico*
nicer *più bello*
(the) nicest *il più bello*
night *notte*
no-one *nessuno*
nobody *nessuno*
noise *rumore*
noisy *chiassoso*
none *neanche uno*
nor *né*
north *nord*
northern *settentrionale*
nose *naso*
nothing *niente*
notice *avviso/cartello*
now *adesso*
nowhere *in nessun posto*
nurse *infermiere*
of *di*
off *via da*
often *spesso*
oil *olio/petrolio*
old *vecchio*
older *più vecchio*

(the) oldest *il più vecchio*
once *una volta*
onion *cipolla*
only *soltanto*
open *aprire/aperto*
opposite *di fronte a*
or *oppure*
other *altro*
(I) ought to *dovrei*
out *fuori*
outside *fuori/all'esterno*
over *sopra/oltre*
page *pagina*
paint *dipingere*
painter *pittore*
painting *pittura/dipinto*
pair *paio/coppia*
paper *carta/giornale*
parent *genitore*
pass *passare*
pay *pagare*
pear *pera*
pence *centesimo di sterlina*
people *gente/persone*
perfume *profumo*
perhaps *forse/magari*
pet *animale domestico*
petrol *benzina*
phone *telefonare/telefono*
pick (up) *raccogliere*
picture *figura/quadro/foto*
piece *pezzo*
pink *rosa*
pipe *pipa*
place *posto/luogo*
plan *programma/progetto*
plane *aereo*
planet *pianeta*
plate *piatto*
play *giocare/suonare*
player *giocatore*
please *per favore / prego*
pocket *tasca*
polite *educato*
pleased *lieto*
(swimming) pool *piscina*
poor *povero*
postcard *cartolina*
pot *pentola/vaso*
pound *sterlina/libbra*
practise *esercitarsi*
present *regalo*
press *premere*
(the) prettiest *il più grazioso*
pretty *bello/grazioso/carino*
produce *produrre*
puppet *burattino*
put *mettere*
question *domanda*
queue *far la coda / coda*
quick *svelto*
quickly *presto / alla svelta*
quiet *silenzioso*
quietly *piano (in modo sommesso)*
race *corsa*
racing *corse (gare)*
rain *piovere/pioggia*
rarely *raramente*
reach *raggiungere*
read *leggere*
ready *pronto*
realise *accorgersi*
really *veramente*
receive *ricevere*
record *registrare/registrazione*
red *rosso*
refuse *rifiutare*

relative *parente*
remember *ricordare*
repair *riparare*
repeat *ripetere*
reporter *cronista*
rest *riposare/riposo*
rice *riso*
rich *ricco*
ride *cavalcare*
right *destra/corretto*
ring *squillare/anello*
rise *salire/sorgere*
river *fiume*
road *strada*
rob *rapinare*
robber *rapinatore*
robbery *rapina*
roof *tetto*
room *stanza*
rose *rosa / past simple di rise*
round *rotondo/intorno*
rude *scortese*
run *correre*
runner *corridore*
sad *triste*
safe *sicuro/cassaforte*
sailing *vela (sport)*
salary *stipendio*
salt *sale*
salty *salato*
same *stesso (identico)*
sand *sabbia*
say *dire*
scared *impaurito*
scarf *sciarpa/foulard*
scissors *forbici*
sea *mare*
seaside *mare*
see *vedere*
seat *posto (a sedere)*
seem *sembrare*
seldom *raramente*
sell *vendere*
send *mandare*
sentence *frase*
serious *grave*
set *apparecchio*
(a) shame *peccato*
sheep *pecora/pecore*
shelf *ripiano/scaffale*
shell *conchiglia*
shine *splendere*
shirt *camicia*
shoe *scarpa*
shone *past simple e p.p. di shine*
shoot *sparare*
shop *negozio*
short *breve/basso*
(I) should *dovrei*
show *mostrare/spettacolo*
shower *doccia*
shut *chiudere*
(be) sick *star male*
side *lato*
silly *sciocco*
since *da / da quando*
sing *cantare*
singer *cantante*
single *celibe/nubile*
sister *sorella*
sit *sedere*
size *taglia*
ski *sciare/sci*
sky *cielo*
sleep *dormire*
slim *magro*
slow *lento*

slower *più lento*
slowly *lentamente*
small *piccolo*
smaller *più piccolo*
(the) smallest *il più piccolo*
smell *odorare/odore*
smile *sorridere/sorriso*
smoke *fumare/fumo*
snake *serpente*
snow *nevicare/neve*
so *così/quindi*
sold *past simple e p.p. di* sell
somebody *qualcuno*
someone *qualcuno*
something *qualcosa*
sometimes *qualche volta*
somewhere *in qualche posto*
son *figlio*
song *canzone*
soon *presto (tra poco)*
sorry *spiacente*
sort *tipo*
sound *sembrare/suono*
soup *minestra*
south *sud*
space *spazio*
speak *parlare*
spend *passare/spendere*
spoke *past simple di* speak
spoon *cucchiaio*
spring *primavera*
square *piazza/quadrato*
stamp *francobollo*
stand *stare in piedi*
star *stella*
start *cominciare/avviare*
stay *restare/alloggiare*
steal *rubare*
stiff *rigido*
still *ancora (tuttora)*
stolen *p.p. di* steal
stop *smettere/fermata*
storm *temporale*
strange *strano*
stranger *estraneo*
street *via*
strike *colpire/sciopero*
strong *forte*
stuck *bloccato*
sudden *improvviso*
suddenly *improvvisamente*
sugar *zucchero*
suggest *proporre*
summer *estate*
sun *sole*
sunburnt *scottato dal sole*
Sunday *domenica*
sunny *soleggiato*
suntan *abbronzatura*
sure *sicuro*
surf *navigare (Internet)*
surprised *sorpreso*
sweater *maglione*
swim *nuotare/nuotata*
swimmer *nuotatore*
swimming *nuotare/nuoto*
swimming pool *piscina*
switch *azionare (interruttore)*
tail *coda*
take *prendere/portare*
talk *parlare*
tall *alto*
taller *più alto*
tap *rubinetto*
taste *assaggiare/sembrare*
teach *insegnare*
team *squadra*

teeth *plurale di* tooth
tell *dire/raccontare*
that *quello/che*
then *poi/allora*
there *là/ci*
these *questi/queste*
thief *ladro*
thin *magro*
thing *cosa*
think *pensare*
thinner *più magro*
third *terzo*
thirsty *assetato*
this *questo/questa*
those *quelli/quelle*
thought *past simple e p.p. di* think
(a / one) thousand *mille*
throat *gola*
through *attraverso*
throw *gettare*
Thursday *giovedì*
ticket *biglietto/multa*
tie *cravatta*
time *tempo*
times *volte*
tired *stanco*
title *titolo*
today *oggi*
together *insieme*
tomorrow *domani*
tonight *stasera*
too *anche/troppo*
took *past simple di* take
tool *attrezzo*
tooth *dente*
toothache *mal di denti*
toothbrush *spazzolino da denti*
toothpaste *dentifricio*
top *cima / parte superiore*
touch *toccare*
tower *torre*
town *città*
toy *giocattolo*
training *addestramento*
translate *tradurre*
travel *viaggiare/viaggio*
tree *albero*
trip *viaggio/gita*
trousers *pantaloni*
true *vero*
trumpet *tromba*
truth *verità*
try *provare/tentare*
Tuesday *martedì*
turn *girare/svolta*
twice *due volte*
twist *torcere*
tyre *pneumatico*
uncle *zio*
uncomfortable *scomodo*
uncountable *non numerabile*
under *sotto*
understand *capire*
until *finché*
unusual *insolito*
up *(in) sù*
upset *turbato*
use *usare*
useful *utile*
usual *solito*
usually *di solito*
vegetables *verdura*
very *molto*
wait *aspettare*
waitress *cameriera*
wake *svegliare/svegliarsi*

walk *camminare/passeggiata*
wall *muro/parete*
wallet *portafogli*
want *volere*
war *guerra*
warm *caldo*
was/were *past simple di* be
wash *lavare*
washing-up *lavare i piatti*
watch *guardare/orologio*
water *acqua*
way *modo/direzione*
wear *indossare*
weather *tempo (clima)*
wedding *nozze/matrimonio*
Wednesday *mercoledì*
week *settimana*
weekend *fine settimana*
well *bene*
well-paid *ben pagato*
went *past simple di* go
were/was *past simple di* be
west *ovest*
wet *bagnato*
what *che / che cosa*
wheel *ruota*
when *quando*
where *dove*
whether *se*
which *che/quale*
while *mentre*
white *bianco*
who *chi/che*
whose *di chi*
why *perché*
wife *moglie*
win *vincere*
wind *vento*
window *finestra*
windy *ventoso*
wine *vino*
winter *inverno*
with *con/presso*
without *senza*
wives *plurale di* wife
woke *past simple e p.p. di* wake
woman *donna*
women *plurale di* woman
won *past simple e p.p. di* win
wonderful *meraviglioso*
wood *legno/bosco*
wool *lana*
word *parola*
work *lavorare/lavoro*
world *mondo*
worn *p.p. di* wear
worry *preoccuparsi*
worse *peggiore/peggio*
(the) worst *il peggiore*
write *scrivere*
writer *scrittore*
written *p.p. di* write
wrong *sbagliato*
wrote *past simple di* write
year *anno*
yellow *giallo*
yesterday *ieri*
yet? *già?*
(not) yet *non ancora*
young *giovane*
younger *più giovane*

Indice analitico

Indice analitico

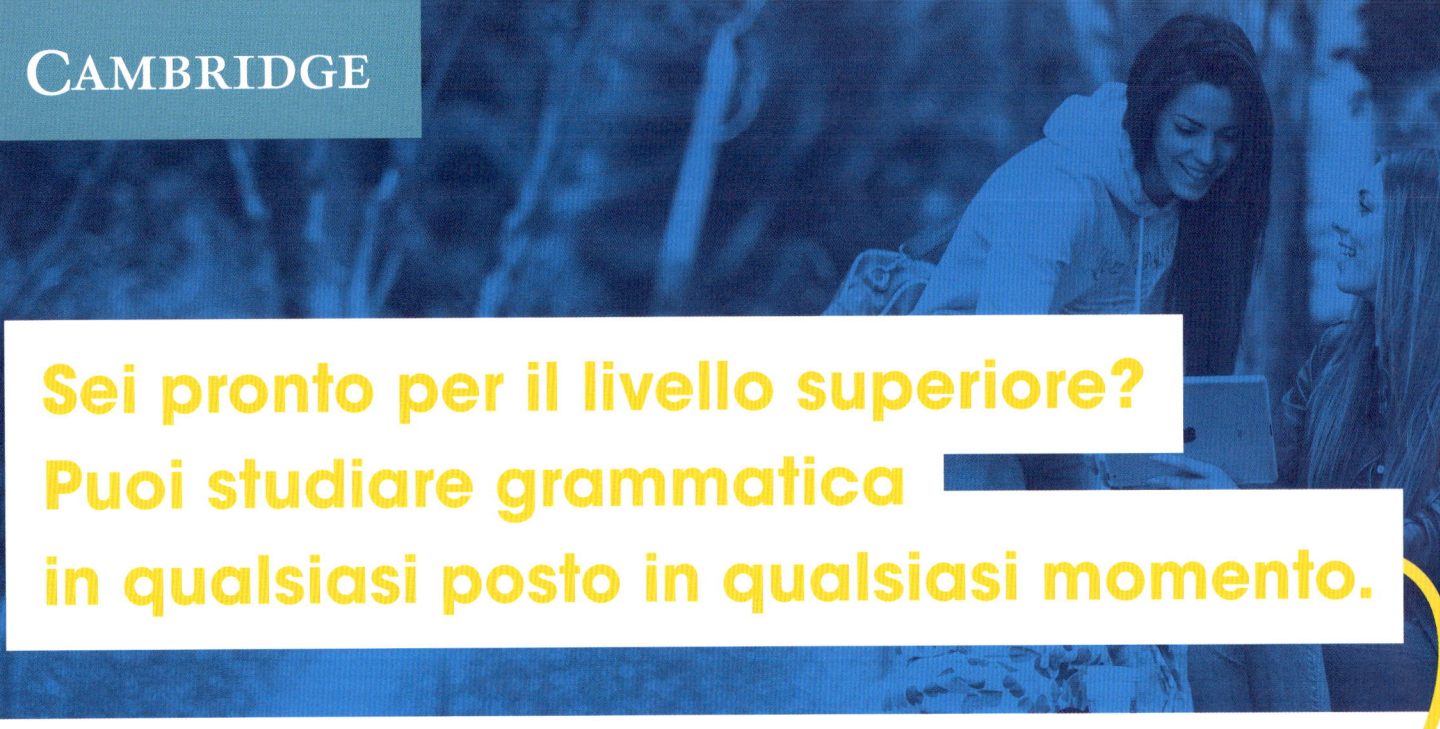
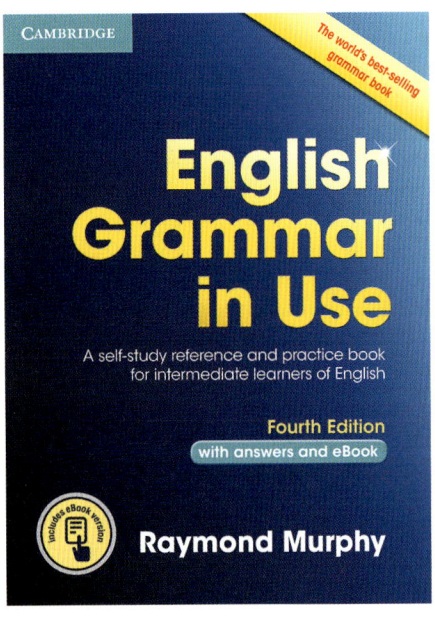
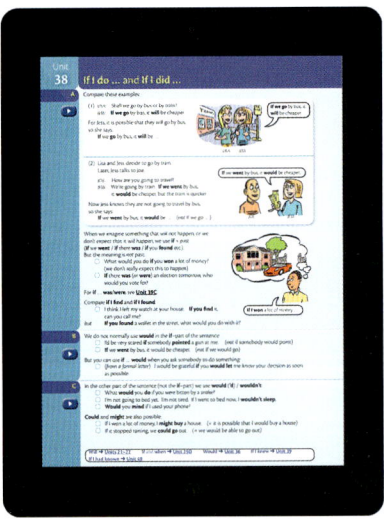